21世纪经济与管理应用型本科规划教材
国际经济与贸易系列

国际金融：理论与实务

International Finance
Theory and Practice

耿明英 密 桦 主 编

北京大学出版社
PEKING UNIVERSITY PRESS

图书在版编目(CIP)数据

国际金融:理论与实务/耿明英,密桦主编.—北京:北京大学出版社,2012.8
(21世纪经济与管理应用型本科规划教材·国际经济与贸易系列)
ISBN 978-7-301-20930-1

Ⅰ.①国… Ⅱ.①耿… ②密… Ⅲ.①国际金融-高等学校-教材 Ⅳ.①F831

中国版本图书馆CIP数据核字(2012)第147410号

书　　名:国际金融:理论与实务
著作责任者:耿明英　密　桦　主编
责 任 编 辑:徐　冰　尉小芸
标 准 书 号:ISBN 978-7-301-20930-1/F·3247
出 版 发 行:北京大学出版社
地　　址:北京市海淀区成府路205号　100871
网　　址:http://www.pup.cn
电　　话:邮购部62752015　发行部62750672　编辑部62752926　出版部62754962
电 子 信 箱:em@pup.cn
印　刷　者:三河市北燕印装有限公司
经　销　者:新华书店
787毫米×1092毫米　16开本　17.75印张　421千字
2012年8月第1版　2017年2月第3次印刷
印　　数:7001—8500册
定　　价:35.00元

丛书出版前言

《国家中长期教育改革和发展规划纲要(2010—2020年)》指出,目前我国高等教育还不能完全适应国家经济社会发展的要求,学生适应社会和就业创业能力不强,创新型、实用型、复合型人才紧缺。所以,在此背景下,北京大学出版社响应教育部号召,在整合和优化课程、推进课程精品化与网络化的基础上,积极构建与实践接轨、与研究生教育接轨、与国际接轨的本科教材体系,特策划出版《21世纪经济与管理应用型本科规划教材》。

《21世纪经济与管理应用型本科规划教材》注重系统性与综合性,注重加强学生分析能力、人文素养及应用性技能的培养。本系列包含三类课程教材:通识课程教材,如《大学生创业指导》等,着重于提高学生的全面素质;基础课程教材,如《经济学原理》《管理学基础》等,着重于培养学生建立宽厚的学科知识基础;专业课程教材,如《组织行为学》《市场营销学》等,着重于培养学生扎实的学科专业知识以及动手能力和创新意识。

本系列教材在编写中注重增加相关内容以支持教师在课堂中使用先进的教学手段和多元化的教学方法,如用课堂讨论资料帮助教师进行启发式教学,增加案例及相关资料引发学生的学习兴趣等;并坚持用精品课程建设的标准来要求各门课程教材的编写,力求配套多元的教辅资料,如电子课件、习题答案和案例分析要点等。

为使本系列教材具有持续的生命力,我们每隔三年左右会对教材进行一次修订。我们欢迎所有使用本系列教材的师生给我们提出宝贵的意见和建议(我们的电子邮箱是 em@pup.cn),您的关注就是我们不断进取的动力。

在此,感谢所有参与编写和为我们出谋划策提供帮助的专家学者,以及广大使用本系列教材的师生,希望本系列教材能够为我国高等院校经管专业的教育贡献绵薄之力。

北京大学出版社

经济与管理图书事业部

2012年1月

作者简介

耿明英，武汉纺织大学外经贸学院副教授，《对外经贸实务》杂志编辑，英国诺丁汉大学访问学者。长期从事国际金融与贸易的教学、研究与培训工作，已发表相关科研论文40余篇，主持完成或参与相关教科研项目10多项。

密桦，女，武汉纺织大学外经贸学院，讲师，经济学硕士，长期从事货币银行学、国际金融以及金融理论与实务等课程的教学，主要研究方向为宏观经济和国际金融。

前　言

国际金融学是金融学研究领域的一个重要分支,以国际货币关系为研究对象,包括国际货币流通与国际资金融通两个方面,其目标是阐述国际金融关系发展的历史与现状,揭示国际货币流通与国际资金融通的基本规律。

20 世纪 80 年代以来,经济金融化和一体化趋势加速,国际金融的新现象、新问题层出不穷,国际金融的领域不断拓宽,几乎渗透到国际经济和各国经济的每个角落。尤其是 2007 年以来由美国次贷危机所引发的全球金融危机,更是导致世界各国经济的动荡,国际金融在国际经济关系和国民经济运行中的地位日显重要。

随着我国经济、贸易等各个领域对外开放广度与深度的不断加强,整个社会经济活动已经受到国际惯例的制约,尤其是我国加入世界贸易组织(WTO)后,金融业务也已经与国际金融市场接轨,逐渐融入金融全球化的大潮之中。因此,掌握国际金融的基本理论与基础知识,熟悉国际金融实务的操作方法及技巧就显得格外重要。在此,我们结合多年的教学经验及实务操作编写了本书。

本书具有以下特点:

第一,宏观把握上,理论与实务并重。本书对国际收支调节理论、货币危机理论、国际资本流动和国际金融创新等国际金融理论的编写,尽量研读了相关的经典文献,并对其加以概括总结。读者有兴趣,可以通过我们的引导,进一步查阅经典文献,并对其深入理解。对于国际金融实务部分,则注重其可操作性,便于读者掌握国际金融交易的方法。

第二,内容编排上,密切联系国际国内经济金融的热点问题。导论部分,全面介绍了国际国内经济金融形势的新发展;章节部分,融入了国际货币体系改革的最新动向、我国外汇储备的急剧增长、人民币汇率改革趋势、2007 年以来的全球金融危机和全球银行业监管等金融领域的最新研究成果。

第三,教学方法上,课堂讲授、案例教学和课外延伸相结合。以基础理论和知识传授为前提,通过大量的实际案例分析,引导学生自主学习;通过大量阅读和信息积累,不断拓展学生的专业视野,逐步提高对现实问题的敏感度和认知度。

本书既可作为高等教育金融专业必修的专业基础课教材,也可作为其他经济管理专业(如国际贸易、国际商务、财务管理、企业管理等非金融专业)选修课程的教材,还可以作为从事国际经贸业务、涉外企业的管理人员和业务人员培训用书。

耿明英

2011 年 4 月 28 日于武汉

目录 Contents

导 论

一、国际金融学科的产生与发展

（一）金融与国际金融的含义

1. 金融的含义

所谓“金融”（Finance, Banking），即资金的融通，是货币流通和信用活动以及与之相联系的经济活动的总称。金融的概念有广义和狭义之分。广义的金融泛指一切与货币流通相关的经济活动，包括企业的融资行为，居民个人货币资产的运用和投资，专业性金融中介机构为居民、企业和其他社会机构提供资金流动和货币资产存储、投放、保管支付和转移等服务性业务。狭义的金融专指信用货币的融通。

与金融概念相关的术语有：

① 资产（Asset），是指过去的交易、事项形成的并由企业、自然人、国家拥有或者控制的能以货币来计量收支的经济资源，该资源预期会给持有人带来经济效益。资产一般包括实物资产和货币资产，常与资本或财富相通用。

② 货币（Money, Currency），是从商品中分离出来的、固定地充当一般等价物的特殊商品，是商品交换发展到一定阶段的产物。货币是财富或资产的价值证书或标志，可用于产权转移和债权债务关系的清算。货币的根本特性是它的价值含量和社会共同接受性，并且由社会共同接受性决定了货币资产的流动性。

③ 融资（Financing），是资金短缺者或资金需求者有偿使用来自资金富余者或资金持有者资金的活动。可以分为直接融资和间接融资。直接融资指资金使用者与资金所有者之间直接发生的资金转让或借贷行为，间接融资指通过一定的中介机构出现的融资行为。

④ 投资（Investment），是资金持有人追求资产增值或获取价值回报的行为，通常指资金持有人放弃对所持资金的直接消费（直接效用），通过订立合同并按一定条款将资金使用权转让给他人或机构。在通常意义上，投资者就是社会资金的提供者，居民个人、企业、事业机构和政府机构等都可以是某种投资者。专门性的投资机构（投资基金）则是将分散在社会各处的投资者资金集中起来，代表原始投资者利益从事旨在追求资产增值或价值回报的活动。

⑤ 专业化金融中介机构（Specialized Financial Intermediaries），指有偿地从资金持有人那里得到资金并将资金有偿地转移给资金使用者或者为这种过程提供服务的机构。所有金融

机构都可以分为“银行”和“非银行金融机构”两大类。

2. 国际金融的含义

国际金融(International Finance)是指国际间货币的支付和转移。它是在人类社会发展到一定阶段,因各国之间经济、政治、文化等联系而产生的货币资金的周转和运动。它赖以出现的前提是以货币作为媒介的国家之间的商品交换,即起源于国际贸易,国际金融的发展又推动了国际贸易的进一步发展。

国际金融是一国宏观经济的重要组成部分,既与国内金融相辅相成,又区别于国内金融,呈现出自身的如下特点:

① 国际金融是世界上多国参与的全球性金融活动,其中任何一国的参与者不仅要执行本国的方针、政策,受本国法令、法规的约束,而且要受到交易对方国政策、法令的制约,双方都要遵守国际惯例。

② 各国货币制度不同,所用币种不同,一种货币对另一种货币的比价不同,并且受各种因素的影响经常发生变化。各国在对外经济交往中,必须特别注意币种的选择,以防范汇率风险。

③ 各国经济发展所处的阶段不同,货币信用发展的程度不同,外贸依存度不同,国际收支地位不同,因而在国际结算中存在着资金流向、借贷方式的差异,使用的信用工具、支付工具也就不同。

④ 由于各国在历史背景、社会制度、经济结构、资源禀赋上的差异,以及生产力发展水平、国际分工中的地位不同,导致各国进出口的商品结构不同,在国际贸易中的地位不同决定了各国在对外经济活动中采取的方针、策略、法律和法规不同,进而导致各国对外贸易习惯、支付方式也各不相同。

(二) 国际金融学科的产生与发展

国际金融学是在国际贸易理论的基础上逐步形成和发展起来的,是国际贸易学的一个组成部分。20 世纪 60 年代前后,国际金融学开始成为一门新兴的学科,但其研究范围尚未明确界定。国际金融学是世界货币金融关系长期发展的产物。

1. 西方国际金融学科的产生与发展

(1) 西方国际金融学的产生

西方学者对国际金融理论的研究已有数百年历史。至少从 13、14 世纪起,伴随着西欧中世纪城市经济的兴起和集市贸易的发展,金融活动或国际金融活动也随之开展,产生了有关货币兑换和融资的论述。例如法国学者尼科尔·奥雷斯姆在 1360 年前后写了《论货币的最初发明》一文,分析了货币质量下降对货币兑换和商业发展的不利影响。从 17 世纪到 19 世纪前半期,包括从重商主义到古典政治经济学这段时期内的早期国际金融学说,是整个国际金融学说的源头,它同此后的国际金融学说直至现代国际金融学说之间有理论上的渊源关系。例如,英国经济学家大卫·休谟 1752 年在其《论贸易差额》一文中论证了关于国际收支自动调节理论的“黄金流动与价格机制”,这便是现代国际收支调节理论的起源。

长期以来,西方学者对国际金融理论的研究都是伴随着对国际贸易理论的研究进行的。换言之,一直是将国际金融理论作为国际贸易理论的一个组成部分来研究的。这种情况一直延续到第二次世界大战初期。进入 20 世纪 60 年代后,美国开始出现以国际金融为题的专著，这时，人们才首次将国际金融学作为一门独立的新兴学科进行研究和认识。

（2）西方国际金融学的发展

两次世界大战后，特别是近20多年来，由于生产和资本国际化的迅速发展，国际经济学应运而生，国际金融研究又从属于国际经济学。20世纪80年代以来，经济和金融全球化、自由化、投资机构化、交易电子化等趋势的发展所引起的一系列问题，成为西方国际金融理论迅速发展并形成一门独立学科的重要推动力。尤其是20世纪90年代以来，国际金融领域的变革超过其他领域，国际金融作为一门独立的学科也越来越引起人们的高度重视和关注。目前，西方国际金融学理论的研究已经有了较大进展。西方学者将国际金融学理论分为两大部分：一是宏观部分，即着重研究全球性国际收支平衡问题、各国货币政策与财政政策协调问题、国际货币制度的改革问题等。二是微观部分，即着重研究世界货币金融关系的各种形式，如国际汇兑问题、国际结算方式问题、国际信贷问题、国际储备资产的管理问题、跨国企业财务管理问题等。总之，西方学者对国际金融学理论的研究正在步步深入。

2. 我国国际金融学科的产生与发展

（1）我国国际金融学的产生

国际金融学作为一门独立的学科在我国起步较晚，基本上可以说是近20年来随着我国改革开放政策的实施、对外经济贸易金融关系的不断扩大，才逐渐产生和发展起来的。

20世纪80年代前后，我国对外经济贸易关系开始迅速扩大，我国在一些国际金融组织中的合法席位也先后恢复；我国不仅开始大胆引进外资和举借外债，同时也开始广泛参与国际金融和国际经济合作活动，参与对外投资，并在国际金融市场上筹措资金。在我国逐步融入世界经济、世界市场的进程中，国民经济的发展已不可避免地受包括国际金融发展变化在内的整个世界经济发展变化的影响，如1994年的墨西哥金融风暴、1997年的东南亚金融风波等。这一系列的巨大变化，迫切要求我们全面研究国际金融，掌握世界货币金融关系及其运动规律。可见，我国对外经济贸易金融关系的迅速发展，导致了我国国际金融学的产生。

（2）我国国际金融学的发展

改革开放30多年来，为了满足我国对外经济贸易金融关系迅速发展的需要，国内诸多学者经过大量的艰苦劳动，先后出版了几十种国际金融专著，为我国马克思主义国际金融学的创立作出了巨大贡献。

由于国际金融学不仅仅是一门崭新的学科，而且是一门极为复杂的科学，我国在实践上尚不如西方发达国家丰富，再加上我国对其研究起步较晚，因而，迄今为止国内学者在国际金融学的研究对象、研究内容乃至整个理论体系与逻辑结构上都未能达成一致看法。

二、国际金融学科的研究对象与内容

（一）国际金融学科的研究对象

国际金融学是金融学研究领域的一个重要分支。关于国际金融的研究对象，国内外学者有不同见解。综合其观点，基本上可概括为广义和狭义两个方面：

1. 广义的研究对象

在国外，一般将国际金融广义地定义为国际货币关系或国际货币经济学。研究的范围很广泛，主要包括：国际金融的职能、国际收支、引进外资和对外投资、国际汇兑、贸易与非贸易金融、国际金融市场、国际货币体系、国际金融政策、外汇管制等，有些学者还将跨国公司的企业财务管理、计划以及有关立法、税收等问题也纳入国际金融学的研究对象。

在我国，关于国际金融学广义的研究对象，相关学者有不同的见解，代表性的观点有：

① 所谓国际金融，就是分析研究和处理国际间的货币兑换、借贷关系、收付方式、结算制度、金融市场、货币体系、金融机构等问题的总称。

② 国际金融学应以国际间的货币金融关系作为研究的对象，既要说明国际范围内金融活动的主要问题，又要阐述国际间货币和借贷资本运动的规律。

③ 国际金融学是研究货币在国际之间运动的一门科学，其中包括货币运动的规律，影响这些规律的因素，经营这些货币运动的业务和机构，以及资本主义国家的政府对货币运动采取的政策措施等。

2. 狭义的研究对象

在国外，许多学者将国际金融作为国际经济学的一个组成部分来加以研究，认为国际金融所考虑的就是“国际经济学的货币方面”，将国际金融作为《国际经济学》中的一篇，或专设“外汇和国际收支调节过程”一篇来论述国际金融问题，同时还在“开放经济的宏观政策”一篇中侧重研究汇率政策，在“要素移动”一篇中侧重研究国际投资，等等。

在我国，有的学者认为，国际金融学考察国际收支平衡问题及有关调节理论和政策。

目前，由于世界经济发展变化中的多元化和复杂性，国内外学者在国际金融学的研究中，主要还是偏向于广义的研究对象。国内有些学者对此作了如下说明：

第一，国际金融学的研究应以世界货币流通为主线。这是因为世界货币流通是国际金融的核心。如果没有世界货币（既包括作为资本的货币，也包括作为货币的货币）流通，也就不会有国际金融活动的发生，世界货币金融关系运动的各种具体形式（如国际收支、国际汇兑等）就会失去运动的主体。因此，国际金融学的研究要贯穿世界货币流通这条主线。

第二，国际金融学研究的重点是当代世界货币金融关系运动的各种具体形式。这是因为世界货币金融关系运动的各种具体形式（国际收支、国际汇兑等）是当代国际金融活动的主要内容，通过对这些具体运动形式的研究，可以揭示出当代世界各国之间货币金融关系的表现形式及其运动规律。

第三，国际金融学也要研究当代世界各国之间货币金融关系赖以运行的渠道和媒介。当代世界各国之间货币金融关系赖以运行的主渠道是国际金融市场，赖以运行的主要媒介是各种国际信贷机构和组织。通过对主渠道和主要媒介的研究，能揭示当代世界货币金融关系得以顺利运行的条件。

（二）国际金融学科的研究内容

国际金融学的研究内容是随着国际贸易的发展和国际金融关系的演变而不断充实扩大的。其主要内容如下：

1. 国际收支

这是在一定时期内一国居民与非居民之间全部经济交易的系统记录，反映一国与其他国家之间的商品、劳务和收益的交易以及债权、债务的变化。国际收支一般按一年、半年或一个季度计算。一国的国际收支不但反映该国的经济结构和经济发展水平，而且反映各国间的国际经济关系及其在世界经济中所处的地位和实力的消长变化等。

2. 国际储备

指各国货币当局为弥补国际收支赤字和维持汇率稳定而持有的在国际间可以被普遍接受的一切资产。一国国际储备量的大小可体现一国的国际金融实力和国际融资能力,以及调节国际收支和稳定货币汇率的能力。国际储备由黄金储备、外汇储备、会员国在基金组织认缴的储备头寸、特别提款权四个方面构成。

3. 国际汇兑

这是以委托支付或债权让与的方式,结算国际间债权、债务关系的各种业务活动。包括外汇、外汇汇率、汇率的决定与变动;外汇市场、外汇业务和汇率折算;人民币汇率问题;外汇风险及其规避等。这是国际金融理论指导下的实务部分。

4. 国际结算

是指国际间办理货币收支调拨,以结清不同国家中两个当事人之间的交易活动的行为。它主要包括支付方式、支付条件和结算方法等。国际结算方式主要有汇款、托收和信用证方式等。国际结算是一项技术性很强的国际金融业务,且涉及许多复杂的社会、经济问题。社会制度不同、经济发展水平相异的国家或国家集团,对国际结算方式的要求和选择,经常发生各种矛盾和冲突。各国都力争采用对本国最为有利的结算方式。

5. 国际信用

是指在国际金融市场上进行的国际货币资金的借贷行为。最早的票据结算就是国际上货币资金借贷行为的开始,经过几个世纪的发展,现代国际金融领域内的各种活动几乎都同国际信用有着紧密联系。没有国际借贷资金不息的周转运动,国际经济、贸易往来就无法顺利进行。国际信用主要有:国际贸易信用、政府信贷、国际金融机构贷款、银行信用、发行债券、补偿贸易、租赁信贷等。国际信用同国际金融市场关系密切。国际金融市场是国际信用赖以发展的重要条件,国际信用的扩大反过来又推动国际金融市场的发展。国际金融市场按资金借贷时间长短可分为两个市场,一是货币市场,即国际短期资金借贷市场;二是资本市场,即国际中长期资金借贷市场。有了国际信用,才能使国际资本在全球范围内周转、运动,实现资金的融通。

6. 国际金融组织

这是维持国际货币体系正常运行的超国家的组织机构。现有的国际金融组织都是第二次世界大战后建立起来的,旨在稳定和发展世界经济,从事国际金融业务,扩大国际贸易,加强国际经济合作。国际金融组织包括全球性的国际金融组织(如国际货币基金组织、世界银行和国际清算银行)和区域性的国际金融组织(如亚洲开发银行、泛美开发银行和欧洲开发银行等)。

7. 国际货币体系

是指自发或协商形成的有关国际间债权、债务关系清偿中所使用的货币以及各国货币之间汇率安排的国际规则和办法,是国际金融领域的重要组成部分。最初的国际货币制度是金本位制。第二次世界大战后,资本主义世界建立了以美元为中心的国际货币体系。这个体系一方面通过固定汇率制促进了资本主义国家战后经济和世界贸易的恢复和发展,另一方面使美元取得了等同于黄金的地位。美元的优越地位使它成为各国普遍接受的国际支付手段、国际流通手段和购买手段,并成为许多国家外汇储备的重要组成部分。后来,随着其他资本主义国家经济的恢复和发展，这些国家的货币也相继开始发挥与美元不相上下的作用。1973年美元再度贬值以后，布雷顿森林会议建立的国际货币体系崩溃。浮动汇率制取代了固定汇率制。自20世纪60年代以来，国际社会多次讨论国际货币体系的改革问题，并于1969年和1978年两次修改国际货币基金协定。但由于各国间的矛盾和冲突，国际货币制度存在的困难和缺陷始终未能得到解决。

三、当前国际金融热点问题

（一）国际经济金融形势

自美国次贷危机爆发以来，国际经济金融形势一直处于动荡之中，全球经济复苏乏力。2011年9月，国际货币基金组织（IMF）预计2011年全球产出按购买力平价（PPP）计算达到78.85万亿美元，比上年增加4.47万亿美元，实际增长率为4.0%，远低于2010年的5.1%。2012年世界经济将面临更多不稳定和不确定性，全球继续维持低速增长的可能性很大。

当前国际经济金融形势的突出特点主要表现为"经济增长下滑，金融动荡不安"。具体呈现以下几个方面的特征：

1. 发达国家经济复苏乏力

目前，发达国家的经济增长总体呈现放缓态势，明显展现出复苏动力不足。

发达国家经济复苏乏力的主要原因在于总需求不足和与之密切相关的市场信心不足。手中有大量现金的美国企业不愿投资，存款超过贷款上万亿美元的美国商业银行谨慎行事，既是市场信心不足的结果也有总需求不足的原因。欧洲的银行因持有大量"问题国家"的债券而造成资产质量下降，迫使它们为充实资本金和去杠杆化而收缩业务，进而使得债务危机更为严峻。地震、海啸和核泄漏沉重打击了日本经济，其债务与国内生产总值的比率高达220%，经济发展显然受到拖累。

2. 新兴经济体增长态势总体良好，但也有隐忧

新兴经济体在世界经济中的地位进一步提升，但经济增速有所减缓。2011年新兴与发展中经济体的产出增长率为6.4%，同比下降了0.9个百分点，但仍远高于发达经济体。从经济总量来看，2011年新兴与发展中经济体按购买力平价和市场汇率计算的国内生产总值将分别达到38.63万亿美元和25.10万亿美元，在全球经济中的比重分别占到49.0%和35.9%，分别比2010年提高1.1和1.6个百分点。①

新兴与发展中经济体2011年增速放慢的主要原因是受发达经济体状况不佳拖累，同时也与控制通货膨胀政策的实施有关。2008年国际金融危机爆发后，主要新兴经济体大都采取了积极的应对措施，这些措施或多或少地引发了后来的物价上涨。俄罗斯的情况相对特殊，因为其经济增长表现和大宗商品价格波动高度相关。

3. 国际贸易与投资增长下滑

在2009年世界贸易增长受金融危机影响大幅回落之后，2010年世界贸易活动得到快速恢复。来自世界贸易组织（WTO）的数据显示，2010年世界货物出口贸易总额达到15.24万亿美元，与上年相比实际增长率为14.5%，实现了自1950年有该统计以来的最大增幅。进

---

① 数据来源：张宇燕，"2011年世界经济形势回顾与展望"，《求是》，2012年2月。

入2011年，与世界经济增长放缓、复苏乏力的整体态势基本一致，全球贸易增长也出现了下行趋势。

造成2011年全球贸易增速下滑的主要原因有三：一是发达经济体受主权债务危机拖累而出现经济增速放缓。二是由于全球经济增速下滑和失业率居高不下，贸易保护主义政策层出不穷。贸易保护主义政策往往与一国国内经济和政治需求紧密相关。美国参议院2011年10月通过了《2011年货币汇率监督改革法案》，尽管最终成为正式立法的可能性只有50%，但它仍不失为借贸易失衡推行保护主义的明证。三是全球突发性事件接连不断，成为国际贸易增长新的制约因素。日本大地震带来的供应链条崩塌就是一个典型的事例。

4. 大宗商品价格高位波动

2010年上半年，国际大宗商品市场的价格指数呈现下降趋势，但自7月起又出现了新一轮的大幅上升行情，至2011年又再次出现回落。2011年5月至8月间，大宗商品价格持续在高位震荡，衡量大宗商品价格的CRB指数在4月20日创出历史新高，达691点，9月23日跌至576点。根据国际货币基金组织估计，2011年全年原油价格将达到每桶103.20美元，比上一年上涨24.17美元。2012年原油价格预计会有小幅回落，每桶在80—100美元之间的可能性较大。①

总体而言，2011年以来各类大宗商品价格的集体下探，根源于全球经济复苏乏力和总需求减弱。发达经济体对于流动性管理偏向谨慎，发达经济体债务问题导致的不确定性，大宗商品市场中的金融投机活动，这三个因素的叠加也带来了国际大宗商品市场的剧烈震荡。

5. 国际金融市场动荡不已

2011年4月以后，由于宏观经济表现欠佳，发达国家债务危机与银行间融资困境交互影响，投资者避险情绪上升，开始偏向保守型投资，传统的避险资产，如财政状况较好国家的主权债券、具有较高流动性的国际货币以及黄金等成为投资者追逐的对象。瑞士法郎、日元等呈现不同幅度的升值，黄金价格也连创新高。2011年9月黄金月平均价格达到每盎司1 799.36美元，是2009年1月的2.08倍。随着全球投资风险偏好的收缩，新兴市场面临资本进一步流出的风险加大。这不仅给新兴市场国内宏观经济和金融体系的稳定性带来了不利影响，也给发达经济体和全球金融市场的稳定带来了负面影响。

总结2010年以来的全球国债市场、外汇市场和股票市场等主要金融市场走势，可以归纳为三个特点：① 国债市场上发达国家长期国债市场出现波动与分化；② 在全球外汇市场，传统的避险货币如瑞士法郎、日元、澳元、加元继续保持强势地位，美元自2011年7月起也进入短期升值通道；③ 全球股市在经历了2009年2月份的低谷期后呈现两种不同的发展趋势，一是美国股市与新兴市场国家股市快速升温，二是欧洲与日本股市持续低位徘徊。

根据当前发展形势，2011年国际金融市场的低迷状况难以在短期内发生根本改变，而且在主权债务危机隐忧犹存和全球经济缓慢增长的情况下，未来一年国际金融市场仍将呈现不稳定局面。

6. 主权债务危机波澜起伏

2011年以来，欧洲主权债务危机不断升级。从公共债务与国内生产总值的比值来看，欧

---

① 数据来源：张宇燕，“2011年世界经济形势回顾与展望”，《求是》，2012年2月。

洲整体上已超过80%,其中希腊、意大利、西班牙、爱尔兰和葡萄牙均接近或超过100%,并可能引发新一轮金融危机。截至2011年6月,美国国债余额达到了14.34万亿美元,占国内生产总值的95.6%。[①] 为此,美国两党围绕债务上限问题展开了激烈斗争,标准普尔也将美国长期国债信用评级从最高级"AAA"下调至"AA+"级。债务危机的影响是深广的,它不同程度地破坏国家信用、损害市场功能、加剧经济波动,并使得未来一年内发达经济体出现衰退的风险上升,全球经济增长亦受其拖累。

7. 经济问题与社会问题的联动关系进一步加强

各国经济复苏和政策运用的复杂性加大。2011年以来,全球经济增速放缓、失业率长期居高不下和收入差距扩大等经济问题成为影响社会稳定的重要因素。2011年8月以来欧洲多国发生骚乱,9月以来美国"占领华尔街"运动向全国蔓延等,正是经济与社会问题相互影响,关系日益密切的重要表现。

8. 突发性自然灾害接踵而至

2011年,全球主要经济体均不同程度遭受到突发性自然灾害的冲击,这使本已步履沉重的经济复苏雪上加霜。据德国慕尼黑再保险公司报告显示,2011年上半年全球自然灾害造成的直接经济损失达2 650亿美元,比2005年全年自然灾害造成的损失多430亿美元。2011年上半年美国共发生风暴、洪水、火灾及地震等自然灾害近100次,总经济损失达270亿美元,超过近十年平均值118亿美元的两倍。2011年3月,日本发生大地震并由此引发了海啸和核泄漏,工业生产和电力供应受到严重冲击,这给日本经济带来直接损害。据日本政府估计,地震和海啸造成的经济损失可能超过3 000亿美元,这一预估还不包括因供电不足造成的经济活动损失及由此引发的金融市场和企业信心震荡带来的损失。2011年2月,新西兰大地震造成的直接损失也高达200亿美元。根据中国国家减灾委办公室发布的数据,2011年上半年全国各类自然灾害造成2.9亿人次和2 252.6万公顷农作物受灾,直接经济损失达210亿美元。自然灾害不仅给有关国家经济造成直接损害,还损伤了世界经济复苏的元气,并对世界粮食、能源和环境等政策的调整带来深远影响。

(二) 国内经济金融形势

我国在"十二五"规划的开局之年,面对复杂多变的国际形势和国内经济金融运行的新情况、新变化,不断加强和改善宏观调控,在控物价、稳增长和调结构中寻求平衡,既有效遏制了物价过快上涨,又保持了经济平稳较快发展。2012年,世界经济形势趋于复杂,复苏的不稳定性和不确定性因素明显增加,我国经济增长下行、物价上涨和结构调整压力并存,经济金融领域存在一些不容忽视的潜在风险。

1. 我国2011年经济金融形势分析

2011年以来,我国的宏观调控政策坚持把控制物价作为首要任务,政策效果逐步显现,经济运行总体较为平稳,并呈现出以下特点:

(1) 物价涨幅见顶回落,压力依旧存在

居民消费价格指数在2011年7月份达到6.5%的峰值后,受基数效应减弱、货币条件改善和大宗商品价格下降等因素影响,涨幅呈现回落趋势,全年CPI上涨5.4%。首先,控物价

---

① 数据来源:张宇燕,"2011年世界经济形势回顾与展望",《求是》,2012年2月。

的货币条件持续改善。9月份广义货币(M_2)同比增长13%,狭义货币(M_1)同比增长仅8.9%,信贷余额同比增长15.9%,全年货币、信贷调控目标将如期实现。[①] 其次,输入性通胀压力有所减弱。受美、欧债务危机冲击,全球经济增长明显放缓,加上市场避险情绪影响,美元短期反弹,大宗商品价格有所回落,进口价格指数趋降。最后,食品价格涨幅企稳回落。猪肉价格同比涨幅下降,粮食和食品价格趋稳。

中国物价中长期上涨的压力依然存在,这主要是劳动力、劳动力价格或者说工资、土地以及其他方面的资源,特别是矿产品;从另外一个方面讲,中国的一些重要服务品的价格、一些重要商品的价格,也还有一个改革的过程。总之,2012年那些抑制价格上涨的因素继续存在,同时导致物价中长期上涨的压力也存在。

(2) 经济增长小幅下降,GDP"逐季回落"

2011年前三季度,制造业、房地产业投资高速增长,但交通、电力等基础设施投资增速明显放缓,固定资产投资增长25%。由于汽车、住房等与住、行相关的消费增长明显下降,累计社会消费品零售总额实际增速比去年同期回落3.75个百分点。目前世界经济放缓,对我国出口已经开始产生影响,前9个月出口增长22.7%。预计全年出口增长20%左右,贸易顺差1 600亿美元左右。[②]

从内、外需求综合看,2011年以来总需求增长的适度回落,主要是宏观政策主动调控的结果,有利于控制物价涨幅和实现经济运行的综合平衡。据国家统计局的数据显示,2011年国内生产总值471 564亿元,按可比价格计算,比上年增长9.2%。分季度看,一季度同比增长9.7%,二季度增长9.5%,三季度增长9.1%,四季度增长8.9%。一条逐季回落的曲线图贯穿整个2011年。

(3) 房地产调控初见成效,潜在风险仍在增加

2011年前三个季度,全国商品房销售面积同比增长12.9%,销售额增长23.2%,房地产市场运行总体平稳。保障房建设按计划推进,一定程度上弥补了商品房投资下降的缺口,房地产开发投资增长32%,对于稳定整体投资增长和抑制商品房价格上涨均发挥了积极作用。[③] 特别是,"限购"措施的落实和实施范围的不断扩大,以及开展房产税试点等,房地产投资需求得到一定抑制。一线城市房价有所松动,并出现局部下降,二、三线城市房价上涨趋于温和,房价过快上涨态势得到初步遏制。对地方投融资平台的摸底和整顿,使正在上升的与土地、房地产相关的信贷风险和地方财政风险有所抑制,对防范系统性财政金融危机的爆发具有重要作用。

目前全国城镇房价收入比低于1998年以来的均值水平,部分房价明显偏高、商品房供应量较大的城市,房价可能会出现一定幅度的下降,但出现全国性房价大幅回落的可能性较小。另外,市场已经形成了地方财政高度依赖、银行较大程度依赖土地和房地产行业的格局,以及民间信贷介入房地产业很多,短期内房价如大幅下降,将会打破财政、金融系统的脆弱平衡。

---

① 数据来源:刘世锦、余斌、陈昌盛等,"增强政策弹性,防范化解风险,加快转变经济发展方式",《中国经济时报》,2011年11月2日。

② 数据来源同上。

③ 数据来源同上。

(4) 本币升值挫伤出口,国际压力明显增加

虽然近期人民币即期汇率连续触发跌停,但是仍然处于2005年以来的长周期升值通道中。2012年年初,人民币对美元汇率创下了1美元兑6.29元人民币的记录。由于通过压迫人民币升值来压制中国出口的目的未能实现,美国针对中国的贸易制裁或调查近期可能明显增多。加之贸易制裁的对象和结果无法确定,中国外贸企业面临的经营风险上升,对企业提供融资的银行的经营风险同时上升。中国的巨额外汇储备已成为发达国家甚至发展中国家对中国提起贸易制裁、反补贴调查的主要"依据"。本币升值降低了我国的出口竞争力,以劳动密集型、低附加值为特征的中国出口企业竞争压力加大。2011年我国海关当月出口额同比增速较2010年明显回落,顺差大幅萎缩,甚至外汇占款出现了46个月以来的负增长。

与此同时,我国所面临的国际压力明显增加。首先,发达国家经济增长放缓,为转嫁危机和转移国内矛盾,可能会实施更多的贸易保护主义措施,如美国国会再度提出要求人民币汇率升值的法案,力图对我国施压。其次,发达国家面对债务危机,可能要求中国无条件地、大幅度地参与救援行动,并在其他方面要求中国承担更多的国际义务,如果我国不同意或者提出条件,就可能被贴上"不负责任的大国"标签。最后,发达国家试图把金融危机爆发的原因和全球经济再平衡的责任推到我国身上。在世界经济放缓和大宗商品价格下调的情况下,发展中国家对我国带动其经济增长也持有较高期望,如果这种期望得不到满足,可能会转化为不满。另外,如果我国经济能够保持稳定增长,而西方国家经济低迷,我国崛起的势头将更加明显,可能引发西方国家有意识、有组织的打压,并分化利用其他发展中国家给我国制造麻烦,我们将面临更加错综复杂的外部环境。

(5) 原材料价格上涨,竞争性实体经济利润偏低

2011年以来,在原材料价格上涨和资金偏紧背景下,行业间利润出现不合理的挤压分配。主要表现为:一是金融类企业利润增长相对较快。在货币政策收紧背景下,金融企业定价能力明显增强,对非金融类企业利润形成一定挤压。上市公司中报显示,金融类企业净利润同比增长27.3%,与2010年全年水平基本持平,而非金融类企业净利润同比增长17.9%,显著低于2010年全年水平。二是上游行业相对于下游行业利润增长较快。大宗商品和原材料价格上涨,上游行业具备更强的成本传导能力,对中下游行业利润产生挤压。三是随着信贷规模收缩,市场资金成本上升,更容易获取金融资源的大企业,部分发挥了"影子银行"的作用,对中小企业利润形成一定挤压。在资金要素价格改革不到位的背景下,这种利润挤压使虚拟或垄断部门受益,竞争性实体经济、民营和中小企业受损,导致经济运行活力下降。

(6) 金融市场总体运行平稳,债券市场保持健康发展

2011年,我国金融市场总体运行平稳,债券市场保持健康发展,充分发挥了保证国家宏观经济政策实施、优化资源配置、推动金融体制深化改革、加大金融支持经济发展力度的积极作用。2011年,债券发行规模有所缩小,公司信用类债券发行规模大幅增加;市场交易活跃,市场利率波幅较大;债券指数上行,收益率曲线整体呈现下移趋势;机构投资者数量稳步增长;股票市场指数总体下行,市场交易量下降。

(7) 全民放贷危及金融安全,地方债平台岌岌可危

全民放贷是2011年的壮观一景。一边是银行体系内廉价的资金,另一边是银行体系外

各种变相的高利贷。存款负利率、资金价格“双轨制”及投资渠道单一等原因共同作用,直接导致了危险的资产泡沫。例如,江苏泗洪“宝马乡”的全民放贷最后变成了“全民追债”,温州老板因无法清偿高利贷而“跑路”,甚至有些银行变相通过信托贷款和委托理财等方式参与放贷游戏。事实上,全民放贷是民间借贷的极端形式,它是一种低效率、高成本、高风险的交易,是社会资源闲置与浪费并存的现象。

另外,无论地方政府怎样“卖地”,钱仍不够花。据国家审计署公布的数据显示:截至2010年年底,全国地方政府性债务余额107 174.91亿元,其中政府负有偿还责任的债务占62.62%,政府负有担保责任的或有债务占21.80%,政府可能承担一定救助责任的其他相关债务占15.58%。而其中2011年、2012年到期偿还的债务分别占24.49%、17.17%。从借款来源看,2010年年底地方政府性债务余额中,银行贷款约为8.5万亿元,占79%。换句话说,地方债务平台基本上是银行贷款搭建的。一旦“平台失火”,必将“殃及池鱼”。

2. 我国进一步实施宏观调控的政策取向与相关措施

综合分析国内外形势,下一阶段宏观政策不能转向全面放松,重新大规模扩大政府公共投资和扩大货币信贷总量来拉动经济增长,这样就会回归依靠投资拉动的粗放型发展方式,使各种矛盾和问题进一步加剧。中国政府要把握好“稳中求进”的总体原则,保持宏观经济政策稳定,继续实施积极的财政政策和稳健的货币政策,同时要根据形势变化,适时适度进行预调微调。

(1) 继续实施积极的财政政策

这是在外部需求收缩、我国经济增速放缓的情况下,保持经济平稳较快发展和推进经济结构调整的重要条件。我国财政赤字占国内生产总值的比重和债务余额占国内生产总值的比重,均在可控范围之内,实施积极的财政政策不仅有必要也有条件。要发挥积极的财政政策对经济增长的支撑作用,保持必要的财政支出力度,保持适度的财政赤字和国债规模。

实施积极的财政政策,其政策力度和重点要根据形势变化进行调整。与以往积极的财政政策主要依靠扩大支出和公共投资不同,下一阶段实施积极的财政政策,“增支”上将有所控制,“减收”上将加大力度,结构性减税将成为政策重点。要完善结构性减税政策,包括落实提高增值税、营业税起征点等减轻小微企业税费负担的各项政策,实施对小微企业的所得税优惠政策,扩大服务业营业税改征增值税试点范围,降低部分进口商品关税,实施减轻物流企业税收负担的相关政策。结构性减税,一方面要为实体经济发展营造更加宽松的环境,另一方面也体现了向中小企业、服务业、物流企业倾斜,体现了推进结构调整的政策取向。

在财政支出安排上,应进一步优化支出结构,主要是加大民生领域投入,支持保障性安居工程、农业农村基础设施、科技创新和教育文化卫生基础设施建设、节能减排和生态建设,自主创新能力建设和战略性新兴产业发展,增加对地方均衡性转移支付规模,提高财力薄弱地区落实各项民生政策的保障能力。在当前形势下,保持公共投资的适度增长仍十分必要,要优先支持国家重大基础设施在建和收尾项目,尽早发挥效益,避免半拉子工程,并适时开工建设一批“十二五”规划确定的重大项目。

(2) 继续实施稳健的货币政策

在国内货币供应存量仍然较多、全球流动性过剩压力仍然较大的情况下,为防止价格走势出现反弹,货币政策应保持稳健基调。货币政策既不能过松,也不能过紧。货币政策过松,可能引发物价走势反弹;货币政策过紧,可能导致经济增速过度下滑,必须坚持稳健基调,在保持经济平稳较快发展,保持物价总水平基本稳定中发挥积极作用。与此同时,考虑到今年以来 M_2 增速大幅回落,企业特别是中小企业融资困难,保持经济平稳较快增长需要加强金融支持,加之价格涨势趋稳,适度增加货币信贷投放既有必要也具备条件,稳健的货币政策要根据经济运行情况,适时适度进行预调微调。

实施稳健的货币政策,总体要求是"总量适度、审慎灵活、定向支持"。总量适度就是要适度增加货币信贷总量,运用多种货币政策工具,灵活调节货币信贷供给,保持社会融资规模合理增长,满足经济平稳较快发展的需要。审慎灵活就是要根据经济运行情况,适时适度进行预调微调,这是下一阶段货币政策的重点。定向支持就是要在总量调控的基础上,进一步优化信贷结构,引导金融机构加大对经济社会重点领域和薄弱环节,特别是"三农"、中小企业、保障性住房的支持力度,继续严控"两高一剩"行业贷款,支持战略性新兴产业,促进经济结构调整,更好地服务于实体经济。

与此同时,还要注重发挥好资本市场的积极作用,促进证券市场稳定发展并积极发展债券市场;完善人民币汇率形成机制,增强双向浮动弹性,保持人民币在合理、均衡水平上基本稳定;完善外汇储备经营管理,进一步改善国际收支。

(3) 培育和发挥市场机制作用

在继续加强和改善宏观调控的同时,还要高度重视培育和发挥市场机制的作用。目前存在的一些深层次矛盾和问题,以及经济金融领域的一些潜在风险,根源还在于市场机制不健全、不完善。当前的形势变化,为深化改革提供了时间窗口,要紧紧抓住有利时机,下决心推进重点领域和关键环节改革,特别是要加快财税体制改革,健全县级基本财力保障机制,深化预算管理制度改革,健全增值税制度,完善消费税制度,全面推进资源税改革,扩大房产税改革试点。积极稳妥地推进金融改革,稳步推进利率市场化和汇率形成机制改革,保持人民币汇率基本稳定;深化农村信用社改革,积极培育面向小型微型企业和"三农"的金融机构;完善多层次资本市场,增强市场配置资源的效率。与此同时,还要继续推进资源性产品价格形成机制改革,深化国有企业改革,为非公经济发展创造更好的环境。加快政府职能转变是推进改革的重要前提,要减少对市场主体的直接干预,避免资源和要素价格扭曲,促进形成公平竞争的市场环境,使企业的创新潜能得到充分释放,各行各业得到蓬勃发展。

(4) 以适当方式参与欧债救援

作为全球最大的区域经济体,欧洲经济的表现直接影响世界经济的复苏进程。作为全球第二大流通和储备货币,欧元的稳定有利于国际货币体系向多元化方向发展。如果欧元解体,美元独大的局面将得到强化,不利于国际货币体系的健康稳定运行。欧洲和欧元的稳定关系到我国切身利益,有必要以适当的方式给予援助。在时机选择上,最好等希腊违约问题明朗之后。此时,如果欧洲国家决定在意大利债务问题上建立防火墙,我方应积极参与。作为救援条件,要求欧洲取消对我国在对外贸易和投资中的歧视条款。在方式上,可以直接购买部分欧洲国家的主权债务、欧洲金融稳定基金(EFSF)增发的债券,还可以选择一些优质企业和金融机构的股票和债券。另外,可以要求对方发行特别国债,并置于优先偿还等级,目前 IMF 对欧元区国家的救助资金就有这样的安排。在购买欧元区金融资产时,要注意化整为零,除了国家级投资机构之外,可以考虑让部分国有企业和金融机构分散购买。

第一章

国际货币体系

学习目标

- 了解国际货币体系的发展及演变历程
- 掌握国际货币体系各阶段的特点
- 了解欧洲货币一体化的过程及欧元
- 初步认识当前国际货币体系存在的问题
- 分析金融危机后美元国际地位的变化对国际货币体系的影响
- 了解人民币国际化的相关问题

案例导入

蒙代尔——新国际货币体系 = 欧元 + 美元 + 人民币

有"欧元之父"之称的罗伯特·蒙代尔认为，当前世界经济危机的根源在于各个国家之间汇率的剧烈波动，世界的未来在于建立新的国际货币体系，主要国家的货币之间建立起固定的汇率，为全球提供稳定的世界货币。

蒙代尔在描述他的理想货币体系时特别强调，汇率的稳定是保证这样一个体系有序运转的必要条件。在不同货币之间的汇率波动如此之大的情形下，要建立一个新的国际货币体系是不可能的。因此，需要确定世界主要货币之间的固定汇率。在世界诸多货币中，蒙代尔最看好欧元和美元，因为美国和欧洲相加可以占到全球 GDP 的 40%。所以首先要确定欧元和美元之间的固定汇率，建立一个欧元、美元为主导的国际货币体系。同时，他对于将人民币吸纳进这样一个体系中保持积极乐观的态度。因为，中国是世界第一大出口国，也是世界第二大经济体，并且中国始终实行和美元挂钩的汇率政策，在较长的时期对美元保持了比较稳定的汇率,将中国吸纳到这个体系中来相对比较容易。

蒙代尔设想,当美国、欧洲和中国组成了这个大的货币联盟体系后,可能会成立一个统一的央行,由这个央行制定货币政策,并设定一个理想的目标通胀率,无论是1%、2%、3%还是0,但一定要设立这个标准,这样的话就能在这个体系内形成一个均衡的价格。

他认为,通过这样的方式,可以恢复非常健康的国际货币体系。如果就这种通行的国际货币达成共识的话,可以让国际货币基金组织的成员国都采用这样的货币。建立国际货币新体系需要"和谐世界",成立新的国际货币体系的过程会碰到很多政治方面的障碍,首先需要各个国家具有共同的理念,其次这些国家要保持政治上的稳定,没有战乱。

资料来源:中国经济时报,2011年9月30日。

【启示】 美国金融危机的爆发及在全球范围内迅速蔓延,反映出当前以美元为中心的国际货币体系的不平等性、内在缺陷和系统性风险,改革国际货币体系已势在必行。作为开放发展中的大国,中国应积极参与国际货币体系新秩序的建设,以提升人民币的国际地位。

第一节 国际货币体系概述

国际货币体系(International Monetary System)又称国际货币制度,是指各国政府为适应国际贸易和国际支付的需要,对货币在国际范围内发挥世界货币职能所确定的原则、采取的措施和建立的组织形式。

一、国际货币体系的内容

国际货币体系是一个由诸多要素构成的有机系统,一般包括以下几个方面的内容:

(一) 各国货币比价的确定

根据国际交往与国际支付的需要,使货币在国际市场上发挥世界货币的职能,各国之间的货币一定要确定一个比价,即确定一个汇率。围绕汇率的确定,各国政府一般还规定:货币比价确定的依据,货币比价波动的界限,货币比价的调整,维持货币比价所采取的措施,对同一货币是否采取多元比价,等等。

(二) 各国货币的可兑换性与对国际支付所采取的措施

如前所述,可兑换是指一国对外支付是否进行限制与管制而言,如解除了各种限制或管制,该国货币即为全面可兑换货币或自由兑换货币。

有时一国对某些项目的国外支付加以限制,对另外一些项目的支付则不加限制,有的国家则对国外一切项目的支付都加以限制。各国政府一般还颁布金融法令,规定本国货币能否对外兑换与对外支付是否进行限制等。

(三) 国际收支与调节机制

国际收支是一国对外经济活动的系统记录,其调节机制是否健全有效,影响和决定着国际货币制度能否平稳运行,因而国际收支及其调节机制成为国际货币制度的主要问题。其主要包括当出现国际收支失衡状况时,通过何种机制进行有效而稳定的调解来弥补收支缺口，各国应如何在国际范围内公平合理地承担国际收支调节的责任等。

（四）黄金外汇的流动与转移是否自由

黄金外汇的流动与转移，在一定时期，在某些国家没有限制，可以在世界范围内自由流动；在一定时期，在另外一些国家则有限制；有的国家还规定，黄金外汇可以在一定的范围内，如在同一货币区内自由流动，而在货币区外则没有自由等。

（五）国际货币的确定与国际储备的选择

国际货币的确定与国际储备的选择是国际货币制度的重要组成部分，包括采用哪种或哪几种货币作为国际货币；为维持国际支付以及稳定汇率的需要，一国国际储备资产应如何在若干种国际货币之间做出合理分配；整个国际社会需要多少国际货币作为国际储备；其供应如何满足世界经济贸易发展的需要；如何保持各国对国际储备资产的信心等方面。这些问题均需要通过国际性的规则和制度做出妥善安排。

（六）国际结算的原则

是指各国政府确定对外清偿债权债务时，是随时进行结算还是定期结算，是实行自由的多边结算，还是实行有限制的双边结算。

一百多年来，国际货币体系几经变革，大体上经历了三个时期，即国际金本位体系时期、布雷顿森林货币体系时期和牙买加体系时期。

二、国际货币体系的作用

国际货币体系的作用主要表现为：

第一，提供相对稳定的汇率机制，促进国际贸易与国际投资的发展。各国在汇率安排上要受制于国际规则和惯例，以确保汇率相对稳定，从而有利于国际贸易与国际投资的开展。

第二，消除外汇管制所造成的价格扭曲影响，促进商品、资本等生产要素的跨国界自由流动。生产要素的跨国界自由流动对于有限的经济资源在全世界范围内被更有效率地配置和利用是绝对必要的，它能提高各国的社会福利水平。

第三，为国际收支失衡提供有效的调节手段。世界各国都经常会为国际收支的不平衡进行调节，而国际收支的不平衡是由国内、国际等综合因素共同造成的，有时国外因素起着主导作用，仅靠本国进行调整无济于事，这时国际货币体系的协调机构就会安排有效的途径来尽量消除各国的国际收支不平衡，以维护汇率机制。

第四，促进各国的经济政策协调。国际货币体系的共同准则，无疑给各国的对外经济活动设了一道安全线，不允许国际收支持续不平衡，不允许汇率波动大起大落，实际上就是要求各国国内的经济政策要服从共同的规则，一切造成国内供求严重失调从而导致外部经济失调，并且不利于多数他国的宏观经济政策，都会受到货币体系中其他成员国的强烈指责和巨大压力，促使各国更多地在国内外经济政策上相互谅解和协调。

第二节 国际金本位制

国际金本位制(International Gold Standard)是世界上最早出现的国际货币制度,是指以一定成色与重量的黄金作为本位货币的货币制度,黄金是货币制度的基础。

一、国际金本位制的形成与特点

(一)国际金本位制的形成

17 世纪至 19 世纪中叶,世界上大多数国家都采用银本位制或金银复本位制。随着世界经济发展,国际复本位制出现危机,表现为金银固定比价难以维持,一方面在于金银生产率及供给量发生偏差,总的发展趋势是黄金供给相对稳定而白银供给增长较快,于是出现了"劣币驱逐良币"的现象。铸币厂大量铸造银币,金币不断退出流通领域,在此过程中,各国不断调整金银比价,引起黄金向黄金比价偏高的国家转移。另一方面,国际贸易的发展对于国际货币提出了更高的要求,最终导致国际金本位制的建立。

英国于 1816 年制定《金本位制度法案》(*Gold Standard Act*),采用金本位制,是世界上第一个实行金本位制的国家。其后,各国鉴于英国金本位制的成功,以及客观经济发展的需要,相继纷纷仿效,推行金本位制。

各国实行金本位制度的年份如表 1-1 所示。

表 1-1 各国实行金本位制的时间

国别	年份	国别	年份	国别	年份
英国	1816	比利时	1874	美国	1879
德国	1817	瑞士	1874	日本	1897
瑞典	1873	意大利	1874	俄国	1898
挪威	1873	荷兰	1875	巴拿马	1904
丹麦	1873	乌拉圭	1876	墨西哥	1905

需要注意的是,金本位制和国际金本位制是两个不同的概念。虽然英国在 1816 年就实行了金本位制,但是只在一个国家实行的货币制度尚不能称为国际货币制度。一般认为,只有在世界上主要国家,包括法国、瑞士、美国和德国等都实行金本位制后,金本位制才可称为一种国际货币制度。因此,一般把 1880 年作为国际金本位制形成和开始的年份,金本位制存在的时间将近 100 年(1816—1914),而国际金本位制只运行了 30 多年(1880—1914)。

(二)国际金本位制的特点

国际金本位制作为世界上最早出现的一种国际货币制度,其特点主要表现在三个方面:

第一,黄金充当国际货币和储备资产。由于金本位制是以黄金表示本位货币的货币制度,因而国际金本位制初期,各国金币可以自由兑换,在国际间大量流通,成为了各国最重要的储备资产,国际贸易中采用的主要流通手段和支付手段也是黄金。随着国际贸易的不断发展,由于黄金的开采量受自然条件的限制,加上私人窖藏、工艺和艺术用途的黄金需求不断增长,黄金日渐难以满足世界贸易和国际投资的扩大对国际储备的需要,金币的流通受到大量的限制。英国在当时的世界工业和金融业中处于统治地位,英镑及其银行券可以完全自由兑换黄金,这使得英镑成为国际间最广泛使用的货币,故在国际金本位制的中后期,英镑和黄金共同充当国际储备资产。

第二,各国货币的汇率由它们的含金量比例确定。在金本位制度下,两种货币或银行券含金量的比例,即金平价决定了彼此的汇率。例如,1925—1931 年,英国 1 英镑所含纯金重量是 7.322 38 克,1 美元所含纯金重量是 1.504 63 克,由此,英镑与美元的铸币平价即各自含金量之比是 7.322 38/1.504 63 =4.866 6,即 1 英镑金币的含金量是美元的 4.8666 倍。这就是英镑和美元之间汇率的决定基础,它建立在法定含金量的基础上。法定含金量一经确定,一般不会轻易改动,因此,这个汇率是固定不变的。实际上,英、美、法、德等国家货币的汇率在 1880—1914 年期间一直没有变动过,从来未发生过贬值或升值,所以金本位制是严格的固定汇率制。

第三,国际收支具有自动调节的机制。在国际金本位制度下,一国国际收支出现赤字,就意味着该国黄金净输出,由于黄金外流,国内黄金存量下降,货币供给就会减少,从而引起国内物价水平下跌。物价水平下跌以后,本国商品在国外市场上的竞争能力就会提高,外国商品在本国市场上的竞争能力就会下降,于是出口增加,进口减少,国际收支赤字从而减少或清除。同样国际收支盈余也是不能持久的,因为造成的黄金内流,趋于扩大国内的货币供给,造成物价水平上涨。物价上涨不利于出口有利于进口,从而使盈余趋于消失。但从当时的实际情况来看,由于多种因素的影响,各国的黄金流量并不大。后来,在"英镑本位制"时,黄金准备不足,影响了国际收支自动调节功能的发挥。

二、国际金本位制的类型

依据货币与黄金的联系标准,金本位制可分为金币本位制、金块本位制和金汇兑本位制,而且这三种类型就是金本位制的历史演变过程。其中金币本位制是典型的金本位制度。

(一) 金币本位制

金币本位制又称金铸币本位制(Gold Specie Standard),是以黄金作为货币金属进行流通的货币制度,是典型的金本位制度。从 19 世纪 70 年代产生,到 1914 年第一次世界大战爆发时解体,它仅实行了 30 多年的时间。

金币本位制的主要内容是:用黄金来规定货币所代表的价值,每一货币单位都有它法定的含金量,各国货币按其所含黄金重量形成一定的比价;金币可以自由铸造、自由兑换、黄金可以自由输出入,即著名的"三大自由政策";各国的货币储备是黄金,国际间的结算也使用黄金。

一般来讲,各国货币的含金量比例即铸币平价不会轻易变动,汇价却时有涨落,这是由外汇供求关系决定的。在金币本位制度下,汇率变动不是漫无边际的,而是有一定限度的,这个限度就是黄金输送点。在金币本位制度下,国际间的结算可以采取两种方式进行:一种是使用外汇汇票,另一种是使用黄金作为支付手段。黄金可以自由输出、输入,如果汇价涨得太高,人们就都不愿购买外汇,而要运送黄金进行清算了。但运送黄金是需要种种费用的,包括包装费、运费、保险费和运送期的利息等。如前所述,1 英镑金币的含金量是美元的

4.8666倍,假定在英国和美国之间运送1英镑黄金的费用为0.03美元,那么铸币平价4.8666美元加上运送费0.03美元等于4.8966美元,是美国对英国的黄金输入点。这是因为,如果1英镑的汇价高于4.8966美元,美国债务人觉得购买外汇不合算,不如直接向英国运送黄金有利,于是美国的黄金就要向英国运输,4.8966美元就是美国的黄金输出点,英国的黄金输入点。反之,如果1英镑的汇价低于4.8366美元,美国的债权人就不要外汇,而宁肯自己花点运费,从英国输入黄金,这一汇价就是美国的黄金输入点,英国的黄金输出点。

金币本位制是一种相对稳定和健全的货币制度,但同时也存在着严重的缺陷,主要表现在以下方面:其一,作为制度基础的黄金供应数量有限,不能满足实际经济发展的需要,这就昭示着金本位制必然灭亡的结局;其二,缺乏一个权威的国际机构监督各国关于金本位制度的执行情况,导致金币本位制的国际收支自动调节机制受政府意志左右而无法正常发挥作用。

(二) 金块本位制

金块本位制(Gold Bullion Standard)主要存在于1924—1928年期间,又称生金本位制。第一次世界大战发生后,世界各国先后停止金本位制的实行。战争结束后,为了重建世界经济与货币秩序,1922年在意大利热那亚召开世界货币会议,商讨相关事宜,决定实行“节约黄金”的原则,除美国仍实行原来的金本位制度外,以英国为代表的经济实力较强的国家采用了一种类似于金本位制的国际货币制度——金块本位制。

国际金块本位制的基本内容与特征如下:金币仍为本位币,但不在国内流通,黄金集中于政府手中充当准备金;国内只流通代表一定重量和成色黄金的银行券,银行券具有无限法偿能力;作为本位币的金币不再享有自由铸造的权利;在政府规定的数额之上和用途之内,居民方可凭银行券兑换金块。例如,英国曾规定银行券数额在1 700英镑以上才可兑换黄金,法国也曾规定银行券数额至少达到215 000法郎才能兑换黄金,因此有人也将这种货币制度称为“富人本位制”。

金块本位制的实行大大减少了黄金的使用,节约了货币的流通费用。但是金块本位制的维持必须以国际收支平衡或拥有大量的黄金以供对外支付为条件。当出现国际收支严重逆差或者资金外流严重、黄金存储不足支付等情况时,金块本位制就难以维持。

(三) 金汇兑本位制

金汇兑本位制又称“虚金本位制”(Gold Exchange Standard),是在第一次世界大战结束后,与金块本位制同时盛行的货币制度。

其主要内容包括:国家规定以一定重量和成色的黄金铸币作为本位币;国家不铸造、也不允许公民自由铸造金币;国内不流通金币,只流通银行券,且银行券享有无限法偿能力;本国货币与另一个实行金币或金块本位制的国家挂钩,实行固定汇率,并在该国存放外汇和黄金作为储备金;银行券在国内不能兑换金币或金块,只能兑换外汇,以外汇在国外兑换黄金,其本质是一种附庸货币制度。第一次世界大战以前,采用这种货币制度的主要是那些从属于经济实力较强国家的殖民地和半殖民地国家;第一次世界大战和第二次世界大战期间,包括德国、意大利等在内的30多个国家实行了这种货币制度。

金块本位制和金汇兑本位制都是残缺不全的金本位制,稳定性远逊于金币本位制,表现在:第一,国内没有金币流通,黄金难以发挥自发调节货币流通的作用;第二,银行券不能自由兑换黄金,导致银行券过量发行成为可能和必然,进而导致国际货币关系混乱;第三,实行金汇兑本位制的国家将本国货币依附于他国货币,一旦其所依附的国家经济发生动荡,必将殃及本国货币乃至经济;第四,如果实行金汇兑本位制的国家大量提取外汇储备兑换黄金,也将威胁到实行金块本位制国家的货币稳定。

三、国际金本位制的崩溃

第一次世界大战结束后,由于世界黄金存量绝对不足和相对不均,以及严重的通货膨胀和纸币贬值,致使大多数国家放弃了金币本位制,改为实施金块本位制或金汇兑本位制。

1925 年英国首先实行金块本位制。不久,法国、意大利等国也相继推行。金块本位制虽然仍对货币规定含金量,并以黄金作为准备金,但金币的自由铸造和流通以及黄金的自由输出入已被禁止,价值符号与黄金的兑换也受到限制。此时,黄金已难以发挥自动调节货币供求和稳定汇率的作用。因此,金块本位制实际上是一种残缺不全的金本位制度。一些无力恢复金币本位制但又未采用金块本位制的国家,则推行金汇兑本位制。

1929—1933 年的资本主义世界经济危机,彻底摧毁了西方国家摇摇欲坠的货币体系,在 1931 年的金融危机中,德国率先放弃了金汇兑本位制,英国的国际收支也陷于困境,各国纷纷向英国兑换黄金,使英国难以应付,终于被迫在同年 9 月终止实行金本位制。同英镑有联系的一些国家,也相继放弃了金汇兑本位制。1933 年,美国爆发了货币信用危机,在大量银行倒闭和黄金外流的情况下,政府不得不宣布停止美元兑换黄金,并禁止国内私人持有黄金,工业与商业用金需持有政府颁发的许可证。与此同时,美国政府继续承担向外国的官方和私人出售黄金的义务,但黄金的官价从 1 盎司 20.67 美元提高到 35 美元。由于英镑和美元是当时最重要的外汇储备资产,所以,这两种货币停止兑换黄金意味着国际金本位制已开始全面崩溃。1936 年,法国、比利时、荷兰、意大利、波兰和瑞士 6 国所组成的黄金集团瓦解,成为金本位制最终崩溃的标志。

四、对国际金本位制的评价

国际金本位制实行时期,国际环境正处于相对稳定的状态,而且正值资本主义自由竞争的全盛时期。因此,国际金本位制的运行对于推动当时各国经济和世界经济的繁荣与发展都起到了重要的促进作用。与此同时,金本位制的弊端也十分明显,其本身所固有的局限性决定了它最终无法适应世界经济的发展,注定要被新的货币制度所取代。

(一) 国际金本位制的积极影响

第一,保持汇率稳定,促进国际贸易和国际资本流动的发展。在金本位制度下,各国货币的汇率由它们的含金量比例即铸币平价决定,各国以法律形式规定其单位货币的含金量。因此,各国货币的实际汇率围绕着铸币平价,在黄金输送点的限制内上下波动,幅度较小,汇率十分稳定。这种相对稳定的汇率制度可以保障对外贸易和对外信贷的安全,为国际贸易和资本流动的发展创造有利条件。

第二,自动调节国际收支,实现国际收支平衡。在金本位制度下,各国的国际收支是自发进行调节的。只要各国遵循金本位制度下的货币流通规则,一国的国际收支就可以通过黄金的流动和物价的变动引起本国进出口的变化,从而自动达到平衡。这一机制就是英国经济学家大卫·休谟所提出的物价—金币流动机制。所以,在金本位制度下,任何国家的国际收支都不会出现持续的巨额顺差或逆差,一国的国际收支状况较容易实现平衡。

第三,协调各国经济政策。实行金本位制的国家,当国际收支发生逆差,外汇供不应求,汇率上涨并引起黄金外流时,会导致货币流通量减少,市场银根吃紧,短期资金利率上升。当本国利率高于同期外国利率时,资金就会内流,反之,则会引起资金的外流。这种资金流动可以改善一国的国际收支,稳定国际金融市场,有利于各国经济政策的协调。

(二) 国际金本位制的消极影响

首先,体系的运行过分依赖于黄金产量。在国际金本位制度下,由于本位币是黄金,所以货币供应量、汇率的稳定、国际收支的自动调节都有赖于世界黄金产量的增长,因而也必然会受到黄金产量的限制。当世界黄金产量的增长满足不了世界经济的增长和维持稳定汇率的需要时,国际金本位制就会变得很脆弱,难以经受各种冲击。

其次,国际收支的自动调节机制存在严重缺陷。国际金本位制的自动调节机制作用的发挥要受到许多因素的制约:第一,它依赖于黄金在各国之间的频繁流动。在国际金本位制的鼎盛时期,英镑成为最主要的国际货币,这时黄金在国际间的流动并不频繁,国际收支的不均衡就难以通过引起双方货币供给量和价格的相反变动来自动调节。第二,自动调节机制还依赖于各国之间物价水平的不同变动。各国物价水平的不同变动会引起各国进出口商品的相对价格发生变化,进而引起贸易收支或国际收支的变化。如果物价水平相对不变,则国际收支不均衡难以得到自动调节。第三,自动调节机制要求各国货币当局不对经济进行干预,如果干预,也应以加速国际收支恢复均衡为目的。但是在国际金币本位制下,由于并不存在一个国际监督机构,所以各国违反这一规则的情况时常发生,尤其到国际金本位制的后期越发严重。

最后,当一国出现国际收支赤字时,往往可能由于黄金的大量外流、货币紧缩等引起生产停滞和工人失业等国内经济失衡现象。国际金币本位制的这些缺陷和弊端,使得人们不得不设法克服和改变它。

第三节　布雷顿森林体系

金本位制崩溃以后,20 世纪 30 年代的国际货币关系一片混乱。各国国际收支危机严重,各国货币的汇率极端不稳,外汇管制普遍加强,各货币集团之间的矛盾与斗争也非常尖锐,主要的国际货币有三种:英镑、美元、法国法郎。这些问题严重影响了国际贸易的发展,创建新的国际货币体系已迫在眉睫。这个新的国际货币体系就是布雷顿森林体系。布雷顿森林体系是第二次世界大战后各国政府协商组成的统一的国际货币体系。

一、布雷顿森林体系的建立

两次世界大战以后,国际经济格局发生了巨大变化。德国、意大利、日本遭到毁灭性打击,英国、法国等老牌强国经济严重削弱,而美国远离战场并发了战争财。第二次世界大战结束时,美国工业生产总值和贸易量均占全世界一半以上,成为世界经济头号强国。

国际金本位制崩溃后，国际金融秩序混乱无序，国际经济贸易发展严重受阻。各国开始讨论如何重建新的国际货币体系。第二次世界大战虽然极大地削弱了英国经济，但国际贸易的40%仍用英镑进行结算，英国在世界经济中的实力仍不可低估。因此在考虑建立新的国际货币体系时，英国和美国从本国利益出发展开了激烈的竞争，分别提出了有利于自己国家的国际货币体系重建方案。1943年4月7日，英、美两国政府分别在伦敦和华盛顿同时公布了英国财政部顾问凯恩斯（J. M. Keynes）拟订的“国际清算同盟计划”（Proposals For the International Clearing Union）（通称凯恩斯计划，Keynes Plan）和美国财政部长助理怀特（H. D. White）拟订的“国际稳定基金计划”（Proposals For The United and Associated Nations Stabilization Fund）（通称怀特计划，White Plan）。由于美国在政治和经济上的实力远超过英国，英国被迫放弃了自己的计划接受了美国的方案。1944年7月，在美国新罕布尔什州的布雷顿森林召开了由44国参加的同盟国家国际货币金融会议，会上通过了以美国怀特计划为基础的《国际货币基金协定》和《国际复兴开发银行协定》，总称《布雷顿森林协定》，在这次会议上产生的国际货币体系被称为布雷顿森林体系。

（一）凯恩斯计划

凯恩斯的“国际清算同盟计划”是从英国负有巨额外债、国际收支发生严重危机以及黄金外汇储备陷于枯竭的情况出发，按照西方银行融通短期资金的原则提出的，主要内容有：

（1）建立一个起着世界中央银行作用的国际清算同盟，各会员国中央银行在同盟开设往来账户，各国官方对外债权债务通过该账户进行清算。当一国的国际收支发生顺差时，将其盈余存入账户，如果发生逆差，可按规定的份额向同盟申请透支或提存。

（2）各国在同盟账户的记账单位为“班科”（Bancor），“班科”以黄金计值，同盟可调整其价值，会员国可用黄金换取“班科”，但不可以用“班科”换取黄金。各国货币以“班科”标价，非经同盟理事会批准不得变更。

（3）各会员国在同盟的份额，按照战前3年进出口贸易平均额的75%来计算。

（4）同盟总部设在伦敦和纽约，理事会会议在英国和美国轮流举行。凯恩斯计划实际上主张恢复多边清算，取消双边结算，但不主张干涉英镑区。此外，他还特别强调，设立清算同盟的目的是代替黄金作为结算的支配因素。凯恩斯表现出明显地维护英国利益的立场，关于同盟总部与理事会会议地址的规定更暴露出英国企图同美国分享国际金融领导权的意图。

（二）怀特计划

美国以其为国际上最大的债权国、国际收支具有大量顺差、拥有巨额黄金外汇储备等有利条件出发提出“联合国平准基金计划”。该计划主要内容有：

（1）建议建立一个国际货币稳定基金机构，基金总额至少为50亿美元，由会员国按照规定的份额缴纳，份额的多少根据会员国的黄金外汇储备、国际收支以及国民收入等因素决定。各会员国在基金组织里的发言权与投票权同其缴纳的基金份额成正比例。

（2）基金的任务是：① 促使会员国实行“稳定货币的汇率”。基金规定使用的货币单位为“尤尼它”（Unita），每个“尤尼它”等于10美元或含纯金137格令（1格令=0.0648克纯金），可同黄金相互兑换，也可在会员国之间转移，会员国货币都要与“尤尼它”保持固定比价关系，不经基金会员国3/4的投票权通过，会员国货币不得贬值，从而保持汇率稳定。

② 取消外汇管制、双边结算和复汇率等歧视性措施。

(3) 会员国为了平衡临时性的国际收支逆差,可用本国货币向基金组织申请购买所需要的外币,但数额最多不得超过它向基金组织认缴的份额。

(4) 基金的办事机构设在拥有最多份额的国家。

可见,美国企图由它来控制“联合国国际平准基金”,通过基金迫使其他会员国的货币钉住美元,剥夺其他国家货币贬值的自主权,解除其他国家的外汇管制,为美国的对外扩张和建立美元霸权扫清道路。

二、布雷顿森林体系的主要内容与特点

(一) 主要内容

(1) 成立国际货币基金组织。布雷顿森林体系建立了两大国际金融机构即国际货币基金组织和国际复兴开发银行(世界银行)。前者在国际间就货币事务进行共同商议,为成员国的短期国际收支逆差提供信贷支持,目的是保障国际货币体系的稳定;后者以低利率提供中长期信贷来促进成员国经济复苏。

(2) 确立了以美元为中心的可调整的固定汇率制。在布雷顿森林体系下,美元与黄金保持固定的兑换比率,1 盎司黄金兑换 35 美元,即美元与黄金挂钩;其他各国货币要规定法定含金量,并以此确定对美元的金平价,各国货币对美元汇率波动幅度限制在平价的 ±1% 范围内,从而使各国货币与美元挂钩。各国货币要先兑换成美元,然后才能兑换黄金。因此布雷顿森林体系也被称为“双挂钩”的国际货币制度,这是布雷顿森林体系的核心内容。布雷顿森林体系下的汇率制度安排也因此被称为可调整的固定汇率制。各国政府有义务通过干预外汇市场来维持汇率的稳定,只有当一国的国际收支发生根本性不平衡时,经 IMF 的批准方可进行汇率的调整。

(3) 确立国际收支失衡的调节机制。在布雷顿森林体系下,一国如果出现国际收支根本性不平衡时,IMF 规定可以对平价进行调整,实行本币贬值或升值。如果出现国际收支的暂时性失衡,可向 IMF 申请短期资金融通。IMF 通过成员国缴纳份额获得资金来源,份额根据各国在国际贸易中的重要性而定,其中成员国份额的 25% 以黄金或可兑换成黄金的货币缴纳,其余则以本国货币缴纳。

(4) 取消经常账户交易的外汇管制。《国际货币基金协定》第 8 条规定:成员国不得限制经常账户支付,不得采取歧视性货币措施,要在兑换性的基础上实行多边支付。但以下三种情况除外:① 成员国在战后过渡时期可以延迟履行货币可兑换义务;② 成员国政府可对资本项目实施外汇管制以抵消游资冲击等不利影响;③ 成员国有权对“稀缺货币”采取临时性兑换管制。

(5) 制定稀缺货币条款。《基金协定》还制定了稀缺货币条款(Scarce Currency Clause)。当一国国际收支持续大量盈余,IMF 可将它的货币宣布为“稀缺货币”。当这种货币在 IMF 的库存下降到该会员国份额的 75% 以下时,IMF 可按赤字国家的需要实行限额分配,赤字国家有权对“稀缺货币”国家采取临时性贸易保护措施,或限制进口该国的商品和劳务。这一条款旨在建立顺差国和逆差国共同调节的责任。但是,这一构想难以真正实现,因为条款中还同时规定,IMF 在解决稀缺货币而确定应采取的办法时,要有“稀缺货币”国家的代表

参加。

总之,布雷顿森林体系的核心是IMF的管理、协调和监督,实行“两个挂钩”以及所采取的维护固定汇率的措施。“两个挂钩”构成支撑布雷顿森林体系的两根支柱。

(二) 特点

第二次世界大战后建立起来的布雷顿森林体系,本质上是以美元为中心的金汇兑本位制,但与战前有所不同。其主要特点是:

(1) 基准货币单一、参加范围广。布雷顿森林体系以美元作为唯一的主要储备货币,体系几乎包括资本主义世界所有国家货币;而第二次世界大战前处于统治地位的储备货币除英镑外,还有美元和法国法郎。依附于这些基准通货的是英、美、法三国各自势力范围内的殖民地与附属国的货币。

(2) 居民不能兑换黄金。布雷顿森林体系只允许外国政府在一定条件下用美元向美国兑换黄金,不允许外国居民用美元兑换黄金,是一种削弱了的金汇兑本位制;而第二次世界大战前不仅英、美、法三国允许居民兑换黄金,且实行金汇兑本位制的国家也允许居民用外汇(英镑、法国法郎或美元)向英、美、法三国兑换黄金。

(3) 建立国际货币金融机构。布雷顿森林体系建立了世界性的国际货币金融组织机构,签订了具有一定约束力的《国际货币基金组织协定》,并建立了现代国际货币金融管理必需的各项制度;而第二次世界大战前英国虽然占有统治地位,但没有一个国际组织机构维持国际货币金融秩序。

三、布雷顿森林体系的缺陷与崩溃

(一) 布雷顿森林体系的缺陷

第一,内在矛盾难以克服。以一国货币(美元)为中心的国际金汇兑本位制存在着不可克服的内在矛盾。布雷顿森林体系把美元作为唯一的主要储备资产,这便要求美元供应量必须适应世界贸易及其他项目支付增长的需要。然而,第二次世界大战后黄金生产增长缓慢,美元供给完全取决于美国国际收支状况。若美国国际收支保持顺差,国际储备资产便不能满足国际贸易的发展需要,出现国际清偿能力不足;若美国国际收支保持逆差,则国际储备资产过剩,美元在国际市场就难以保持稳定,极易导致美元危机发生,从而危及国际货币体系。这种难以解决的矛盾就是著名的“特里芬难题”。1960年美国经济学家特里芬(R. Triffin)在其著作《黄金与美元危机》一书中详细分析了布雷顿森林体系的这种内在不稳定性。

第二,缺乏有效的调节机制。布雷顿森林体系缺乏实际有效的国际收支调节机制。该体系坚持固定的官方平价,虽然汇率可以调整,但只有出现国际收支的“根本性不平衡”时,有关国家才可以大幅度变更平价,这样就使各国在一般情况下不能有效利用汇率随时对国际收支进行调节。同时,该体系对于“根本性不平衡”没有明确定义,使“暂时性不平衡”与“根本性不平衡”难以区分,致使许多国家拖延对汇率的调整,造成汇率被明显地高估或低估。

第三,外部平衡代价过大。布雷顿森林体系的稳定性来源于成员国以牺牲内部平衡为代价的外部平衡。由于各国不能有效利用汇率杠杆及时调节国际收支,为了维持国际收支平衡和稳定汇率,不得不采取有损于国内经济目标的经济政策,造成国内经济不稳定。比如赤字国家货币趋于贬值,为了维持与美元固定比价,就必须抛售美元购进本国货币,大大缩减国内货币供给,从而带来国内经济衰退和失业;反之,盈余国家货币趋于升值,为维持与美元平价就必须收购美元,导致国内通货膨胀。

第四,对发展中国家不公平。发展中国家在IMF中获得的基金份额太少,向IMF贷款条件过严,不利于它们调节国际收支、稳定国际金融经济关系与发展本国对外贸易。

第五,利益分配不合理。该体系以美元作为唯一的国际储备货币,使美国享有向世界各国征收铸币税的特权,从而造成各国利益分配极端不合理。美国可以用增发美元的手段弥补国际收支赤字,形成美国赤字越多,美元流出就越多,其他国家真实资产流向美国也越多;而持有大量美元的其他国家则需承担美元泛滥贬值的损失。这种完全向美国倾斜的利益分配方式不利于开展国际货币合作。

（二）布雷顿森林体系的动摇

尽管布雷顿森林体系曾经发挥了巨大的积极作用,但因其是以美元为中心的国际货币体系,故美元地位如何对该体系有着决定性影响。第二次世界大战后美元经历了一个从"美元荒"到"美元灾"的过程。布雷顿森林体系伴随着美元地位的这种变化逐渐走向崩溃,国际货币危机频频爆发。

1. 战后初期的"美元荒"阶段

1944—1958年,是从"美元荒"到布雷顿森林体系稳定运行的阶段。第二次世界大战后初期,战争造成各国物资短缺,资金缺乏,急需从美国进口商品,但各国既缺资金又缺物资,美国无论从资金还是从物资来说都十分充足,这样造成了美元在国际市场上供不应求,出现了"美元荒"。1948年开始实行的马歇尔计划,使大量美元流入西欧各国,西欧国家经济得以恢复和发展之后,西欧的商品流入国际市场,获得了较多的黄金和美元。20世纪50年代初,日本的经济也逐渐恢复。随着各国经济的恢复,大量的美元流出缓解了"美元荒"的矛盾,甚至出现美元泛滥的情况,美元不再是各国追逐的财富。

2. 20世纪50年代的"美元灾"阶段

20世纪50年代,美元泛滥加剧。美元在国际市场上开始大量过剩,美国的国际收支也开始出现逆差。人们开始怀疑美国国际收支逆差的出现能否保证布雷顿森林体系中的承诺,美元的地位开始动摇,各国在黄金和美元的选择上,更多趋向于黄金,美国的黄金开始大量外流。到1960年美国的黄金储备已仅剩178亿美元,而当时的短期外债已经高达210亿美元,美元信用基础发生动摇,美元危机频频发生。1960年10月,西方主要金融市场爆发了第一次美元危机,国际外汇市场掀起抛售美元、抢购黄金风潮,美国国际地位受到挑战。至此,靠美国独立支撑国际货币体系已经很困难。为了挽救美元的颓势,美国与有关国家采取了一系列维持黄金官价和美元汇率的措施,尽管如此,仍不能解决美国国际收支恶化的深层次问题。

（三）布雷顿森林体系的崩溃

20世纪60年代中期,美国国际收支进一步恶化。1968年3月美国黄金储备下降到121亿美元,而同期短期外债攀升至331亿美元,美国消解这些外债的办法之一就是加大美元的发行量,美元的信用越发低落,第二次美元危机爆发。1969年国际货币基金组织决定建立特别提款权(SDR),特别提款权既是对黄金的一种节约,又是对美元的一种补充,SDR作为一种储备资产,IMF的成员之间可以用SDR替代黄金和美元以解决国际收支逆差和稳定汇率。因此,布雷顿森林体系由黄金—美元本位制演变为黄金—美元/SDR本位制。

到1970年,美国对外美元负债增加到700亿美元,而同期的黄金储备仅有100亿美元,国际收支和国内经济进一步恶化,1971年5月爆发了第三次美元危机。1971年8月8日,美国总统尼克松宣布美元不再与黄金挂钩,将美元的官价调整到1盎司黄金42美元,美国停止为其他国家持有的美元兑换黄金。

为拯救濒临崩溃的布雷顿森林体系,1971年12月18日,十国集团通过长达4个月的激烈交锋和讨价还价,终于在美国华盛顿的"史密森机构"(Smithson Institute)达成一项协议,即"史密森协议"。其主要内容是:

(1)调整黄金官价。从1盎司黄金35美元上调到1盎司黄金38美元。

(2)调整汇率平价。瑞士法郎、意大利里拉和瑞典克朗分别对黄金贬值1%,联邦德国马克对黄金升值4.16%,日元升值7.66%,比利时法郎和荷兰盾各升值2.76%,法国法郎和英镑币值不变。美元对黄金的贬值和其他国家货币对黄金的升值,使美元汇率平均下降了10%。

(3)调整汇率波动幅度。由过去的平价±1%调整到±2.25%。

(4)美国取消10%的进口附加税,但不再承担按官价用美元兑换黄金的义务。

史密森协议是一个各方妥协和调和的产物,其挽救布雷顿森林体系的方法仅仅是调整了黄金官价、汇率以及汇率的波幅,是对美元贬值和美国放弃按官价兑换黄金的承诺的认可,丝毫没有触及布雷顿森林体系的弊端,因而这个协议是虚弱无力的。美元接着多次贬值,1972年3月和1973年2月,西欧又出现了抛售美元、抢购黄金和原西德马克的风潮,伦敦黄金市场的黄金价格一度涨到1盎司96美元,这已是第八次美元危机。至此,日本和大部分欧洲国家采用浮动汇率制,让它们的货币价值浮动,"双挂钩"的另一"挂钩"断裂,以美元为中心的布雷顿森林体系彻底崩溃。

四、布雷顿森林体系的积极作用

布雷顿森林体系的建立和运转对第二次世界大战后国际贸易和世界经济的发展起到了一定的积极作用。主要表现在:

(1)稳定了国际金融局势。布雷顿森林体系确立了美元与黄金、各国货币与美元的"双挂钩"原则,结束了战前国际货币金融领域的动荡混乱状态,使得国际金融关系进入了相对稳定时期。

(2)增强了国际清偿力。美元成为最主要的国际储备货币,弥补了国际清算能力的不足,这在一定程度上解决了由于黄金供应不足所带来的国际储备短缺的问题。

(3)促进经济贸易增长。布雷顿森林体系实行了可调整的钉住汇率制,汇率的波动受到严格的约束,货币汇率保持相对稳定,这对于国际商品流通和国际资本流动非常有利。为战后五六十年代国际贸易和世界经济的增长创造了良好的条件。

(4)缓解了国际收支危机。国际货币基金组织对一些工业国家,尤其是一些发展中国家的国际收支不平衡,提供各种类型的短期贷款和中长期贷款,在一定程度上缓和了成员国的国际收支困难,使它们的对外贸易和经济发展得以正常进行,从而有利于世界经济的稳定增长。

第四节　牙买加体系

一、牙买加货币体系的形成

布雷顿森林体系崩溃以后,国际金融秩序又陷入动荡,世界各国都希望建立一种新的国际货币体系,国际社会及各方人士提出了许多改革主张,如恢复金本位,恢复美元本位制,实行综合货币本位制及设立最适货币区等,但均未能取得实质性进展。

国际货币基金组织于1972年7月成立了一个专门委员会,具体研究国际货币制度的改革问题。委员会于1974的6月提出一份“国际货币体系改革纲要”,对黄金、汇率、储备资产、国际收支调节等问题提出了一些原则性的建议,为以后的货币改革奠定了基础。

直至1976年1月,国际货币基金组织(IMF)理事会“国际货币制度临时委员会”在牙买加首都金斯敦举行会议,讨论国际货币基金协定的条款,经过激烈的争论,签订达成了“牙买加协议”,同年4月,国际货币基金组织理事会通过了《IMF协定第二修正案》,从而形成了新的国际货币体系——牙买加体系。

二、牙买加体系的主要内容和特点

(一)牙买加体系的主要内容

(1)确认浮动汇率合法化。牙买加协议正式确认了浮动汇率制的合法化,承认固定汇率制与浮动汇率制并存的局面,成员国可自由选择汇率制度。同时IMF继续对各国货币汇率政策实行严格监督,并协调成员国的经济政策,促进金融稳定,缩小汇率波动范围。

(2)推行黄金非货币化。协议做出了逐步使黄金退出国际货币的决定。并规定:废除黄金条款,取消黄金官价,成员国中央银行可按市价自由进行黄金交易;取消成员国相互之间以及成员国与IMF之间需用黄金清算债权债务的规定,IMF逐步处理其持有的黄金。

(3)提高特别提款权的国际储备地位。主要是提高特别提款权的国际储备地位,扩大其在IMF一般业务中的使用范围,并适时修订特别提款权的有关条款。

(4)增加成员国在IMF中的基金份额。该体系规定,成员国的基金份额从原来的292亿特别提款权增加至390亿特别提款权,增幅达33.6%。各成员国应缴份额所占比重也有所改变,除联邦德国、日本有所增加外,其他国均有所降低,石油输出国组织的份额提高1倍,由5%增加到10%,其他发展中国家基本不变。

(5)扩大对发展中国家的资金融通。该体系规定,以优惠条件从出售黄金所得收益设立的“信托基金”中,向最贫穷的发展中国家提供贷款或援助,解决它们平衡国际收支的需要。各成员国从IMF获得贷款的最大额度由其份额的125%提高到145%。

(二)牙买加体系的特点

(1)储备货币多元化。与布雷顿森林体系下国际储备结构单一、美元地位十分突出的情形相比,在牙买加体系下,国际储备呈现多元化局面,美元虽然仍是主导的国际货币,但美元地位明显削弱了,由美元垄断外汇储备的情形不复存在。联邦德国马克(现德国马克)和日元随着两国经济的恢复发展脱颖而出,成为重要的国际储备货币。目前,国际储备货币已日趋多元化,ECU 也被欧元所取代,欧元很可能成为与美元相抗衡的新的国际储备货币。

（2）汇率安排多样化。在牙买加体系下,浮动汇率制与固定汇率制并存。一般而言,发达工业国家多数采取单独浮动或联合浮动,但有的也采取钉住自选的货币篮子。对发展中国家而言,多数是钉住某种国际货币或货币篮子,单独浮动的很少。不同汇率制度各有优劣,浮动汇率制度可以为国内经济政策提供更大的活动空间与独立性,固定汇率制则减少了本国企业可能面临的汇率风险,方便生产与核算。各国可根据自身的经济实力、开放程度、经济结构等一系列相关因素去权衡得失利弊。

（3）多种渠道调节国际收支。主要包括:

① 运用国内经济政策。国际收支作为一国宏观经济的有机组成部分,必然受到其他因素的影响。一国往往运用国内经济政策,改变国内的需求与供给,从而消除国际收支不平衡。比如在资本项目逆差的情况下,可提高利率,减少货币发行,以此吸引外资流入,弥补缺口。需要注意的是:运用财政或货币政策调节外部均衡时,往往会受到“米德冲突”的限制,在实现国际收支平衡的同时,牺牲了其他的政策目标,如经济增长、财政平衡等,因而内部政策应与汇率政策相协调,才不至于顾此失彼。

② 运用汇率政策。在浮动汇率制或可调整的钉住汇率制下,汇率是调节国际收支的一个重要工具,其原理是:经常项目赤字,本币趋于下跌,本币下跌,外贸竞争力增加,出口增加,进口减少,经济项目赤字减少或消失。相反,在经常项目顺差时,本币币值上升会削弱进出口商品的竞争力,从而减少经常项目的顺差。实际经济运行中,汇率的调节作用受到“马歇尔—勒纳条件”以及“J 曲线效应”的制约,其功能往往令人失望。

③ 利用国际融资。在布雷顿森林体系下,这一功能主要由 IMF 完成。在牙买加体系下,IMF 的贷款能力有所提高,更重要的是,伴随石油危机的爆发和欧洲货币市场的迅猛发展,各国逐渐转向欧洲货币市场,利用该市场比较优惠的贷款条件融通资金,调节国际收支中的顺逆差。

④ 加强国际协调。这主要体现在:第一,以 IMF 为桥梁,各国政府通过磋商,就国际金融问题达成共识与谅解,共同维护国际金融形势的稳定与繁荣。第二,新兴的七国首脑会议的作用。西方七国通过多次会议,达成共识,多次合力干预国际金融市场,主观上是为了各自的利益,客观上也促进了国际金融与经济的稳定与发展。

三、对牙买加体系的评价

（一）牙买加体系的积极作用

（1）多元化的储备结构摆脱了布雷顿森林体系下各国货币间的僵硬关系,为国际经济提供了多种清偿货币,在较大程度上解决了储备货币供不应求的矛盾。

（2）多样化的汇率安排适应了多样化的、不同发展水平的各国经济,为各国维持经济发展与稳定提供了灵活性与独立性,同时有助于保持国内经济政策的连续性与稳定性。

（3）多种渠道并行,使国际收支的调节更为有效与及时。

（二）牙买加体系的缺陷

（1）在多元化国际储备格局下,储备货币发行国仍享有“铸币税”等多种好处,同时,在多元化国际储备下,缺乏统一的稳定的货币标准,这本身就可能造成国际金融的不稳定。

(2) 汇率大起大落,变动不定,汇率体系极不稳定。其消极影响之一是增大了外汇风险,从而在一定程度上抑制了国际贸易与国际投资活动,对发展中国家而言,这种负面影响尤为突出。

(3) 国际收支调节机制并不健全,各种现有的渠道都有各自的局限,牙买加体系并没有消除全球性的国际收支失衡问题。

如果说在布雷顿森林体系下,国际金融危机是偶然的、局部的,那么,在牙买加体系下,国际金融危机就成为经常的、全面的和影响深远的。1973 年浮动汇率制普遍实行后,西方外汇市场货币汇价的波动、金价的起伏经常发生。1978 年 10 月,美元对其他主要西方货币汇价跌至历史最低点,引起整个西方货币金融市场的动荡。这就是著名的 1977—1978 年西方货币危机。由于金本位与金汇兑本位制的瓦解,信用货币无论在种类上、金额上都大大增加。信用货币占西方各通货流通量的 90% 以上,各种形式的支票、支付凭证、信用卡等种类繁多,现金在某些国家的通货中只占百分之几。货币供应量和存放款的增长大大高于工业生产增长速度,而且国民经济的发展对信用的依赖越来越深。总之,现有的国际货币体系被人们普遍认为是一种过渡性的不健全的体系,需要进行彻底的改革。

第五节 欧洲货币体系

一、欧洲货币体系的建立

欧洲货币体系(European Monetary System,简称 EMS)是欧洲经济共同体或欧洲共同市场的长远发展目标之一,经过成员国多年的筹备与协商,于 1979 年 3 月 13 日成立。如表 1-2 所示,欧洲货币体系的建立开始于 1950 年成立的欧洲支付同盟。1957 年 3 月,法国、联邦德国、意大利、荷兰、比利时和卢森堡在罗马签订了《欧洲经济共同体条例》,通称《罗马条约》,标志着欧洲经济共同体(European Economic Community,EEC)的诞生。20 世纪 60 年代末欧共体建立了关税同盟,实行共同农业政策,开始着手推动劳动力与资本流动的自由化,于是货币一体化发展成为历史的必然。1969 年 12 月在海牙举行的欧共体首脑会议,决定筹建欧洲经济与货币联盟。1971 年 3 月 22 日,货币联盟计划正式实施。1972 年初,欧共体部长理事会着手推行货币联盟措施。主要是:

(1) 在欧共体内实行“可调整的中心汇率制”。欧共体 1972 年 4 月决定允许各成员国货币间汇率波动幅度为 ±1.125%,比 IMF《史密森协议》规定的 ±2.25% 少了一半。于是,在 IMF 规定幅度(总共 4.5%)内,又形成一个小的波动幅度(总共 2.25%),意味着欧共体内部对汇率波动限制更为严格,西方各国把这称为“地洞中的蛇”(The Snake In The Tunnel),或简称为“蛇洞制”。

(2) 建立欧洲货币合作基金组织(European Monetary Cooperation Fund,简称 EMCF)。1973 年 4 月 3 日建立了欧洲货币合作基金组织。EMCF 包括 20 亿美元短期货币支持基金和 20 亿美元中期财政支持基金。EMCF 主要职责是:支持各成员国干预外汇市场,维持汇率稳定,管理成员国中央银行之间信贷滚动,并逐步集中成员国外汇储备,以便逐步发展成为成员国之间的清算中心。

（3）使用欧洲记账单位（European Unit of Account，简称 EUA）。1974 年 6 月创立了欧洲记账单位。EUA 由共同体的 9 国货币构成，各国所占比例由 GNP、商品及劳务出口额、在欧洲货币合作基金中的份额共同决定。当时一个 EUA 与一个 SDR 等值，即 1EUA = USD 1.2063，暗含欧共体与美国分庭抗礼之意。EUA 作为联合浮动机制的核算筹码，实质上是共同货币的萌芽。这是 20 世纪 70 年代欧洲货币一体化的最大成果。

1978 年 4 月，联邦德国总理施密特和法国总理德斯坦提出建立欧洲货币体系的创意。同年 12 月欧共体各国首脑在布鲁塞尔达成协议。1979 年 3 月 13 日，在巴黎举行的欧共体 9 国政府首脑第 13 次理事会上，正式宣布“欧洲货币体系”建立。

表 1-2 欧洲货币体系建立时间表

时间	主要事件
1950 年	成立“欧洲支付同盟”，欧洲货币一体化开始
1957 年 3 月	签订《罗马条约》，“欧洲经济共同体”成立
1958 年	《欧洲货币协定》代替“欧洲支付同盟”
1969 年 12 月	海牙会议决定筹建“欧洲经济与货币联盟”
1971 年 3 月	欧洲货币联盟计划正式实施
1978 年 4 月	哥本哈根会议提出建立“欧洲货币体系”
1978 年 12 月	布鲁塞尔会议达成最后协议
1979 年 3 月	巴黎会议正式成立“欧洲货币体系”

资料卡

欧洲货币体系成员国

1979 年 3 月 13 日，欧洲经济共同体的 8 个成员国（法国、德国、意大利、比利时、丹麦、爱尔兰、卢森堡和荷兰）决定建立欧洲货币体系（EMS），将各国货币的汇率与对方固定，共同对美元浮动。在欧洲货币体系成立后的 10 年内，它的内部固定汇率不断在调整，使它的汇率体制得以生存。

此后，希腊、西班牙、葡萄牙、英国相继宣布加入，使欧洲货币体系的成员国扩大到 12 个。

二、欧洲货币体系的主要内容

（一）创建欧洲货币单位

欧洲货币单位（European Currency Unit, ECU）是欧洲货币体系的核心。它是按“一篮子”原则由共同市场 12 个成员国货币混合构成的货币单位，各成员国货币在其中所占的比重大小是由它们各自的经济实力决定的。其定值办法根据成员国的国民生产总值和在共同市场内部贸易所占的比重，用加权平均法逐日计算欧洲货币单位的币值。成员国货币在欧洲货币单位所占的权数每五年调整一次，必要时也可随时调整。

欧洲货币单位的作用在于：作为决定成员国货币的中心汇率的标准；作为各成员国与欧

洲货币基金之间的信贷尺度;作为成员国货币当局之间的结算工具,以及整个共同体财政预算的结算工具;随着欧洲货币基金的建立,欧洲货币单位逐渐成为各国货币当局的一种储备资产。可见,欧洲货币单位除作计价单位外,还可作为国际储备手段与共同体成员国之间的结算工具,进一步摆脱美元的控制与影响,并最终发展为欧洲经济共同体的统一货币。

(二) 建立双重的中心汇率制

共同体成员国对内实行固定汇率,对外实行联合浮动。欧洲货币体系的汇率制度采用联合浮动汇率制,即在成员国之间货币实行固定汇率制的同时,对非成员国货币实行联合浮动汇率。欧洲货币主要通过两种干预来实现汇率稳定机制:

1. 平价网体系

欧共体各成员国之间规定一个中心汇率,各成员国货币相互间的汇率只能在中心汇率上、下浮动,波动幅度不超过中心汇率的 ±2.25%,任何成员国的货币升降如超过规定波动幅度,该国中央银行有义务干预外汇市场,使汇率恢复到规定幅度内。

英国和意大利因当时经济困难,这两国汇率的波动幅度适当放宽,但不超过其中心汇率的 ±6%。平价网体系要求,每一对成员国货币间都有义务保证和维持这种双边中心汇率。若把这些中心汇率列出表来便可形成一个类似格状或网状的结构,称之为平价网体系。平价网干预机制的优点是以双边为主,一国货币对另一国货币汇率变动一目了然,但很难判断是哪一国货币对外价值发生变动。要维持货币汇率的稳定,一般由弱国货币采取措施。

2. 货币篮子体系

首先确定成员国货币对欧洲货币单位的中心汇率,然后计算每种货币对这一中心汇率所允许的最大偏离幅度,公式为 ±2.25% ×(1 - 成员国货币在欧洲货币单位中所占的比重)。对经济承受力较弱的少数国家(如当时的英国和意大利)上式的 ±2.25% 扩大为 ±6%。为进一步稳定欧洲货币单位,欧洲货币体系还采用了早期报警系统,规定“偏离临界点”,计算方法为 0.75 × 最大偏离幅度,即意味着某成员国货币对欧洲货币单位的中心汇率波动幅度达到最大偏离幅度的 75% 时,该成员国货币当局就应采取干预措施。

(三) 建立欧洲货币基金

1979 年 4 月,各成员国(包括英国)均提取本国黄金储备的 20% 和外汇储备的 20% 建立欧洲货币合作基金,作为发行欧洲货币单位的准备金,并决定在两年之内建立欧洲货币基金(European Monetary Fund,简称 EMF)。其目的是稳定成员国货币汇率,提供政府间的清偿手段,对国际收支困难的成员国提供信贷支持。

根据欧洲货币体系的规定,成员国对欧洲货币基金所缴的份额必须有一半用黄金缴付,这进一步强调了黄金的货币作用,这是对美国推行的黄金“非货币化”政策的一种挑战。

三、欧洲货币体系的积极作用与缺陷

(一) 欧洲货币体系的积极作用

(1) 稳定成员国之间汇率。该体系与 20 世纪 70 年代初的蛇形浮动汇率制相比具有明显优点,表现在它允许某些国家有较大的汇率浮动幅度;一旦某国货币汇率与其实际经济状况差异过大时,经 EMS 同意,还可对该货币汇率进行调整,使新汇率机制有较强的适应能力;同时,新汇率机制干预能力加强,各国政府用于干预外汇市场的资金总额相当于 20 世纪

70 年代的 10 倍以上。

(2) 增强成员国平衡国际收支的能力。在原来蛇形浮动的汇率制下,恢复法定汇率平衡的责任主要落在弱币国家身上。而在 EMS 下,汇率波动达到干预点时,弱币与强币的干预义务相同。而且,欧洲货币基金的三套贷款制度使成员国在纠正国际收支逆差、恢复汇率平衡过程中能够得到有力支持。

(3) 抑制成员国通货膨胀率。EMS 的汇率稳定机制要求参加国保持物价稳定,以维护国际收支平衡。为此,各成员国需要执行协调的货币财政政策,以有效抑制各国通货膨胀率。

(4) 提高欧共体国际金融领域地位。突出表现在欧洲货币单位的国际货币作用加强。

(5) 推进欧共体向更高层次发展。欧洲货币体系的建立对于推进欧共体向更高层次的经济与货币合作及经济一体化发挥了积极作用。

(二) 欧洲货币体系的缺陷

(1) 中心汇率难以维持。由于各成员国的经济发展不平衡,难以维持稳定的中心汇率。经济是一国汇率的基础,一国货币汇率是该国经济实力与经济状况的集中反映,在各成员国经济发展不平衡、相互差距较大的情况下,维持中心汇率稳定难度很大。

(2) 汇率机制存在局限性。尤其是平价网体系存在以下弊端:

第一,中心汇率很难界定。在 1979—1983 年间,每 7 个月调整一次中心汇率;1983—1987 年间,每 18 个月调整一次中心汇率;在 1987—1992 年间没作任何调整。汇率机制调整的频率越来越慢,中心汇率难以准确反映迅速变化着的各国经济实力。

第二,财政货币政策的不同影响汇率机制的作用。汇率机制的有效运作受制于各成员国财政货币政策的协调,事实上各成员国由于内部经济社会问题不同,实行的财政货币政策差异很大,从而引起各国货币汇率走势不同,对欧洲货币体系的汇率机制造成很大冲击。

1992 年欧洲货币体系的"9 月危机"即因各成员国财政货币政策相左引发。由于德国要消化联邦德国与民主德国统一财政压力和追求反通货膨胀目标,实行紧缩货币政策提高利率,吸引资本大量流入;而英国为刺激经济复苏,实行宽松货币政策,造成资本外流严重,经济更加衰退,最后导致英镑退出欧洲汇率机制。

第三,汇率预警系统缺乏政策保证。虽然汇率机制有预警系统,但缺乏强有力的政策合作保证,仍然依赖汇率大幅变动后的官方干预。在当今国际金融市场存在巨额短期投机资本条件下,官方干预投入的资本额无疑是杯水车薪,干预效果不理想。

四、欧洲经济货币联盟与欧元

(一) 欧元创建的背景

进入 20 世纪 80 年代,欧共体国家逐渐摆脱了经济的内外危机,主张积极推进欧洲经济货币联盟的建设和欧洲货币一体化的进程。1989 年 6 月欧盟理事会马德里会议上,会员国首脑通过了由欧共体主席德洛尔为首的委员会制定的《关于欧洲共同体经济与货币联盟》的报告,决定于 1990 年 7 月 1 日开始实施。报告提出建立统一的中央银行的设想,再次明确建立单一欧洲货币是欧洲经济货币联盟的最终目标。

1991 年 12 月,欧共体 12 国首脑在荷兰小镇马斯特里赫特召开会议,通过了《政治联盟条约》和《经济与货币联盟条约》,通称《马斯特里赫特条约》,简称《马约》。《经济与货币联盟条约》规定,最迟于1998年7月1日成立欧洲中央银行,于1999年1月1日实行单一货币。《马约》的签订是欧洲货币体系发展道路上的一个里程碑。

(二)参加欧洲货币同盟的条件

《马约》为加入欧洲经济货币联盟的国家规定了五项标准,即参加欧洲货币同盟、实行统一货币欧元成员国应具备的条件:

(1)长期利率不超过3个通货膨胀率最低国家平均利率的2%;

(2)通货膨胀率不能超过3个最佳国家平均率的1.5%;

(3)政府预算赤字不能超过国内生产总值的3%;

(4)公共债务不能超过国内生产总值的60%;

(5)汇率必须在前两年保持在汇率机制允许范围内。

《马约》还规定参加欧洲货币同盟的趋同标准。1998年3月25日,欧盟执委会宣布第一批符合趋同标准的国家为奥地利、比利时、芬兰、德国、法国、爱尔兰、意大利、卢森堡、荷兰、葡萄牙和西班牙,这些国家符合使用欧元的条件,有资格成为首批流通欧元的国家。当时欧盟15个成员国中,希腊未达趋同标准,瑞典、英国、丹麦虽已达标,但它们决定暂留在货币联盟之外。

(三)欧元的启动

《经济与货币联盟条约》的最终目标是实现一个中央银行和一种单一货币。

第一阶段:1990年1月1日开始,是成员国货币向欧元过渡期,主要工作是:

(1)于1999年1月1日不可撤回地确定欧元与参加货币同盟成员国货币的折算率,并按1:1的比例由欧元取代ECU进行流通。成员国货币和欧元同时存在于流通领域。

(2)资本市场和税收部门均以欧元标定,银行间支付结算使用欧元。成员国的政府预算、国债、政府部门与国有企业财政收支也以欧元结算。过渡期内,私营部门有权选择是否使用或接受欧元,对于任何合同、贸易和买卖,仍可用成员国原货币支付。

(3)欧洲中央银行投入运行并执行欧元货币政策,确定欧元利率。为保证欧元与成员国货币之间固定汇率的顺利执行,对成员国货币发行进行一定程度的监控。

(4)执行都柏林会议制定的《稳定和增长条约》规定,如制裁预算赤字超过GDP 3%的成员国,罚金为GDP的0.2%,赤字每超过1%,则课征超过部分的10%的罚金。

第二阶段:从2002年1月1日开始,欧元纸币和硬币开始流通,成员国居民必须接受欧元。欧元纸币和硬币逐渐取代各成员国的纸币和硬币。

第三阶段:从2002年7月1日开始,取消成员国原有货币,完成欧元完全取代成员国货币的进程。

(四)欧洲经济货币联盟的作用及影响

1. 欧洲经济货币联盟的作用

(1)增强欧盟国家经济实力,提高其竞争力。欧元区成为与美国相当的经济实体,其实力强于日本。欧元启动后提高了欧洲货币在国际货币体系中的地位;欧盟内部统一的市场和统一的货币,有助于促进各国经济与贸易合作,扩大内需,增强了欧盟总体抵御国际金融动荡的能力;欧盟在实行欧元后经济实力迅速增强,有助于和美、日竞争。

(2) 减少内部矛盾,防范金融风险。由欧洲中央银行统一操纵和管理欧元,有助于各成员国集中精力制定和实施趋于统一的财政政策,有利于区域经济持续、稳定发展。统一的货币政策和严格的财政预算能促进物价稳定,为经济良好运行提供保证。

(3) 简化流通手续,降低成本消耗,增强了出口商品竞争力。欧元之前是欧盟成员国的货币独立化,增加了贸易交往中货币兑换、防范汇率风险的费用。实行统一货币后,免除了货币兑换与佣金成本,加快了商品与资金流通速度,增强了出口商品的竞争能力。

(4) 增加社会消费,刺激企业投资。尽管欧盟内部的统一大市场早已建立,但同样的商品、劳务和资源在不同国家价格不同,对各国产业结构与投资结构产生不利影响,也不利于大市场的合理发展。实行单一货币欧元后,各国物价、利率、投资收益的差别已逐步缩小或趋于一致,物价和利率水平总体下降,居民社会消费增大,企业投资环境改善,有利于欧盟总体经济发展。

2. 欧洲货币联盟对世界经济的影响

(1) 巩固发展多元化的国际货币体系,有利于国际汇率的稳定。欧元作为中远期强势货币,有可能与美元并驾齐驱,构筑国际货币格局。欧元作为国际储备和金融投资主要货币之一,使国际货币汇率决定机制多元化,迫使美国在制定金融和经济政策时不得不加强与欧盟的磋商和协调,有助于国际货币汇率的稳定。欧元与美元之间既竞争又合作的关系,有利于国际货币体系的均衡与稳定。

(2) 促进国际储备多元化。美元在世界外汇储备比重逐渐下降,欧洲中央银行建立后有利于欧元币值稳定。欧元已与美元、日元并驾齐驱成为一种主要储备货币。各国中央银行会卖出部分美元,买入一部分欧元,以满足国际结算的需要。这会进一步提高欧元在国际储备中的比重,促进国际储备货币多元化发展。

(3) 增强欧洲金融市场地位,有利于欧洲资本市场发展。统一欧元的流通使欧元区成员国放弃本国货币的主权,拆除贸易壁垒,加强商品、资本和劳动力的自由流动,欧洲政治经济的向心力与凝聚力空前加强,从而形成一个透明的、流动性更高的商品资本市场,吸引更多资本流入欧元资本市场,向国际金融市场提出严峻挑战。

(五) 欧洲经济货币联盟存在的问题

欧元的启动,单一货币的推行,从理论政策上分析虽然前景看好、作用深远,但也存在一些不可忽视的问题,主要表现在:

(1) 人为地硬性规定趋同标准,改变不了经济发展不平衡规律。经济发展不平衡是各国经济发展的必然规律,欧洲货币同盟规定了各国经济财政的趋同标准,一些国家通过人为努力采取技术性措施,虽然首批得以参加货币同盟,流通使用欧元,但是,随着时间的推移,不平衡规律一定会发挥作用,能否保证全体成员国始终如一地保持趋同标准、中途绝不退出货币同盟是很难预料的。正如欧洲货币体系下的 ERM 机制,有些国家参加后,由于内部条件的变化,中途也曾被迫退出。

(2) 欧盟中央银行执行统一的货币政策与成员国保有的财政政策发生矛盾时,协调难度很大。统一货币推行后,为保持欧元的稳定,欧盟中央银行执行统一的货币政策,但成员国仍保留推行本国财政政策的权力,当二者发生矛盾、利害冲突时,二者关系的协调兼顾就很难达到。就像布雷顿森林货币体系存在特里芬难题一样,欧元的内部机制也存在难以克服的内在矛盾。

(3) 欧盟的扩大与欧元的推行必然加剧与发展中国家的矛盾。欧洲统一货币的实施，势必进一步释放欧洲统一大市场的潜在经济力量，欧盟成员国间的贸易关系将更加紧密，对外竞争力提高，这无异于欧洲贸易保护主义加强，排他性上升，并加剧开放型发展中国家进入这一市场的难度，这不仅加剧了与发达国家之间的竞争与矛盾，也加深了与发展中国家的矛盾，甚至会遭到发展中国家的抵制。

第六节　国际金融危机与国际货币体系改革

一、亚洲金融危机与美国次贷危机

(一) 亚洲金融危机及其教训

1997 年 7 月 2 日泰铢兑换美元的汇率下降 20%，泰国及其他金融市场一片混乱。泰国政府宣布放弃固定汇率制，实行浮动汇率制，引发了一场遍及东南亚的金融风暴。在泰铢波动的影响下，菲律宾、印度尼西亚、马来西亚的货币相继成为国际炒家的攻击对象。10 月下旬波及我国的台湾地区和香港地区。11 月中旬，韩国也爆发金融危机。1997 年下半年日本的一系列银行和证券公司相继破产。于是，东南亚金融风暴演变为亚洲金融危机。

亚洲金融危机是继 20 世纪 30 年代世界经济大危机后，对世界经济有深远影响的又一重大事件。金融危机是在经济结构失调的基础上，信贷流程中断、停滞、收缩，从而引起汇市猛涨、股市狂跌、企业倒闭、呆账涌现、国际收支逆差严重、大量资金外流、借贷资本极度缺乏和利息率急剧高涨的一个经济过程。通过上述关于亚洲金融危机和经济衰退成因的不对称信息分析，可以总结出几个教训，以防范此类危机再次发生。

(1) 应该通过政府合理的干预使金融系统恢复稳定；

(2) 国际最后贷款机构必须制定合适的贷款条件，以避免产生金融不稳定的风险；

(3) 虽然资本流动与危机有关，但这只是现象，而不是造成危机的根源，故外汇管制对于防范今后的危机不大可能奏效；

(4) 钉住汇率制对新兴市场国家十分危险，它更易导致金融危机的发生。

(二) 美国次贷危机及引发的国际金融危机

1. 次贷危机(Subprime Lending Crisis)的含义

次贷危机又称次级房贷危机，也译为次债危机，是发生在美国，因次级抵押贷款机构破产、投资基金被迫关闭、股市剧烈震荡引起的风暴。它致使全球主要金融市场出现资本流动性不足的危机。美国“次贷危机”从 2006 年春开始显现。2007 年 8 月席卷美国、欧盟和日本等世界主要金融市场。

2. 次级抵押贷款的内容

次级抵押贷款是一个高风险、高收益的行业。与传统意义上的标准抵押贷款的区别在于，次级抵押贷款对贷款者信用记录和还款能力要求不高，贷款利率相应比一般抵押贷款高很多。那些因信用记录不好或偿还能力较弱而被银行拒绝提供优质抵押贷款的人，会申请次级抵押贷款购买住房。

在房价不断走高时，次级抵押贷款生意兴隆。即使贷款人现金流并不足以偿还贷款，他们也可以通过房产增值获得再贷款来填补缺口。但当房价持平或下跌时，就会出现资金缺口而形成坏账。

3. 次贷危机爆发的原因

引起美国次级抵押贷款市场风暴的直接原因是美国的利率上升和住房市场持续降温。利息上升，导致还款压力增大，很多本来信用不好的用户出现违约的可能，对银行贷款的收回造成影响。

在美国，贷款是非常普遍的现象，从房子到汽车，从信用卡到电话账单，贷款无处不在。当地人很少全款买房，通常都是长时间贷款。众所周知，在美国，失业和再就业是很常见的现象。这些收入并不稳定甚至根本没有收入的人，他们因为信用等级达不到标准，就被定义为次级信用贷款者，简称次级贷款者。

美国次级抵押贷款市场通常采用固定利率和浮动利率相结合的还款方式，即购房者在购房后头几年以固定利率偿还贷款，其后以浮动利率偿还贷款。在2006年之前的5年，由于美国住房市场持续繁荣，加上前几年美国利率水平较低，美国次级抵押贷款市场迅速发展。随着美国住房市场降温尤其是短期利率的提高，次级抵押贷款还款利率也大幅上升，购房者还贷负担大为加重。同时，住房市场的持续降温也使购房者出售住房或者通过抵押住房再融资变得困难。这种局面直接导致大批次级贷款者不能按期偿还贷款，进而引发次贷危机。

4. 次贷危机的影响

(1) 对美国的影响。次贷危机使花旗、贝尔斯登、美林、摩根、瑞银等一大批著名金融机构发生巨额亏损。贝尔斯登因支付危机被摩根大通以低价收购，成为危机发生以来第一家倒下的大型金融机构。全球股市出现大幅下跌和剧烈震荡，因次贷问题引发的金融市场危机还在加剧。据有关研究机构统计，次贷危机损失可能超过7 000亿美元。

面对来自华尔街174亿美元的逼债，作为美国第二大次级抵押贷款公司——新世纪金融公司在2007年4月2日宣布申请破产保护、裁减54%的员工。美国第十大抵押贷款机构——美国住房抵押贷款投资公司8月6日正式向法院申请破产保护，成为继新世纪金融公司之后美国又一家申请破产的大型抵押贷款机构。8月8日，美国第五大投资银行贝尔斯登宣布旗下两支基金倒闭，原因同样是由于次贷风暴。

(2) 对其他国家的影响。美国是世界最大的经济体，也是全球最大的资本市场，美国经济一旦发生严重问题，极易波及相关国家。

次贷危机爆发后，欧洲央行的救市行动规模比美联储大得多，美联储对股市投入1 400亿美元，欧洲央行投入近3 000亿欧元，这说明欧洲人持有的美国次债数额最多。目前停留在美国的国际资本约有9万亿美元，其中发展中国家价值4万亿美元的外汇储备中约有3万亿是美元形态，但发展中国家一般是买美国的国债和政府机构债券，余下的6万亿美元中，日本有2万亿美元的美国金融资产，4万亿美元即为欧洲人持有。由于欧洲人持有的美国金融资产最多，按次债所占比例计算，欧洲人持有的美国次债最多。美国的次债风波，通过与世界各经济体的金融联系通道向全世界扩散。

2007年8月2日，德国工业银行宣布盈利预警，后又出现82亿欧元的亏损，因为旗下一个规模为127亿欧元的“莱茵兰基金”及银行本身少量地参与了美国房地产次级抵押贷款市场业务遭到巨大损失。德国央行召集全国银行同业商讨拯救德国工业银行的篮子计划。8月9日,法国第一大银行巴黎银行因为投资美国次贷债券蒙受巨大损失而宣布冻结旗下的三支基金。此举导致欧洲股市重挫。继德国和法国之后,日本经济也出现了技术性衰退的危机。虽然消费项目有所好转,但投资和出口项目可能继续保持颓势,这令今后的日本经济前景更加黯淡。

二、美元的货币垄断地位及其改革

金融危机波及全球,美国金融风暴不仅动摇了美国在全球经济金融格局中举足轻重的地位,也对欧洲、亚太地区乃至全球金融的稳定和经济增长造成巨大冲击。不仅使目前的国际金融体系无法预见和防止金融危机的发生,更暴露出现行国际货币体系的脆弱性;伴随着美元国际地位的变迁,国际货币体系亦受到深刻的影响。因此改革当前以美元为主导的国际货币体系,势在必行。

美元国际地位变迁对国际货币体系的影响主要体现在以下四个阶段:

(一)美元国际储备货币地位的取得与布雷顿森林体系

第二次世界大战后美国取代英国占据了世界第一经济强国的位置。它单独拥有资本主义世界工业产量的53.4%、出口贸易的32.4%、黄金外汇储备的74.5%,都是世界第一。经济实力的增强使得美国开始谋求美元国际地位的提升,促使了布雷顿森林体系的建立,美元代替英镑成为中心货币。美元在第一次世界大战后国际地位的提升是第二次世界大战后国际货币体系确立的主要因素,布雷顿森林体系的建立也进一步确立了美元在全世界的霸权地位。这一霸权地位的影响十分深远,即使是在布雷顿森林体系瓦解之后,美元作为世界第一货币的地位仍未改变。

(二)美元危机与布雷顿森林体系的崩溃

第二次世界大战结束后初期,美国在强大经济实力的支持下,开始在经济和政治上双重扩张。在经济上,先后通过并实施“马歇尔计划”和“对外援助法”,政治上出兵朝鲜并实施冷战,出现黄金和美元外流的情况。1960年,美国的短期对外负债数额为210亿美元,而当年美国的黄金储备规模仅为178亿美元,前者首次超过后者。1960年和1961年,世界黄金市场两次发生抛售美元、抢购黄金的风潮,美国开始与西方诸国联合通过建立黄金总库、贷款等方式平抑金价,维持美元币值。美国在卷入越南战争的同时,对内实施“伟大社会”的福利计划,财政赤字增加,通货膨胀严重,特别是出口产品竞争力减弱,导致美国出口占全球的份额从战后初期1948年的21%下降到1968年的12%,国际收支进一步恶化。1968年,美国黄金储备仅为121亿美元,而同期的美元债务则达到400亿美元。这严重影响了国际社会对美元的信心,法国等国家大量向美国要求将美元兑换为黄金。此次美元危机使人们进一步认识到了布雷顿森林体系的内在缺陷,1969年国际货币基金组织创设了特别提款权。1970年美国贸易收支开始出现逆差,1971年5月,第3次美元危机爆发,美元官方贬值,并且宣布美国政府不再承担向其他国家政府用官价兑换黄金的义务,次年布雷顿森林体系瓦解。可以说是美元国际地位的削弱,直接导致了布雷顿森林体系的结束和国际货币体系的变革。

（三）美元垄断地位的持续与牙买加货币体系的风险

布雷顿森林体系崩溃之后，国际货币体系进入一种无序状态，但美元的国际地位并未受到太大影响，反而显现出更加坚实的霸权地位。在次贷危机爆发前的2007年，美元在全球外汇储备中所占比重为65.4%，在国际贸易结算中所占比重超过80%，在外汇交易中美元超过40%。牙买加体系下的美元就是一个典型的例子。这种情况的出现主要源于美国的历史继承与自身发展以及整个世界经济形势。具体表现在以下几个方面：

（1）20世纪70年代中期，美国政府通过沙特说服石油输出国组织欧佩克将美元作为国际石油交易的唯一计价和结算货币。通过这一垄断地位，美国不仅可以通过印刷美元来购买石油这种重要的能源产品，而且借助大规模的石油交易和“石油美元”的回流巩固了美元独一无二的霸权地位。

（2）以美国为母国的跨国公司的发展是另外一个加强美元地位的途径。跨国公司为了规避汇率风险，结算、借贷、预决算、财务管理等行为都是以母国货币的形式进行。正是跨国公司的经营活动形成了一个巨大的对本币的海外需求，因此跨国公司的发展对于母国货币国际地位的提升起着不可估量的重要作用。

（3）金融创新对美元国际地位起到了重要作用。20世纪70年代开始，美国金融市场开始了一系列的金融创新，特别是金融工具方面，期货、期权、互换等金融衍生品的出现不仅提高了美国金融服务的水平，而且对美元国际地位的保持和提升也起到了非常重要的作用。

（4）部分国家的美元化对美元霸权扩大起到了推动作用。美元化具体表现是在美国以外的其他国家，美元大量进入流通领域，具备货币的全部或部分职能，并具有逐步取代本国货币，成为该国经济活动的主要媒介的趋势。在实施美元化的国家中，比较大的经济体主要有拉丁美洲地区的巴拿马、厄瓜多尔、萨尔瓦多等，香港地区也将美元作为锚货币实行货币局制度。这些国家和地区的美元化及类似的制度安排，扩大了美元的使用范围，进一步巩固了美元的霸权地位。

（5）强势美元政策对20世纪末美元国际地位的维护起到了不可估量的作用。20世纪90年代的克林顿政府，为降低外债成本，吸引国际资本流入，自1995年起确立强势美元的汇率政策。在历任财政部长等有关政府官员通过公开言论给予公众美元走强的信心之外，还通过西方七国集团共同干预外汇市场，提升美元汇率。

（6）经济实力的增长是美元地位稳固的根本原因。20世纪90年代后，美国经历了长达10余年的持续经济增长和低失业率状态下的低通货膨胀的经济发展黄金时期。1991—2001年10年间，美国经济年均增长率为3.4%，远高于日本的1.1%和欧盟的2%，通胀率降低至3%以下，实现了低通胀下的稳定增长。1991年起，美国重新成为世界商品第一出口大国。同时，美元地位也得到了空前的加强。美元国际地位的稳固使得1976年后的牙买加货币体系继续以美元霸权为主要特点，美元的发行不受任何限制，实际上是一种“信用”本位，美国几乎可以无约束地向世界倾销其货币，并任由美元汇率自由波动，于是美元的偿还因为汇率的“浮动”而得不到保障。非储备货币发行国，特别是新兴市场和发展中国家积累的以美元为主的外汇储备无法获得价值保障。美国在利用货币特权向其他国家征收铸币税的同时，又借助金融创新将风险扩散到全球，使全球为美国的危机买单。

(四) 全球金融危机前后美元国际地位的变化对国际货币体系改革的影响

1. 金融危机爆发前美元地位的下降

进入21世纪,美国出现经济泡沫,最终酿成了2007年的次贷危机。危机爆发时,美国综合经济实力已开始下降,导致了美元国际地位的下滑。而此次金融危机的根本原因在于现行的国际货币体系,美元的霸权地位是这场危机的深层次的根源。美元作为最重要的储备资产,为全球提供稳定充足的清偿力的前提是美国需要保持强大的经济实力、充足的黄金储备和稳定的美元币值,美国已无能力完全做到这些。这也使人们充分认识到现行国际货币体系的缺陷,开始考虑国际货币体系的改革问题。

2. 金融危机爆发后美元地位的先降后升

自2008年10月底,欧洲爆发主权债务危机,不断恶化的债务问题严重影响了投资者的信心,全球资本从欧洲流出,欧元遭到抛售。美元的国际地位在次贷危机爆发3年后有回升趋势。一方面,由于迪拜、欧洲等债务危机的爆发,投资风险的上升,使得美元再次成为投资者的避险天堂。自2008年下半年起,全球资本持续回流美国,美国国债仍然受到追捧。另一方面,美国经济复苏势头增强,各界对美国经济增长的展望趋向乐观。

3. 金融危机前后美元地位变化对国际货币体系及其改革的影响

全球金融危机爆发前后美元国际地位的先抑后扬,特别是自2008年下半年开始全球资本向美国的回流和外国政府对美元国债的增持表明了美元本位持续的趋势还难以颠覆。这是因为:

(1) 从外汇储备的角度来说,以中国为代表的积累了大量以美元为主要外汇储备的非储备货币发行国,出于安全性和流动性考虑,将绝大部分外汇储备用来购买美国国债,因为美国国债的安全性和流动性优于其他资产。这种做法的后果是一旦美国经济发生问题,美元出现贬值趋势,那么这些持有巨额美元资产的国家就会陷入十分为难的境地,继续持有则资产缩水,抛售则会再给美元以贬值的压力,损失最终还是由自己来承担。因此,尽管美元有整体走弱的趋势,但是其在国际货币体系中的强势地位短期内还无法改变,这也是在次贷危机背景下,主要外汇储备大国仍然在阶段性增持美国国债的根本原因。就长期来看,非储备货币发行国虽然一直在试图实现储备货币多元化,但无论是选择哪种主权货币作为储备货币,都会面临与美元相似的问题,大量减持美国国债的可能性还是非常小。

(2) 从经济发展角度来说,如果美元被抛售、汇率大幅下跌的情况出现,对以中国为代表的出口拉动型的新兴市场国家来说,将面临本币升值、出口产品竞争力下降的局面,并将进一步影响本国就业和经济社会的稳定。在经济发展模式不可能短时间内有实质性改变的情况下,这些国家也不愿意看到美元贬值和国际地位下降,他们更愿意维护本币汇率的稳定,甚至不惜通过以邻为壑的汇率政策来增加出口改善国际收支。这也会对美元价值和国际地位的稳定起到促进作用。

三、超主权国际货币的提出与实施

国际货币体系改革的内容主要涉及两个方面,一是货币本位制,二是汇率制度的选择。其中货币本位是国际货币制度的一个重要方面,也是目前国际货币体系改革的关键性问题。

(一) 超主权国际货币的提出

中国人民银行行长周小川于2009年3月提出通过创设“超主权储备货币”来维护全球

经济金融稳定,并得到了俄罗斯等国的支持,从而形成了从根本上消除美元霸权的一种思路。周小川在其文《关于改革国际货币体系的思考》中是这样定义超主权储备货币的:"一种与主权国家脱钩、并能保持币值长期稳定的国际储备货币,从而避免主权信用货币作为储备货币的内在缺陷,是国际货币体系改革的理想目标。"

比起人民币国际化战略而言,超主权储备货币构想在今天更具有现实意义,但是,它在操作层面上存在很多技术障碍、交易成本和政治壁垒,尽管如此,我们从现在开始就应该去研发它的合理形成机制,去寻求各国政府对它的认同感,这也是必要和适时的决策,至少它能够在一定程度上帮助我们摆脱或分散美元及其资产价值波动所带来的风险。而且,通过这样的美元替代作用,倒逼美国政府去努力完善自身的金融体系以减少美元波动对世界经济的负面影响,从而修复全球对美元主导的货币体系的信赖感。

(二) 超主权储备货币的具体设计

完善现有国际货币体系,核心是设计"超主权储备货币",必须突破现有货币理论和中央银行理论,其创新点是"超主权储备货币"作为各国货币的"一般等价物",并不是所有商品的"一般等价物";把"一般货币"与"储备货币"分开,把"主权货币"与"超主权货币"分开;要建立超主权国家的类似中央银行,同时又要避免"欧元困境",即单一货币政策与各国独立财政政策的矛盾。目前已有专家对超主权储备货币做出了尝试性的设计,概括地讲,主要包含以下基本内容:

1. 超主权储备货币的基本特性

发行主体是国际组织(如 IMF),类似国际中央银行;该货币币值(汇率)稳定,有明确的发行规则;该货币具有完全可兑换性,能与各国货币自由直接兑换,汇率基本稳定;该货币能作为某种资产(如债券)货币,各国愿意持有并作为外汇储备的一部分;该货币在一定的框架内总量可调。

2. 超主权储备货币的具体设计

(1) 命名和性质

超主权储备货币可命名为"Super Currency"。可以考虑以 G20 国家为基础来创设超主权储备货币。

Super Currency 的主要性质包括:是一种记账货币,是账面的实际资产,区别于目前 SDR 的虚拟资产性质;超出一般的货币概念,仅具有储备货币功能,不能用于国家间的投资、贸易、结算等支付功能;是超主权的组合货币;具有债券货币的属性,提供稳定的合理回报率。

(2) 管理机构

IMF 是全球唯一以维护货币和金融稳定为职责,并能对成员国宏观经济政策实施监督的国际机构,另外,IMF 具有发行和管理 SDR 的经验,拥有约 190 个成员国,可由 IMF 担任 Super Currency 的发行者和管理者。

(3) 发行机制

以 G20 国家为基础来设计"Super Currency"的发行机制,包含:

① 初始额度。根据相关指标,可发行实际初始额度为 3.48 万亿美元,G20 国家按照各自的 GDP 规模,按照一定额度以本币购买 3.48 万亿美元 Super Currency 债券作为本国外汇储备的一部分,"超主权储备货币"由此创造出来。

② 基准价值。假设目前各国货币的汇率是均衡的(具体实施时可以对汇率进行一定的调整),货币池中各国货币的占比与GDP占比一致,通过加权平均计算,确定Super Currency与各国货币的汇率。

③ 各国的外汇储备构成情况。根据Super Currency创设机制,各国的外汇储备中约有30%是Super Currency债券(可假定其中20%为最低持有比例,10%为自主持有比例),其余部分为美元、欧元、日元等外汇货币以及黄金。

④ Super Currency供给增加。Super Currency创设以后,各国可以根据自身经购买力平价调整的GDP增长规模,用相应比例的本币购买IMF根据全球GDP的增长规模而新发行的Super Currency。

(4) Super Currency债券二级市场

通过Super Currency债券二级市场,各国央行可以自主买卖Super Currency,从而灵活调整储备持有额。交易市场的存在为Super Currency债券在提供固定利息的基础上又进一步提供了可能的资本回报,也保证了其流动性,克服了黄金等其他超主权储备资产没有收益、不能证券化的缺陷,从而更易于被各国接受。

(5) 汇率机制

由于Super Currency的价值由货币池中的各国货币加权平均而得,通过各国货币汇率的相互对冲,客观上能实现币值的基本稳定。

(6) 全球流动性管理

超主权储备货币的创设和集中管理使得全球流动性的总量管理成为可能,为了继续有效发挥IMF维护全球金融稳定的职能,可以赋予其"最后贷款人"的功能,即在全球一国或多国面临危机时,IMF可以根据需要信用发行Super Currency并定向贷款给危机国家,扩张流动性,避免经济危机。

相关链接

货币本位制改革的倾向性方案

现行的以美元为主导的国际货币体系既不稳定也不公平,因此对于储备货币的替代选择,倾向性的方案主要有以下几种:

一是回归金本位制方案。各国持有的美元可以自由向美国兑换黄金;各国对于外国持有的本国通货,在外国政府产生需要时,应该兑换为黄金;恢复用黄金弥补赤字的做法。

二是特别提款权本位制方案。在IMF控制下,以SDR作为国际基础货币,通过它来影响国际储备总量,并逐步增加SDR比重,最后把多种储备资产简化为单一储备资产,所有官方储备只有黄金和SDR,各国中央银行可用SDR干预外汇市场。

三是以多种货币为基础的本位制方案。该方案主张让美元、日元、德国马克三种货币取得无优劣差别价值的国际通货资格;在这三种货币明确各自的含金量后作为"关键货币"和"基础货币",作为国际储备资产和支付手段;黄金可以在这三国之间转移。

四是改良的美元本位制方案。虽然此次金融危机对美元的国际货币地位产生了影响,但"美元本位制"作为国际货币体系的核心仍将持续很长一段时间。目前世界上钉住美元的货币仍有 40 多种,美元仍是主要的国际支付和储备手段。

在以上方案中,回归金本位仅仅能够提供一个相对稳定、自动调节的机制,但其国际清偿力的供应无法适应世界经济发展的需要,所以要重新恢复金本位制不具备可行性。其他方案均有实现的可能,关键在于有关各国需要具有强烈的政治意愿和合作精神,特别是美国作为现行体系的主导者和受益者能够充分意识到全球货币金融稳定的重要性,并且承担起相应的责任。

资料来源:整理改编自魏秀敏,《国际金融》,大连理工大学出版社,2010 年,第 317 页。

复习与拓展

一、本章重要概念

国际货币体系　金币本位制　布雷顿森林体系　牙买加体系　欧洲货币单位　次贷危机　美元危机　超主权国际货币

二、简答

1. 简述国际货币体系的内容与作用。
2. 布雷顿森林货币制度有哪些内容? 其特点和作用是什么?
3. 布雷顿森林体系崩溃的原因是什么?
4. 牙买加体系的主要内容是什么?
5. 简述欧洲货币体系的主要内容与作用。
6. 试述国际货币体系改革的主要方向。

三、案例分析

国际货币体系改革与人民币国际化

中国国际金融学会副会长、北京外国语大学校长陈雨露在《构建国际货币体系新秩序》一文中,论述了在国际货币体系改革背景下的人民币国际化问题。其主要观点如下:

作为开放发展的大国,中国积极参与国际货币体系新秩序的建设,已是不可逆转的必然趋势。当前的国际货币体系,第一次面临发达国家与发展中国家之间差距巨大的、不平衡的调整。此轮全球金融危机后,随着主要大国之间经济实力的重新配置,战后以美元为中心的国际货币体系面临重构。在国际货币体系走向"多元制衡"的过程中,随着中国经济和贸易大国地位的确立和日益巩固,人民币无疑将发挥更大的影响力和更加积极的作用。

目前,中国经济总量已跃升至世界第二位,对外贸易占全球 10%,外汇储备超过 3 万亿美元,同时也是世界对外最大金融债权国。在未来的十几年,如果中国的 GDP 增长率、通货膨胀率和人民币对美元升值的综合差率超过 7%,那么,中国的经济总量将于 2026 年超越美国,成为全球第一大经济体。

在中国走向经济和贸易大国的过程中,人民币国际化将成为大势所趋。综合考虑国际货币体系现状和全球经济格局的演变趋势,经过 30 年左右的时间,极有可能形成美元、欧元和人民币三足鼎立的"第五代国际货币体系"。

根据历史规律，一国货币要想成为国际储备货币，需要具备雄厚的经济基础、规模巨大的国际贸易、统一稳定的政治环境、极具广度和深度的金融市场等条件。从英镑、美元、欧元、马克以及日元等货币的国际化历程来看，货币的国际化大致需要经历三个阶段：一是从国内支付手段或交易货币上升为区域贸易和国际贸易结算货币，二是从贸易结算货币上升为金融交易货币和国际大宗商品计价货币，三是从金融交易货币上升为主要的国际储备货币。从时间看，英镑和美元成为国际主要储备货币分别用了55年和50年。

综合历史经验和国际货币体系现状，人民币的国际化将是一个渐进而长远的过程。从长期战略来看，在未来30年，中国将通过两个"三步走战略"完成人民币的国际化进程：

首先，在人民币的使用范围上，第一个十年是"周边化"，即完成人民币在周边国家和地区的使用；第二个十年是"区域化"，即完成人民币在整个亚洲地区使用；第三个十年是"国际化"，使人民币成为全球范围内的关键货币。

其次，从人民币充当世界货币的功能来看，第一步是"贸易结算化"，即人民币在贸易结算中充当国际结算货币；第二步是"金融投资化"，即人民币在国际投资领域中作为投资货币；第三步是"国际储备化"，即人民币成为国际最重要的储备货币之一。

从具体策略来看，中国将在贸易上进一步强化与欧洲和日本的贸易关系，并在实现了亚洲崛起之后，以此为跳板，充分借助中国的世界贸易大国地位，通过在国际贸易中安排人民币发挥更大的作用，以国际贸易促进人民币在国际市场发挥国际货币的职能。

与此同时，要进一步完善国内金融市场的制度建设，提升金融市场发展水平，适时推进人民币资本项目的自由兑换，支持人民币的国际流动。要充分利用香港国际金融中心的优势建设人民币离岸市场，并积极将上海发展为人民币市场的国际金融中心，从内外两个市场为人民币国际化提供市场平台。总之，一个有深度和广度的人民币金融市场的形成，将为人民币的国际化奠定坚实的基础。

最后，在"多元制衡"的国际货币体系下，SDR的定位应当是多元化储备货币体系的有机组成部分，并发挥比主权货币更积极的作用。这意味着SDR应考虑各大洲国家货币代表性，依据经济发展规模与速度、对外经贸发展水平、官方储备量和货币国际化程度等因素，选择代表性货币加入SDR货币篮子。这种要求显然与目前SDR篮子内仅有美元、欧元、英镑、日元四种货币的现实情况并不匹配。中国应积极争取人民币进入SDR定价货币，提升人民币的国际地位。

资料来源：《瞭望》，第45期，2011年11月。

请思考：

1. 人民币国际化对中国和世界经济的发展会起到什么作用？

2. 人民币进入SDR定价货币的可能性有多大？为什么？如能进入将对人民币国际化战略的实施产生怎样的影响？

四、本章相关网站

http://www.bank-of-china.com

http://www.cfi.net.cn

http://www.chinamoney.com.cn

第二章

国际收支与国际储备

学习目标

- 了解外汇、国际收支与国际储备的概念及内容
- 掌握国际收支平衡表的主要内容、编制原理及各项目之间的关系
- 掌握国际收支失衡的原因、经济影响与调节方法
- 了解我国国际储备构成的基本特点
- 能够运用所学理论分析我国现行的相关经济政策与现状

案例导入

美国次贷危机与我国的国际收支

次贷危机爆发以来，美国经济增长出现下行趋势，消费者信心快速下滑。由于外贸对目前中国经济增长具有非常重要的作用，美国又是中国最大的贸易顺差来源之一，因而美国经济放缓和全球信贷紧缩，将使我国外部环境整体趋紧。在拉动中国经济增长的“三驾马车”中，出口占据着非常重要的位置。从经济总量上看，出口在GDP中的比重不断升高，2006年超过1/3，2007年虽然增速有所回落，仍增长了25.7%。从就业上看，外贸领域企业的就业人数超过8 000万人，其中，加工贸易领域就业近4 000万人。2001年以来，在所有的对外出口中，中国对美国出口比重一直保持在21%以上，出口增长速度也很快。尽管中国出口结构的升级和出口市场的多元化可以在一定程度上减轻美国需求变化对出口的影响，但事实上，中国出口增速从未与美国经济增长脱节，只要美国经济出现衰退，中国出口就有可能明显放缓。因此，次贷危机可能会对我国未来的出口产生不利的影响，而对出口的影响一方面会直接作用于我国的经济增长，另一方面会通过减少出口导向型

企业的投资需求而最终作用于整个宏观经济。

同时,在发达国家经济放缓、我国经济持续增长、美元持续贬值和人民币升值预期不变的情况下,资本净流入规模加大。随着次贷危机的不断恶化,美国可能采取放松银根、财政补贴等多种方式来防止经济衰退,而这些政策可能在今后一段时间内加剧全球的流动性问题,国际资本可能加速流向我国寻找避风港。此外,由于发达国家的金融优势,国际金融市场的风险可能向发展中国家转嫁。随着我国对外开放的程度越来越高,境外市场的动荡可能会影响到跨境资金流动的规模和速度,加大资金调节的难度,而且一旦出现全球性的金融危机,可能会加大我国国际收支波动的风险。

资料来源:新华网,2008 年 6 月 13 日。

【启示】 美国次贷危机对我国国际收支的影响已逐渐显现,抑制了我国出口市场的需求,而持续较大顺差形式的国际收支不平衡是近年来我国经济运行中的一个突出矛盾,这正从外部推动了“促平衡”的宏观调控目标的实现。与许多国家受国际金融危机冲击,出现资本流向逆转、外汇储备减少、本币汇率贬值相比,中国目前仍维持了外汇净流入、人民币汇率基本稳定的局面,显示了中国经济较强的抗外部风险的能力。

第一节 国际收支与国际收支平衡表

一、外汇与国际收支

(一)外汇的概念

1. 外汇的含义

外汇是“国际汇兑”的简称,可分为动态外汇与静态外汇。

动态的外汇是指把一种货币兑换成另一种货币,用以清偿国际债权债务关系的一种国际经济支付活动,可等同于国际结算。

静态外汇又有广义和狭义之分。广义的外汇是各国外汇管制法令所称的外汇。如根据我国 2008 年 8 月 1 日修订的《中华人民共和国外汇管理条例》第 3 条的规定,外汇是指下列以外币表示的可以用作国际清偿的支付手段和资产:① 外币现钞,包括纸币、铸币;② 外币支付凭证或者支付工具,包括票据、银行存款凭证、银行卡等;③ 外币有价证券,包括债券、股票等;④ 特别提款权;⑤ 其他外汇资产。

狭义的外汇即通常所说的外汇,指以外币表示的用于国际结算的支付手段。也只有各国普遍接受的支付手段,才能用于国际结算。因此,以外币表示的有价证券和黄金不能视作外汇,因为它们不能用于国际结算,只有将它们变为国外银行存款,才能用于国际结算。另外,外币现钞也不能视作外汇,因为外币现钞不能用于国际结算,国际结算均为票据结算,只有将它们变为国外银行的存款,并索取这些存款的票据和凭证,才是外汇。如不可自由兑换的外币现钞在任何条件下都不能视作外汇。

2．外汇的构成要素

作为外汇的外币支付凭证必须具备三个要素：

（1）必须是债权凭证，具有真实的债权债务基础。遭拒付的汇票、伪造的汇票和本票、空头支票等不能视作外汇。

（2）票面所标示的货币必须是自由兑换货币。此处的自由兑换包括两层含义：第一，票面货币为自由兑换货币，可自由兑换成任何一种其他货币。可自由兑换货币主要指该货币的发行国对该国的经常项目下的支付和资本项目下的收支均不进行管制或限制。《国际货币基金协定》第 30 条 F 款认为自由兑换货币指：① 该货币事实上在国际往来支付中被广泛使用；② 该货币在主要外汇市场上被广泛交易。依此，英镑、美元、日元、欧元等是主要的自由兑换货币。第二，可以在国际市场兑换成其票面所表示的货币。如美元汇票、本票和美元股票可分别在美国的贴现市场贴现和证券市场买卖、转让，换成现金。

（3）必须是一国的外汇资财，能用以偿还国际债务。

3．外汇的种类

依据外汇的来源、兑换条件、交割期限的不同，可对外汇作如下分类：

（1）依据来源不同，外汇可分为贸易外汇和非贸易外汇。贸易外汇是指通过贸易出口取得的外汇；非贸易外汇是通过对外提供服务（劳务、运输、保险、旅游等）、投资（利息、股息、利润等）和侨汇等方式取得的外汇。

（2）依据可否自由兑换，外汇可分为自由外汇和记账外汇。自由外汇是指不需经过货币发行国批准就可随时兑换成其他国家货币的支付手段。记账外汇是指必须经过货币发行国的同意，才能兑换成其他国家货币的支付手段。记账外汇一般是在双边贸易支付结算协议的安排下，由贸易双方设立专用账户，记载彼此间的债权和债务，并在年度终了时，对账面余额进行轧差。由于记账双方协定开立的专用账户用于贸易清算，故记账外汇也可称为协定外汇或清算外汇。

（3）依据交割期限不同，外汇可分为即期外汇和远期外汇。即期外汇是指外汇买卖成交后，在 2 个营业日内办理交割的外汇，又称为现汇；远期外汇是指外汇买卖双方按照约定，在未来某一日期办理交割的外汇，又称为期汇。

（二）国际收支的概念

国际收支（Balance of Payments）是国际金融学最基本的概念之一，国际金融产生的基础是国际经济交易的发生，国际经济则集中反映在一国的国际收支上。

1．国际收支的产生与发展

国际收支的概念最早出现于 17 世纪初。由于当时只有在贸易收支出现盈余时才能带来黄金内流，因此当时的国际收支概念只是被简单地理解为一国的外贸收支。后来，各国开始逐步重视以货币结清的其他各种国际经济交易，此时的国际收支概念被用来指一国的外汇收支，即在一定时期内一国必须同其他国家立即以外汇结清的各种到期收付的差额，它包括了所有涉及外汇收支的国际经济交易，如国际贸易、国际资本借贷等。第二次世界大战以后，国际经济交易的内容和范围不断扩大，那些没有引起外汇支付的交易如补偿贸易、易货贸易和实物形式的无偿援助等也被纳入国际收支的范畴。国际收支概念不再以外汇支付作为基础，而是以国际经济交易作为基础，这使国际收支这一概念得到了进一步的扩展。经过数百年的演化与发展,人们对国际收支的基本概念已达成共识。

2. 对国际收支概念的理解

国际收支的概念也有广义和狭义之分。

(1) 狭义的国际收支是指一国在一定时期内(通常为一年)同其他国家为清偿到期的债权债务所发生的外汇收支的总和。这一概念是建立在现金基础上的,强调到期立即结清和以现金做出支付,而对未到期的债权债务则不记入该年的国际收支范围以内。

(2) 与狭义的强调现金基础的国际收支概念不同,广义的概念强调的是国际经济交易的业务基础,即将无需货币偿付的各种援助项目和不需现金支付的物资、服务之间的交换以及赊购赊销的信用交易项目也均列入国际收支。据此,国际货币基金组织(International Monetary Fund, IMF)对广义的国际收支所确定的概念为"在一定时期内一国居民与非居民之间所发生的全部经济交易的系统记录"。目前采用的国际收支概念均指广义的概念。

国际收支概念的内涵非常丰富,我们应从以下三方面正确理解和把握:

第一,国际收支是一个流量概念。当人们提及国际收支时,总是需要指明是属于哪一段时期的。这一报告期可以是一年,也可以是一个季度或一个月,但通常以一年作为报告期。与国际收支相对应的一个概念是国际借贷,国际借贷是指一国在一定时点上对外债权与对外债务的汇总。国际借贷与国际收支既相互联系又相互区别:一方面,这两个概念之间具有密切关系,国际收支是因,国际借贷是果,国际借贷的变化主要是由国际收支中的各种国际经济交易所引起的。另一方面,这两个概念又是有区别的。国际收支是一个流量概念,描述在一定时期的发生额,而国际借贷则是一个存量概念,描述一国在一定时点上的对外债权、债务余额。正确区分这两个概念,避免把它们混淆起来,对理解国际收支概念的基本内涵是十分重要的。

第二,正确理解国际收支概念中居民与非居民的含义。居民是指在一个国家(或地区)的经济领土内具有经济利益的经济单位,包括自然人、法人和政府机构三类。自然人一般是根据其居住地点和居住时间来判断,凡是在一国居住时间长达一年以上的自然人,不论其国籍如何,都是该国的居民。据此,移民属于其工作所在国的居民;逗留时间在一年以上的留学生、旅游者也属所在国的居民。但身在国外且代表本国政府的个人(包括官方外交使节、驻外军事人员等)一般被认为是该国的居民,是所在国的非居民。就法人组织而言,一个企业或者非营利性团体在哪个国家成立注册的,就是哪个国家的居民。据此,跨国公司的母公司和子公司应该分别属于所在国的居民,母公司与子公司或者子公司与子公司之间的公司内贸易应该被记入国际收支。政府机构,包括在其境内的各级政府机构以及设在境外的大使馆、领事馆和军事机构等都是本国居民,凡设在该国的外国使领馆和国际组织机构都是该国的非居民。联合国、国际货币基金组织以及世界银行等是任何国家的非居民。

第三,国际收支是以交易为基础的,它是居民与非居民之间所发生经济交易的货币记录。交易包含四种类型:① 交换,即指一个经济体向另外一个经济体提供一种经济价值(包括货物、服务、收入等实际资源和金融资产)并从对方得到等值的回报。② 转移,即指一个经济体向另外一个经济体提供了经济价值,但没有得到任何补偿。③ 移居,是指一个人把住所从一个经济体搬迁到另一个经济体的行为。移居后,该个人原有的资产负债关系的转移会使两个经济体的对外资产、债务关系均发生变化,这一变化应记录在国际收支之中。

④ 其他根据推论而存在的交易。在一些情况下,可以根据推论确定交易的存在,即使实际流动并没有发生,也需要在国际收支中予以记录。国外直接投资者收益的再投资就是一个例子。投资者的海外子公司所获得的收益中,一部分是属于投资者本人的,如果这部分收益用于再投资,则必须在国际收支中反映出来,尽管这一行为并不涉及在两国间的资金与服务的流动。

二、国际收支平衡表概述

在一个报告期内,一国居民与非居民之间所发生的国际经济交易是大量的、多种多样的,要系统了解一国国际收支状况及其变化,需要对其进行收集和整理,编制国际收支平衡表。因此,国际收支平衡表就是国际收支的汇总、统计报表,系统记录了一国一定时期内(一年、半年或一季度)各种国际收支项目及其金额,是人们分析国际收支的主要依据。

(一) 国际收支平衡表的编制原理与记账方法

国际收支平衡表按照现代会计学的"复式簿记"原理编制,即"有借必有贷,借贷必相等"。贷方项目以正号(+)号表示,借方项目以负号(-)表示,原则上所有正项总和与负项总和是相等的,因而表中全部项目的净余额为零。

国际收支平衡表的记账方法遵循以下原则:凡是引起本国从国外获得货币收入的交易均记入贷方,凡是引起对外国货币支出的交易则记入借方,这笔货币收入或支出本身则相应记入借方和贷方;凡是引起外汇供给的交易均记入贷方,凡是引起外汇需求的经济交易则记入借方,这一法则不适用于单方面实物转移,因为单方面实物转移并不会导致外汇的供给与需求。

记入贷方与记入借方具体项目如下:

(1) 记入贷方(正方)

A. 向国外提供商品与劳务

B. 接受外国政府或私人援助、捐款等单方面转移

C. 国内官方或私人的国外资产减少或国外负债增加

(2) 记入借方(负方)

A. 从国外获得商品和劳务

B. 对国外政府或私人的援助捐赠

C. 国内私人或官方国外资产增加或国外负债减少

(二) 记录日期的确定

国际货币基金组织规定,国际收支平衡表中所有项目的记录日期应以商品、劳务、资本的所有权变更为准。通常以一年作为期限。因此包括三个部分:① 在统计期内(如2011年)发生以及结清的部分;② 在统计期内(如2011年)已经到期(以合同为准)必须结清的部分,而不管它是否实际结清(如意外情况、战争、倒闭等,并未发生支付行为);③ 在统计期内(如2011年)已经发生了所有权变更,但需跨期结算的部分(如延期付款)。

三、国际收支平衡表的主要内容

国际收支平衡表所包括的内容极为广泛,按照国际货币基金组织的要求,各会员国每年

均要编制并向国际货币基金组织递交国际收支平衡表。目前各国基本上均按照国际货币基金组织1993年编制出版的《国际收支手册》第五版的标准来编制国际收支平衡表,因此,其基本项目和主要内容大致相同,主要包括以下三大项目(见表2-1):

(一)经常项目(Current Account)

经常项目或账户是国际收支平衡表中最基本、最重要的账户,它反映一个国家(或地区)与其他国家(或地区)之间实际资源的转移,包括货物、服务、收入和经常转移四个具体项目。

1. 货物(Goods)

货物项下登录商品的出口和进口的外汇收支,也称有形贸易(Visible Trade)收支,包括一般商品、用于加工的货物、货物修理、各种运输工具在港口购买的货物和非货币黄金。根据IMF统计口径,货物的进出口都使用FOB价格计算。

2. 服务(Services)

服务项下登录运输、旅游、通信服务、建筑服务、保险服务、金融服务、计算机和信息服务、专有权利使用费和特许费、其他商业服务、个人文化和娱乐服务、政府服务等内容。服务收支也称无形贸易(Invisible Trade)收支。

3. 收益(Income)

收益项下登录劳动力与资本在国际间流动而发生的外汇收支,其中包括:① 职工报酬,指非居民因工作而获得的现金或实物形式的工资、薪水和福利。② 投资收益,指因资本的国际流动所获取的利润、股息和利息等,包括直接投资收入、证券投资收入和其他投资收入等。

4. 经常转移(Current Transfers)

经常转移也称单方面转移或无偿转移,是指发生在居民与非居民之间无等值交换物的实际资源或金融项目所有权的变更。经常转移按交易主体分为政府转移和私人转移,前者主要指各级政府的无偿转移,如战争赔款、政府间的军事援助、经济援助和捐赠、罚没走私品、债务及利息的豁免、政府与国际组织间定期交纳的费用等,后者主要包括侨汇、捐赠、奖金、奖学金、遗产继承、赡养费、年金、退休金、抚恤金和资助性汇款等。

(二)资本和金融项目(Capital and Financial Account)

资本和金融项目或账户是指对资产所有权在国际间流动的行为进行记录的账户,包括资本账户和金融账户两个部分。

1. 资本项目(Capital Account)

资本账户包括资本转移和非生产、非金融资产的收买或出售。

(1)资本转移。主要包括投资捐赠和债务注销的外汇收支。投资捐赠可以现金或实物(如交通设备、机器和机场、码头、道路、桥梁和医院等)形式进行。债务注销即债权国放弃债权,而不要求债务国给予回报。需要注意的是,资本账户下的资本转移与经常账户下的经常转移不同,前者不经常发生,规模相对大;而后者除政府无偿转移外,一般经常发生,规模相对小。一般地,除经常转移的战争赔偿和军援外,两者均不直接影响捐助者和受援者的可支配收入和消费。

(2)非生产、非金融资产的收买或出售。是指那些未生产就已存在的资产(如土地、地下矿藏)和某些无形资产(如专利、版权、商标、经销权以及租赁和其他可转让合同的交易)。

2. 金融项目(Financial Account)

金融账户反映居民与非居民间借贷与投资等经济交易所发生的外汇收支,包括直接投资、证券投资和其他投资。

(1) 直接投资(Direct Investment)。直接投资的主要特征是投资者对另一经济体的企业拥有永久利益。这一永久利益意味着直接投资者和企业之间存在着长期关系,投资者可以对企业经营管理施加相当大的影响。直接投资可以采取在国外直接建立分支企业的形式,也可以采用购买国外企业一定比例以上股票的形式。在后一种情况下,《国际收支手册》中规定这一比例最低为10%。

(2) 证券投资(Portfolio Investment)。证券投资的主要对象是股本证券和债务证券,后者又可以进一步细分为期限在一年以上的中长期债券、货币市场工具和其他派生金融工具。

(3) 其他投资(Other Investment)。其他投资是指所有直接投资、证券投资和储备资产未包括的金融交易,包括货币资本借贷、长期和短期贸易信贷、贷款、货币和存款以及其他可收支项目。

(三) 平衡项目

按照复式记账原则,国际收支账户的借方总额和贷方总额应该相等,借贷双方的净差额应为零,但事实上由于不同账户的统计资料来源不同、资料不全或不准确以及汇率波动等因素,会造成国际收支账户出现净的借方或贷方余额。为了使国际收支平衡表达到账面上的平衡,便人为设立了一个平衡账户,它包括以下两个项目:

1. 错误与遗漏

这是一个人为设立的平衡项目,用于抵消国际收支平衡表中借贷双方因不可避免的统计误差、错漏而出现的借贷差额。导致差错与遗漏的原因主要有:① 资料来源的途径不同,有来自海关的、银行的或各部门机构的统计。② 资料不完整,有些数据无法统计到,如走私、资金外逃、私自携带现金出入境等。③ 资料不准确。如当事人因某种原因故意瞒报、错报等。④ 汇率的变动。浮动汇率制度下,因汇率频繁和较大幅度的波动而导致账面折算的不确定性。

2. 官方储备

亦称储备资产(Reserve Assets)或国际储备,是指一国货币当局为弥补国际收支赤字和维持汇率稳定而持有的在国际间可以被普遍接受的流动资产,包括货币性黄金、外汇、特别提款权和在基金组织的储备头寸。当一国国际收支发生顺差或逆差时,必须通过增减其官方储备使国际收支达到实际平衡。

特别需要注意的是,与经常账户和资本、金融账户不同,官方储备的增加用负号表示,官方储备的减少用正号表示。

表 2-1　国际收支平衡表的标准格式

项目	差额	借方(-)	贷方(+)
一、经常项目			
1. 货物和服务			
(1) 货物			
一般货物			
用于加工的货物			
货物修理			
各种运输工具在港口购买的货物			
非货币用黄金			
(2) 服务			
运输			
旅游			
通信服务			
建筑服务			
保险服务			
金融服务			
计算机和信息服务			
专利权使用费和特许费			
其他商业服务			
个人、文化和娱乐服务			
别处未提及的政府服务			
2. 收益			
(1) 职工报酬			
(2) 投资收益			
3. 转移			
(1) 各级政府			
(2) 其他部门			
二、资本和金融项目			
1. 资本项目			
(1) 资本转移			
(2) 非生产、非金融资产的收买或放弃			
2. 金融项目			
(1) 直接投资			
(2) 证券投资			
(3) 其他投资			
三、储备资产			
1. 货币黄金			
2. 特别提款权			
3. 在基金组织的储备头寸			
4. 外汇			
5. 其他债权			
四、净误差与遗漏			

资料来源:国际货币基金组织(IMF):《国际收支手册》(第五版),中国金融出版社,1994。

四、国际收支差额分析

国际收支平衡表是系统地记录一国在一定时期内各种对外往来所引起的全部国际经济交易的统计报表，通过分析一国国际收支平衡表，可以判断该国在全球国际经济交易中所处的地位，该国整体的国际收支状况，该国货币汇率的未来走势，以及政府是否需要对外汇市场进行干预，等等。国际收支平衡表对本外国贸易商和投资者、本外国政府机构以及国际金融组织都具有非常重要的作用。应该如何根据国际收支平衡表来对一国在一定时期内的国际收支状况做出判断呢？通常采用的方法是国际收支差额分析法，即通过计算该国的贸易收支差额、经常项目差额、资本和金融项目差额以及综合差额，来分析和判断该国的国际收支状况。

（一）贸易收支差额（Trade Balance）

贸易收支差额是指包括货物与服务在内的进出口贸易之间的差额。如果这一差额为正，代表该国存在贸易顺差；如果这一差额为负，代表该国存在贸易逆差；如果这一差额为零，代表该国贸易收支平衡。在分析一国国际收支状况时，贸易收支差额具有特殊的重要性。对许多国家来说，由于贸易收支在全部国际收支中所占的比重较大，同时贸易收支的数字尤其是货物贸易收支的数字易于通过海关途径及时收集，因此贸易收支差额能够比较快地反映出一国对外经济交往的情况。贸易收支差额在国际收支中具有特殊重要性的原因还在于，它表现了一个国家（或地区）自我创汇的能力，反映了一国（或地区）的产业结构和产品在国际上的竞争力及在国际分工中的地位，是一国对外经济交往的基础，影响和制约着其他账户的变化。

（二）经常项目差额（Current Account Balance）

经常账户差额是一定时期内一国货物、服务、收入和经常转移项目贷方总额与借方总额的差额。当贷方总额大于借方总额时，经常账户为顺差；当贷方总额小于借方总额时，经常账户为逆差；当贷方总额等于借方总额时，经常账户收支平衡。经常账户差额与贸易收支差额的主要区别在于收入项目余额的大小。由于收入项目主要反映的是资本通过直接投资或证券投资所取得的收入，因此，如果一国净国外资产数额越大，从外国得到收益也就越多，该国经常账户就越是容易出现顺差。相反，如果一国净国外负债越大，向国外付出的收益也就越多，该国经常账户就越是容易出现逆差。

经常账户差额是国际收支分析中最重要的收支差额之一。如果出现经常账户顺差，则意味着由于存在货物、服务、收入和经常转移的贷方净额，该国的海外资产净额增加，换句话说，经常账户顺差意味着该国对外净投资增加。如果出现经常账户逆差，则意味着由于存在货物、服务、收入和经常转移的借方净额，该国的海外资产净额减少，亦即经常账户逆差表示该国对外净投资减少。

（三）资本和金融项目差额（Capital and Financial Account Balance）

资本和金融账户差额是国际收支账户中资本账户与直接投资、证券投资以及其他投资项目的净差额。该差额具有以下两层含义：第一，它反映了一国为经常账户提供融资的能力。根据复式记账的原则，国际收支中的一笔贸易流量通常对应一笔金融流量，当经常账户出现赤字时，必然对应着资本和金融账户的相应盈余，这意味着一国利用金融资产的净流入为经常账户提供了融资。因此,如果该差额越大,代表一国为经常账户提供融资的能力越强。第二,该差额还可以反映一国金融市场的发达和开放程度。随着经济和金融全球化的不断发展,资本和金融账户已经不仅仅局限于为经常账户提供融资,或者说国际资本流动已经逐步摆脱了对国际贸易的依赖,表现出具有相对独立的运动规律。资本和金融账户差额能够反映该国金融市场的开放程度以及这种独立的资本运动规律。

(四) 综合差额或总差额(Overall Balance)

将经常项目差额与资本和金融项目差额进行合并,即将国际收支项目中官方储备剔除以后的余额,称为国际收支综合差额,它是全面衡量一国国际收支状况的综合指标,通常所说的国际收支差额往往就是指国际收支的综合差额。由于综合差额与官方储备呈反方向变动,可用它分析国际收支对一国储备带来的压力。

综合差额常指总差额,如果综合差额为正,则称该国国际收支存在顺差;如果综合差额为负,则称该国国际收支存在逆差;如果综合差额为零,则称该国国际收支平衡。国际收支综合差额具有非常重要的意义,可以根据这一差额判断一国外汇储备的变动情况以及货币汇率的未来走势。如果综合差额为正,该国外汇储备就会不断增加,本国货币将面临升值的压力;如果综合差额为负,该国外汇储备就会下降,本国货币将面临贬值的压力。中央银行可以运用这一差额判断是否需要对外汇市场进行干预,政府也可以根据这一差额确定是否应该进行经济政策的调整。

第二节 国际收支调节

一、国际收支平衡与失衡

(一) 国际收支平衡与不平衡的标准

国际收支平衡表是根据会计学中的复式记账法来编制的,因而借方与贷方总是可以达到平衡。这种平衡是会计学上的平衡而非国际收支的平衡,国际收支平衡关注的是一国经济长期、中期、短期的健康发展与外部经济之间稳健的联系。

国际收支平衡表所列的全部项目中,除了错误与遗漏项目之外,其余所有的项目都代表着实际的交易,涉及外汇的收支,关系国际收支平衡表的平衡与否,也关系一国国际收支的平衡与否。因此,在考察一国的国际收支是否平衡时,必须考察除误差与遗漏项目之外的其余所有项目所代表的交易活动的总结果。在国际收支的理论研究中,所有的交易都可以按照发生动机分为两种类型:一种是自主性交易(Autonomous Transactions),或称事前交易(EX-Ante Transactions),它是经济实体或个人出自某种经济动机和目的(如追求利润、资产保值、逃税避税、逃避管制或投机等)而独立自主地进行的交易活动。自主性交易具有自发性,因而交易的结果出现平衡是偶然的,出现不平衡是必然的。当出现不平衡时,会使外汇市场出现供求不平衡和汇率的波动,从而带来一系列的经济影响。一国货币当局如不愿接受这样的结果,就要运用另一种交易来弥补自主性交易不平衡所造成的外汇供求缺口。另一种交易就是调节性交易(Accommodating Transactions)。它是指中央银行和货币当局出于调节国际收支差额、维护国际收支平衡、维持货币汇率稳定的目的而进行的各种交易。它是在自主性交易收支不平衡之后进行的弥补性交易(Compensatory Transactions),因而亦称为事后交易(Ex-Post Transactions),如为弥补国际收支逆差向外国政府或国际金融机构借款、动用官方储备等。通常将经常账户和资本金融账户的各个项目归属于自主性交易,将储备与相关项目归属于调节性交易。

所谓国际收支差额,就是指自主性交易的差额。从理论上说,一国国际收支的自主性交易所产生的借方金额和贷方金额相等或基本相等,就表明该国的国际收支平衡或基本平衡;否则,就表明该国的国际收支不平衡或失衡。具体地,当这一差额为正时,就称为国际收支顺差,当这一差额为负时,就称为国际收支逆差,两者统称为国际收支不平衡或国际收支失衡。由于国际收支不平衡代表的是一国对外经济活动的不平衡,所以又简称对外不平衡或外部不平衡。国际收支均衡是一国政府所要着力实现的外部均衡目标,但在绝大部分情况下,国际收支均衡往往是一种特例或者偶然现象,国际收支失衡则是一种常态或必然现象。应该说,绝对的国际收支平衡是没有的,一般地,收略大于支,产生的储备额为该国年进口额的25%,也可视为国际收支平衡。不同的国家有所不同,发展中国家国际收支平衡能力较弱,应对紧急的国际经济变化能力较弱,要求的盈余额一般会高一些。

(二) 国际收支失衡的原因

导致国际收支失衡的原因是多种多样的,有经济的因素,也有非经济的因素;有来自内部的因素,也有来自外部的因素;有实物方面的因素,也有货币方面的因素。具体分析如下:

1. 周期性失衡

市场经济国家,由于受商业周期的影响,会周而复始地出现繁荣、衰退、萧条、复苏四个阶段。在周期的不同阶段,无论是价格水平的变化,还是生产和就业的变化,或两者的共同变化,都会对国际收支状况产生不同的影响。这种因景气循环使经济条件变动而发生的盈余和赤字交互出现的国际收支失衡,被称为周期性失衡。例如,在经济繁荣时期,由于进口的快速增长,往往会使一国经常账户出现赤字,在经济萧条时期,国内市场需求的疲软往往会引起出口的增加和进口的减少,使一国经常账户出现盈余。对于资本和金融账户,经济繁荣时期投资前景看好,大量资本流入,将会使该账户出现顺差;反之,在经济萧条时期,则会出现逆差。第二次世界大战以来,由于各国经济关系的日益密切,各国的生产活动和经济增长受世界经济的影响日益加强,致使主要工业国的商业景气循环极易传播至其他国家,从而引起世界性的经济景气循环,导致各国出现国际收支周期性失衡。

2. 结构性失衡

当国际分工格局或国际需求结构等国际经济结构发生变化时,一国的产业结构及相应的生产要素配置不能完全适应这种变化,由此发生的国际收支失衡,称为结构性失衡。世界各国由于自然资源和其他生产要素禀赋的差异形成了一定的国际分工格局,这种国际分工格局随要素禀赋和其他条件的变化将会发生变化,任何国家都不能永远保持既定不变的比较利益。如果一个国家的产业结构不能随国际分工格局的变化得到及时调整,便会出现结构性失衡。此外,从需求角度看,消费者偏好的改变、代替天然原料的合成材料的发明、出口市场收入的变化、产品来源及价格变化等都会使国际需求结构发生变化,一国的产业结构如不能很好地适应这种变化得到及时调整,也会出现结构性失衡。

3. 收入性失衡

一国经济经过一个比较长时期的快速增长以后,国民收入的持续增加,导致进口需求的膨胀,从而可能导致收入性失衡。一般地,经常项目余额等于国内总供给减国内总需求。伴随经济的持续快速增长,将会带来物价上涨,通货膨胀率上升,使得经济增长的潜力受到抑制,意味着国内总供给增长趋于下降。

4. 货币性失衡

一国货币价值变动(通货膨胀或通货紧缩)引起国内物价水平发生变化,从而使该国物价水平与其他国家比较发生相对变动,由此引起的国际收支失衡,称为货币性失衡。当一国的生产成本与物价水平普遍上升,使其相对高于其他国家,则该国的出口会受到抑制,而进口则会受到刺激,其经常账户收支便会恶化。另外,货币供应量的增加,还会引起本国利率下降和资本流出增加,从而造成资本和金融账户的逆差。两者结合在一起,会造成一国国际收支逆差。反之,如果一国货币供应量的增长相对较少,则会发生与上述情况相反的结果,即国际收支盈余。战后,工业化国家虽然避免了像20世纪30年代那样的严重经济危机,却远远没有能够抑制由于需求大于供给造成的物价上涨。物价上涨在发展中国家更加严重,年率达50%或更高的奔驰型通货膨胀并非少见。西方国际金融学者一般认为,通货膨胀是造成战后国际收支失衡的最重要原因之一。

5. 季节性和偶然性失衡

由于生产和消费存在季节性变化的规律,进口和出口也会随之发生变化。生产和消费的季节性变化对进口和出口的影响是不一样的,这就使得一国国际收支也会发生季节性变化,从而产生季节性失衡。对于那些以农产品为主要出口商品的发展中国家,国际收支失衡就常常表现为季节性失衡。这是因为,在农产品收获的季节,这些国家可以通过农产品的出口,形成贸易顺差。但在农产品收获之前,由于需要进口化肥、机械设备以及满足人们日常需要的必需品,往往又会出现贸易逆差,这种贸易差额的季节性变化是十分明显的。

无规律的短期灾难也会引起国际收支的失衡,这被称为偶然性失衡。例如,在出现洪水、地震等自然灾害以后,短期内往往会引起出口下降。但由于需要进口食品、药品以及其他生活必需品以应付自然灾害,往往又会导致进口增加,从而出现国际收支失衡。一般来说,偶然性失衡对国际收支的影响是一次性的,且引起的失衡也是暂时性的,因此一国往往采取动用储备的方法加以解决。

6. 不稳定投机和资本外逃造成的失衡

在短期资本流动中,不稳定投机与资本外逃是造成国际收支失衡的另一个原因,它们还会激化业已存在的失衡。投机性资本流动是指利用利率差别和预期的汇率变动来牟利的资本流动。投机可能是稳定的,也可能是不稳定的。稳定性投机与市场力量相反,当某种货币的需求下降,投机者就买进该货币,从而有助于稳定汇率。不稳定的投机会使汇率累进恶化,投机造成贬值,贬值又进一步刺激投机,从而使外汇市场变得更加混乱。资本外逃与投机不同,它不是追求获利,而是害怕损失。当一个国家面临货币贬值、外汇管制、政治动荡或战争威胁时,在这个国家拥有资产的居民与非居民就要把其资金转移到他们认为稳定的国家，造成该国资本的大量外流。不稳定投资和资本外逃具有突发性、规模大的特点，在国际资本流动迅速的今天，往往成为一国国际收支失衡的重要原因。

二、国际收支不平衡的影响

（一）国际收支逆差的影响

一国的国际收支出现逆差，一般会引起本国货币汇率下降，如果逆差严重，则会导致本币汇率急剧下跌。该国货币当局如不愿接受这样的后果，就要对外汇市场进行干预，即抛售外汇、买进本币。这样，一方面会消耗外汇储备，甚至会造成外汇储备的枯竭，从而严重削弱其对外支付能力；另一方面会形成国内货币紧缩形势，促使利率水平上升，影响本国经济的增长，从而导致失业增加和国民收入增长率下降。

以国际收支逆差形成的具体原因来说，如果是贸易收支逆差所致，将会造成国内失业的增加；如系资本流出大于资本流入所致，则会造成国内资金紧张，从而影响经济增长。

（二）国际收支顺差的影响

一国的国际收支出现顺差，固然可以增加其外汇储备，加强其对外支付能力，但也会产生如下的不利影响：① 一般会使本国货币汇率上升，从而不利于其出口贸易的发展，加重国内的失业问题；② 顺差将使本国货币供应量增长，进而加重通货膨胀；③ 将加剧国际摩擦，因为一国的国际收支发生顺差，意味着有关国家国际收支发生逆差；④ 国际收支如果是形成于过度出口造成的贸易收支顺差，则意味着国内可供资源的减少，不利于本国经济的长远发展。

一般来说，一国的国际收支越是不平衡，其不利影响也就越大。虽然国际收支逆差和顺差都会产生种种不利影响，但相比之下，逆差所产生的影响更为险恶，因为它会造成国内经济的萎缩、失业的大量增加和外汇储备的枯竭，因而对逆差采取调节措施要更为紧迫些。对顺差的调节虽不如逆差紧迫，但从长期来看，也还是需要调节的。

三、国际收支调节的主要政策措施

国际收支的过度失衡会对国民经济产生多种不良影响，尤其是世界经济一体化情况下，任何国际政治、经济的风吹草动都会波及一国国际收支，继而影响国民经济稳定发展。因此，各国政府十分重视国际收支，把收支平衡作为宏观经济政策的主要目标，国际收支的政策调节成为各国经济政策体系的重要内容。

1. 外汇缓冲政策

外汇缓冲政策是指运用官方储备的变动或向外短期借款，来对付国际收支的短期性失衡。一般做法是建立外汇平准基金，该基金保持一定数量的外汇储备和本国货币，当国际收支失衡造成外汇市场的超额外汇供给或需求时，货币当局就动用该基金在外汇市场公开操作，买进或卖出外汇，消除超额的外汇供求。这种政策以外汇为缓冲体（Buffer），故称为外汇缓冲政策。

如果国际收支失衡是由季节性变动或不正常的资本流动所造成，则改变国内经济运行来消除这种失衡，会对国内经济产生不良影响，这时最好运用外汇缓冲政策，使外部失衡的影响止于外汇储备阶段,从而不会影响国内经济与金融。

外汇缓冲政策运用的难点是如何判断国际收支失衡的类型。一般说来,外汇缓冲政策往往只适用于解决国际收支的短期性失衡,对于长期性的根本性失衡,运用该政策不仅不能解决失衡,而且会使失衡大量积累,最终使国内经济因不可避免的调整而承受极大的震动。此外,运用该政策还需要具备一定的条件,如必须具备实施外汇缓冲政策所需要的充足外汇,必须具备实施公开市场操作的有效条件等。

2. 财政政策和货币政策

(1) 财政政策(Fiscal Policy)

财政政策是指一国政府通过调整税收和政府支出,从而控制总需求和物价水平的政策措施。财政政策通常作为调节国内经济的手段,但由于总需求的变动可以改变国民收入、价格水平和利率,国民收入、价格水平和利率的变动又会引起国际收支的变动,所以财政政策也成为国际收支的调节手段。以一国出现国际收支逆差为例,财政当局可以运用紧缩性财政政策从两个方面使国际收支恢复均衡:一方面,减少政府支出或增税会通过乘数效应成倍降低国民收入,国民收入的降低又会相应地压缩进口,从而使国际收支中的经常账户恢复均衡。另一方面,抑制总需求又会降低通货膨胀率或使物价水平下降,物价下降将会提高本国商品的国际竞争力,产生刺激出口抑制进口的作用,也有利于减少经常账户的逆差。但值得注意的是,在采用紧缩性的财政政策抑制总需求的同时,国民收入和价格水平的下降往往也伴随着利率水平的降低,在资本的国际流动不受限制的情况下,这会引起大量资本流出,从而在相当程度上抵消经常账户收支的改善。因此,在一国出现国际收支逆差时,适当进行资本管制,将有利于紧缩性财政政策发挥更好的效果。

(2) 货币政策(Monetary Policy)

货币政策亦称金融政策,是一国货币当局通过调整货币供应量来实现国民经济需求管理的政策,它是西方国家普遍采用的调节国际收支的政策措施。调节国际收支的货币政策主要有:

① 贴现政策。中央银行通过制定和调整对商业银行的再贴现率来改变商业银行的信贷规模,影响市场利率及货币市场供求的政策。当一国出现国际收支逆差时,该国中央银行就实行紧缩性的货币政策,调高再贴现率,一方面,商业银行的信贷规模缩小,会使投资和生产规模缩小,失业增加,国民收入减少,消费缩减,在一定程度上可促进出口增加,进口减少,从而降低经常项目的逆差。另一方面,市场利率提高,外国短期资本为获得较多的利息收入会流入,本国资本亦不外流,这样在资本项目下,流入增加,流出减少,亦可改善国际收支逆差。当一国出现国际收支顺差时,中央银行则会采取扩张性的货币政策,调低再贴现率,从而起到与上述情况相反的作用,以压低顺差的规模。

② 调整存款准备金比率政策。存款准备金政策(Deposit Reserve Policy),也称存款准备金制度(Deposit Reserve System),是指中央银行对商业银行的存款等债务规定存款准备金比率,强制性地要求商业银行按此准备率上缴存款准备金,并通过调整存款准备金比率以增加或减少商业银行的超额准备,促使信用扩张或收缩,从而达到调节货币供应量的目的。过去这项政策主要用于国内经济的调节,但从20世纪60年代末开始,这项政策措施也被一些发

达国家用于调节国际收支。提高存款准备金比率,会使商业银行信贷规模缩小,抑制投资和消费需求;并使商业银行提高利率,导致国家资本流入增加,流出减少,改善国际收支逆差。反之,通过降低存款准备金率改善国际收支顺差。

③ 公开市场业务。是指央行在金融市场买进或卖出流动性很高的政府债券及银行承兑票据等有价证券,达到调控货币供应量,影响国内总需求,调节国际收支的目的。

上述分析说明,一定的财政货币政策是有利于扭转国际收支平衡的,但也有明显的局限性,即该政策的实施往往同国内经济目标发生冲突。为消除国际收支赤字,实行紧缩性财政金融政策,会导致经济增长的放慢以及失业率的上升;为消除国际收支盈余,实行扩张性财政金融政策,又会加剧通货膨胀和物价上涨。因此,通过财政货币政策实现国际收支的平衡,必然以牺牲国内经济目标为代价。

3. 汇率政策

汇率政策是指一国通过调整其货币汇率影响进口和出口,调整贸易收支,从而调整国际收支的政策措施。

当一国发生国际收支逆差时,一国政府常调低本币汇率,使本币对外贬值。在国内价格不变或变化不大的条件下,出口商品若以外币计算,就会较贬值前便宜,从而增强出口商品的竞争力,增加出口收汇;另一方面,当调低本币汇率后,进口商品折成本币的价格会较贬值前昂贵,因此会缩减输入,减少进口用汇。这有助于减少逆差,逐渐达到平衡,甚至形成顺差。这是为解决逆差问题使用得较多的一种办法。当一国具有国际收支顺差,有时也采取调高本币汇率的措施,使本币升值,以略微扩大输入、压低输出的规模,从而使顺差数额有所缩小。但这常常是在贸易对手国家逆差状况严重,对其施加强大压力下被迫采用的。如德国的国际收支,曾长期持续顺差,马克数次升值,就是在美国所施加的强大压力下,出于维系与欧洲共同体其他国家的联合愿望而被迫采用的。

实行货币贬值,只有在一定的进出口商品的供求弹性条件下(即假设供给弹性无穷大的前提下,应满足出口商品需求弹性加进口商品需求弹性大于 1 的条件),才会产生改善贸易收支与国际收支的效果。另外,汇率政策对国际收支调节虽直接迅速,但货币贬值一般具有加剧国内通货膨胀和物价上涨的作用,因而结合紧缩性财政货币政策来实行货币贬值,才能既改善国际收支,又不致加重国内通货膨胀。货币贬值还易引发其他国家报复性措施,不利于国际关系。为了保证国际间汇率相对稳定,国际货币基金组织曾规定各会员国只有在国际收支出现基本不平衡时才能够调整汇率。因此,只有在财政货币政策均不能奏效时,才使用汇率政策手段。

4. 直接管制政策

财政货币政策和汇率政策的实施有两个共同特点:一是这些政策发生效应需要通过市场机制方能实现;二是这些政策实施后不能立即收到效果,其发挥效应的过程较长。因此,在许多情况下,一国往往需要借助于直接管制政策来调节国际收支失衡。直接管制是指一国政府通过发布行政命令,对国际经济交易进行行政干预,以恢复国际收支平衡的政策措施,包括财政管制、贸易管制和外汇管制。

财政管制是指政府通过管制进出口商品的价格和成本来达到调节国际收支目的的政策

措施。各国经常采用的财政管制方法主要有:① 进口关税政策,通过提高进口关税税率来限制进口数量,或者通过降低进口生产资料的关税来扶植本国进口替代和出口替代产业的发展;② 出口补贴政策,如对出口商品发放价格补贴或出口退税等;③ 出口信贷政策,如由官方金融机构向本国出口商或外国进口商提供优惠贷款等。

贸易管制是指政府采取的直接限制进出口数量的政策措施。各国经常采用的贸易管制方法主要有:① 进口配额制,即由政府规定一定时期内部分进口商品的数量限制;② 进口许可证制,即由政府通过发放进口许可证来限制进口商品的种类与数量;③ 规定苛刻的进口技术标准,包括卫生检疫条件、安全性能指标、技术性能指标、包装和标签条例等;④ 歧视性采购政策,即要求政府部门和国有企业必须尽量采购本国产品,限制购买进口商品;⑤ 歧视性税收,即政府对进口商品征收较高的销售税、消费税等。

外汇管制是一国政府为平衡国际收支对外汇交易所进行的限制,包括对外汇买卖、外汇汇价、国际结算以及资本流动等诸多方面的外汇收支与交易所作的规定。各国经常采用的外汇管制方法主要有:① 贸易外汇管制,要求出口所得外汇收入必须全部或部分卖给外汇指定银行,进口所需外汇支出需要在外汇管制机构的批准下从外汇指定银行购汇;② 非贸易外汇管制,要求对于绝大部分非贸易外汇实行许可证制、规定限额制、预付存款制以及课征非贸易外汇购买税等;③ 对资本输出入进行管制,通常广大发展中国家,大多采取优惠政策与措施,吸引国际资本特别是长期资本流入,限制本国资本流出;④ 对非居民银行账户进行管制,根据非居民银行账户产生原因的不同,通过设立自由账户、有限制账户以及封锁账户等形式,对外汇交易以及国际结算等加以限制;⑤ 对黄金现钞输出入进行管制;⑥ 实行复汇率制,由外汇管制当局根据外汇的不同来源和使用情况,主动人为地制定和利用多重汇率,以达到改善国际收支的目的。常见的做法主要有固定的差别汇率制、外汇转让证制以及混合汇率制等。

以直接管制政策作为国际收支调节政策的优点在于其效果迅速而显著,但亦有若干明显的弊端:① 直接管制会对价格机制发生阻碍作用,不利于自由竞争和资源的最佳配置,社会福利也难以实现最大化;② 由于直接管制措施易于察觉,因而比需求管理政策和汇率调整政策更易招致他国的责难或报复;③ 暂时得到政策保护的受益者,在这种政策措施已经变得没有必要之后,也总是不愿让它废止,因而直接管制措施有一种长期持续的倾向。

经典案例

20 世纪 70—80 年代美国经济滞胀与国际收支逆差的调节

20 世纪 70—80 年代,美国经济面临滞胀和国际收支逆差及由此带来的美元疲软。在“滞胀”阶段,美国共经历了 4 次经济危机(按照 NBER 的统计资料,经济谷底分别为 1970 年 11 月、1975 年 3 月、1980 年 7 月和 1982 年 11 月)。这几次经济危机期间,在生产下降和失业率猛增的同时,物价不但没有下跌反而普遍大幅度上涨,成为高通货膨胀率、高失业率和低经济增长并存的独特经济现象。同时,美国在世界市场上的出口贸易额开始下降,自

1960年开始,由于经济全球化、区域化的发展,商品和生产要素国际间流动的限制大大减少,世界市场竞争加剧。1947年美国出口额占世界出口额约三分之一,1948年下降到23.5%,1960年下降到18.2%,1970年再降到15.5%。美国从1971年首次出现了13.03亿美元的对外贸易逆差,此后,除了1973年、1975年为小额顺差外,其余年份均为逆差。

1981年,里根入主白宫,里根政府认为,国家对经济过度干预,限制了经济活力,是造成经济恶性循环的根本原因。为了对付"滞胀",缓解国际收支逆差,里根政府改弦易辙,采取了四个措施:稳定货币供应量、减轻税负、缩减开支、减少政府干预。最为有效的两条是稳定货币供应量和减少政府干预。

首先,里根政府以控制货币供应量为主要目标,即使利率过高触发经济危机,也不放弃从紧的货币政策。里根政府在其上任初期虽然遭遇了严重的经济危机,但是稳定的货币供应量抑制了通货膨胀,使得通货膨胀逐步下降,到1984年已由早期的5%稳定在3%。其次,里根对企业实行的加速折旧政策和原来的投资课税扣除等优惠,使得企业手中的现金流量增加,对刺激传统产业更新设备起了很大作用;另外,由于生产资料的价格上涨低于前期,也鼓励了企业投资,增加了工人就业。最后,高利率政策的实施,也使大量的短期国际游资源源涌入,为改善其国际收支助了一臂之力,也为国内经济的发展提供了大量的资金。

经过里根政府的扩张性财政政策和紧缩性货币政策的实施,美国终于在1983年迎来了新的经济增长高峰。

资料来源:http://wenku.baidu.com/view/689897e981c758f5f61f6754.html。

四、西方主要国际收支调节理论

国际收支理论是国际金融的重要基础理论之一,主要分析一国国际收支的决定因素以及保持国际收支平衡应采取的对策。它起源于15—16世纪重商主义时期,20世纪30、40年代后,在经济学界先后出现了弹性论、乘数论、吸收论、货币论等有关国际收支学说。这些学说的出现,各有其独自的历史背景,为各国政府调节国际收支、维持各国经济的均衡发展提供了一定的理论依据。在此,选择其中几个影响较大的、最基本的国际收支理论学说简要介绍分析如下:

(一)国际收支自动调节理论

英国经济学家大卫·休谟在1752年提出的"价格—铸币流动机制"学说,被看做最早的国际收支调节理论。该学说揭示了在国际金本位制度下的国际收支自动矫正机制,在驳斥了由国家干预实现贸易顺差的重商主义理论的同时,把货币数量说应用于国际收支的分析,论证了市场机制在国际收支调节方面的功能。在自由竞争资本主义时期,该学说曾是各国制定自由放任国际收支政策的理论基础,在当时具有很大的影响。

1. "价格—铸币流动机制"理论的基本观点

"价格—铸币流动机制"理论认为,市场机制可以自动调节国际收支,无须政府干预。认为一国贸易差额会引起货币黄金的流入流出,从而改变商品的相对价格,商品相对价格的变化又会改变贸易差额,从而使国际间货币黄金量的分配恢复正常。这一过程完全是由市场机制在自动发挥作用，而不必政府干预。

即一国如果发生国际收支逆差，就会引起黄金外流，使本国货币供给减少，导致国内物价下跌。国内物价下跌可以增强其出口产品的竞争力，促使出口增加；同时，逆差国物价下跌还使进口产品的相对价格上升不利于进口，促使进口减少，因而起到自动调节国际收支，改善国际收支逆差的作用。相反，当一国出现国际收支顺差，黄金流入，货币供应量增加，导致国内物价水平上涨，引起进口增加，出口减少，国际收支顺差得到改善。其调节过程可见图 2-1：

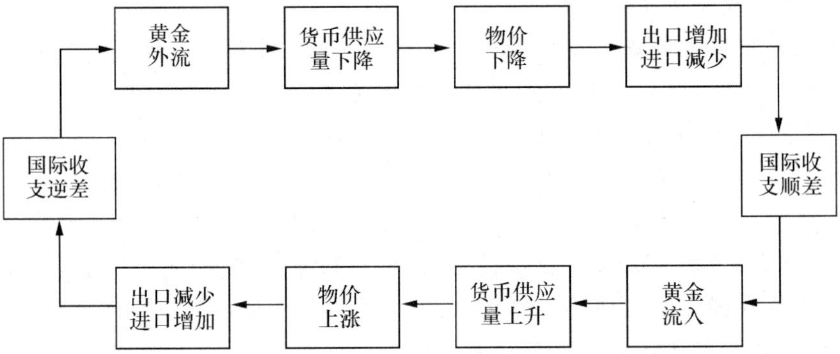

图 2-1 "价格—铸币流动机制"理论的国际收支调节过程

2. 对"价格—铸币流动机制"理论的评价

该理论的重要贡献在于，该理论从货币数量的角度出发，揭示了国际收支与货币数量及物价变动三者之间存在的一种自动循环、互相制约的内在联系，系统阐明了市场机制对国际收支的自动调节作用。这一理论不仅对当时西方各国国际收支调节的实践具有指导意义，而且对当前国际收支市场调节机制作用的认识和运用，仍具有重要的理论和现实意义。

该理论的局限性在于，该理论只考虑货币数量，未考虑其他因素对国际收支的影响，是一种局部静态分析，而且是一种适用于金本位制的国际收支调节理论。只有在没有资本流动，实行自由放任和公平贸易，进出口商品价格弹性足够大，以及各国严格执行金本位制等条件下，该理论所阐释的基本原理才能较为充分地体现。

（二）弹性分析理论

20 世纪 30 年代，世界各国纷纷放弃金本位制，实行浮动汇率制，并竞相采用货币贬值的政策来调节国际收支。于是，国际收支的弹性分析理论应运而生。

弹性论（Elasticity Approach）由英国经济学家马歇尔在 1923 年首先提出，后经 1937 年英国经济学家琼·罗宾逊和 1944 年美国经济学家勒纳等人的补充、发展而形成的一种适用于纸币流通制度的国际收支调节理论，是马歇尔的供求弹性理论在国际贸易和国际金融领域的延伸。由于该理论主要是围绕进出口商品的供求弹性展开分析，因而被称为"弹性分析法"。

1. 弹性分析理论的前提假定

弹性分析理论所使用的是一种局部静态分析方法，需要一系列的假定条件才能展开分析。其前提假定主要包括：

(1) 其他一切条件不变，即充分就业、收入水平、偏好、其他商品价格不变，进出口商品的需求就是这些商品价格的函数,因而只考虑汇率变动对进出口的影响。

(2) 贸易商品的供给几乎有完全弹性,因而只考虑需求弹性变化对国际收支的影响。

(3) 没有资本流动,国际收支等于贸易收支。

在这些前提假定下,弹性分析法把汇率调整作为调节国际收支的手段,考察汇率变动对国际收支的影响。并着重指出汇率变动是否能改善国际收支,取决于进出口商品的需求弹性。因为假设进出口商品的供给有完全弹性,所以不必考虑供给弹性。

2. 弹性分析理论的基本观点

如果一国采取汇率变动的办法来调节国际收支逆差,则本币贬值会引起进出口商品的相对价格变动。即本币贬值后使得单位外币兑换的本币比以前多,因此在出口商品的本币价格不变的情况下,以外币表示的出口商品价格就比以前低;同时,在进口商品的外币价格不变的情况下,以本币表示的进口商品价格就比以前高。如果进出口商品的需求弹性足够大,则出口商品相对价格的降低会刺激出口需求量的大量增加,从而使出口总值增加;而进口商品相对价格的上升则会抑制进口需求,从而大量减少进口,导致进口总值减少。由此使国际收支逆差得以改善。但是,如果进出口商品的需求弹性不够大,本币贬值就不能起到改善国际收支的作用。

3. 马歇尔—勒纳条件(Marshall-Lerner Condition)

马歇尔—勒纳条件,是指以本币贬值改善国际收支的充分必要条件,简称马勒条件。以公式表示为:$|e_x + e_m| > 1$。

其中,e_x表示出口商品需求弹性,e_m表示进口商品需求弹性。

商品的需求弹性,表示商品的需求量对商品价格变动的反应程度。如果需求弹性充足,则意味着由商品价格变动引起的商品需求量变动幅度大于商品价格的变动幅度;弹性不足,意味着由商品价格变动引起的商品需求量变动幅度小于商品价格的变动幅度;弹性为1,意味着由商品价格变动引起的商品需求量变动幅度等于商品价格的变动幅度。

马勒条件说明,只有当$|e_x + e_m| > 1$时,即只有当进出口商品相对价格变动引起的进出口商品需求量变动幅度大于其价格的变动幅度时,本币贬值才可能起到增加出口总值或减少进口总值,从而改善国际收支的作用。

如果$|e_x + e_m| = 1$,则本币贬值虽然会使进出口商品数量发生变化,但由于商品的数量变动与商品的相对价格变动作用相抵消,进出口总值不会发生变化,因而国际收支逆差不会改变。

如果$|e_x + e_m| < 1$,则本币贬值可能会使出口总值下降大于进口总值的下降,不但不会改善国际收支逆差,反而会使国际收支更加恶化。

4. J曲线效应(J-curve Effect)

弹性分析理论认为,通过汇率变动来调节国际收支,要有一个时滞,会出现国际收支先恶化后改善的过程。此过程可以用英文字母J来描绘,因此被称为J曲线效应。

本币贬值初期的价格影响是不利于本国的,它会使贸易条件恶化,国际收支更加困难。由于贸易收支对汇率变化的反应较为迟缓,只有经过一段时间后,相对价格的变动才会对进出口贸易发生作用,从而使国际收支得到改善。即本币贬值使该国出口商品的外币价格下跌后,其出口商品的需求量并不会同步增加;同时,进口商品的本币价格上升后,其进口商品的需求量也不会同步减少。受生产资料转移机制,以及生产流通等因素的影响,价格变动对进出口需求量的调整要过一段时间才能显示出其效果。因此在本币贬值后初期一段时间内,贬值国的国际收支就有一个先恶化然后逐步得到改善的过程。

5. 对弹性分析理论的评价

弹性分析理论的一个重大贡献是,它指出采取本币贬值的办法不一定能够改善国际收支,纠正了那种认为本币贬值就一定能够改善国际收支的片面看法。尤其是该理论给出的以本币贬值改善国际收支的充分必要条件——马勒条件,对各国国际收支的调节有重要的理论和现实意义。

弹性分析理论也有其局限性,具体表现在:

(1) 该理论把国际收支仅局限于贸易收支,未考虑劳务进出口与国际间的资本移动。

(2) 该理论以小于"充分就业"为条件,因而作出了供给具有完全弹性的假定。不适用于经济周期的复苏与高涨阶段。

(3) 它是局部均衡分析,只考虑汇率变动对进出口贸易的影响,忽略了其他重要的经济变量对国际收支的影响以及其他一些相互关系。

(4) 它是一种静态分析,忽视了汇率变动效应的"时滞"问题,汇率变动在贸易收支上的效应是呈J形曲线的。没有看到贬值不是通过相对价格变动,而是通过货币供给和绝对价格水平的变动来改善贸易收支的。

(三) 吸收分析理论

吸收分析理论(Theory of Absorption Approach)是20世纪50年代詹姆斯·米德(J. Meade)和西德尼·亚历山大(S. Alexander)在凯恩斯理论的国民收入方程的基础上提出的。

1. 吸收分析理论的主要内容

根据凯恩斯的分析,国民收支均衡公式是"国民收入=消费+投资+政府支出",即"收入=支出"。但是这是以封闭型经济作为考察对象的,如果把对外贸易包括在内,则国民收入的均衡公式成为:

$$Y = C + I + G + (X - M) \tag{2-1}$$

其中,Y为国民收入,C为私人消费,I私人投资,G政府出资,X为出口,M为进口。

从上式可以推出:

$$X - M = Y - (C + I + G) \tag{2-2}$$

式中$X-M$为贸易收支,吸收理论将国际收支抽象化为贸易收支,现以B来表示;$C+I+G$为国内支出(亚历山大把支出称为吸收,吸收理论因此而得名),现以A来表示总吸收,这样式(2-1)可以改写为$Y=A+B$,移项后得出:

$$B = Y - A$$

此式表明:

(1) 国际收支=总收入-总吸收。

(2) 总吸收与总收入相等则国际收支平衡;总收入大于总吸收则国际收支成顺差;总收入小于总吸收则国际收支成逆差。

(3) 方程中左边B为果,右边A为因。因此,吸收理论认为国际收支不平衡的根本原因在于国民收入与国民支出的总量失衡,需从收入一方或支出一方加以调节。这就是说当国际收支顺差(Y大于A)时,则实施减少收入(Y)或增加支出(A)的政策措施,以平衡国际收支;当国际收支逆差(Y小于A)时,则实施增加收入(Y)或减少支出(A)的政策来改善国际收支。

2. 吸收分析理论调节国际收支的方法及过程

吸收分析理论根据一国经济生产是否达到充分就业的具体情况,分别采取两种不同的方法来调节国际收支。

(1) 国内充分就业,采取支出转换法

在充分就业条件下,意味着没有闲置资源,增加总收入只会导致通货膨胀。因此,只能用减少国内总支出的办法来调节国际收支。对国际收支的调节可以从国内经济和对外经济两个渠道进行。一方面,对内采取紧缩性的财政货币政策,降低国内总吸收,即压缩国内总需求,包括消费需求与投资需求,减少进口,把压缩下来的资源转移到出口部门,同时使出口商品的国内需求下降,相对增加其出口数量。另一方面,对外进行本币贬值,相对降低本国出口商品的价格,刺激国外对出口商品的需求,同时抑制其进口需求。

(2) 国内未充分就业,采取支出增减法

在非充分就业条件下,意味着有闲置资源。因此,可以用增加总收入的办法来调节国际收支。对国际收支的调节可以从国内经济和对外经济两个渠道进行。一方面,将闲置资源用于出口,以扩大出口,通过出口带动国民收入的增长,调节国内经济。另一方面,采取本币对外贬值的办法,刺激出口需求,以改善国际收支逆差。

3. 对吸收分析理论的评价

弹性分析理论采用局部均衡的分析方法,只重视微观的、相对的价格效应,忽视了宏观经济中国民收入的影响与作用;吸收理论运用一般均衡方法,从宏观角度将国际收支调节与国内经济联系起来加以分析,强调以国内财政政策和货币政策的配合来改善国际收支,保持一国内部经济与外部经济的平衡,为实施通过调节国内经济来调节国际收支奠定了理论基础。因此,吸收分析理论较弹性分析理论前进了一步。但是,这一理论也存在下列缺陷:

(1) 该理论主要针对国际收支中的贸易收支项目,对资本流动基本没有涉及。

(2) 该理论假定本币贬值是出口增加的唯一原因,以及生产要素的转移机制可以轻而易举地实现,背离了市场经济的客观实际。

(3) 该理论是一种单一国家的模型,而完全的贬值分析必须至少在两国模型下进行。

(四) 政策配合分析理论

战后,由于世界经济日益趋于一体化,西方国家经济经常发生内部平衡与外部平衡的矛盾,于是许多经济学家对此展开研究。政策配合分析理论(Policy Mix Theory)是凯恩斯有关国际收支理论的一种学说,该学说主张一国在制定和实施经济政策时要兼顾到国内、国外经济两个方面,以达到内部平衡与外部平衡同时实现的目标。所谓内部平衡(Internal Balance),是指一国在保持国内物价稳定的同时,实现充分就业和经济增长;外部平衡(External Balance)是指一国国际收支的平衡和汇率的稳定。这两种平衡是有机联系的。所谓政策配合,则主要是指政府将财政政策与金融政策进行适当配合和运用,以达到一国内部平衡与外部平衡同时实现的目标。

1. 米德冲突(Meade's Conflict)

英国经济学家米德于 1951 年在其名著《国际收支》当中最早提出了固定汇率制度下内外均衡冲突问题。米德指出,一国如果只使用一种支出调整政策或支出转换政策对宏观经济运行进行调节,就可能发生内部平衡与外部平衡的冲突,这就是所谓的“米德冲突”。

例如,当一国经济停滞与国际收支逆差并存时,若仅采取扩张性政策,虽可缓解国内经济不振,但国际收支逆差状况会因扩张政策的推行而加剧;反之,一国通货膨胀与国际收支顺差并存时,若只实行紧缩政策,抑制通货膨胀,将引起国际收支更大的顺差;另外,即使单独采取直接管制的政策,也会因对方国家采取报复性措施,而削弱本国出口商品的竞争能力。因此,米德认为,要实行两种独立的经济政策,以取得内外部的总体平衡。

2. 丁伯根法则(Tinbergen's Rule)

荷兰经济学家丁伯根发展了米德的观点,认为一国要想达到一个经济目标,政府至少要运用一种有效的政策工具;要想实现多个经济目标,政府则至少要运用多种独立、有效的政策工具,政策工具的数目至少要同政策目标一样多,这就是著名的“丁伯根法则”或称政策工具—目标法则。从上述各种政策与一国宏观经济目标之间的联系,以及各国国际收支调节的实践证明来看,丁伯根法则是成立的。

3. 蒙代尔的政策配合理论

作为政策配合分析理论的主要代表人物,蒙代尔具体说明了政策搭配的具体运用。他将要选择和搭配的政策分为财政政策和货币政策两种类型,并认为,财政政策主要表现为政府开支的增减,其对国内经济活动比对国际收支活动的调节作用大;货币政策主要表现为国内外利率的差异,它促使资本在国际间流动,对国际收支影响较大。所以,可以通过财政政策和货币政策的适当配合进行调节,同时实现内部平衡和外部平衡。表 2-2 简要描述了其关于实现内外均衡的政策配合情况。

表 2-2 实现内外均衡的政策配合简表

经济情况		财政政策(对内)	货币政策(对外)
国内经济	国际收支		
衰退	逆差	扩张(扩大政府开支)	紧缩(升利率降物价)
衰退	顺差	扩张(扩大政府开支)	膨胀(降利率升物价)
膨胀	逆差	紧缩(缩减政府开支)	紧缩(升利率降物价)
膨胀	顺差	紧缩(缩减政府开支)	膨胀(降利率升物价)

4. 对政策配合分析理论的评价

政策配合分析理论较系统地分析了政策配合的意义和具体的机制,对一国政府的经济决策有一定的参考价值。但是,该理论也存在一定的缺陷,表现在:

(1) 忽略了国内支出变化对对外资本输出的影响,从而得出经常项目与国内支出之间的直接关系。

(2) 没有考虑到除利率以外其他因素对资本流动的影响。

(3) 政策的选择比较单调,仅为财政政策和货币政策,而实际运用中可采取的政策措施很多。

(4) 两种政策对国内经济、国际收支影响的大小关系不能一概而论,应根据不同国家及不同时期的实际情况具体分析。

第三节 国际储备

国际储备是国际收支平衡表中的一个主要项目,也是国际货币体系的核心组成部分之一,它在一国国民经济中起着重要作用,特别在调节国际收支平衡,保持内部与外部平衡中意义重大。

一、国际储备的概念与构成

(一) 国际储备的概念

所谓国际储备(International Reserve),一般是指各国货币当局为弥补国际收支赤字和维持汇率稳定而持有的在国际间可以被普遍接受的一切资产。

世界银行对国际储备所下的定义是:“各国货币当局占有的、在国际收支出现逆差时可以直接或通过同其他资产有保障的兑换来支持该国汇率的所有资产。”这一解释目前已成为国际金融学界公认的标准定义。根据该定义,能够作为国际储备的资产必须具有以下三个特点:

(1) 官方持有性。作为国际储备的资产必须是一国货币当局集中掌握的。非官方金融机构、企业和私人持有的资产均不能作为国际储备资产。这一特点使国际储备有时也被称为官方储备。

(2) 普遍接受性。作为国际储备的资产,必须能够为世界各国普遍认同和接受,否则就不能作为国际支付手段用于弥补国际收支赤字。

(3) 充分流动性。作为国际储备的资产,必须是随时能够动用的资产,如存放在国外银行的活期可兑换外币存款、有价证券(如美国国库券)等。这样,当一国出现国际收支赤字时,可迅速动用这些资产予以弥补,或者干预外汇市场来维持汇率的稳定。

(二) 国际储备的构成

国际储备的构成是指用于充当国际储备资产的种类。在不同的历史时期,充当国际储备的资产具有不同的形式。第二次世界大战后,国际储备资产主要有四种形式。对于任何一个国家来说,其国际储备中至少包括黄金储备和外汇储备。如果该国还是国际货币基金组织的成员国,则其国际储备中还应包括在基金组织的储备头寸。如果该国还参与特别提款权的分配,则其国际储备还包括第四项资产,即特别提款权。

根据 IMF 的统计口径,一国国际储备主要包括以下四种形态的资产:

1. 黄金储备

黄金储备(Gold Reserves)是指一国货币当局作为金融资产所集中掌握的货币性黄金(Monetary Gold),非货币用途黄金不在此范围内。长期以来,黄金一直是各国国际储备中的重要储备资产。在国际金本位制度下,黄金是最主要的国际储备资产,是当时唯一的世界货币,充当国际支付的最后手段。在布雷顿森林体系下,黄金仍是货币汇率的基础,保有一般支付手段的职能,且仍是重要的国际储备资产。布雷顿森林体系崩溃后,随着黄金非货币化政策的推行,黄金在国际储备资产中的比重和地位不断下降。但它可以在国际黄金市场销售,换成可兑换的外汇,进行对外支付。所以,黄金仍能间接地发挥国际储备的作用,各国货币当局仍持有黄金,将其作为国际储备的组成部分。

2. 外汇储备

外汇储备(Foreign Exchange Reserves)是指由一国货币当局持有的外国可兑换货币和以其表示的支付手段和流动性资产。一般作为储备货币必须具备以下四个条件:① 储备货币发行国具有较强的经济实力;② 这种货币必须能完全自由兑换;③ 内在价值相对比较稳定;④ 在国际货币体系中占有重要地位。

在国际金本位制度下,英镑代替黄金执行国际货币的各种职能,成为各国最主要的储备货币。20 世纪 30 年代,美元与英镑并驾齐驱,成为最主要的国际储备货币。第二次世界大战以后,美元取代英镑成为最重要的国际储备货币。自 20 世纪 70 年代开始,随着布雷顿森林体系的崩溃,国际储备货币呈现多元化趋势,充当储备货币的主要有美元、英镑、法国法郎、日元、德国马克等。欧元产生后,取代了马克和法国法郎,成为外汇储备中非常重要的储备币种。

3. 在 IMF 的储备头寸

在 IMF 的储备头寸(Reserves Position in IMF)亦称普通提款权(General Drawing Rights),是指成员国在 IMF 普通资金账户中可以自由提取和使用的资产。一国在 IMF 的储备头寸包括:

(1) 会员国向 IMF 认缴份额中 25% 的黄金或可兑换货币部分,成员国无需经过批准,可自由提用这部分资金,故此,成为一国的国际储备资产。

(2) IMF 为满足会员国借款需要而动用的本国货币。按 IMF 规定,成员国认缴份额的 75% 可用本币缴纳,IMF 向其成员国提供本币贷款,形成该货币所属国家对 IMF 的债权。对这部分债权,该国可从 IMF 无条件提取用于国际支付。

(3) IMF 向该国借款的净额,也构成该会员国对 IMF 的债权,可无条件提取用于国际支付。

4. 特别提款权

特别提款权(Special Drawing Rights, SDRs)是 IMF 在 1969 年 9 月所创立的无形货币资产。它作为成员国账面资产,赋予成员国在原有的普通提款权以外的特别的提款权利,故称特别提款权。这种无形货币的账面资产在使用时具有以下特点:

(1) 只能用于政府之间的结算,不能用作贸易和非贸易方面的支付。

(2) 可以与黄金、外汇一起,作为国际储备。

(3) 可以向其他会员国换取可自由兑换的外汇,支付国际收支逆差,但不能兑换为黄金。

IMF 于 1970 年第一次根据会员国缴纳的份额多少无条件按比例分配 SDR,分配后即成为会员国的储备资产。

特别提款权采用一揽子货币的定值方法,IMF 每 5 年对特别提款权篮子中的货币进行一次评估。特别提款权创立初期,它的价值由含金量决定,当时规定 35 个特别提款权单位等于 1 盎司黄金,即与 1 美元等值。1973 年西方主要国家的货币纷纷与美元脱钩,实行浮动汇率以后,基金组织在 1974 年 7 月宣布特别提款权与黄金脱钩,改用 16 种“一篮子”货币作为定值标准，每天依照外汇行市变化，公布特别提款权的牌价。自 1986 年 1 月 1 日起，特别提款权的组成和“加权”比例调整为以国际出口贸易和服务贸易额最高的五个基金成员国的货币(美元、马克、法郎、日元、英镑)组成特别提款权货币篮子，以后每 5 年调整一次。2011 年“一篮子”货币已被简化为四种，即美元、欧元、日元、英镑。调整后，美元的权重由 2005 年审查确定的 44% 下降至 41.9%，欧元的权重由 34% 上升为 37.4%，英镑的权重由 11% 上升至 11.3%，日元的权重由 11% 下降至 9.4%。由于四种货币的汇率在不断变化，因此特别提款权的价格每天都会不同。

二、国际储备的作用

(一) 作为缓冲库存，弥补国际收支差额

这种缓冲作用表现在：① 在一国因偶然性或季节性因素出现暂时性国际收支困难时，可以动用国际储备予以弥补，无须采用压缩进口等紧缩国内经济的措施，从而使国内经济免受外部影响；② 在国际收支呈现长期恶化的情形下，动用国际储备进行弥补虽不能从根本上解决问题，而必须对国民经济进行调整，但国际储备可为该国政府赢得时间，进行有步骤地调整，从而减少因采取紧急措施付出的不必要的代价。

(二) 干预外汇市场，保持本币汇率稳定

各国货币当局持有的国际储备反映了一国干预外汇市场、保持汇率稳定的能力。市场经济国家通常都利用国际储备建立“外汇平准基金”制度，通过它来对外汇市场进行干预。当外汇市场上本国货币的汇率波动剧烈时，就会利用外汇平准基金进行干预，使本国货币的汇率稳定在与国内经济政策相适应的水平上。如一国货币面临巨大的贬值压力时，货币当局就可通过“平准基金”进入外汇市场，抛售外汇，平抑汇价；当一国货币遭受国际资本冲击、面临升值压力时，货币当局则通过“平准基金”收购外汇，以减轻本币升值的压力。

(三) 作为向外借款的信用保证，是一国金融实力的标志

无论是国际金融机构、国际银团，还是政府，在对外贷款时，首先考虑的是借款国的偿债能力。由于国际储备是借款国到期还本付息的基础和保证，国际上均将一国国际储备状况作为评估国家风险的重要指标。国际储备充裕可以加强一国的资信，吸引国外资金流入，以促进本国经济的发展。特别是在一国经常账户收支恶化的情形下，充裕的国际储备更是筹措外部资金的必要条件。

三、国际储备管理

自布雷顿森林体系崩溃以来，随着世界各国国际储备资产规模的不断扩大，如何加强对国际储备资产的管理，成为各国政府和货币当局急待解决的问题。所谓国际储备管理，是指一国政府或货币当局根据一定时期内本国国际收支状况和经济发展的要求，对国际储备的规模、结构以及储备资产的运用等进行计划、调整和控制，以实现储备资产规模适度化、结构最优化、使用高效化的整个过程。国际储备管理包括国际储备规模管理和国际储备结构管理。

(一) 国际储备的规模管理

1. 国际储备规模与国际储备规模管理

国际储备规模是指一国一定时期持有国际储备资产的总量或水平。国际储备规模管理是对国际储备规模进行确定和调整,使国际储备数量保持适度水平。适度的国际储备规模,既能满足国家经济增长和对外支付的需要,又不因储备过多形成积压。

2. 影响国际储备规模的因素

影响一国国际储备规模的因素可以分为两大类:政策性因素和非政策件因素。具体来说,主要体现在以下几方面:

(1) 持有国际储备的机会成本。一国持有过多的国际储备意味着牺牲其一部分投资或消费,储备需求量是由持有储备的机会成本和收益的均衡决定的。如果国际资本市场利率上升,持有储备的机会成本就会增加,由于本国的外汇持有者会进行各种形式的投资,外汇储备水平也会随之降低。

(2) 一国对外开放程度。如果一国实行偏向自由贸易的政策,国际收支在其国民生产总值中占有很大比重,则外汇收支较多,对储备资产的需求也较大;封闭型经济的国家对国际储备的需求则比较小。国际储备需求量一般与国民经济对外依赖程度成正比。

(3) 特定时期的经济发展目标。一般而言,一国在经济起飞和高速增长时期对资金的需求旺盛,所以当一国的经济目标为高速增长时,就应保持较少的国际储备,以将一部分储备资产用于投资和消费;当其经济稳定增长时,可适当增加国际储备持有量。

(4) 一国国际融资能力的大小及所处的国际环境。如果一国有较高的信用等级,能迅速、便利地获得外国政府贷款和国际金融机构贷款,且该贷款的来源稳定,条件良好,或者该国在国际金融市场上筹资的能力很强,则该国无须持有过多的国际储备资产,反之就应保持充足的国际储备。另外,国际金融市场的发达程度、国际资本市场的行情,以及各国经济政策的国际协调水平和一国参与国际金融事务的层次等,均通过决定一国的融资条件而影响其国际储备规模。

(5) 汇率制度和汇率政策的选择。一国的汇率政策和干预外汇市场的意愿在一定程度上影响着储备需求量。一般来说,实行钉住汇率制、严格维持固定汇率较之实行弹性汇率安排、允许汇率经常或大幅度波动,频繁干预外汇市场较之偶尔干预外汇市场,旨在“目标区”的干预较之均匀性干预,需要更多的外汇储备。

(6) 国际收支流量的大小及其稳定程度。首先是贸易收支的稳定程度。外贸收支相对稳定,进出口基本平衡或略有超出的话,则不必顾及国际储备。如果外贸条件较差,需保持较充足的外汇储备。其次是国际收支差额的状况及稳定程度,如果一国持续国际收支顺差,则对国际储备的需求较少;反之,若一国国际收支出现经常性逆差,则对国际储备的需求较大。

(7) 外汇管制或贸易管制的严格程度。如果一国实行严格的外汇管制或贸易管制,并能有效地控制进口和外汇资金的流动,则对外汇储备的需求量相对较小,反之则需要较多的外汇储备。

(8) 一国国际储备的范围及其货币在国际货币体系中的作用。如果一国货币为主要国际储备货币,则该国在调节国际收支不平衡和进行国际支付方面具有一个有利条件——可以用本币来清偿对外债务。因此，对储备货币发行国来说，它无须保持规模过大的国际储备。

3. 适度国际储备规模确定的参考指标

在长期实践中，一些学者通过研究计算得出一些可信的数据，某些国际机构通过考查发现货币当局采取的某些特定举措，均可以作为确定国际储备量是否适度的参考指标，这些参考指标或举措有：

（1）国际储备/进口额:25%。美国耶鲁大学特里芬（Triffin）教授在1960年出版的《黄金与美元危机》一书中提出：一国国际储备应与其进口贸易额维持一定的比例关系，大致在20%—50%之间。根据他的验证，这个比例一般以40%作为标准，若低于30%就需要采取调节措施，20%的比率是最低限度标准。但特里芬又指出，由于各国的具体条件与政策方面存在差异，各国合适的储备进口比率也并非是绝对一致的，工业国和重要贸易国的储备进口比率应该高于其他国家，通常应在30%以上，实行严格外贸与外汇管制的国家的储备进口比率则可低一些，可维持在25%左右，即一国的储备量应以满足三个月的进口为宜。

很显然，储备进口比例分析法的优点是简便易行，一国货币当局可以比较容易地根据储备进口比率的变动对其储备进行迅速调整。但是这一参考指标也存在明显缺陷：一是国际储备的主要作用在于弥补一国国际收支逆差，并非为一国进口交易提供融资，因此，仅仅运用进口贸易额这一个变量来决定适度储备量是明显欠妥的。实际上，适度储备量的决定与调整取决于多种因素，它不仅应包括进口额，也应包括出口额和国际资本流动，还应包括国民收入、货币供应量及政府意愿等诸多国内经济因素。二是该方法忽视了储备使用的规模经济效应。按照储备进口比例分析法，适度储备量与进口贸易额同步上升，实际上，国际储备量并非是随贸易量的变化而同比例变化的，前者的变动幅度小于后者的变动幅度，即随着一国储备的不断增加，储备的使用具有规模经济，运用储备进口比例分析法有可能高估适度储备量。因此，各国可以其作为参考，但仍需结合具体情况加以估算确定。

（2）国际储备/外债:50%。一国国际储备占外债总额的比例是衡量一国资信和对外清偿力的重要指标。这项指标是从满足国际社会对国内经济要求角度而设计的，国际经济界认为一国国际储备额占一国外债总额的50%为宜。

（3）适度国际储备区间：上线为保险储备量，下线为经常储备量。所谓适度国际储备区间，是指以适度储备量为中心，确定一个目标区间，使一国储备持有额以较小幅度在适度储备水平上下波动。目标区间的上限是一国保险储备量，它既能满足一国可能出现国际收支逆差时的对外支付，又能保证国内经济增长所需要的实际资源投入，而且不会引起通货膨胀；目标区间的下限是一国经常储备量，它以保证一国正常经济增长所必需的进口不因储备不足而受到影响为原则。只要一国储备持有额保持在这个目标区间范围内，就可以认为该国国际储备量是适度的。因此，区间分析法为各国金融当局更加灵活地管理国际储备提供了更多的可能性与现实性。

（二）国际储备的结构管理

国际储备的结构管理是指各国货币当局对储备资产所进行的最佳配置，使黄金储备、外汇储备、在IMF的储备头寸和SDR四部分储备资产持有量及其构成要素之间保持合理比例，以便分散风险，获取收益，充分发挥国际储备资产应有的作用。

1. 国际储备结构管理的原则

各国货币当局在进行储备结构管理中,必须遵循三条主要原则:

(1) 安全性原则。所谓安全性,是指储备资产的存放要牢靠,价值要不受损失。为此,一国货币当局在确定外汇资产存放的国家和银行以及所选择的币种和信用工具时,就要事先充分了解储备货币发行国和国际金融中心所在国的外汇管制情况、银行资信状况、储备货币的稳定性及信用工具的种类和安全性,以便将其外汇储备资产放到外汇管制较为宽松的国家、资信卓著的银行,选择价值相对稳定的币种和较为安全的信用工具。

(2) 流动性原则。所谓流动性,是指储备资产要具有较高的变现能力,一旦发生对外支付和干预外汇市场的需要时,它能随时兑现,灵活调拨。由于各种外汇储备资产的流动性不同,各国在安排外汇储备资产时,应根据其具体情况,作短、中、长不同期限的投资,以保证国际储备的充分流动性。

(3) 盈利性原则。所谓盈利性,是指在满足安全性和流动性的基础上,尽可能使持有的外汇储备资产产生较高的收益,使储备资产增值。由于不同种类的储备货币的收益率高低不同,其实际收益率等于名义利率减去预期的通货膨胀率和汇率的变化,因此,在选择储备货币时,应偏重于分析利率、通货膨胀率和汇率的变化趋势。另外,对同一币种的不同投资方式,其收益率也不相同,我们也应当进行合理的投资组合,以求得较高的收益和较低的风险。

需要说明的是,国际储备结构管理的三原则并非是完全一致的,它们相互间时有矛盾。安全性、流动性和盈利性之间是负相关的。安全性、流动性高的资产往往盈利性较低;盈利性高的资产往往风险较大,流动性也较差。鉴于国际储备资产的特殊职能,国际储备结构管理应始终把安全性和流动性放在首位,把盈利性放在其次。一国货币当局应根据国际金融市场和国内经济发展状况,实现储备资产安全性、流动性与盈利性的均衡和协调。

2. 国际储备结构管理的内容

(1) 黄金、外汇储备的结构管理。从国际储备的两大要素黄金和外汇储备来看,前者由于内在价值稳定且具有独立性,安全性较高,但黄金储备不能直接用于国际支付,兑现能力较弱,流动性较差,而且盈利性也不如外汇储备,若需变现还要支付较高的交易费用。因此,许多国家对黄金储备一般采取不再增加,基本稳定于原有水平的保守控制政策。外汇储备虽在安全性上难以与黄金储备相比,但在流动性和盈利性上具有优势,目前全世界的国际储备中外汇储备的比重要大于黄金储备,而且二者的差距在逐渐拉大。

(2) 外汇储备货币的结构管理。外汇储备结构管理的首要任务是储备货币币种的选择及其在储备中所占比重的确定。在储备货币币种多样化的前提下,在遵循安全性、流动性、盈利性三原则的前提下,还应考虑以下标准:① 尽可能地选择和增加有升值趋势的“硬”货币的储备量,减少有下跌趋势的“软”货币的储备量,以避免储备货币汇率下降所带来的损失;② 储备货币币种结构尽可能地与一国国际贸易结构和国际债务结构相匹配,以避免兑换风险,节约交易成本,保证储备使用的效率;③ 储备货币要与干预外汇市场所需要的货币保持一致,以维持本国货币对某种自由兑换货币的汇率稳定;④ 在充分考虑到安全性和流动性的前提下,还要比较各种不同货币的盈利性,尽可能以高收益的货币形式持有。

(3) 外汇储备资产分级管理。为使外汇储备的运用能最大限度地在流动性、安全性、盈利性之间进行平衡,根据变现能力不同将外汇储备划分为三个等级分级管理:① “一线储备"资产,即现金或准现金,如活期存款、短期国库券或商业票据等,这部分资产流动性最高,可随时变现,风险小,但收益率最低。②"二线储备"资产,通常指投资收益率高于一线储备,但流动性仅低于一级储备的资产,如平均期限为2—5年的中期债券。③"三线储备"资产,这是指流动性低于上述两部分资产,但收益率最高的资产,如平均期限4—10年的长期债券,可弥补一线储备资产的不足,其投资收益率一般较高,但风险也较大。

四、我国的国际储备

(一)我国国际储备的历史沿革

改革开放前,我国实行计划经济体制,国际经济交往很少,实行"量入为出、以收定支、收支平衡、略有结余"的方针,国际储备在我国经济生活中并不重要,因此没有建立与国际经济接轨的国际储备制度。1980年,我国正式恢复了在IMF和世界银行的合法席位,次年正式对外公布了国家黄金外汇储备。随着改革开放的不断深入,我国逐步形成了与国际接轨的储备资产体系,即由黄金、外汇、在IMF的储备头寸和SDR四部分构成。

(二)我国国际储备构成的特点

1. 黄金储备数量稳定

改革开放以来,我国黄金储备除1979年和1980年为1 280万盎司外,到2000年的其余年份均为1 267万盎司。这表明我国一直实行稳定的黄金储备政策。加入WTO后,我国经济与世界经济更加紧密地融合在一起,对外贸易额和国际资本的流动都有大幅度的增加。为了加强我国经济的抗冲击能力,稳定中国的国际收支,在接下来的年份中,我国的黄金储备额稳中有升。据2011年9月世界黄金协会的数据显示(见表2-3),美国黄金储备8 133.5吨,仍为世界黄金储备最多的国家,占全球合计的26.49%;中国黄金储备1054.1吨,排名世界第六。虽然中国的黄金数量并不少,但储备量仍远远低于全球平均水平,在整个外汇储备中仅占到了1.6%。相比之下,美国的黄金储备占其外汇储备的74%,连俄罗斯和印度等新兴国家也都在5%以上。因此,中国央行在未来可考虑持有更多的黄金储备。

表2-3 世界官方黄金储备排名前10位

	1	2	3	4	5	6	7	8	9	10
国家/地区/组织	美国	德国	IMF	意大利	法国	中国	瑞士	俄罗斯	日本	荷兰
数量(吨)	8 133.5	3 401.0	2 814.0	2 451.8	2 435.4	1 054.1	1 040.1	841.1	765.2	612.5
黄金占外汇储备(%)	75.4	72.7		72.4	68.2	1.6	17.3	8.2	3.5	60.8

资料来源:2011年9月国际货币基金组织的国际金融统计部及其他可得到的来源。

2. 外汇储备增长迅速

在1979年时,我国外汇储备只有8.4亿美元,1995年年底增长为735.97亿美元,年平均增长率高达32.3%,2003年时已达到4 032.51亿美元,比1995年又增长了近5倍,至2008年年底我国的外汇储备达1.95万亿美元,超过日本居世界首位。截至2011年底,我国的外汇储备已经达到了3.2万亿美元,仍冠居全球(见表2-4)。外汇储备增加对于增强我国对外支付能力、促进改革开放、提升我国国际地位具有积极意义,但外汇储备增长过快和规模过大,也给外汇储备经营管理带来一定的挑战,其潜在风险不容忽视。

表 2-4 2000—2011 年中国外汇储备规模　　单位:亿美元

年份	2000	2001	2002	2003	2004	2005	2006	2007	2008	2009	2010	2011
外汇储备	1 655 0.74	2 121 0.65	2 864 0.07	4 932 0.51	6 099 0.32	8 188 0.72	10 663 0.44	15 282 0.49	19 460 0.30	23 991 0.52	28 473 0.38	31 811 0.48

资料来源:国家外汇管理局。

3. 在 IMF 的储备头寸和 SDR 在我国国际储备中占比低

在 IMF 中我国所拥有的储备头寸与特别提款权不占重要地位,主要因为目前我国经济实力还不够强大,向 IMF 缴纳的份额不多,再加上外汇储备的迅速增长也使二者仅占我国国际储备总额的极小部分。1995 年 6 月这两项资产在我国国际储备总额中所占比重仅为 2.4%;2001 年 2 月 5 日,IMF 通过决议,将中国份额增至 63.692 亿特别提款权,使占比提高到 3%,在所有 183 个成员国中排名第 8 位。由于外汇储备在增长,所占比重依然没有提高。到 2003 年时,我国持有的在 IMF 的储备头寸和特别提款权在我国国际储备总额中所占比重分别为 0.93% 和 0.27%,合计为 1.2%,呈下降趋势。

(三) 我国的国际储备管理

我国的国际储备管理同样主要是总量和结构的管理,由于外汇储备在我国储备资产中占绝对比例,因此我国国际储备管理的重点是外汇储备管理。

1. 我国国际储备的总量管理

根据国际储备管理的普遍原理,我国国际储备的总量管理,就是确定我国国际储备的适度规模并把国际储备控制在这一规模。理论上,国家外汇储备规模由外汇储备的需求与供给两方面决定。由于我国国际收支双顺差的持续性,外汇储备供给在相当长一个时期内是绝对充裕的。从 1994 年开始,我国外汇储备呈现持续大幅度增长之势,目前在我国国际储备总额中的比例高达 90% 以上,外汇储备已成为我国国际储备的绝对主体。但是,我国外汇储备是不是越多越好? 这是近年来学术界探讨的一个热点问题。

有学者认为,我国外汇储备量应保持在较高水平。这是因为:① 作为国际收支经常项目主要收入来源的外贸出口结构仍然十分不合理,我国的出口产品仍然属于附加值较低的初级加工品和初级制成品,在国际市场的竞争能力受到很大限制,盈利水平较低。在外贸进口中,生产资料占主要地位,尤其是能源(石油)的进口占了较大比重,石油价格的大幅上涨,曾使我国外贸一度出现逆差。因此,在我国外贸结构尚未发生根本性改善之前,保持较高的国际储备水平是必要的。② 由于中国国际地位的不断提高及中国出口贸易的不断发展,人民币面临的升值压力愈来愈大,我国现行的有管理的浮动汇率制度需要我国在今后相当长时期内,保持稳中有升的人民币汇率。因此人民银行通过外汇市场干预汇率的可能性会大幅增加,也需要足够的外汇储备。③ 我国大力吸引外商来华投资,外汇储备充足,有利于增强国际清偿能力,维护国家和企业的对外信誉,提高海内外对中国经济和中国货币的信心,有利于吸引外资流入。④ 随着资本市场的逐步开放和 QFII(Qualified Foreign Institution Investor,合格的境外机构投资者)制度的推行,外资流入中的游资(短期资本)部分将增加,这部分资金可能对我国经济造成重大影响。国家保持较高的外汇储备,有利于应对突发事件,防范金融风险,维护国家经济安全。

也有学者认为,外汇储备还是适度为好。因为外汇储备过多,负面效应也很明显,主要表现在:① 持有过多储备会带来较高的机会成本,目前我国正处在经济快速发展时期,保持较大规模的国际储备等于放弃了相应的投资和消费需求,国际储备对国际收支调节的边际效用也会逐渐降低。因此,保持过多的储备,不仅会增加持有储备的机会成本,而且会在一定程度上限制我国经济的发展。② 外汇储备过多会增加人民币基础货币投放量,加大国内一定时期的通货膨胀压力,影响国内物价稳定和经济发展。③ 外汇储备过多,一般会支持本币汇率上升,会增强本币的坚挺程度和国际地位,但同时也不利于本国商品的出口。④ 外汇储备大量增加,并不等于储备效益也大量增加。因为外汇储备多为硬货币,硬货币一般利率较低,因此储备越多,利息收益的潜在损失也越大,而且,我国目前经营管理外汇储备的水平较低,手段也较缺乏,容易造成较大的亏损。

总之,国际储备的适度规模是一项动态指标,其具体数量取决于一个国家不断变化着的国际收支的实际运行状况及决定国际收支变化的一切因素。对不同国家而言,由于其货币在不同国家的地位不同,以及所采取的汇率制度、面临的问题不同,外汇储备的合理规模也不尽相同。因此,在考察和确定特定时期我国国际储备的适度规模时,需要充分考虑到同期我国国际收支的运行状况及其变化趋势,从动态的视角来分析和调整我国的外汇储备水平。

2. 我国国际储备的结构管理

(1) 管理的对象。我国的国际储备包括黄金储备、外汇储备、SDR 和在 IMF 中的储备头寸,其中黄金和外汇储备是我国国际储备的主要构成要素。由于黄金储备相对稳定,不是导致我国国际储备总体规模和结构变化的主要因素,所以从一般意义上说,我国国际储备结构管理的对象仍是黄金、外汇、SDR 和在 IMF 中的储备头寸四个部分之间的构成比例和运行安排问题,其中外汇储备的管理是结构管理的核心。当前我国外汇储备结构管理的对象主要是指对外汇库存的管理,我国目前执行较为严格的结汇、售汇制,绝大部分的贸易、非贸易外汇收支必须直接通过国家办理。

(2) 管理的内容。我国国际储备在管理内容上应贯彻安全性、流动性和盈利性相结合的基本原则。

① 外汇储备的安全性管理。主要是指为了防止外汇储备所面临的各种风险和实现外汇储备的保值而对以货币形式和投资形式持有的外汇储备资产的币种结构进行管理。

② 外汇储备的流动性管理。主要是指为了保证国际收支的正常进行,同时防止外汇储备所面临的短期风险,对各种形式的外汇储备资产期限结构进行组合管理。这主要指外汇债券的期限结构和外汇存款的期限结构管理,以及在总体外汇储备资产币种结构一定的条件下,根据我国国际收支的变动情况、国际贸易方向和国际金融市场的变化,对储备资产的币种结构和债券—外汇存款结构进行适当的调整。

③ 外汇储备的盈利性管理。主要是指在确定外汇储备总的币种结构和期限结构时,通过对外汇储备资产的各种形式(债券投资或存款)的收益率或利率进行分析比较,在保证外汇储备所必要的安全性和流动性的基础上,适当考虑储备资产的收益结构或利率结构,使外汇储备资产能够在保值的基础上实现一定的盈利。

相关链接

中国将如何化解3万亿美元外汇储备风险?

截至2011年年底,我国外汇储备已达3.18万亿美元,央行行长周小川在清华大学金融高端讲坛上坦言,外汇储备已经超过了我国需要的合理水平,外汇积累过多,导致市场流动性过多,也增加了央行对冲工作的压力。应如何化解这3万亿美元的外汇储备风险呢?

一是多样化分散风险。首先要减少外汇储备的过度积累,对于已经积累的部分要实行多样化管理。目前我国面临跨境资金大量流入的风险,但是国际投机资金并不是每笔都能成功的,它们对小国开放型经济的影响很大,但是对于中国这类大国经济的影响并不大,而且我国有资本管制。所以多样化管理可以分散巨额外汇储备的风险。

二是通过发行"市政债"缓解融资风险。此前,国际评级机构考虑到地方融资平台等风险,将中国的长期本币发行人违约评级展望从稳定调整为负面。在2008年启动的刺激经济一揽子计划中,地方政府大量地借用地方政府融资平台筹集资金。在这过程中,大部分银行进行了合规审查,但是仍有少部分银行没有进行尽职审查,因此"十二五"对于防范融资平台风险提出了较高要求。事实上,融资平台风险就是某种变相的市政债,与其如此,不如允许地方政府发行市政债,通过金融市场给债券定价、评价风险,形成不同城市债券不同价格,这就形成不同的约束力和评级。周小川表示,如果市政债和财产税搭配,可以有效地解决城镇化建设的成本约束问题,也可以防范城镇化过程中出现的风险。

资料来源:根据央行行长周小川2011年4月18日在清华大学金融高端讲坛上的发言整理而成。

复习与拓展

一、本章重要概念

外汇　国际收支　国际收支平衡表　经常项目　资本与金融项目　净差错与遗漏项目　国际储备　普通提款权　特别提款权

二、正误判断

(　　)1. IMF规定,在国际收支的贸易统计中,商品的进口和出口均按FOB价计算。

(　　)2. 易货与补偿贸易属于非现金交易,其发生不能记入国际收支平衡表。

(　　)3. 我国A出口公司与其设在日本的分公司进行业务往来,此项交易应分别在中国和日本的国际收支平衡表中表示出来。

(　　)4. 国际收支所记录的对外各项经济交易既包括发生了支付行为的交易,也包括没有支付行为的交易。

(　　)5. 本国在外国的资产增加,应记入国际收支平衡表的借方。

(　　)6. 一国出现国际收支顺差,会导致该国通胀加剧,就业率下降。

(　　)7. 资本在国际间移动产生的红利、股息和利息等收支都应列入劳务收支项目。

(　　)8. 以外国货币表示的支付凭证就是外汇。

(　　)9. 国际收支平衡表中官方储备项目的"+"号表示一国外汇储备的增加。

( )10. SDRs可同黄金、外汇一样作为国际储备资产。

( )11. 调节国际收支逆差的措施之一是降低准备金比率。

( )12. 一国提高存款准备金比率,商业银行的信贷规模缩小,有利于经济的发展。

三、选择题

1. 在一国国际收支平衡表中,最基本最重要的项目是( )。

A. 经常项目 B. 资本项目 C. 金融项目 D. 净差错与遗漏

2. 外商在我国投资办厂,这部分资金的流入应记入我国国际收支平衡表的( )。

A. 劳务收支项目 B. 单方面转移项目 C. 短期资本项目 D. 长期资本项目

3. 对国际收支经常项目中的收支和资金转移不加限制的国家,其货币称为( )。

A. 自由兑换货币 B. 有限度自由兑换货币 C. 不能自由兑换货币

4. 某年,日本国际收支平衡表所列外汇储备变化数为+18.25(10亿)美元,是指( )。

A. 该国国际收支有顺差,外汇储备增加

B. 该国国际收支有逆差,外汇储备增加

C. 该国国际收支有顺差,外汇储备减少

D. 该国国际收支有逆差,外汇储备减少

5. 一国对外长期投资所产生收益的收回,应记入平衡表中的( )。

A. 贸易收支项目 B. 劳务收支项目 C. 转移收支 D. 资本项目

6. 运用财政政策调节国际收支,是指一国政府通过实行一定的财政政策,对( )产生影响,起到调节进出口从而调节国际收支的作用。

A. 总供给和总需求 B. 总供给和物价 C. 总需求和物价

7. 各国分配到的SDR是该国国际收支方面的一种收入,可以用于( )。

A. 政府之间的结算 B. 作为该国的国际储备 C. 贸易或劳务方面的支付

D. 向其他会员国换取可自由兑换的货币

8. 请指出下列各项哪些是外汇( )。

A. 德国马克 B. 外国银行印制的空白私人支票

C. SDRs D. 外国银行签署的以外币表示的本币

9. 以下( )是属于货币政策。

A. 调整贴现率 B. 调整政府开支

C. 调整税率 D. 调整存款准备金比率

E. 公开市场业务

10. 当一国国际收支出现逆差时,可以采用( )来调节。

A. 提高中央银行再贴现率 B. 降低中央银行再贴现率

C. 在市场上大量发行政府债券 D. 实行扩张性的财政政策

E. 增加税收

11. 调节国际收支逆差的货币政策包括( )。

A. 中央银行提高再贴现率 B. 中央银行降低再贴现率

C. 提高准备金比率 D. 中央银行在公开市场上卖出债券

E. 中央银行在公开市场上买入债券　　　F. 政府削减开支

12. 当一国国际收支持续顺差,该国当局会采用(　　)等措施进行调节。

A. 增加政府支出　B. 增加税收　　C. 降低贴现率

D. 降低法定准备金比率　　　　　　E. 限制资本输出

四、案例分析

中国 2010 年国际收支平衡表　　单位:亿美元

项目	差额	贷方	借方
一、经常项目	3 054	19 468	16 414
A. 货物和服务	2 321	17 526	15 206
a. 货物	2 542	15 814	13 272
b. 服务	-221	1 712	1 933
1. 运输	-290	342	633
2. 旅游	-91	458	549
3. 通信服务	1	12	11
4. 建筑服务	94	145	51
5. 保险服务	-140	17	158
6. 金融服务	-1	13	14
7. 计算机和信息服务	63	93	30
8. 专有权利使用费和特许费	-122	8	130
9. 咨询	77	228	151
10. 广告、宣传	8	29	20
11. 电影、音像	-2	1	4
12. 其他商业服务	184	356	172
13. 别处未提及的政府服务	-2	10	11
B. 收益	304	1 446	1 142
1. 职工报酬	122	136	15
2. 投资收益	182	1 310	1 128
C. 经常转移	429	495	66
1. 各级政府	-3	0	3
2. 其他部门	432	495	63
二、资本和金融项目	2 260	11 080	8 820
A. 资本项目	46	48	2
B. 金融项目	2 214	11 032	8 818
1. 直接投资	1,249	2 144	894
1.1 我国在外直接投资	-602	76	678
1.2 外国在华直接投资	1 851	2 068	217
2. 证券投资	240	636	395
2.1 资产	-76	268	345
2.1.1 股本证券	-84	115	199
2.1.2 债务证券	8	154	146
2.1.2.1 (中)长期债券	19	128	110

（续表）

项目	差额	贷方	借方
2.1.2.2 货币市场工具	-11	25	36
2.2 负债	317	368	51
2.2.1 股本证券	314	345	32
2.2.2 债务证券	3	22	19
2.2.2.1 （中）长期债券	3	22	19
2.2.2.2 货币市场工具	0	0	0
3. 其他投资	724	8 253	7 528
3.1 资产	-1 163	750	1 912
3.1.1 贸易信贷	-616	5	621
长期	-43	0	43
短期	-573	4	578
3.1.2 贷款	-210	197	407
长期	-277	0	277
短期	66	197	131
3.1.3 货币和存款	-580	303	883
3.1.4 其他资产	244	245	1
长期	0	0	0
短期	244	245	1
3.2 负债	1 887	7 503	5 616
3.2.1 贸易信贷	495	583	88
长期	35	41	6
短期	460	542	81
3.2.2 贷款	791	5 860	5 069
长期	100	264	163
短期	691	5 596	4 906
3.2.3 货币和存款	603	1 038	435
3.2.4 其他负债	-3	22	25
长期	-4	1	5
短期	1	22	20
三、储备资产	-4 717	0	4 717
3.1 货币黄金	0	0	0
3.2 特别提款权	-1	0	1
3.3 在基金组织的储备头寸	-21	0	21
3.4 外汇	-4 696	0	4 696
3.5 其他债权	0	0	0
四、净误差与遗漏	-597	0	597

资料来源：国家外汇管理局。

请思考：

1. 根据该表显示，2010 年我国国际收支的总体状况如何？
2. 现阶段我国国际收支出现顺差的原因。
3. 国际收支顺差对中国经济的影响如何？

4. 我国对当前的国际收支顺差是否需要调节?

五、本章相关网站

http://www.safe.gov.cn

http://www.pbc.gov.cn

http://www.imf.org

http://www.boc.cn

http://www.worldbank.org.cn

第三章

外汇汇率与汇率制度

学习目标

- 了解汇率的含义及其相关概念
- 掌握决定汇率的基础与影响汇率变动因素的相互关系
- 在分析不同汇率制度利弊的基础上,结合实际,加深理解
- 了解汇率变动对一国经济的影响,并能通过所给资料进行独立分析
- 了解人民币汇率制度的演变及汇率体制改革的相关问题

案例导入

东南亚金融危机与汇率制度选择

根据国际货币基金组织的划分,1997 年东南亚金融危机前,东南亚地区大多采用较为灵活的汇率制度安排。其中,泰国采用的是固定汇率制度;印度尼西亚、韩国和马来西亚实行的是管理浮动制度;菲律宾采用的是单独浮动。危机后,泰国、印度尼西亚和韩国官方宣布汇率制度安排朝着更为灵活的方向变化;马来西亚却朝着反方向,即钉住汇率制度变化;同时,菲律宾依旧保持危机前的汇率制度安排。

上述国家除菲律宾外,对外宣布的都为管理浮动制度,但在实际中都是将汇率钉住美元,并通过干预使本国货币与美元的双边汇率保持稳定。因此,危机前五国货币相对美元的汇率水平都是十分稳定的。

五国中除泰国对外宣布是固定汇率制度外,其余三国的"管理浮动汇率制度"和菲律宾的"单独浮动"在实际运行中表现为钉住美元的汇率制度。这三国自 1995 年中到 1997 年金融危机发生前各国货币与美元日汇率波动幅度如下:马来西亚元为 2.7%,韩元为 4.3%,

印尼盾为3.3%;较美国与欧盟、美国与日本以及欧盟与日本这些典型浮动汇率制国家间的双边汇率的日变化常常接近甚至超过10%小得多。危机后,除马来西亚绝对遵守其宣布的钉住汇率制外,印尼、韩国和泰国的汇率弹性确实加大,但仍然存在对汇率的干预,是"肮脏浮动汇率制"(Dirty Floating)。同时,韩国、印度尼西亚和菲律宾等国在危机后的2000年仍是将钉住美元作为他们的实际汇率安排,只是权重较危机前的1996年有所下降罢了。其实,我们如果将这些国家的汇率波动水平、外汇储备的变化和国内利率的变化,与美元、日元和欧元的变化程度相比较,就可发现危机后的东南亚国家汇率制度是名义上的自由浮动,实际上的管理浮动。

资料来源:转摘自《国际金融报》,2006年10月17日。

【启示】 对于东南亚危机国,汇率制度选择已陷入两难困境:固定汇率制基础薄弱,难以维持;浮动汇率变化太大,难以避免对经济的冲击。东南亚国家从危机前的钉住汇率制到危机后的浮动汇率制,现又重新回归相对固定的汇率体制。因此,从长远趋势来看,现阶段东南亚地区应当建立一种能使汇率趋于稳定的汇率合作机制,即能使东南亚国家获得公平地位,能使经济稳定和繁荣的货币金融共同体,以此来改革现行国际货币体系,提高自身在国际货币体系中的地位,选择适合自己的汇率制度,从而走出困境。

第一节 汇率概述

一、汇率的含义

每个国家都有自己的货币制度,都有自己的本位币,一般一国境内不允许流通境外他国货币,出口商得到的外币不能流通,须兑换成本国货币产生外汇市场的外汇供给,同时进口商需要支付外币,须用本币购买外币产生外汇需求。由外汇需求和外汇供给形成的外汇价格就是外汇汇价或外汇行市,即汇率。

汇率是指一种货币与另一种货币的交换比例。广义上讲,汇率是两国货币的相对价格,即以一种货币表示的另一种货币的价格。货币对内价值由国内物价水平反映出来,这是基础,货币的对外价值由汇率反映出来。对内价值与对外价值关系密切,是统一的。

二、汇率的标价方法

由于两种货币的相对价格可用这两种货币互为表示,即以本国货币表示外国货币的价格,或以外国货币表示本国货币的价格。也就是说,在标示汇率时,首先要区分"标价货币"和"基准货币"。按国际惯例,凡在汇率标价中数量会发生变动的货币称为标价货币(Quoting Currency),凡数量固定不变的货币称为标准货币或基准货币(Vehicle Currency)。因此,目前世界上常用的标价方法有直接标价法、间接标价法和美元标价法。

(一)直接标价法

直接标价法(Direct Quotation)是以一定单位的外国货币为标准(1个,100个,1万个或

10万个),折算成一定数量的本国货币。即

标准货币:标价货币

外　　币:本　　币

如中国汇市:JPY100 = CNY7.3843;纽约汇市:GBP1 = USD1.6575。

在直接标价法下,若标价货币的数字比以前增多,则表明外汇汇率上升,本币汇率下跌,称为外币升值或本币贬值;反之,标价货币的数字比以前减少,则表明外汇汇率下跌,本币汇率上升,称为外币贬值或本币升值。直接标价法的特点主要表现为:① 除英美等国外,世界上绝大多数国家采用此法;② 汇率变动时,发生变化的是本国货币,外国货币的数量不变。

(二) 间接标价法

间接标价法(Indirect Quotation)是以一定单位的本国货币为标准(美元、英镑、澳元和欧元),折算成一定数量的外国货币。即

标准货币:标价货币

本　　币:外　　币

如伦敦汇市:GBP1 = CND2.2485;纽约汇市:USD1 = CHF1.3431;欧洲汇市:EUR1 = USD1.1478。

在间接标价法下,若标价货币的数字比以前增多,则表明外汇汇率下跌,本币汇率上升,称为外币贬值或本币升值;反之,标价货币的数字比以前减少,则表明外汇汇率上升,本币汇率下跌,称为外币升值或本币贬值。间接标价法的特点主要表现为:① 英美等国采用此法;② 汇率变动时,发生变化的是外国货币,本国货币的数量不变。

(三) 美元标价法

美元标价法(USD Quotation)是以1个单位的美元作为标准货币,其他货币作为标价货币的一种标价方法。美元标价法由美国在1978年9月1日制定并执行,是随着国际金融市场之间外汇交易量的迅猛增长,为了便于国际间进行交易,在银行之间报价时采用的一种汇率表示法,是目前国际外汇市场普遍采用的标价方法。

美元标价法是对美国以外的国家而言的,即各国均以美元为基准来衡量各国货币的价值,非美元外汇买卖时,则根据各自对美元的比率套算出买卖双方货币的汇价。美元标价法的目的是为了简化报价并广泛地比较各种货币的汇价。例如,瑞士苏黎世某银行面对其他银行的询价,报出的货币汇价为:USD1 = CAD1.1860。

三、汇率的种类

外汇汇率的种类很多,有多种不同的划分方法,特别是在实际业务中,从不同角度来划分,就有不同的汇率。

(一) 根据制定汇率的方法划分

(1) 基本汇率(Basic Rate)。又称中心汇率或关键汇率,是指一国货币对关键货币(Key Currency)的比率。世界上货币种类繁多,不可能一一为本国货币制定出与各种货币的汇率。因此,一国在对外提供自己的外汇报价时,通常会首先挑选出具有代表性的某一外国货币,即关键货币或代表货币,然后计算出本国货币与该外国货币的汇率,由此形成的汇率即为基本汇率,该汇率是本币与其他各种货币之间汇率套算的基础。

资料卡

构成关键货币的条件

关键货币是在国际汇兑中使用最多、在各国外汇储备中所占比重最大,又可以自由兑换的、国际上普遍可以接受的货币。美元在战后国际汇兑中使用最多,在外汇储备中所占比重最大,也是各国普遍接受的可自由兑换货币,因而大多数国家都把美元作为关键货币,把本币与美元的汇率称为基本汇率。

(2) 套算汇率(Cross Rate)。又称交叉汇率,是根据基本汇率套算出的一种货币与其他货币的比价。即一国制定了基本汇率后,对其他国家货币的汇率,可以按基本汇率套算出来。例如,人民币对美元的基本汇率为 USD1 = CNY6.2975,德国马克对美元的基本汇率为 USD1 = EUR0.7584,则可套算出 EUR1 = 6.2975/0.7584 = CNY8.3037。由于主要外币之间的交易十分频繁,这些外币与关键货币之间的汇率均可随时直接获得,所以很方便进行交叉计算或套算。

(二) 根据银行买卖外汇的角度划分

(1) 买入汇率(Buying Rate)。又称买入价,是银行买入外汇时所使用的汇率。直接标价法下,外币折合本币数额较少的那个汇率是买入汇率,位置在前;间接标价法下,本币折合外币数额较多的那个汇率是买入汇率,位置在后。

(2) 卖出汇率(Selling Rate)。又称卖出价,是银行卖出外汇时所使用的汇率。直接标价法下,外币折合本币数额较多的那个汇率是卖出汇率,位置在后;间接标价法下,本币折合外币数额较少的那个汇率是卖出汇率,位置在前。

在外汇市场挂牌的外汇牌价一般均列有买入汇率与卖出汇率。二者之间的差价一般在1‰—5‰之间,为银行买卖外汇的收益。

如中国银行某日外汇牌价:USD100 = CNY627.84 - 631.95(直接标价法)。前一数字(627.84)为买入价,指中国银行买入 100 美元外汇时付给客户的人民币数;后一数字(631.95)为卖出价,指中国银行卖出 100 美元外汇时向客户收取的人民币数。银行贱买贵卖赚取差价。

又如某日伦敦外汇市场:GBP1 = USD1.5880 - 1.5886(间接标价法)。前一数字(1.5880)为卖出价,指英国银行卖出 1.5880 美元外汇时向客户收取 1 个英镑;后一数字(1.5886)为买入价,指英国银行买入 1.5886 美元外汇时付给客户 1 个英镑。

(3) 中间汇率(Middle Rate)。又称中间价,是银行外汇买入汇率与卖出汇率的简单算术平均数,即买入价加卖出价之和除以 2。中间汇率的适用范围主要在三个方面:① 银行同业间买卖外汇时使用;② 新闻报道时采用;③ 在预测汇率变动趋势时使用。

(4) 现钞汇率(Bank Notes Rate)。又称现钞价,是指银行买卖外币现钞时的价格。一般情况下,外国现钞既不能在本国流通,也不能直接用于支付,银行买入外币现钞后,必须将其运送到货币发行国才可使用,因此需要花费一定的运费和保险费,同时也损失一定的在途利息。因此银行的现钞买入价要比外汇买入价低。银行的现钞卖出价与现汇卖出价相同。

（三）根据外汇资金的用途划分

（1）贸易汇率（Commercial Rate）。是指用于进出口贸易货款及从属费用方面结算的汇率。实行贸易汇率主要是为了奖励出口，限制进口，推动本国出口贸易的发展，进而改善国际收支。

（2）金融汇率（Financial Rate）。是指适用于资金移动、旅游事业等非贸易收支方面的汇率。第二次世界大战后，资金流动量空前增长，资金流动的投机活动严重，有些国家为了控制或鼓励资金在国际上有效移动，改善国际收支状况，以发展本国经济，规定了金融汇率。

（四）根据银行外汇收付方式划分

（1）电汇汇率（Telegraphic Transfer Rate，T/T Rate）。是银行卖出外汇后，以电传方式通知其国外分行或代理行付款时所使用的汇率。电汇方式因付款较快，银行利用客户在途资金的时间较短，同时由于电传费用高，所以电汇汇率较高，它是计算确定其他汇款形式汇率的基础。

（2）信汇汇率（Mail Transfer Rate，M/T Rate）。是银行卖出外汇后，开具付款委托书，用信函方式通知国外分行或代理行解付时所采用的汇率。由于信函寄达时间比电报电传长，即从银行卖出外汇到其国外分行或代理行解付之前时期较长，在此期间，银行可以占用客户的资金获取利息，所以信汇汇率较电汇汇率低。信汇汇率主要用于香港地区，其他地区很少使用。

（3）票汇汇率（Demand Draft Rate，D/D Rate）。是指银行卖出外汇后，开具以其在国外分行或代理行为付款人的即期或远期汇票，并交付给汇款人，由汇款人自带或邮寄给收款人。收款人拿到汇票后，即可向付款行进行提示付款。适用于票汇的汇率称为票汇汇率。由于银行出卖汇票到国外付款行解付票款有较长的时间间隔，银行可以在这段时间内占用这笔资金，因此，票汇汇率比电汇汇率要低。

（五）根据外汇买卖交割期限划分

（1）即期汇率（Spot Exchange Rate）。又称现汇汇率，是指买卖双方成交后，当日或两个营业日内交割款项时使用的汇率。一般来说，即期汇率就是现时外汇市场的汇率。

（2）远期汇率（Forward Exchange Rate）。也称期汇汇率，是指买卖远期外汇的汇率，即买卖双方成交时，约定在未来某一日期进行交割时所使用的汇率。届时不管汇率如何变动，协议双方都按预定的远期汇率、币种、金额进行结算。

（六）根据国际货币制度的演变划分

（1）固定汇率（Fixed Rate）。指两国货币的汇率只能在规定幅度内波动，当实际汇率波动超出规定幅度时，中央银行有义务进行干预，使汇率波动维持在规定上下限内。由于在这种汇率制度下，汇率一般不会轻易变动，具有相对稳定性，故称为固定汇率。固定汇率主要是布雷顿森林货币体系下实行的汇率制度。

（2）浮动汇率（Floating Rate）。指一国货币不再规定本国货币对外国货币的黄金平价和汇率波动的上下限，该国央行也不再承担维持汇率波动界限的义务，在一般情况下听任外汇市场随外汇供求情况自由波动。目前世界大多数国家基本上都实行有管理的浮动汇率制。

（七）根据政府允许使用汇率种类的多少划分

（1）单一汇率（Single Rate）。指一国外汇管理机构对本国货币与外币兑换只规定一种汇率,该国一切外汇收支均按一种汇率进行结算。在外汇管制较松,国际收支状况基本平衡的国家,官方往往只规定一种汇率。

(2) 多种汇率(Multiple Rate)。又称复汇率,是指一国的外汇管理机构对本币与某种外币的兑换规定两种或两种以上的汇率。多种汇率是某些外汇管制较严格的国家对汇率管制的方式之一。

(八) 根据外汇管制的松紧程度划分

(1) 官方汇率(Official Rate)。又称牌价,是国家外汇管理当局公布实行的汇率,一切外汇交易均应按官方汇率进行。

(2) 市场汇率(Market Rate)。是由外汇市场上供求状况决定的汇率,它随外汇供求关系的变化而自由波动。在外汇管制较松的国家,官方宣布的汇率只起中心汇率作用,实际外汇交易则按市场汇率进行。但是各国金融当局常运用各种手段干预外汇市场,旨在使市场汇率不要过于偏离官方汇率。

(九) 根据外汇买卖的对象划分

(1) 银行间汇率(Inter-Bank Rate)。又称同业汇率,是银行同业间买卖外汇的汇率。银行间汇率由市场供求关系确定,买卖差价比较小,在1‰左右。

(2) 商业汇率(Commercial Rate)。是银行与顾客之间买卖外汇的汇率,以银行同业汇率为基础,适当增大一些差价。

(十) 根据银行营业时间划分

(1) 开盘汇率(Opening Rate)。也称开盘价,是外汇银行在每日刚开始营业时进行首批外汇买卖时的汇率。

(2) 收盘汇率(Closing Rate)。也称收盘价,是外汇银行在一个营业日外汇交易终了时的汇率。新闻报刊每日发布的外汇行市,多以当天收盘汇率为准。

第二节 汇率决定、变动与经济的关系

汇率决定的基础是各国货币具有或代表的实际价值,即汇率决定的是两种货币的价值之比。由于汇率与各国货币制度存在密切关系,货币制度不同,汇率决定与调整的规律也不相同。所以,需对不同货币制度下的汇率决定与调整分别研究。

一、金本位制度下的汇率决定与变动

(一) 决定汇率的基础是铸币平价

金币本位制是典型的金本位货币制度。在金币本位制下,各国均使用黄金为币材,并规定了单位金铸币的含金量,同时规定金币可以自由铸造、自由融化、自由兑换银行券、黄金可以自由流出流入国界。由此可以看出,在金币本位制时期,金币是各国主要使用流通的货币,并可以自由对外进行支付结算。由于币材相同,使不同货币之间存在比较的基础。金币含金量是固定的,各国的金币虽然形状、大小各不相同,但可以用含金量体现出它们所具有的价值,因此两种货币之间的比价就是它们的含金量之比。

在金本位制度下,两种金币含金量之比即为铸币平价,所以铸币平价是金本位时期决定

汇率的基础。例如:每1英镑铸币的重量为123.27447格令,成色为22 K金,则每英镑含有的纯金即含金量为113.0016格令(123.27447 × 22 ÷ 24 = 113.0016)。当时每1美元金币重量为25.8格令,成色为9成(9/10),则美元的含金量为23.22格令。因此英镑与美元的铸币平价为:

1英镑 = 113.0016 ÷ 23.22 = 4.8665美元

(二) 汇率波动的界限是黄金输送点

在金本位制下汇率的上涨或下跌以铸币平价为中心,在一定幅度内上下波动,波动幅度的界限是黄金输送点(Gold Transport Points),也叫黄金点。

在金本位时期,各国虽然在法律上认定两国货币的汇率是铸币平价,但铸币平价并不是外汇市场上的实际汇率,而是决定汇率的价值基础。由于当时各国之间已开始使用以外汇为支付手段的非现金结算方式,外汇买卖已很普遍。因此作为外汇买卖的实际汇率是在外汇市场的供求机制下形成的。如果市场上某种外汇供过于求,其汇率就会跌到铸币平价以下;反之,如果某种外汇供不应求,其汇率就会涨到铸币平价以上。在金本位制度下,汇率的上升或下跌并不是漫无边际的,而是以铸币平价为中心,在一定幅度内上下波动,波动幅度的界限就是黄金输送点。

在两国间输出输入黄金,要发生包装费、运费、保险费和检验费等费用;在运输过程中,还会有利息问题。黄金输送点是指在金本位制度下,由于外汇汇率涨落引起黄金输出入国境的界限,它等于铸币平价加(减)黄金输出入的费用及利息。具体计算为:

黄金输出点 = 铸币平价 + 黄金输出入的费用及利息(汇率波动的上限)

黄金输入点 = 铸币平价 - 黄金输出入的费用及利息(汇率波动的下限)

例如,在第一次世界大战之前,把1英镑黄金由英国运往美国的费用及利息为0.03美元,对美国来说英镑汇率的波动界限为黄金输送点,即在英镑与美元的铸币平价的基础上加(减)0.03美元,也就是黄金输出点为1英镑 = 4.8665 + 0.03 = 4.8965美元,为英镑汇率波动的上线;黄金输入点为1英镑 = 4.8665 - 0.03 = 4.8365美元,为英镑汇率波动的下线。这就是说,英镑与美元汇率的波动界限在4.8365—4.8965之间。

黄金输送点之所以成为汇率波动的上下限,是由于金本位时期存在着现金和非现金两种对外结算方式。因为运输黄金进行结算风险很大,又要支付费用,所以在汇率围绕铸币平价波动的幅度不超过运输黄金的费用时,人们会选择非现金结算方式;当汇率波动幅度超过运输黄金的费用时,人们宁愿选择现金结算方式,即不再买卖外汇,而直接运送黄金支付。相对来说,金本位制度下汇率波动浮动较小,基本上固定。

第一次世界大战后,许多国家通胀严重,现钞自由兑换和黄金自由移动遭到破坏,典型金本位制陷于崩溃。各国分别建立了金块本位制和金汇兑本位制,这是被严重削弱了的、变形的金本位制。因此,铸币平价作为决定汇率基础的作用被严重削弱,黄金输送点也不存在了。在这两种货币制度下,汇率由纸币所代表的含金量之比来决定,称为法定平价,它是铸币平价的一种表现形式。汇率以法定平价为中心上下波动,但是波动的幅度不再受黄金输送点的限制,而是由政府来规定和维护这一波动幅度。1929—1936年世界经济大萧条时金本位制彻底瓦解,各国普遍实行纸币制度。

二、纸币流通制度下的汇率决定与变动

(一) 黄金平价是汇率的决定基础

在纸币流通初期,纸币具有法定含金量,即纸币所代表的价值量是由各国政府根据过去流通中的金属货币的含金量来确定并以法律形式来规定的。两种货币法定含金量之比为黄金平价(Gold Parity)。黄金平价是纸币流通的固定汇率制下汇率的决定基础。

例如第二次世界大战后,1 英镑的法定含金量是 3.58134 克纯金, 1 美元的法定含金量是 0.888671 克纯金,即 1 英镑 =3.58134/0.888671 =4.03 美元。所以,4.03 就是决定英镑与美元汇率的基础。英镑与美元的汇率围绕着黄金平价受外汇供求影响在规定的幅度内上下波动。

(二) 各国政府有义务维持汇率在规定的幅度内波动

根据布雷顿森林协定,各成员国货币与美元挂钩,对美元的汇率波动幅度为金平价的上下各 1%,各国货币当局有义务对外汇市场进行干预以保持汇率的稳定。

1973 年,布雷顿森林体系崩溃,各国普遍实行浮动汇率制。1976 年 IMF 推行黄金非货币化,各国政府不再规定货币的法定含金量,纸币具有的购买一定数量商品的能力表现了纸币在流通中代表的实际价值。因此,纸币所代表的价值量之比,或两种货币购买力之比即购买力平价(Purchasing Power Parity),就成为纸币流通的浮动汇率制下汇率的决定基础,并在外汇供求影响下自由浮动。

三、影响汇率变动的经济因素

货币的本身价值或所代表的价值是汇率决定的最终基础。货币价值量发生变化必然带来汇率变化,这是影响汇率变动的根本因素。同时,影响汇率变动的因素是多方面的,一国经济实力的变化与宏观经济政策的选择,是决定汇率长期发展趋势的根本原因。

固定汇率制度下,由于汇率比较稳定,影响汇率变动的因素不甚明显。浮动汇率制度下,影响汇率变动的因素不仅明显而且复杂。具体表现在以下几个方面:

(一) 国际收支状况

国际收支是一国对外经济活动的综合反映,它对一国货币汇率的变动有着直接的影响,是决定汇率趋势的主导因素。从外汇市场交易来看,国际商品和劳务的贸易构成外汇交易的基础,因此它们也决定了汇率的基本走势。如从 20 世纪 80 年代中后期开始,美元在国际经济市场上长期处于贬值的状况,而日元正好相反,一直不断升值,其主要原因就是美国长期以来出现国际收支逆差,日本持续出现巨额顺差。仅以国际收支经常项目的货物收支来看,当一国进口增加产生逆差时,该国对外国货币产生额外的需求,在外汇市场上就会引起外汇升值,本币贬值;反之,当一国的经常项目出现顺差时,就会引起外国对该国货币需求的增加与外汇供给的增长,本币汇率就会上升。需要注意的是,一般情况下,国际收支变动决定汇率的中长期走势。

(二) 通货膨胀率的差异

通货膨胀是影响汇率变动的一个长期、主要而又有规律性的因素。在纸币流通条件下,两国货币之间的比率,从根本上说是由其所代表的价值量的对比关系来决定的。因此,在一

国发生通货膨胀的情况下，该国货币所代表的价值量就会减少，其实际购买力也会下降，在其他条件不变的情况下，货币对内贬值，必然引起对外贬值。当然如果对方国家也发生了通货膨胀，并且幅度恰好一致，两者就会相互抵消，两国货币间的名义汇率可以不受影响。然而这种情况毕竟少见，一般来说，两国通货膨胀率是不一样的，通货膨胀率相对较高的国家货币汇率会下跌，通货膨胀率相对较低的国家货币汇率会上升。特别值得注意的是，通货膨胀对汇率的影响一般要经过一段时间才能显现出来，因为它的影响往往要通过一些经济机制体现出来。

（三）经济增长率的差异

一国经济发展状况可以其经济增长率来显示。经济增长率上升，说明该国经济发展较快，经济实力增强，投资利润率高，出口旺盛。因此该国币值稳定，外国对该国货币具有信心，该国货币汇率一般会呈上升趋势；反之该种货币汇率一般呈下降趋势。例如，在分析某国货币汇率行情时，往往十分重视该国定期公布的经济增长率的状况。

另外，一国经济增长率提高也有可能导致该国货币币值下降。如一国经济高速增长会促使国内进口需求增加，在出口保持不变或增长缓慢的情况下，国际收支经常项目的盈余会减少甚至出现逆差，使该国货币币值呈现下降趋势；再如，若发展中国家经济发展较快，同时国民收入有较大的增长，进口需求增加，在本国货币不是自由兑换货币的情况下，对外汇需求量增大，在供求状况影响下，也会导致本币汇率下降。

（四）利率差异

利率在一定条件下对汇率的短期影响很大。利率对汇率的影响是通过不同国家的利率差异引起资金特别是短期资金的流动而起作用的。在一般情况下，如果两国利率差异大于两国远期、即期汇率差异，资金便会由利率较低的国家流向利率较高的国家，从而有利于利率较高国家的国际收支，该国货币汇率会上升。利率水平对汇率虽有一定的影响，但从决定汇率升降趋势的基本因素看，其作用是有限的，它只是在一定的条件下，对汇率的变动起暂时的影响。

（五）市场心理预期与投机活动

在外汇市场上，人们买进还是卖出某种货币，常常取决于交易者对汇率走势的预期，从而引起该种货币汇率的上升或下降。当交易者预期某种货币的汇率在今后可能下跌时，他们为了避免损失或获取额外的好处，便会大量抛出这种货币；当他们预料某种货币今后可能上涨时，则会大量买进这种货币。

自 1973 年实行浮动汇率制以来，外汇市场的投机活动越演越烈，投机者往往拥有雄厚的实力，在这种预期心理的支配下，转瞬之间就会诱发资金的大规模运动。国际间一些外汇专家甚至认为，外汇交易者对某种货币的预期心理已是决定这种货币市场汇率变动的最主要因素，而且还带有捉摸不定、十分易变的特点。

（六）各国中央银行的外汇干预

汇率波动对一国经济会产生重要影响，目前各国政府（央行）为稳定外汇市场，维护经济的健康发展，经常对外汇市场进行干预。即一国中央银行或多国中央银行联合在外汇市场上参与外汇买卖业务，用以影响一国货币汇率或几种主要自由兑换货币汇率变动的措施。一般为了使汇率的波动趋于缓和，或者使汇率的波动限定在规定幅度之内，或者使高估的货币或低估的货币回到正常水平,就会实施外汇干预。外汇干预的结果是汇率向中央银行的目标方向变动,它虽然不能从根本上改变汇率的长期趋势,但在不少情况下,对汇率的短期波动有很大影响。

(七) 各国的宏观经济政策

一国为增加就业,稳定物价,促进经济增长和改善国际收支,往往采取一系列货币政策、财政政策及必要的汇率政策对国内经济加以调控。这些政策会对经济增长率、物价上涨率、利息率和国际收支状况等产生一定影响,这样必然会影响到汇率的变动。例如,实行松紧不同的货币政策会直接导致利息率、物价上涨率发生变化,进而对贸易收支和资本项目产生影响,从而影响到汇率变化;实行松紧不同的财政政策,也会影响到物价的变化,进而影响贸易收支和汇率。从实行浮动汇率制后,政府经常采取宏观经济政策调控国内经济,从而对汇率的变动产生明显的影响。

(八) 政局的动荡和突发事件

政局的动荡和突发事件对外汇市场的影响是直接和迅速的,包括政局的稳定性、政策的连续性、政府的外交政策以及战争、经济制裁和自然灾害等。另外,西方国家大选也会对外汇市场产生影响。政治与突发事件因其突发性及临时性,使市场难以预测,故容易对市场构成冲击波。如一国政局不稳,外汇交易者为免遭损失,会大量抛售该国货币,导致其货币汇率下降。一些突发事件的出现,也会影响汇率波动,如海湾战争、苏联解体事件,都引起外汇市场上主要货币汇率的急剧波动。

总之,影响汇率的因素是多种多样的,这些因素的关系错综复杂,有时这些因素同时起作用,有时个别因素起作用,有时甚至起互相抵消的作用。我们应结合实际情况,对有关各项因素综合考查,具体分析,得出正确结论。

四、汇率变动对经济的影响

一国的经济状况和经济政策等因素会影响该国货币的汇率,反过来汇率的变动又会对许多经济因素产生影响。

(一) 汇率变动对一国国际收支的影响

1. 对贸易收支的影响

汇率变动会引起进出口商品价格的变化,从而引起一国进出口贸易发生变化,也就引起了贸易收支的变化。如果一国货币的汇率下浮,即本币贬值,外币升值,则有利于该国增加出口,抑制进口。这是因为,如果该国货币汇率下浮,以外币表示的出口商品价格就会下降,当出口商品具有较大价格需求弹性时,即符合马歇尔—勒纳条件时,就会诱使国外居民增加对该国出口商品的需求,使出口大幅度增加;同时,如果该国货币汇率下跌,还会使以本币表示的进口商品的价格上涨,购买进口商品变得不划算,从而使该国居民减少对进口商品的需求,达到抑制进口的效果。相反,如果一国货币汇率上浮,即本币升值,外币贬值,则有利于该国减少出口扩大进口。

2. 对非贸易收支的影响

一国货币汇率下浮或上浮,对该国国际收支经常项目中的旅游和其他劳务收支的状况也会产生一些影响。如果一国货币汇率下浮,外国货币的购买力相对提高,该国的劳务商品价格相对降低，这对外国游客或客户无疑增加了吸引力，扩大了非贸易收入的来源。如果一国货币汇率上浮，外国货币购买力相对下降，该国的劳务商品价格相对提高，就会减少非贸易收入的来源。同时，由于本国货币购买力的相对提高，使外国劳务商品价格相对降低，还会刺激非贸易支出的增加。

3. 对国际资本流动的影响

当一国货币汇率存在下浮趋势时，资本所有者担心该国货币汇率下跌造成损失，就会将资本调出国外，一旦该国货币汇率下跌终止，上述资本外逃停止；相反该国货币汇率具有上升趋势时，资本所有者为了取得货币汇率上浮带来的收益，就会将资本调入该国，一旦该国货币汇率上升终止，资本流入就会停止。

4. 对国际储备的影响

储备货币的汇率变动会影响一国外汇储备的实际价值，储备货币升值，一国外汇储备的实际价值提高，反之则降低。另外，一国货币汇率变动，通过资本转移和进出口贸易额的增减，直接影响该国外汇储备的规模大小。如果一国货币汇率下浮后处于偏低的状态，则有利于出口而抑制该国进口，导致贸易顺差，会增加该国外汇储备。由于该国存在贸易顺差，其货币有升值的趋势，就会吸引外资流入，又将导致资本项目的顺差，也会增加该国外汇储备。相反，若一国货币汇率由于上浮处于偏高的状态，则会形成贸易项目和资本项目的双逆差，会减少该国外汇储备。

（二）汇率变动对一国国内经济的影响

1. 对国内物价的影响

在货币发行量一定的情况下，本币汇率上升会引起国内物价水平下降。因为本币汇率上升，外汇汇率下降，就会使以本币表示的进口商品在国内售价相对便宜，刺激进口增加，并带动用进口原料生产的本国产品价格下降。另外，由于本币汇率上升，以外币表示的出口商品在国外市场价格升高，降低了出口商品的竞争力，促使一部分出口商品转内销，增加了国内市场供给量，也会引起国内物价水平的下降。

在货币发行量一定的情况下，本币汇率下浮会引起国内物价水平上升。因为本币汇率下浮，一方面有利于本国商品出口，出口商品数量增加会使国内市场供应发生缺口，促使价格上涨。另一方面，进口商品用本币表示的价格因本币汇率下跌而上升，促使进口的生产资料价格提高，导致以此为原料的国产商品价格上涨，同时进口的消费资料也因本币汇率的下浮而价格上涨，进口商品数量减少，国内市场商品供应相对减少，引起国内物价总水平上涨。

2. 对国内利率水平的影响

在货币发行量一定的条件下，本国货币汇率上升，使国内利率总水平上升。因为本币汇率上升会对商品出口和资本流入产生不利的影响，而对商品进口和资本流出产生有利的影响，引起本国外汇收入减少而外汇支出增加，从而使国内资金总供给减少，引起国内利率总水平上升。相反，本国货币汇率下降，有利于增加本国外汇收入，国内资金供应增加，导致国内利率总水平下降。因此，凡是货币汇率高估而有逆差的国家，其国内利率水平必偏高；凡是货币汇率低估而有顺差的国家，其国内利率水平必偏低。

3. 对国内就业和国民收入的影响

在其他条件不变的情况下，本币汇率下跌，有利于出口而不利于进口，从而有利于本国第一产业、第二产业和第三产业的发展,促进国内就业岗位增多和国民收入增加;反之,由于本国货币汇率上升,不利于出口而有利于进口,限制了本国经济的发展,必然减少国内就业量和国民收入。在经济进入相对过剩、国内就业压力日益加大的情况下,许多国家不时采取各种措施降低本国货币汇率,以达到增加国民收入和充分就业的目的。

(三)汇率变动对国际经济的影响

1. 对国际贸易的影响

汇率经常变动,会加深西方国家争夺销售市场的斗争,影响国际贸易的正常发展。某些发达国家利用汇率下跌,扩大出口,争夺市场,引起其他国家采取报复性措施,或实行货币对外贬值,或采取保护性贸易措施,从而引发贸易战或货币战,破坏国际贸易的正常发展,对世界经济产生不利影响。

2. 对国际储备货币的影响

汇率经常变动,会影响某些储备货币的地位和作用,促进国际储备货币多元化的形成。由于某些储备货币国家的国际收支恶化,通货膨胀加剧,汇率不断下跌,影响了它的储备货币地位和作用,如英镑和美元;有些国家的情况则相反,其货币在国际结算中的地位和作用日益加强,如日元和欧元,因而促进了国际储备货币多元化的形成。

3. 对国际金融的影响

汇率经常变动,会加剧投机和国际金融市场的动荡,会阻碍长期资本在国际间的流动,不利于世界范围内调节资金的供求,最终影响国际经济的正常发展。

第三节 汇率制度及其选择

汇率制度(Exchange Rate System)又称汇率安排(Exchange Rate Arrangement),是指各国或国际社会对于确定、维持、调整与管理汇率的原则、方法、方式和机构等做出的系统规定。它是国际货币制度的有机组成部分。

按照汇率波动幅度的大小,可以将汇率制度分为固定汇率制和浮动汇率制。

一、固定汇率制

固定汇率制(fixed exchange rate system)是指按照货币本身的含金量或法定的含金量作为制定汇率的基础,两国的货币比价是基本固定的,或其波动界限被限制在一定的幅度以内。在不同的货币制度下具有不同的固定汇率制度。

(一)金本位制度下的固定汇率制

金本位制度下,黄金是货币本位,货币与黄金是直接关系,即"货币 = 黄金"。各国货币都规定有法定含金量,货币之间的比价以含金量为基础。其主要内容为:① 决定各国货币汇率的基础是铸币平价;② 市场汇率随外汇市场的供求关系围绕铸币平价上下波动;③ 汇率的波动受黄金输送点的制约,波幅很小,基本保持稳定;④ 汇率的形成与调节是自发的过程,国际上没有专门制定和管理汇率的机构,因而也没有对汇率作出一个统一的安排。

金本位制度下的固定汇率制是典型的固定汇率制。

(二)布雷顿森林体系下的固定汇率制

金本位制度在1929—1936年的大萧条中彻底崩溃,固定汇率制随之结束,各国先后开始纸币流通。在经济危机困扰下，西方各国竞相贬值本币，实行外汇倾销，促进出口，导致国际金融领域异常混乱。这种状况一直持续到第二次世界大战。1944 年，在美国新罕布什尔州的布雷顿森林城召开的“联合国货币金融会议”上确立了以美元为中心的固定汇率制。

布雷顿森林体系下的固定汇率制的最大特征是确立了美元的“双挂钩”原则，即美元与黄金直接挂钩，各国货币与美元直接挂钩。在此原则下，各国货币与美元间的固定比价根据各国货币含金量与美元含金量之比确定，称为黄金平价。IMF 规定，各成员国市场汇率随外汇市场供求关系围绕黄金平价上下波动，波幅不超过平价 ±1% 的范围，否则各国中央银行等政府货币主管机构有义务进行市场干预，维持外汇市场稳定。例如，1946 年英镑含金量为 3.58134 克，美元含金量为 0.888671 克，按含金量之比，英镑对美元的汇率为 GBP1 = 3.58134/0.888671 = USD 4.03。这是基础汇率或官方汇率，根据 ±1% 的汇率波动原则，英镑对美元的汇率波动幅度为：上限是 GBP1 = USD4.0703（4.03 + 0.0403），下限是 GBP1 = USD3.9897（4.03 − 0.0403）。

伦敦外汇市场，当英镑对美元汇率接近上限时，英格兰银行需抛售英镑，买进美元；当英镑对美元汇率接近下线时，英格兰银行就要买进英镑，卖出美元。通过市场干预，使两种货币的汇率稳定在黄金平价规定的波动幅度内。1971 年 12 月，汇率上下波动幅度从 ±1% 扩大到 ±2.25%。可见，纸币流通制度下的固定汇率制，由于规定了波动幅度，仍是比较稳定的汇率制度。但是，与金本位制度下的固定汇率制相比，汇率是可适当调整的，因此该制度也称以美元为中心的“可调整钉住汇率制度”（Adjustable Pegging System）。

《国际货币基金协定》规定，货币的黄金平价一经确定，各国均不得随意变更。在一国国际收支出现根本性不平衡时，可以向 IMF 提出调整平价的要求。如果变动的幅度在旧平价的 10% 以下，基金组织应无异议；若超过 10%，须取得基金组织同意后才能变更。如果在基金组织反对的情况下，会员国擅自变更货币平价，基金组织有权停止该会员国向基金组织借款的权利。

1971 年 8 月 15 日，美国总统尼克松宣布美元贬值和美元停兑黄金，布雷顿森林体系开始崩溃。尽管 1971 年 12 月十国集团达成了《史密森协议》，宣布美元贬值，由 1 盎司黄金等于 35 美元调整到 38 美元，汇兑平价的幅度由 ±1% 扩大到 ±2.25%，但到 1973 年 2 月，美元第二次贬值，欧洲国家及其他主要资本主义国家纷纷退出固定汇率制，固定汇率制彻底瓦解。

（三）固定汇率制的利弊分析

1. 固定汇率制的有利之处

（1）固定汇率制下，由于汇率保持相对稳定，易于确定国际商品价格，便于成本核算，匡算利润，减少汇率风险，对世界经济贸易发展起到了积极促进作用。

（2）固定汇率制下，汇率相对稳定，国际游资和金融投机者难于通过外汇市场大量买卖某种货币进行投机，能在一定程度上抑制外汇投机活动的开展，有利于国际金融市场的稳定；同时可以保证大量的资本流入生产领域，对于促进财富的增长是非常有益的。

（3）固定汇率制在相当长的时间内维持了相对稳定的国际汇率格局。由于各国货币币值基本稳定，保证了国际清偿力的稳定，有利于国际债权债务的清偿。

2. 固定汇率制的弊端

（1）容易引起黄金外汇储备流失。当一国发生通货膨胀时，该国货币对内贬值，必然促使本币对外价值降低。但由于实行固定汇率制度,不能及时调整汇率,必然使货币对内价值与对外价值发生脱离,物价上涨,增加出口成本,使出口减少,导致国际收支逆差。中央银行为了维持汇率的稳定,不能及时通过汇率变动使国际收支自动达到平衡,还要动用黄金与外汇干预市场,从而引起该国黄金与外汇储备大量流失。

(2) 不利于一国经济内外同时均衡。如一国出现国际收支逆差时,本币汇率将下跌,成为软币,为不使本币贬值,就需要采取紧缩性货币政策或财政政策,但这会使国内经济增长受到抑制,失业增加或物价上涨,加重对内经济的不平衡。

(3) 容易引起国际货币关系的混乱。东南亚货币金融危机时泰铢失守,其他东南亚国家被迫放弃固定汇率就是例证。

二、浮动汇率制

(一) 浮动汇率制的概念

浮动汇率制(Floating Rate System)是指一国不规定本币与外币的黄金平价和汇率上下波动的界限,货币当局也不再承担维持汇率波动界限的义务,汇率随外汇市场供求关系变化而自由上下浮动的一种汇率制度。该制度在历史上早就存在过,但真正流行是1973年以美元为中心的固定汇率制崩溃之后,特别是1978年4月《国际货币基金协定第二次修正案》生效后,世界进入浮动汇率制时代。实行浮动汇率制度的国家大都是世界主要工业国,如美国、英国、德国、日本等。

(二) 浮动汇率制的类型

浮动汇率制的汇率安排并不统一,呈多样化状态。可从不同角度划分:

1. 根据政府是否干预来划分

(1) 自由浮动(Freely Floating)。又称清洁浮动(Clean Floating),指一国货币当局对汇率浮动不采取任何干预措施,汇率听任外汇市场供求情况自由涨落,自发调节。自由浮动几乎并不存在,各国或多或少要加以干预。

(2) 管理浮动(Managed Floating)。又称肮脏浮动(Dirty Floating),指一国货币当局为了不使汇率的波动幅度过大和波动次数过于频繁,并使汇率浮动符合本国的经济利益,采取不同的措施,或多或少、或明或暗地对汇率进行干预,使外汇汇率向着有利于本国的方向浮动。

2. 根据浮动方式来划分

(1) 单独浮动(Single Float)。指一国货币不与其他任何货币保持固定比价,其汇率根据外汇市场供求变化自动调整。目前,包括美国、英国、德国、法国、日本等在内的三十多个国家的货币实行单独浮动。

(2) 联合浮动(Joint Float)。又称共同浮动,指国家集团对成员国内部货币实行固定汇率,对集团外货币则实行联合的浮动汇率。如欧洲货币体系成员国。

(3) 钉住浮动(Pegged Float)。指一国货币与另一种外币保持固定比价关系,随该外币的浮动而浮动。目前全世界约有一百多个国家或地区采用钉住浮动方式,其中大部分为发展中国家。按钉住货币的不同,又可分钉住单一货币和钉住合成货币(或一揽子货币)浮动。

(三) 浮动汇率制的利弊分析

1. 浮动汇率制的有利之处

(1) 可以防止国际金融市场上大量游资对硬通货的冲击。各国国际收支状况不同,逆差国货币往往趋于疲软,顺差国货币往往趋于坚挺。在固定汇率制度下,国际金融市场上的游资,为了保持币值或谋求汇率变动收益,纷纷抢购硬货币,抛售软货币,这样使软、硬货币都受到冲击;在浮动汇率制度下,汇率基本上由外汇市场供求关系决定,与固定汇率制度下通过政府干预形成的汇率相比更符合货币的实际价值。因此,可以减少货币受冲击的可能性。

(2) 可以防止某些国家黄金外汇储备的流失。浮动汇率制度下,当一国货币在国际市场上被抛售时,该国无义务维持其汇率稳定,不会出现由于被迫干预汇率形成的黄金外汇储备大量流失问题。

(3) 有利于国内经济政策的独立性。如一国通货膨胀率高,导致国际收支逆差,它可以通过本币汇率下浮,外汇汇率上浮来调节,没必要一定采取紧缩性政策措施,这表明实施经济政策的独立性比较强,有利于保持国内经济相对稳定。

2. 浮动汇率制的弊端

(1) 加大国际贸易和投资的风险。浮动汇率使进出口贸易和国际投资不易准确核算成本或使成本增加,因此影响长期贸易合同和投资协议的签订。由于汇率波动幅度大且频繁,进出口商和投资者不仅要考虑价格和成本,还要考虑汇率变动风险。这不仅削弱了商品在国际市场上的竞争力,影响投资收益,也容易引起某些突发事件,不利于国际贸易和投资。

(2) 容易助长国际金融市场上的投机活动,使国际金融局势更加动荡。由于汇率波动频繁且幅度较大,投机者便有机可乘,通过一系列外汇交易牟取暴利。若预测失误,投机失败,还会引起银行倒闭。

(3) 可能导致竞争性货币贬值。各国采取以邻为壑的政策,竞相实行货币贬值,在损害别国利益前提下改善本国国际收支逆差状况。这必然阻碍正常贸易活动,削弱货币金融领域的国际合作,加剧国际经济关系矛盾。

三、香港联系汇率制

(一) 联系汇率制的概念

联系汇率制(Linked Rate System)是香港金融管理局(简称金管局)首要的货币政策目标,在联系汇率制的架构内,通过稳健的外汇基金管理、货币操作及其他适当的措施,维持汇率稳定。

香港的联系汇率制属于货币发行局制度,在这个制度下,货币基础的流量和存量必须有充足的外汇储备支持,通过严谨和稳健的货币发行局制度得以实施。香港并没有真正意义上的货币发行局,纸币大部分由3家发钞银行即汇丰银行、渣打银行、中国银行(香港)发行。

(二) 联系汇率制的特点

1. 联系汇率制是与港币的发行机制高度一致的

香港没有中央银行,是世界上由商业银行发行钞票的少数地区之一。港币是以外汇基金(现并入金融管理局)为发行机制的,外汇基金是香港外汇储备的唯一场所,是港币发行的准备金。发钞银行在发行钞票时,必须以十足的美元向外汇基金交纳保证,换取无息的"负债证明书",以作为发行钞票的依据。这是港币发行机制也是联系汇率制的一大特点。

2. 联系汇率与市场汇率、固定汇率与浮动汇率并存,是香港联系汇率制最重要的机理

联系汇率制规定,汇丰、渣打和中银三家发钞银行增发港币时,须按7.8港元等于1美

元的汇价以100%的美元向外汇基金换取发钞负债证明书,回笼港币时,发钞银行可将港币的负债证明书交回外汇基金换取等值的美元。这一机制又被引入了同业现钞市场,即当其他持牌银行向发钞银行取得港币现钞时,也要以100%的美元向发钞银行进行兑换,其他持牌银行把港元现钞存入发钞银行时,发钞银行也要以等值的美元付给它们。这两个联系方式对港币的币值和汇率起到了重要的稳定作用。但是,在香港的公开外汇市场上,港币的汇率却是自由浮动的,即无论在银行同业之间的港币存款交易(批发市场),还是在银行与公众间的现钞或存款往来(零售市场),港币汇率都是由市场的供求状况来决定的,实行市场汇率。

(三)联系汇率制的利弊分析

1. 联系汇率制的有利影响

联系汇率制用港元钉住美元,稳定汇率,可以有效减少国际贸易和经济生活中的外汇风险,有利于各类长期贸易及经济合同的缔结及国际资本的汇集,从而给香港带来了更多的利益和机会。这些也可以说是导致联系汇率制度得以产生并持续下来的内在根源。

联系汇率制度自1983年10月实行以来,经历了多次考验,包括1987年股灾、1990年波斯湾战争、1992年欧洲汇率机制风暴、1994年和1995年墨西哥货币危机、1997年的亚洲金融危机、2003年"非典"风波等。香港地区政府致力于推行联系汇率制度,以维持汇率稳定。

2. 联系汇率制的不利影响

首先,在联系汇率制度下,货币管理当局不能推行独立的货币政策,运用汇率变化作为经济调节机制,与实施自由浮动汇率制度的情况比较,香港面临竞争对手的货币大幅贬值或出口市场经济衰退等情况时,香港的产品面临竞争力下降的局面。

其次,在联系汇率制度下,香港需要跟随美国的货币政策,但由于香港与美国的经济周期可能不一致,香港的利率水平可能会不大适应本地的宏观经济形式,港元利率短暂偏离美元利率,产生利率差,利率差的波动有时可能会影响货币稳定,甚至被投机者操控以图利。

最后,港元在货币上继续与美元挂钩,同时香港经济和金融市场却受内地经济的影响越来越大,香港现行货币政策愈加不能适应经济发展需求的不协调性,像热钱大量涌入正是这种不协调性的集中表现。

四、人民币汇率制度

人民币是我国的法定货币。人民币汇率是人民币与西方主要国家货币的比价。人民币汇率采用直接标价法。现行的人民币汇率以人民币对美元、港元、日元和欧元的汇率为基础汇率,人民币与其他货币间的汇率根据每日纽约外汇市场美元对其他货币的收盘价和人民币对美元的基础汇率套算出来。

人民币汇率制度是我国经济政策体系中的重要组成部分,它规范了人民币汇率的运动方式,并对资源配置、产业结构、进出口贸易、国际资本流动等国民经济的诸多方面产生举足轻重的影响。人民币汇率制度的形成与特点随经济发展阶段的不同而发生变化,大致可分为以下四个阶段。

(一)计划经济时期的人民币汇率制度(1949.1.18—1973.2)

1948年12月1日,中国人民银行成立并发行了统一货币——人民币。1949年1月18

日,天津首次报出人民币对美元的汇价,当时,1 美元 = 80 元人民币(旧币)。随后,各口岸以天津公布的汇率为基础,自行制定和公布外汇牌价。1950 年全国统一财经工作会议召开后,人民币实行了统一汇价,由中国人民银行总行制定和公布。

从 1949 年到 1952 年底,是我国国民经济恢复时期,为发展工农业生产,扩大进出口贸易和调动华侨及国内侨眷参加社会主义建设的积极性,中央政府制定的人民币汇率的方针是"奖励出口,兼顾进口,照顾侨汇"。

自 1953 年起,我国进入社会主义建设时期,国民经济实行集中计划的管理体制,金融、物价乃至整个经济生活比较稳定。同时,在布雷顿森林体系下,西方各国货币之间的汇率变化不大,国际金融秩序基本稳定。因此,人民币汇率除对个别国家的货币公开贬值或升值作出相应调整外,总体上保持了相对稳定。例如,1955 年中国人民银行实行货币改革,新币以 1∶10000 的比例取代旧币,同年 1 月 15 日公布的人民币对美元的统一汇率为 1 美元兑换新人民币 2.4618 元,这一汇率一直维持到 1971 年 12 月才进行调整。

本阶段人民币汇率的决定与调整,对稳定国内经济秩序,调节进出口贸易,增加侨汇收入,恢复工农业生产起到了积极的作用。其特点是:① 钉住美元实行浮动;② 汇率的制定有较大的自主性和灵活性;③ 汇率的调整在很大程度上反映了国内外物价相对水平的变化;④ 1953 年后,人民币汇率的价格信号作用有所弱化。

（二）经济转轨时期的人民币汇率制度(1973.2—1985.12)

1973 年布雷顿森林体系崩溃,西方国家普遍实行浮动汇率制。为维护人民币币值稳定,人民币汇率在原有水平上,钉住"一篮子货币"。1973—1984 年人民币汇率曾做过七次调整。实际表明,美元、日元、英镑、联邦德国马克和瑞士法郎在货币篮子中一直占据主要地位。

1979 年 8 月,国务院决定改革人民币汇价制度,除继续保留人民币的公开牌价之外,又制定了内部结算价。1981 年 1 月 1 日至 1984 年 12 月 31 日,人民币的公开牌价维持在 1 美元等于人民币 1.5 元左右,主要用于非贸易外汇的兑换和结算;人民币的内部结算价则定为 1 美元等于人民币 2.8 元,主要用于进出口贸易的外汇结算和成本核算。

1986 年 1 月起人民币汇率实行管理浮动,以取代原来钉住一篮子货币的汇率制度。之后,人民币汇率呈下跌趋势。国家允许企业的外汇收入按比例留成,在外商来华投资企业之间进行外汇调剂,之后又允许在外商来华投资企业与国内企业,国内企业与国内企业之间进行外汇调剂,从而使我国的外汇市场初具规模,外汇调剂价已成为人民币公开牌价之外的一种汇率安排。

本阶段人民币汇率的决定和变化,反映出人民币汇率制度从单一计划管理转向计划与市场共同发挥作用的深层次变革,其特点是:① 汇率的安排逐步从钉住一篮子货币迈向管理浮动;② 多重汇率并存,外汇的公开牌价、市场调剂价和黑市价相互影响,相互制约;③ 人民币汇率依然高估,突出地反映为人民币汇率公开牌价与外汇市场调剂价之间的差额;④ 人民币汇率的管理浮动在一定程度上体现了外汇市场的供求关系,但国家的计划管理和美元的汇率涨落还主要决定着人民币的汇率水平。

（三）1994 年以后的人民币汇率制度

为加快社会主义市场经济发展和对外经济开放的步伐,国务院决定从 1994 年 1 月 1 日起进一步改革人民币汇率制度,实行以市场供求为基础的、单一的、有管理的浮动汇率制。对进出口商实行结售汇制,外汇调剂市场发展为外汇指定银行间外汇市场。

本阶段人民币汇率变化总体上呈现出稳中有升的态势,其特点是:① 官方汇率与调剂外汇价格并轨,所有外汇交易都以人民银行公布的汇率为基础进行结算;② 人民币汇率不再由人民银行通过行政方式来决定,实行以市场供求为基础的、有管理的浮动汇率制;③ 允许汇率在人民银行公布的基准汇率的一定范围内上下浮动;④ 人民银行通过外汇管理局和外汇交易中心对外汇交易和汇率变化进行管理。

(四) 现行人民币汇率形成机制

2005 年 7 月 21 日,我国对完善人民币汇率形成机制进行改革。中国人民银行发布公告称,为建立和完善我国社会主义市场经济体制,充分发挥市场在资源配置中的基础性作用,建立健全以市场供求为基础的、有管理的浮动汇率制度,经国务院批准,现就完善人民币汇率形成机制改革有关事宜公告如下:

(1) 自 2005 年 7 月 21 日起,我国开始实行以市场供求为基础的、参考一篮子货币进行调节的、有管理的浮动汇率制度。人民币汇率不再钉住单一美元,形成更富弹性的人民币汇率机制。

(2) 中国人民银行于每个工作日闭市后公布当日银行间外汇市场美元等交易货币对人民币汇率的收盘价,作为下一个工作日该货币对人民币交易的中间价格。

(3) 2005 年 7 月 21 日 19 时,美元对人民币交易价格调整为 1 美元兑 8.11 元人民币,作为次日银行间外汇市场上外汇指定银行之间交易的中间价,外汇指定银行可自此时起调整对客户的挂牌汇价。

(4) 现阶段,每日银行间外汇市场美元对人民币的交易价仍在人民银行公布的美元交易中间价上下 3‰的幅度内浮动,非美元货币对人民币的交易价在人民银行公布的该货币交易中间价上下一定幅度内浮动。

(5) 人民银行将根据市场发育状况和经济金融形势,适时调整汇率浮动区间。同时,人民银行负责根据国内外经济金融形势,以市场供求为基础,参考篮子货币汇率变动,对人民币汇率进行管理和调节,维护人民币汇率的正常浮动,保持人民币汇率在合理、均衡水平上的基本稳定,促进国际收支基本平衡,维护宏观经济和金融市场的稳定。

2010 年 6 月 19 日,中国人民银行决定“进一步推进人民币汇率形成机制改革,增强人民币汇率弹性”。重在坚持以市场供求为基础,参考一篮子货币进行调节。继续按照已公布的外汇市场汇率浮动区间,对人民币汇率浮动进行动态管理和调节。

2012 年 4 月 16 日,中国人民银行再次决定“增强人民币汇率双向浮动弹性”,银行间即期外汇市场人民币兑美元交易价浮动幅度由 5‰扩大至 1%,外汇指定银行为客户提供当日美元最高现汇卖出价与最低现汇买入价之差不得超过当日汇率中间价的幅度由 1% 扩大至 2%。扩大浮动区间将有效抑制游资对人民币的投机炒作;同时,这一调整并不会加剧人民币升值的步伐,相反,会更有利于人民币币值的双向波动,还意味着人民币长期的单边升值趋势已经终结。

复习与拓展

一、本章重要概念

汇率　复汇率　套算汇率　间接标价法　浮动汇率制度　钉住浮动　铸币平价　联合浮动　人民币汇率

二、正误判断

(　　)1. 对外汇市场进行干预是当本币对外币的汇价偏高时中央银行买进外币，当本币对外币的汇价偏低时，则卖出外汇，以便维持汇率水平。

(　　)2. 人民币汇价采用的是直接标价法，当银行买入人民币时用买入汇率，卖出人民币时则用卖出汇率。

(　　)3. 黄金输送点是指在两个实行金本位制的国家之间运送一定数量黄金所产生的各种费用和利息。

(　　)4. 浮动汇率制容易遭受国际游资的冲击引起黄金和外汇储备的流失。

(　　)5. 出口企业向银行结售外汇收入用卖出汇率折算，进口用汇时应按买入汇率购买。

(　　)6. 间接标价法是以本国货币表示的一定数额的外国货币的价格。

(　　)7. 在间接标价法下外币数量的大小与本币的币值成反比。

(　　)8. 在间接标价法下，标价数的数字比以前减少，表明外币汇率上升，本币汇率下降。

(　　)9. 影响汇率最基本的因素是短期资金流动。

(　　)10. 在美国外汇市场，美元对英镑的汇率采用直接标价法。

(　　)11. 一国实行高利率政策，容易引起外汇汇率下跌。

(　　)12. 未进入国际货币流通领域的外国货币都不称其为外汇。

(　　)13. 在间接标价法下，一定本币后的第一个外币数字为买价，第二个数字为卖价。

(　　)14. 在金本位制度下，含金量是决定两国货币汇率的物质基础。

(　　)15. 如其他条件不变，一国货币供应量的增长超过需求，容易造成该国严重通货膨胀，国际收支逆差，从而使本币的对外汇率下跌。

(　　)16. 直接标价法是以外国货币表示的一定单位的本国货币的价格。

(　　)17. 外币现钞都应算外汇。

(　　)18. 一国货币币值上升，能促进本国旅游业等非贸易收入的增加。

(　　)19. 一国货币贬值，会使本国出口商品以外币所表示的价格下降，这对该国的出口贸易会起到限制作用。

三、选择题

1. 在直接标价法下本国货币数量减少，则说明(　　)

A. 外币币值上升　　B. 外币币值下降　　C. 本币币值下降

2. A 银行卖出一笔外汇给 B 银行，应采用(　　)

A. 买入汇率　　B. 卖出汇率　　C. 现钞买入汇率　　D. 中间汇率

3. 在金本位制度下,市场汇价围绕(　　)上下摆动。

A. 含金量　B. 金平价　C. 黄金输送点　D. 铸币平价

4. 浮动汇率制度下,决定汇率的基础是(　　)。

A. 金平价　B. 法定汇价

C. 铸币平价　D. 两国货币的购买力

E. 两国货币实际代表的金量

5. 我国人民币对外公布的牌价采用(　　)。

A. 直接标价法　B. 间接标价法　C. 复汇率　D. 多种汇率

6. 引起一国货币对外贬值的内在原因是(　　)。

A. 国际收支逆差　B. 国内失业严重　C. 经济衰退　D. 通胀严重

7. 持有美元债务时,如美元汇率上升,则债务负担(　　)。

A. 加重　B. 减轻　C. 不变

8. 银行在外汇牌价表中公布的现钞价,一般是(　　)。

A. 现钞买入价　B. 现钞卖出价　C. 现钞买卖中间价

9. 浮动汇率的作用是(　　)。

A. 有利于国际贸易　B. 有利于企业成本核算

C. 有利于债务管理　D. 可减轻国际游资的冲击

10. 在间接标价法下,当外汇汇率上升时(　　)。

A. 本国货币的数额变小　B. 外国货币的数额变大

C. 外国货币的数额变小

11. 按汇率使用于不同的来源和用途可分为(　　)。

A. 单一汇率和多重汇率　B. 贸易汇率和金融汇率

C. 银行间汇率和商业汇率

12. 国际外汇市场的标价,英国和美国采用(　　)标价法,在纽约市场,美元对英镑采用(　　)标价法。

A. 间接/直接　B. 直接/间接

C. 直接/直接　D. 间接/间接

13. 当一国货币贬值时,其汇价会下降,从而使其出口商品以外币表示的价格下跌,使其进口商品以本币表示的价格上涨,这将(　　)。

A. 有利于该国扩大进口,不利于该国出口

B. 有利于该国扩大进口,对该国出口没有影响

C. 有利于该国扩大出口,不利于该国进口

D. 有利于该国扩大出口,对该国进口没有影响

四、案例分析

人民币汇率之争

2010 年 1 月 1 日,美国普林斯顿大学经济学教授、《纽约时报》专栏作家、诺贝尔经济学奖得主保罗·克鲁格曼在《纽约时报》专栏上发表了一篇题为《中国新年》的文章。文章指

责说，如果中国不改变经济政策，那么保护主义将变得“更为猛烈”！中国必须让人民币大幅升值。2010年3月，保罗·克鲁格曼声称，人民币币值被低估，导致美国在金融危机期间至少损失140万个就业岗位。

2010年2月3日，美国总统奥巴马公开表示将在人民币汇率问题上对中国采取更为强硬的立场，并且要求中国开放市场为美国扩大出口。

2010年3月14日，中国国务院总理温家宝在记者会上表示，人民币的币值没有被低估。一国的汇率形成机制是由一国的经济决定的，汇率变动是由经济综合状况决定的。在国际金融危机爆发和蔓延期间，人民币汇率保持基本稳定对世界经济复苏作出了重要贡献。

2010年3月15日，130位国会议员联名致信美国财政部长盖特纳和商务部长骆家辉，要求将中国认定为“汇率操纵国”，并要求美国商务部对中国商品实施反补贴制裁。在3月24日的听证会上，十余名国会议员和四位美国经济学者几乎是一边倒地指责“人民币被严重低估”。

2010年3月24日，美国财政部长盖特纳在接受采访时说，“中国是一个主权国家，我们不能强迫其改变汇率。”他表示，相信中国会以自己的理由来决定结束人民币钉住美元的政策。

2010年9月29日，美国会众议院通过《汇率改革促进公平贸易法案》，旨在对所谓低估本币汇率的国家征收特别关税。参与提出这项法案的议员称，中国人民币对美元严重低估，造成美国对华贸易逆差，影响了美国就业和经济复苏。这一做法被认为是近期美国贸易保护主义升温的体现。

2010年10月5日，国务院总理温家宝在布鲁塞尔会见欧元集团主席、卢森堡首相容克，欧洲央行行长特里谢，欧盟委员会经济与货币事务委员雷恩。温家宝指出，中方将推进人民币汇率形成机制改革，增加人民币汇率弹性。欧盟应客观公正地看待人民币汇率问题。10月8日，人民币对美元汇率中间价报6.6830，创汇改以来新高。

2011年10月11日，美国会参议院通过了《2011年货币汇率监督改革法案》。该法案的主要内容是要求美国政府对所谓“汇率被低估”的主要贸易伙伴征收惩罚性关税。外界普遍认为，此举主要针对中国，旨在逼迫人民币加速升值。

资料来源：http://www.china.com.cn/finance/txt/2010-06/21/content_20307718_2.htm。

请思考：

1. 现阶段的人民币汇率是否被低估？
2. 人民币对美元的汇率水平是否是造成美国贸易逆差的根本原因？
3. 你如何看待西方国家普遍认为的“人民币应加速升值”的问题？

五、本章相关网站

http://www.safe.gov.cn

http://www.ft.com

http://www.bank-of-china.com

http://www.forex.com

http://www.cnforex.com

第四章

外汇市场及其交易实务

学习目标

- 掌握国际外汇市场的概念、分类及其特征
- 了解外汇市场的构成及世界主要外汇市场的概况
- 熟悉即期外汇交易、远期外汇交易等传统外汇交易的交易规则和惯例
- 理解外汇期货交易、外汇期权交易等衍生外汇交易的基本原理和特点

案例导入

棕榈油的套期保值

2007 年 10 月 10 日，国内某棕榈油贸易商，在国内棕榈油现货价格为 8 270 元/吨的时候与马来西亚的棕榈油供货商签订了 1 万吨 11 月船期的棕榈油订货合同，棕榈油 CNF 价格为 877 美元，按照当日的汇率及关税可以计算出当日的棕榈油进口成本价在 8 223 元/吨，按照计算可以从此次进口中获得 47 元/吨的利润。由于从订货到装船运输再到国内港口的时间预计还要 35 天左右，如果价格下跌会对进口利润带来很大的影响。于是，该贸易商于 10 月 10 日在国内棕榈油期货市场卖出 12 月棕榈油合约 1 000 手进行保值，成交均价为 8 290 元/吨。到 11 月 15 日，进口棕榈油到港卸货完毕，该贸易商卖掉 1 万吨棕榈油现货，价格为 7 950 元/吨，同时在期货市场上买入 1 000 手 12 月棕榈油合约进行平仓，成交均价为 7 900 元/吨。

通过此次保值，该贸易商规避了棕榈油市场下跌的风险，保住了该贸易商的 47 元/吨的进口利润并从期货市场额外获得了 70 万元赢利。但这里需要强调的是，卖出套期保值关键在于销售利润的锁定，其根本目的不在于赚多少钱，而在于价格下跌中实现自我保护。如果企业没有参与套期保值操作，一旦现货价格走低，他必须承担由此造成的损失。

因此,卖出套期保值规避了现货价格变动的风险,锁定了未来的销售利润。

资料来源:http://www.cs.com.cn/qhsc/07/200710/t20071026_1234625.htm。

【启示】 企业在国际经营中面临巨大的风险,需要采取各种有效措施来规避风险,各种衍生交易可以帮助企业有效规避风险。本案例中企业利用商品期货交易成功规避了风险,金融期货是从商品期货发展而来的,同样具有规避风险、套期保值的作用。本章将对外汇市场及各类外汇交易进行介绍。

第一节　外汇市场

一、外汇市场的概念及特征

(一) 外汇市场的含义

外汇市场(Foreign Exchange Market)是指进行外汇交易的场所,或是外汇供给者、外汇需求者及买卖外汇的中介机构所构成的买卖外汇的交易系统。国际贸易、国际投资等国际间的经济活动总伴随着货币的清偿和收付,为实现国际清偿和货币收付,就需要进行国际间的货币兑换或外汇买卖活动,外汇市场就是为了满足国际支付和货币兑换需要而产生的。外汇市场为不同国家货币实现相互兑换提供了场所,为国际经济贸易往来提供了国际支付和结算便利,帮助实现了购买力的跨国转移。外汇市场作为国际金融市场的重要组成部分,在提供外汇交易便利的同时也向国际经济交易者提供了资金融通的便利,从而使国际信贷和国际投资能够顺利进行。此外,外汇市场还为套期保值者提供了规避汇率风险的场所,为外汇投机者提供了获取利润的机会。

(二) 外汇市场的特征

近些年来,随着现代通信设施的发展,国际外汇市场发展迅猛,并呈现以下特征:

1. 全球外汇市场一体化趋势明显,全天 24 小时运营

由于现代电子通信技术的不断进步,世界各国的外汇市场间形成了一个迅捷、发达的现代化通信网络,外汇交易既不受空间的限制,也不受交易时间的限制。任何一个交易中心的外汇报价、外汇交易情况及汇率变动信息,通过先进的计算机和远程通信技术,会在一瞬间异常迅速地处理并传递到世界各地,交易双方无论地理上相隔多远,都不影响他们的即时交易。由于世界各金融中心处在不同的时区,在交易时间上相互衔接,形成了全天候 24 小时连续不断运营的全球性外汇市场。从国际日期变更线开始,自东向西主要分布着悉尼、东京、新加坡、法兰克福、伦敦和纽约等重要国际外汇交易中心。所以全球外汇交易,每天从澳洲的惠灵顿、悉尼开盘,接着是亚洲的东京、香港、新加坡,然后是欧洲的法兰克福、苏黎世、巴黎和伦敦,到下午 2 点,美洲的纽约开盘,当纽约收市时,澳洲的惠灵顿又开始了新一天的交易。欧洲时间下午 1 点到 3 点,是世界外汇市场外汇交易量最大、最活跃、最繁忙的时刻,因为此时世界几大交易中心如伦敦、法兰克福、纽约均在营业,是顺利成交、巨额成交的最佳时间段。

2. 外汇交易规模巨大,并呈现不断上涨趋势

电子交易系统为外汇交易提供了便利,使得外汇市场上的交易规模巨大,并呈不断上涨的趋势。1980年,全球外汇的日均交易额只有1 000亿美元,1984年为1 500亿美元,1990年达到了6 500亿美元,到1992年则突破了1万亿美元的大关。据国际清算银行最新公布的一项调查显示,自2004年以来,全球外汇交易额以惊人的速度增长。2007年4月,外汇市场日均交易额较2004年4月增长71%,达到3.2万亿美元。2010年全球外汇市场日均交易量约为4.0万亿美元,全球外汇交易量在过去3年激增了20%。全球外汇交易不仅规模巨大,且主要集中在几大交易中心。伦敦主导着全球最大的金融市场,占日外汇交易额的三分之一以上。纽约实力与其最为接近,占全球外汇市场16.6%的份额。其他领先的外汇交易中心是日本、新加坡和瑞士,各占全球外汇市场的6%左右,香港和澳大利亚紧随其后,各占4%左右的市场份额。

3. 外汇交易币种相对集中,但略有变化

外汇市场上挂牌的币种很多,但并非所有国家的货币都可自由交易,有的挂牌币种无交易或交易量很少。大多数交易币种都集中在美元、欧元、英镑、日元、瑞士法郎、加拿大元、澳大利亚元等发达国家的货币。据国际清算银行公布的数据,2004年全球89%的外汇交易涉及美元,欧元、日元和英镑的交易量分别为37%、20%和17%。2007年,美元仍为全球主导货币,86.9%的外汇交易涉及美元,欧元、日元分别占据了37%和16.5%的交易量,英镑的交易量跌至15%。2010年,外汇市场交易币种中,美元仍占绝对的主导地位,市场份额略有下降,由3年前的86.9%降至84.9%。欧元、日元的市场份额有所上升,英镑的份额则有所下降。新兴市场经济体货币,如人民币、俄罗斯卢布、印度卢比、巴西雷亚尔和土耳其里拉等货币的市场份额有所上升,但所占比重仍然很小。

4. 汇率波动剧烈,金融创新不断涌现

外汇市场由于受经济、政治、心理及技术等多种因素的影响,各种货币汇价往往频繁波动,且波幅较大,这使得从事国际经济活动的各类经济体面临着一定的汇率风险。所以,各外汇交易主体迫切需要更多的避险方式和避险工具。加上电子信息技术的推动和回避金融管制的需要,各种金融创新不断涌现。外汇市场上产生了许多金融衍生工具,如货币期货交易、货币期权交易、货币互换交易等,这些金融衍生工具一经产生,就得以广泛应用和迅速发展,为外汇市场上出于各种交易目的的交易主体提供了避险和投机的工具。衍生金融产品的交易,特别是场外衍生交易与国际贸易和投资活动密切联系,并越来越成为国际金融市场的重要组成部分和发展的驱动力。

二、外汇市场构成

(一)外汇市场的参与者

外汇市场主要由以机构为交易主体的参与者构成,这些参与者主要有外汇银行、外汇经纪人、中央银行、外汇实际供求者和外汇投机者。

1. 外汇银行

外汇银行(Foreign Exchange Bank)是指经中央银行批准的可以经营外汇业务的商业银行和其他金融机构。主要包括专营或兼营外汇业务的本国商业银行、在本国开设的外国银

行的分行或代理行、经营外汇业务的其他金融机构。外汇银行是外汇市场上最重要的参与者。一方面,它们作为外汇买卖中介人,接受客户的委托,办理进出口结汇、对外投融资、资金调拨等业务,为外汇的最终供需者服务。另一方面,外汇银行为了调整外币头寸和回避外汇风险的需要,自行买卖外汇。在世界主要外汇市场上,都有一些实力雄厚的外汇银行实际上成为“市场创造者”(Market Maker)。这些银行在市场上大规模进行各种货币的买卖,经常有意识地保持一些主要货币的库存头寸(Inventory Position),因此它们随时可以成为外汇交易中的买方或卖方,从而以自己的介入,方便交易达成,“创造”出外汇行市,保证了外汇市场运行的连续性。

2. 外汇经纪人

外汇经纪人(Foreign Exchange Broker)是在银行与客户之间或银行之间联系外汇买卖的中间人,其主要职能是代理客户参与外汇交易并收取佣金。通常他们拥有比较完备的信息渠道和联系外汇业务的物质条件,可以为客户提供准确、及时的外汇交易信息,并促进外汇交易快捷、顺利完成。西方国家外汇市场经纪人可分为两类:一类是一般经纪人,即一方面充当外汇买卖中介,赚取佣金,另一方面又以自有资金参与外汇买卖,自负盈亏;另一类是跑街经纪人(Running Broker),又称“掮客”,他们专门代客户买卖外汇,收取佣金,不承担买卖风险。

3. 中央银行

中央银行(Central Bank)是外汇市场上另一个重要的参与者,对外汇市场发挥着重要的作用。一方面,中央银行作为外汇市场的监管者,通过制定和运用各项法规、条例等,对外汇市场的运行进行监督、管理和引导,确保外汇市场上的各项活动有序进行,使之能最大限度地符合本国经济政策的需要。另一方面,中央银行也是外汇市场的直接参与者。当国际游资大规模转移或者由其他原因导致汇率剧烈波动,并朝着不利于本国经济的方向变化时,中央银行通过在外汇市场上大量购进或抛售外汇,干预市场汇率,保护本国的经济利益。近年来,西方国家的中央银行不仅单独干预外汇市场,而且,一些主要发达国家的中央银行还频频对外汇市场进行联合干预。例如,2011 年 3 月,日本央行联合美国、英国、欧洲央行和加拿大共同对外汇市场进行干预,2011 年 9 月,欧洲央行与美联储、英国央行、日本央行、瑞士央行携手提供美元流动性,2011 年 12 月,包括美联储、加拿大央行、英国央行、日本央行、欧洲央行、瑞士央行在内的六大央行降低美元掉期利率 50 个基点为市场提供流动性。因此,中央银行不仅是外汇市场的一般参与者,在一定程度上可以说是外汇市场的实际操纵者。

4. 外汇实际供求者

外汇的实际供求者指外汇市场真正的外汇供应者和需求者,如进出口商、国际投融资者、国际经济交往中产生的其他外汇供求者以及个人为了非贸易的需要产生的外汇买卖(如国际旅游、侨民汇款、留学)等。他们出于交易、保值或投机的目的进行外汇买卖,以期获得或出售外汇。

5. 外汇投机者

外汇投机者是根据自己对汇率涨跌的预测,通过买空或卖空外汇牟取投机利润的外汇市场参与者。投机者既可以是外汇供给者也可以是外汇需求者,他们在外汇市场上是不可或缺的大规模资本的运作者和供求者。国际外汇市场上有 90% 以上的交易量由外汇投机形成,投机者利用不同外汇市场各种金融工具在地点和时间上价格的差异,在承担外汇风险以套取投机利润的同时也在加剧外汇市场的风险。

(二) 外汇交易层次

根据外汇买卖的参与者,外汇市场的外汇交易分为三个层次:

第一个层次是外汇银行与客户间的外汇交易。参与交易的客户主要包括进出口商、投资者、投机者等各类非金融机构和个人。客户需要用汇时,向银行买入外汇,客户收到外汇后,可以向银行卖出外汇。例如,进口商需要对外支付外币时,可采用向银行付出本币买入外币的方式;出口商获得的外汇收入可以卖给银行以换取本币。客户也可以通过银行进行外汇投机交易,此类交易金额较小,占外汇市场交易总量的比重不足10%,故也称零售交易。

第二个层次是外汇银行间的外汇交易。外汇银行对客户的外汇交易,不可避免地会产生外汇买卖的余额,称为"外汇头寸"或"敞口头寸"(Exposure Position)。外汇头寸包括多头(Long Position)和空头(Short Position)两种。如果在一定时间外汇的买入额大于卖出额,外汇持有额增加,称为多头或超买(Over Bought);反之,外汇持有额减少,称为空头或超卖(Over Sell)。不管是多头还是空头,由于汇率的变动都可能产生风险,所以外汇银行按照"外汇买卖平衡"的原则,如遇多头则抛出,如遇空头则补进。这就需要借助于银行同业间的交易,及时进行外汇头寸调拨,轧平(Square)各币种的头寸。另外,银行出于投机获利的目的,也会在同业之间进行外汇交易。银行同业间的外汇交易总额占外汇市场交易总额的90%以上,单笔交易金额一般都比较大,至少在百万美元以上。因此,这类交易也称为批发交易。

第三个层次是外汇银行与中央银行间的外汇交易。中央银行参与外汇交易,主要有两个目的:一是为了调整外汇储备的规模或改变其构成,二是干预外汇市场稳定汇率。一般来说,中央银行或直接拥有,或代表财政经营本国的官方储备,中央银行通过与外汇银行之间的外汇交易,调整和优化本国的储备货币结构。在外汇市场汇率急剧波动时,为了稳定汇率,中央银行也经常通过参与市场交易进行干预,在外汇过多时买入或在外汇短缺时抛出。

三、外汇市场的类型

(一) 按组织形态划分

1. 交易所市场

又称有形外汇市场(Visible Market),是指具有固定的、具体的交易场所的外汇市场,外汇交易各方在规定的营业时间内,集中于证券交易所(Exchange House)内进行外汇交易。较典型的有法兰克福外汇市场、巴黎外汇市场、米兰外汇市场、阿姆斯特丹外汇市场等。

2. 柜台市场

又称无形外汇市场(Invisible Market),相对有形外汇市场而言,没有固定的交易场所,也没有确定的交易时间,所有的交易都是通过连接银行与外汇经纪人或客户的电话、电报、电传或计算机网络进行。伦敦外汇市场、纽约外汇市场、苏黎世外汇市场以及东京、加拿大外汇市场都是以无形交易为主的市场。由于伦敦、纽约、东京是目前世界上最大的外汇交易中心,所以,一般意义上,人们将典型的外汇市场理解为这种抽象的无形外汇市场。

（二）按交易主体划分

1．顾客市场

顾客市场（Client Market）又称零售市场（Retail Market），是指银行与一般客户之间进行外汇买卖的市场，如银行与进出口商、留学者和旅游者等之间的外汇买卖。这类买卖通过银行柜台业务（Over the Counter Service）进行，银行在最终供给者与最终需求者之间起中介的作用。

2．银行间市场

银行间市场（Inter-bank Market）又称批发市场（Wholesale Market），是银行之间进行外汇买卖的市场，可以是同一市场或不同市场的银行之间进行交易，通常每笔交易金额较大，使该市场的交易量占外汇市场总量的90%以上。因此，外汇汇率实际上在银行同业市场中形成，并成为零售市场汇率的基础。通常来说，狭义的外汇市场仅指银行同业市场，广义的外汇市场还包括顾客市场。

（三）按交割时间划分

1．即期外汇市场

即期外汇交易（Spot Transaction）又称现汇交易，按照目前国际外汇市场的交易惯例，是指外汇买卖成交后，在两个营业日内办理交割的外汇业务。进行即期外汇交易的场所就是即期外汇市场。即期外汇交易一般没有固定的场所，通常是在经营外汇业务的银行、大公司、外汇经纪人和客户之间通过电话、电传、电报或计算机网络进行。即期外汇市场是外汇市场最重要的组成部分，它的主要作用是在最短的时间内，实现不同货币的交易和结算，完成国际购买力的转移。

2．远期外汇市场

远期外汇交易（Forward Transaction）又称期汇交易，是指外汇交易时，外汇买卖双方根据买卖金额、价格、币种、交割期等签订合同，到了约定的交割期，双方按合同规定的汇率和金额进行实际交割。进行远期外汇交易的场所就是远期外汇市场。远期外汇市场主要为套期保值和外汇投机提供场所。

（四）按政府干预程度划分

1．官方外汇市场

官方外汇市场是指受所在国政府管制，按照中央银行或外汇管理机构规定的官方汇率进行外汇买卖的外汇市场。这类市场交易货币较少，限于本币和少数几种外币的交易，交易主体限于市场所在国批准的金融和非金融机构。

2．自由外汇市场

自由外汇市场是指不受所在国政府管制，基本按照市场供求形成的市场汇率进行交易的外汇市场。在这个市场，各类经济主体，包括金融机构、企业、居民个人均可从事外汇交易，外汇交易的金额、币种不受限制，外汇资金进出国境也不受任何限制。像纽约、伦敦、东京、新加坡等外汇市场都是国际上主要的自由外汇市场。

四、世界主要外汇市场

目前，世界上约有外汇市场30多个，其中最主要的有伦敦、纽约、东京、法兰克福、苏黎世、新加坡、香港等，它们各具特色并相互联系，形成了全球统一的外汇市场。根据国际清算银行(BIS)每3年一次的调查,2010年英国在全球外汇交易中的领先地位进一步上升,其在外汇市场交易中的份额由3年前的34%升至2010年4月的37%。美国位列第2位,市场份额由3年前的17%升至2010年4月的18%。日本以6%的份额位居全球第三大外汇交易中心。市场份额排名第四至第七的国家或地区分别为新加坡(5%)、瑞士(5%)、中国香港特别行政区(5%)和澳大利亚(4%)。

(一)伦敦外汇市场

伦敦外汇市场是世界上历史最悠久、交易规模最大的外汇市场,参与者主要包括领有英格兰银行执照的外汇指定银行及外汇经纪人。在伦敦外汇市场上,参与外汇交易的外汇银行机构多达600多家,包括本国的清算银行、商人银行、其他商业银行、贴现公司和外国银行,世界上最大的100家商业银行都在伦敦设立了分行。这些外汇银行组成伦敦外汇银行公会,负责制定外汇市场交易规则和收费标准。伦敦外汇市场上的外汇经纪人有90多家,这些外汇经纪人组成经纪协会,支配着伦敦外汇市场上银行同业之间的交易。英格兰银行(英国的中央银行)也是伦敦外汇市场上的重要参与者,它参与外汇市场的目的是为了管理和监督。

伦敦外汇市场是一个典型的无形市场,没有固定的交易场所,大部分交易通过路透终端和电话、电传、电报等通信网络进行,交易方式简单便捷,成交量巨大。交易时间为格林威治标准时间上午9:00时到下午17:00时(北京时间约17:00时到次日1:00时)。交易币种几乎包括所有可兑换货币,其中规模最大的是英镑对美元的交易,其次是英镑对欧元、瑞士法郎及日元等的交易。此外,美元对欧元、欧元对瑞士法郎等货币的多边交易,规模也很大。伦敦外汇市场的外汇交易包括即期交易、远期交易、外汇掉期交易、外汇期货和期权交易等各类外汇交易,汇率报价采用间接标价法。作为全球最大的外汇市场,伦敦外汇市场外汇交易额占全球外汇市场日交易额的1/3以上。

(二)纽约外汇市场

纽约外汇市场不仅是全球美元交易的清算中心,也是世界上最重要的国际外汇市场之一,从其每日的交易量来看仅次于伦敦。由于美国没有外汇管制,对经营外汇业务没有限制,所以几乎所有的美国银行和金融机构都可以经营外汇业务,但纽约外汇市场的参加者以商业银行为主,包括50余家美国商业银行和200多家外国银行在纽约的分支机构、代理行及代表处。

纽约外汇市场也是无形的外汇市场,没有固定的交易场所,它通过电报、电话、电传、电脑终端机与国内外联系。交易时间由9:00至16:00(纽约时间)或21:00至04:00(北京时间)。纽约外汇市场是除美元以外所有货币的第二大交易市场,除美元外,欧洲大陆国家、加拿大、中南美洲、日本等国货币是主要交易币种,中南美洲各国如墨西哥比索、阿根廷比索等,在纽约外汇市场上也有一定的交易量。纽约外汇市场的外汇交易以即期为主,远期及其他次之,汇率报价既采用直接标价法(对英镑)又采用间接标价法(对其他国家货币)。

(三)东京外汇市场

东京外汇市场是亚洲时区最重要的外汇交易中心。该市场形成较晚,20世纪60年代之前,日本实行严格的外汇管制和金融管制,80年代以后,随着金融自由化进程加速,逐步取消外汇管制,外汇市场得以迅猛发展。目前,东京外汇市场是仅次于伦敦和纽约外汇市场的世界第三大外汇市场。

东京外汇市场也是一个无形市场，交易者通过电话、电报、电传和计算机等现代化通信设施联网进行交易。交易时间为北京时间8:00至14:30。东京外汇市场的交易品种比较单一，主要是日元对美元、欧元对美元的交易。日元和美元之间的交易是东京外汇市场的主要交易货币，占全部交易的80%以上。交易的种类有即期交易、远期交易和掉期交易。在外汇价格制定上，东京市场又与欧洲大陆的德国、法国市场相似，采取“定价”方式。每个营业日的上午10点，主要外汇银行经过讨价还价，确定当日外汇价格。

（四）新加坡外汇市场

新加坡外汇市场作为亚太地区乃至国际上重要的外汇市场，发展的历史较短，是在20世纪70年代随着亚洲美元市场的兴起而发展起来的新兴外汇市场。新加坡地处欧亚非三洲交通要道，时区优越，根据交易需要，一天24小时都可以同世界各地区进行外汇买卖。新加坡外汇市场的参加者由经营外汇业务的本国银行、经批准可经营外汇业务的外国银行和外汇经纪商组成。市场大部分交易由外汇经纪人办理，并通过他们把新加坡和世界各金融中心联系起来。交易以美元为主，约占交易总额的85%。大部分交易都是即期交易，掉期交易及远期交易合计占交易总额的1/3。汇率均以美元报价，非美元货币间的汇率通过套算求得。

（五）苏黎世外汇市场

苏黎世外汇市场是一个有历史传统的外汇市场，在国际外汇交易中处于重要地位。苏黎世外汇市场没有外汇经纪人，所有外汇交易都是通过电话、电传等在银行同业之间直接进行，参与者包括瑞士银行、瑞士信贷银行、瑞士联合银行、国际清算银行、瑞士国民银行（瑞士中央银行）、外国银行分支机构和经营国际金融业务的其他银行。在苏黎世外汇市场，外汇交易主要是瑞士法郎对美元的交易，对其他货币通过美元进行交叉买卖，因此瑞士法郎对美元的汇率是苏黎世外汇市场的主要汇率，瑞士法郎对其他货币的汇率通过套算得出。

资料卡

中国外汇交易中心

中国外汇交易中心建立于1994年4月，为中国人民银行直属事业单位，主要职能是提供银行间外汇交易、人民币同业拆借、债券交易系统并组织市场交易，办理外汇交易的资金清算、交割，提供人民币同业拆借及债券交易的清算提示服务，提供网上票据报价系统，提供外汇市场、债券市场和货币市场的信息服务，开展经人民银行批准的其他业务。2002年4月1日，中国外汇交易中心在银行间外汇市场开设欧元/人民币交易；2003年10月8日，银行间外汇市场正式推出双向交易；2004年4月14日，交易中心在银行间外汇市场办理外币买卖业务；2005年8月15日，推出银行间外汇远期交易；2006年4月24日，交易中心推出银行间外汇掉期业务；2007年5月21日，银行间即期外汇市场人民币兑美元交易价浮动幅度由千分之三扩大到千分之五；2010年8月19日 推出人民币/马币林吉特的交易；2012年4月16日，银行间即期外汇市场人民币兑美元交易价浮动幅度由千分之五扩大至百分之一。

第二节　外汇市场的基本交易

一、即期外汇交易

(一) 即期外汇交易的概念

即期外汇交易(Spot Exchange Transaction)也称现汇交易,是指买卖外汇的双方按当天外汇市场上的汇率成交后在当天或两个营业日内办理交割(Delivery)的一种外汇交易。所谓交割是指外汇买卖双方交付货币的行为,买卖双方办理交割的日子称为交割日(delivery date)或起息日(value date)。进行即期外汇交易,并不意味着双方必须立即办理交割。不同的外汇市场对即期外汇交易的交割日有不同的规定:它可以是在成交的当天,称为当日交割(Value Today);也可以是在成交后的第一个营业日,称为翌日交割或明日交割(Value Tomorrow);或是在成交后的第二个营业日,称为即期交割(Value spot)。世界上一些主要的外汇市场,如伦敦、纽约、巴黎、法兰克福、苏黎世等欧美外汇市场一般是在成交后的第二个营业日交割,东京、新加坡等实行的是翌日交割,在香港外汇市场上,港元对日元、新加坡元、马来西亚林吉特是翌日交割,对美元和其他货币是即期交割。即期外汇交易中的交割日必须是实际交割的两种货币所在国的银行都营业的工作日。由于大多数西方国家实行每周五天工作制,因此买卖成交后若遇上周六、周日以及其他公共假日,则交割日要顺延到下一个营业日。

即期外汇交易由于交割时间短、风险较小,成为外汇市场上最常见、最普遍的交易形式,通过即期外汇交易可以满足客户临时性支付的需要。例如,某进出口公司持有美元,但要对外支付商务合同的货币是日元,可以通过即期外汇买卖,卖出美元,买入日元,满足对外支付日元的需求。即期外汇买卖还可以用于调整持有外汇头寸的不同货币的比例,以避免外汇风险。例如,某国家外汇储备中美元比重较大,为了防止美元下跌带来的损失,可以卖出一部分美元,买入日元、欧元等其他货币,避免外汇风险。此外,即期外汇买卖还被用于外汇投机。

(二) 即期外汇交易的报价

任何一笔即期外汇买卖都需要通过询价(Asking Price)、报价(Quotation)、成交(Done)、证实(Confirmation)以及交割(Delivery)这五个步骤来完成,其中报价是外汇交易的关键环节,直接关系到交易能否达成。所谓报价是指报价者(Price Maker),通常是一家外汇银行或外汇经纪人接到询价时所做出的回答,报价方一般会根据市场汇率适当调整后以最快的速度进行报价。按国际惯例,任何一家外汇银行对外报价后,只要有询价者(客户)愿意按此报价进行交易,该银行必须承担按其报价买进或卖出一定数额的外汇的义务,不管做这笔交易对银行自己是否有利。因此,被客户确认了的某外汇银行的报价就是即期外汇买卖的双方交割时所使用的汇率,也就是即期汇率(Spot Exchange Rate)。

在国际外汇市场上,参与者一般通过路透社交易系统、美联社终端和德励财经资讯系统三大外汇交易系统进行即期外汇交易。路透社终端作为全球应用最广泛的外汇交易系统,利用分散于全球各地和金融中心的新闻记者,广泛采集有关政治、经济、金融、贸易等各种信息,并通过卫星、交易机等先进的通信工具,为全球外汇交易者提供即时信息输送、即时行情显示、汇率走势分析、技术图表分析、实时外汇交易等各种服务。路透社交易系统的报价方式也是现在国际外汇市场所惯用的报价方法。路透社信息终端上的外汇报价是以美元为中心的报价,即采用“美元标价法”,以美元作为基准货币,折算成若干数额的其他货币,但对英镑、爱尔兰镑、澳元、新西兰元、欧元除外。市场上仍有一部分外汇交易是在非美元货币之间进行的,这时交易所使用的汇率就必须进行套算得出。通常,银行在报价时实行双向报价,即对每一种货币同时报出买入价(Bid Price)和卖出价(Offer Price)。如:

1USD = CHF 0.9110/15

1GBP = USD 1.5619/29

1EUR = USD 1.3116/26

买价和卖价都是从报价方或银行的角度说的。在美元标价法下,斜线左边的数字是买入价,是银行买入美元的汇价,右边是卖出价,是银行卖出美元的汇价。在非美元标价法下,斜线左边的数字是银行买入标准货币的汇价,右边是银行卖出标准货币的汇价。银行在进行外汇买卖业务时,采取“贱买贵卖”的原则,外汇的买价和卖价都是从对银行有利的角度制定的,买卖差价就是银行的获利。

在外汇报价中表示汇率的基本单位是基本点(Point),或简称为点。一般情况下,一个基本点为万分之一单位,即小数点后面的第四个单位数(0.0001),这是外汇汇率变动的最小单位。少数货币的面额较大,基本点不一样,如日元的价格变动主要是小数点后面的两位数上,因此,它的基本点为0.01单位货币。按照惯例,银行之间通过电话、电传等报价时通常只报出小数点后的最后两位数,即只报点数,因为交易员对前边的数字都十分清楚,并且外汇汇率的变化一天之中一般不会超过最后两位数,用不着报全价。如上例中1EUR = USD 1.3116/26,报价银行的交易员一般只报16/26。

即期外汇交易操作实例

某年6月15日中国银行广东省分行外汇资金部与香港中银集团外汇中心的一笔通过路透社终端进行的即期USD/JPY外汇交易的对话实例。其中BCGD及GTCX分别为中国银行广东省分行及香港中银外汇中心在路透社交易系统上的交易代码。

BCGD:GTCX SP JPY	香港中银请报美元兑日元即期汇价
GTCX:105.70/80	105.70/80
BCGD:YOURS USD2(or sell USD2)	我卖200万美元给你
GTCX:OK DONE (or 2mio AGREED) CFM AT 105.70 WE BUY USD2 VAL 15 June, …. OUR USD PLS TO A BANK A/C NO…. TKS FOR THE DEAL N BI	 200万美元成交 证实在105.70 我们买入美元200万 卖出美元起息日为…年6月15日 我的美元请划拨到A 银行账号为… 谢谢交易,再见
BCGD:ALL AGREED MY JPY TO B BANK A/C NO… TKS N BIBI FRD	同意 我的日元请划至B 银行账号为… 谢谢你朋友,再见

(三)即期汇率的套算

国际外汇市场上各外汇银行公布的外汇价格主要都是采用以美元为核心的标价法,要么以美元作为基准货币,报出美元对其他主要货币的汇率,要么以美元作为标价货币,报出其他货币对美元的汇价。这样非美元货币之间的买卖就需要通过美元汇率进行套算,套算出来的汇率也称为交叉汇率。在外汇市场上,非美元货币之间的汇价套算一般有三种情况:

1. 两个已知汇率的基准货币相同,标价货币不同,求标价货币之间的汇率

方法:交叉相除(用新汇率中标价货币的数字去除以新汇率中基础货币的数字)

例如,国际外汇市场某银行报出美元兑瑞士法郎与美元兑日元的汇率如下:

已知:1 美元 =1.4860 - 1.4870 瑞士法郎

1 美元 =100.00 - 100.10 日元

求:1 瑞士法郎 =? -? 日元

1 瑞士法郎 =(100.00/1.4870) - (100.10/1.4860)日元

1 瑞士法郎 =67.2495 - 67.3620 日元

2. 两个已知汇率的标价货币相同,基础货币不同,求基础货币之间的汇率

方法:交叉相除(用新汇率中基础货币的数字去除以新汇率中标价货币的数字)

已知:1 澳大利亚元 =0.7350 - 0.7360 美元

1 新西兰元 =0.6030 - 0.6040 美元

求:1 澳大利亚元 =? -? 新西兰元

1 澳大利亚元 =(0.7350/0.6040) - (0.7360/0.6030)新西兰元

1 澳大利亚元 =1.2169 - 1.2206 新西兰元

3. 两个已知汇率的标价货币和基础货币都不同,但都涉及同一种货币

方法:同边相乘

已知:1 英镑 =1.5400 - 1.5410 美元

1 美元 =1.4860 - 1.4870 瑞士法郎

求:1 英镑 =? -? 瑞士法郎

1 英镑 =(1.5400 ×1.4860) - (1.5410 ×1.4870)瑞士法郎

1 英镑 =2.2884 - 2.2915 瑞士法郎

二、远期外汇交易

(一)概念

远期外汇交易(Forward Exchange Transaction),又称期汇交易,是指预约购买与预约出卖的外汇业务,也即买卖双方先行签订合同,规定买卖外汇的币种、数额、汇率和将来交割的时间,到规定的交割日期,买卖双方再按合同规定办理交割的外汇业务。远期外汇合约一经签订,双方必须按期履行,不能任意违约。银行通常要求那些资信不够了解或不够好的客户支付一定比例(约为交易额的 10%)的保证金以防止客户到期不能履约的风险。

在交割日方面,理论上成交后第三个营业日办理交割的外汇交易都属于远期外汇交易,但在实际操作中远期外汇交易的交割日通常是按月计算,主要有 1 个月、2 个月、3 个月、6 个月和 1 年,以 3 个月期的远期交易最为常见,交割期一般不超过一年。远期外汇交易的交割

日是按月数的整数倍确定的，不管每个月的实际天数是多少。比如说某年6月10日达成的一笔1个月和一笔3个月的远期外汇交易，它们的交割日分别就是7月10日和9月10日。如果交割日恰逢法定的节假日则依国际惯例往后顺延，远期交割如发生在月底，而该日正好是法定的节假日，则处理办法是将交割日往回推算而不是像通常一样顺延到后一个营业日，因为那样就将交割日推到了下个月。例如3月30日成交的一笔3个月期的远期外汇交易，交割日应为6月30日，假如6月30日恰好为节假日，则应往回推算，即交割日应为6月29日，假如6月29日仍为节假日，则继续往回推算至6月28日，结果是，远期交割日是当月的最后一个营业日。

（二）远期外汇交易类型

远期外汇交易根据交易双方是否确定外汇交割的具体日期，分为交割日固定的远期外汇交易和交割日不固定的远期外汇交易。

1. 交割日固定的远期外汇交易(Fixed Forward Transaction)

交割日固定的远期外汇交易指在合约中规定具体的交割日期，买卖双方在到期日进行交割，不得单方面随意更改。这种远期交易在银行间交易中使用较多。固定交割期的远期交易较易操作和确定远期汇率，但是，对于企业和投资者来说缺乏灵活性。如有的情况下，进出口商不能确定具体的收付款日期或临时需要更改，则按期履行远期合约会有困难。

2. 交割日不固定的远期外汇交易(Optional Forward Transaction)

又称择期外汇交易，交易双方不在合同里规定具体的交割日，只规定一段交割期限，在规定期限内双方可以任意选择一个工作日进行交割。择期交易给了进出口商及其他客户更大的灵活性，但并不是规定越长的选择期限越好，因为银行会报出一个比较不利的远期汇价。所以，进出口商应当根据实际情况尽可能缩短约定的选择期限，以获得较有利的远期价格。

（三）远期外汇交易的应用

1. 套期保值

外汇套期保值(Hedge)是指采取某种措施减少由于汇率变动的不确定性引起的汇率风险。由于汇率变动的不确定性，会使存在外汇结算的企业可能因其外汇收支以本币计算的价值发生变动而蒙受损失，为避免汇率风险，进出口企业可以在外汇市场通过反向的远期外汇交易来轧平头寸，进行套期保值。

例如：中国海尔公司欲从美国进口价值2 000万美元的一批设备，3个月后付款。为了避免美元升值，海尔公司可从美国花旗银行购买2 000万美元的3个月远期外汇，价格为7.2325RMB/$。合约到期后，海尔公司向花旗银行支付14 465万元人民币取得2 000万美元用于进口支付。如果3个月后美元果然升值，价格为7.3150RMB/$，则远期外汇合约使海尔公司避免了(7.3150 - 7.2325) × 2 000 = 165万元人民币的损失。相反，如果3个月后美元贬值，价格为7.1835RMB/$，那么，海尔公司需要多支付(7.2325 - 7.1835) × 2 000 = 98万元人民币。

又例如，德国某公司出口一批商品，3个月后从美国某公司获得10万美元的货款。为防止3个月后美元汇价的波动风险，公司与银行签订卖出10万美元的3个月远期合同。假定

美元对欧元3个月的远期汇率为1美元=1.2150/1.2160欧元,3个月后

(1)市场汇率变为1美元=1.2120/1.2135欧元,问公司是否达到保值目标、盈亏如何?

(2)市场汇率变为1美元=1.2250/1.2270欧元,问公司是否达到保值目标、盈亏如何?

解:(1)按照远期合约可兑换欧元:10×1.2150=12.15(万欧元)

按照市场汇率可兑换欧元:10×1.2120=12.12(万欧元)

兑换的欧元增加:12.15-12.12=0.03万=300(欧元)(盈利)

(2)按照市场汇率可兑换欧元:10×1.2250=12.25(万欧元)

按照远期合约可兑换欧元:10×1.2150=12.15(万欧元)

兑换的欧元减少:12.25-12.15=0.1万=1 000(欧元)(亏损)

从上面两例可以看出,当汇率不是朝着预期,而是朝着相反方向变动时,利用远期外汇合约进行套期保值可能还会有损失。所以,远期外汇合约的套期保值并不一定能使收益最高或成本最低,只是将收益和成本锁定,也就是将风险锁定。

2. 外汇投机

外汇投机是利用汇率波动而获利的行为。投机者可主动持有某种外汇的未轧平的头寸(Uncovered Position)来实现获利的目的。从广义上说,凡是持有未轧平的外汇头寸的交易者均属于外汇投机者,但外汇交易者持有外汇头寸通常有两种情况:一是由于从事国际经济交易持有了某种外汇头寸,由于某些原因未能及时将其轧平,交易者本身并没有从事外汇投机的动机;二是纯粹出于投机的目的而有意持有某种外汇头寸。狭义的外汇投机者一般是指后一类外汇交易者。

利用远期外汇合约进行外汇投机意味着在预测外汇汇率将上升时先买进后卖出(买多Buy Long),在预测外汇汇率下降时先卖出后买进(卖空 Sell Short)的交易行为。

例如,6月15日,纽约外汇市场上3个月港元远期汇率为7.8125HK $/ $,据投机者预测,港元将在3个月中升值,即美元对港元的远期汇率下降。于是,决定买入1 000万3个月远期港元,交割日为9月17日。如果港元果然升值,如8月17日,1个月远期美元汇率为7.8105HK $/ $,则该投机者将签订另一份合约,卖出1个月远期港元,交割日为9月17日,到期将获利(1/7.8105-1/7.8125)×1 000万美元。如果判断失误,3个月后港元贬值,则该投机者将遭受损失。

又例如,某日东京外汇市场上,3个月远期汇率为USD/JPY=119.50/120.00,若某投机商预测日元会升值,则买入3个月期汇2 390万日元,交割时需要20万美元。3个月后,若日元果然升值,即期汇率为USD/JPY=118.50/119.00,则投机商只需要用119.00 × 20=2 380万日元,就可以买进20万美元,履行期汇合约,获利2 390-2 380=10万日元。

若投机商预测日元会贬值,则卖出3个月期汇2 400(120.00 × 20)万日元,交割时应付现汇2 400万日元,收入20万美元。3个月后若日元果然贬值,即期汇率为USD/JPY=121.00/121.20,则投机商反手用20万美元,可以买进121.0 × 20=2 420万日元,履行期汇合约,获利2 420-2 400=20万日元。

由此可见,外汇投机交易的原则是低价买进,高价卖出。无论是买多还是卖空,如果要盈利,必须有一个前提,那就是能够准确预测汇率的走势,否则就会投机失败,造成损失。所以,投机和套期保值的原理是不同的,投机是以高风险获得高收益,投机的结果不是获利就

是亏损,而套期保值是希望以比较小的代价控制风险,将不确定因素降到最低。

(四) 远期汇率的报价

在各国的外汇市场上,远期外汇交易的报价有两种方法:一种是直接报价法,即直接标出远期外汇的实际汇率,如日本和瑞士就采用这种报价方法。如表 4-1 为用直接报价法标示的苏黎世外汇市场的远期外汇报价。

表 4-1　苏黎世外汇市场

某日	USD/CHF
即期汇率	1.2770/1.2780
1 个月远期汇率	1.2556/1.2578
2 个月远期汇率	1.2418/1.2434
3 个月远期汇率	1.2278/1.2293
6 个月远期汇率	1.1910/1.1930
12 个月远期汇率	1.1260/1.1310

另一种是点数报价法,即以即期汇率和远期差价点数来标明远期汇率,除了要报出即期汇率之外,还要报出升水或贴水的点数(见表 4-2),通过即期汇率加减升水或贴水计算出远期汇率。英国、德国、美国和法国等国家采用这种方法。远期差价(Forward Margin)也称远期汇水,是指远期汇率与即期汇率的差额,其大小用基本点(Basic Points)表示。由于远期差价通常比较稳定,用远期差价点数来报价比直接报价方式要省事,从而外汇市场形成了用远期差价点数报价的惯例。

表 4-2　远期点数报价举例

	GBP/USD	USD/HKD
即期汇率	1.7060/70	7.2535/45
1 个月	25/20	10/15
3 个月	64/57	20/30
6 个月	128/103	55/70
12 个月	230/200	85/90

远期差价有升水、贴水和平价三种情况。若远期汇率大于即期汇率,其差额为“升水”;远期汇率小于即期汇率,其差额为“贴水”;两者相等,则为“平价”。就两种货币而言,一种货币的升水必然是另一种货币的贴水。

由于汇率的标价方法不同,通过升贴水计算远期汇率的原则也不相同。

直接标价法下:远期汇率 = 即期汇率 + 升水(或 - 贴水)

间接标价法下:远期汇率 = 即期汇率 - 升水(或 + 贴水)

通常,银行报出远期差价点数时通常并不标明升水还是贴水。人们一般根据一个简单原则来判断:如果远期差价点数数字前小后大,则基准货币远期为升水;如果远期差价点数数字前大后小,基准货币远期为贴水。因此,在银行使用直接标价法的情况下,远期差价点数前小后大表示远期外汇升水,前大后小表示远期外汇贴水;在银行使用间接标价法的情况下,远期差价点数前小后大表示远期外汇贴水,前大后小表示远期外汇升水。但是,无论银行使用的是直接标价法还是间接标价法,在计算远期汇率时,可以按以下规则计算:

远期汇率 = 即期汇率 + 远期差价点数(远期差价点数前小后大)

远期汇率 = 即期汇率 - 远期差价点数(远期差价点数前大后小)

将以上所述计算方法归纳起来见表 4-3。

表 4-3 远期汇率计算方法

远期汇水排列方式	判断外汇升水/贴水	计算方法
大/小(前大后小)	直接标价法:贴水 间接标价法:升水	即期汇率减去汇水(-)
小/大(前小后大)	直接标价法:升水 间接标价法:贴水	即期汇率加上汇水(+)

例如, 在纽约外汇市场:

即期汇率　　　　　　　　3 个月远期

USD/CHF 1.2066—81　　　　10—15

美元对瑞士法郎远期汇率的点数为 10—15,第一栏点数小于第二栏点数,故实际远期汇率数字应在相应的即期汇率数字加上远期点数,即

$$1.2066 + 0.0010 = 1.2076$$

$$1.2081 + 0.0015 = 1.2096$$

美元对瑞士法郎 3 个月远期汇率 1.2076/96

例如, 在伦敦外汇市场:

即期汇率　　　　　　　　3 个月远期

GDP/USD1.6121—35　　　　32—20

英镑对美元远期汇率的点数为 32—20,第一栏点数大于第二栏点数,故实际远期汇率数字应在相应的即期汇率数字减去远期点数,即

$$1.6121 - 0.0032 = 1.6089$$

$$1.6135 - 0.0020 = 1.6115$$

英镑对美元 3 个月远期汇率 1.6089/15

(五) 远期汇率的决定

影响远期汇率的因素很多,如远期外汇供求关系、市场心理预期、国际政治经济形势、国际贸易消长、两种货币的利率差异等,经过理论分析和实证研究表明,其中,利率因素对远期汇率的影响起决定性作用。根据利率平价理论,如果两国存在较大的利差,套利者就会进行抛补套利,会使高利率货币的即期汇率不断提高,远期汇率不断降低,贴水额变大。使低利率货币的即期汇率降低,远期汇率提高,即升水额变大。随着抛补套利的不断进行,远期差价就会不断加大,直到两种资产所提供的收益率完全相等,这时抛补套利活动就会停止,远期差价正好等于两国利差,即利率平价成立。由此得出结论:在其他条件不变的情况下,一种货币对另一种货币是升水还是贴水,升水或贴水的具体数字以及升水或贴水的年率,受两种货币之间的利息率水平的直接影响,一般情况下,利率低的国家的货币的远期汇率会升

水，利率高的国家的货币的远期汇率会贴水，远期汇率与即期汇率的差异，取决于两种货币的利率差异。

所以，如果从两地的利率来推算远期汇率的话，远期差价是由利率之差决定的，它决定了远期价格是升水还是贴水。远期差价的近似计算公式为：

$$远期差价 = 即期汇率 \times 两地利率差 \times 月数 \div 12$$

例如，伦敦外汇市场即期汇率为£1 = US $1.5500，纽约市场利率为7.5%，伦敦市场利率为9%，求3个月后的远期汇率是多少？

（1）由利率平价理论可知，美元3个月后升水

（2）升水值 $1.5500 \times (9\% - 7.5\%) \times 3/12 = 0.0058$ US $

（3）远期汇率 = 即期汇率 − 升水值　　　US $(1.55 − 0.0058) = 1.5442US $

3个月远期汇率£1 = US $1.5442

三、套汇交易

（一）概念

套汇交易（Arbitrage）又称为地点套汇，利用不同的外汇市场上某些货币在汇率上存在差异，进行贱买贵卖以获取差价利润的一种外汇交易。套汇的结果会使贱货币汇率上涨，贵货币汇率下跌，拉平不同外汇市场上的货币汇率差距。在全球金融电子化的今天，在同一时间、不同外汇市场的汇率差别是转瞬即逝的，套汇机会的出现与捕捉已经越来越难。

（二）类型

套汇交易主要有以下两种方式：

1. 两角套汇（Two Points Arbitrage）

两角套汇又称直接套汇（Direct Arbitrage），是套汇者利用两个外汇市场上某两种货币之间的汇率出现的差异，在汇率较低市场买入，同时在汇率较高市场卖出，获取差价利润。

例如，同一时间纽约、东京两个外汇市场的即期汇率如下：

纽约外汇市场　　　　1USD = JPY102.22/102.53

东京外汇市场　　　　1USD = JPY102.63/102.90

若套汇者在东京外汇市场用10万美元以102.63的价格买入1 026.3万日元，同时用所得日元中1 025.3万在纽约市场以102.53的价格买入10万美元，如果不考虑套汇成本，套汇者可取得套汇收益1万日元。

2. 三角套汇（Three Points Arbitrage）

三角套汇又称间接套汇（Indirect Arbitrage），是利用三个或多个不同地点的外汇市场中多种货币之间的汇率差异，同时在这三个或多个外汇市场上进行外汇买卖，以赚取汇率差额收益的一种外汇交易。

在三角套汇中对三个以上的市场中三种或三种以上货币之间是否存在套汇的可能需要通过以下准则来形成判断：首先，统一标价法。如果各个外汇市场不是使用同一种标价法，则需将各个外汇市场的汇率转换成同一标价法，即同为直接标价法或同为间接标价法，同时将基准货币统一为1；其次，将各个市场的两个汇率值分别相乘，如果乘积为1，则说明不存在套汇机会，否则存在套利机会；最后，在存在套汇机会的情况下套算不同市场的汇率，进一

步确定套汇路线。

例如,某一时间,各外汇市场银行报价如下:

纽约外汇市场	1 USD = 0.8355 - 0.8376 EUR
法兰克福外汇市场	1 GBP = 1.5285 - 1.5380 EUR
伦敦外汇市场	1 GBP = 1.7763 - 1.7803 USD

第一步,首先判断是否存在套汇机会。将三个外汇市场标价法统一,因为伦敦和纽约采用间接标价法,所以将法兰克福改为间接标价法。

$$EUR\ 1 = 0.6502 - 0.6542\ GBP$$

然后将三个汇率相乘,即

$0.8355 \times 0.6502 \times 1.7763 = 0.9649$ 或 $0.8376 \times 0.6542 \times 1.7803 = 0.9755$

结果不等于1,可以进行套汇。

第二步,通过对汇率进行套算来确定套汇路线。将纽约和法兰克福两个市场的汇率进行套算,得出 1 GBP = 1.8249 - 1.8408 USD,与伦敦外汇市场的汇率进行比较发现,英镑在伦敦外汇市场便宜,在法兰克福外汇市场贵,最终确定套汇路线:

先在伦敦市场换英镑,再在法兰克福市场换欧元,最后在纽约市场换美元。假定以 1 美元进行套汇,则 1USD→1/1.7803GBP→1.5285/1.7803EUR→1.5285/(1.7803 × 0.8376) USD = 1.0250 USD,即投入 1 美元,套汇后可得 1.0250 美元,套汇收益为 0.025 美元。

四、套利交易

(一) 概念

套利交易(Interest Arbitrage)也称利息套汇、时间套汇,是指套利者利用不同国家金融市场上短期利率的差异,将利率低的国家货币兑换成为利率较高国家的货币,并调往利率较高的国家获取利差收益的一种外汇交易。

(二) 类型

根据套利者是否对外汇风险进行防范,套利交易可分为非抵补套利和抵补套利两种。

1. 非抵补套利(Uncovered Interest Arbitrage)

是指套利者利用不同国家金融市场上短期利率的差异,把资金从低利率的国家和地区调往高利率的国家和地区谋取利差收益,但不反向轧平头寸的行为。套利者承担汇率变动的风险。

2. 抵补套利(Uncover Interest Arbitrage)

是指套利者把资金从低利率的国家和地区调往高利率的国家和地区去谋取利差的同时,用远期外汇交易反向轧平头寸。从外汇买卖的形式看,抵补套利交易是一种即期对远期的掉期交易。抵补套利是市场不均衡的产物,随着抵补套利活动的不断进行,货币市场与外汇市场之间的均衡关系会重新得到恢复。

例如,伦敦金融市场年利率为 9.5%,纽约金融市场年利率为 7%,即期汇率为£1 = $1.96,套利资金为 100 万美元,套利期限 6 个月。套利过程:

第一步,将 100 万美元兑换成英镑,100 万/1.96 = 51.02 万英镑;

第二步,将 51.02 万英镑在英国存 6 个月,本息和为 51.02 万 × (1 + 9.5% × 6/12) =

53.443 万英镑；

第三步，将 53.443 万英镑换回成美元，汇率未知（6 个月后英镑对美元汇率不确定）。

如果投资者不套利，直接将 100 万美元存放在美国金融市场，那么存款的本息和为

$$100\text{万} \times (1 + 7\% \times 6/12) = 103.5\text{万美元}$$

$$53.443\text{万英镑} \times Rf = 103.5\text{万美元}$$

$$Rf = 1.9366$$

进行非抵补套利者有三种结果：

当 6 个月后英镑对美元即期汇率 = 1.9366 时，套利与不套利收益一样；

当 6 个月后英镑对美元即期汇率 > 1.9366 时，套利有收益；

当 6 个月后英镑对美元即期汇率 < 1.9366 时，套利有亏损。

为了锁定套利收益，套利者可以进行抵补套利，通过远期外汇交易锁定风险，在即期买入高利率货币的同时，卖出高利率货币的远期。假如上例中英镑对美元 6 个月的远期汇率为￡1 = $1.95，则套利结果是确定的。

英镑本息到期换得美元：53.443 万 ×1.95 = 104.21 万，套利收益为 104.21 万美元 - 103.5 万美元 = 0.71 万美元。

五、掉期交易

（一）概念

掉期交易（Swap Transaction）是指将货币相同、金额相同，而交易方向相反、交割期限不同的两笔或两笔以上的外汇交易结合起来进行。也就是在买进某种外汇的同时卖出金额相同的该种货币，但买进和卖出的交割日期不同。

（二）类型

按交割期限的不同划分为即期对远期、远期对远期和即期对即期的掉期交易。

（1）即期对远期的外汇掉期交易（Spot Against Forward），将一笔即期外汇交易与一笔远期外汇交易结合在一起进行，这是掉期交易中最常见的一种形式。例如，某跨国公司以 USD 1 = CHF 1.2685 的即期汇价买进 500 万美元，同时以 USD1 = CHF1.2565 的远期汇价卖出 3 个月的远期美元 500 万。

（2）远期对远期的掉期交易（Forward against Forward），将两笔交割期限不同的远期外汇交易结合在一起进行。例如，买进或卖出 1 个月后交割的远期英镑，同时卖出或买进 2 个月后交割的远期英镑。

（3）即期对即期的掉期交易（Spot against Spot），又称一日掉期（One Day Swap）。具体形式有：① 隔夜交易（Over Night Swap）。在此交易中，前一交割日是交易当天，后一交割日是交易日后的第一个工作日。② 隔日交易（Tomorrow/Next Swap）。在此交易中，前一个交割日是交易日后的第一个工作日，后一交割日是交易日后的第二个工作日。总的来说，即期对即期交易的特点是前后两个交割日均不超出即期外汇交易的标准交割日。

（三）作用

进行掉期交易的目的在于避免汇率变动的风险。掉期交易通常是为抵补已购入或售出的某种外汇所可能发生的风险而进行的。

外汇掉期交易的功能之一是调整起息日。客户做远期外汇买卖后,因故需要提前交割或推迟交割,都可以通过做外汇掉期对原交易的交割时间进行调整。例如:一家美国贸易公司在1月份预计4月1日将收到一笔英镑货款,为防范汇率风险,公司按远期汇率同银行做了一笔3个月远期外汇买卖,买入美元卖出英镑,起息日为4月1日。但到了3月底,公司得知对方将推迟付款,在5月1日才能收到这笔货款。于是公司向银行提出要求,将远期外汇买卖的交割日由4月1日推迟至5月1日。为满足客户的要求,银行可以通过一笔掉期外汇买卖,将4月1日的头寸转换至5月1日。

外汇掉期交易的功能之二是防范风险。若客户目前持有甲种货币而需使用乙种货币,但在经过一段时间后又将收回乙种货币并换回甲种货币,也可通过外汇掉期交易来锁定换汇成本,防范风险。例如:一家日本贸易公司向美国出口产品,收到货款500万美元。该公司需将货款兑换为日元用于国内支付。同时公司需从美国进口原材料,并将于3个月后支付500万美元的货款。这时公司可以做一笔即期对远期的掉期交易,即期卖出500万美元,买入相应日元的同时,买入3个月500万美元的远期,卖出相应日元。通过上述交易,公司可以轧平其中的资金缺口,达到规避风险的目的。

第三节 衍生外汇交易

衍生金融交易是在传统金融交易基础上创新而来的,是20世纪70年代以来国际金融发展历史的一个里程碑,标志着国际金融业务进入快速创新时期。本节主要介绍外汇期货交易、外汇期权交易和货币互换等三种具有代表性的衍生外汇交易。

一、外汇期货交易

外汇期货交易是在浮动汇率制度施行后发展起来的。为了防范和回避外汇汇率风险,美国首先将期货交易方式应用到外汇买卖中,建立了外汇期货市场。1972年5月16日,美国芝加哥商品交易所(Chicago Merchandile Exchange,简称CME)的国际货币市场(International Monetary Market,简称IMM)成立,并首次开始经营外汇期货业务,之后,纽约期货交易所和美国股票交易所也开办了金融期货业务。1982年9月,全球传统的金融中心伦敦,成立了"伦敦国际金融期货交易所"(London International Financial Futures Exchange,简称LIFFE),开始做外汇期货交易,成为除芝加哥之外的第二大金融期货交易中心。随后,澳大利亚、加拿大、荷兰、新加坡、东京等国家和地区也开设了外汇期货交易市场,从此,外汇期货市场便蓬勃发展起来。目前,从世界范围看,外汇期货的主要市场在美国,集中在芝加哥商品交易所的国际货币市场(IMM)、中美洲商品交易所(MCE)和费城期货交易所(PBOT)。此外,外汇期货的主要交易所还有伦敦国际金融期货交易所(LIFFE)、新加坡国际货币交易所(SIMEX)、东京国际金融期货交易所(TIFFE)、法国国际期货交易所(MATIF)等,每个交易所基本都有本国货币与其他主要货币交易的期货合约。

资料卡

中国金融期货交易所

中国金融期货交易所于2006年9月8日在上海成立，由上海期货交易所、郑州商品交易所、大连商品交易所、上海证券交易所和深圳证券交易所共同发起。中国金融期货交易所实行结算会员制度，会员分为结算会员和非结算会员，结算会员按照业务范围又分为交易结算会员、全面结算会员和特别结算会员。交易方式采用电子化交易方式，不设交易大厅和出市代表。所有金融期货产品的交易均通过交易所计算机系统进行竞价，由交易系统按照价格优先、时间优先的原则自动撮合成交。

（一）外汇期货交易的概念

外汇期货交易(Foreign Exchange Future)是指在有组织的交易市场上(期货交易所)以公开喊价的方式，承诺在未来某一特定日期，按照约定的价格买进或卖出某种外汇的标准化合约的一种业务。

（二）外汇期货交易的主要内容

1. 标准化合约

外汇期货合约是标准化的合约，其交易币种、报价方式、合同金额、交割月份、交割日期、最小价格波动和最高限价等都有统一的规定(见表4-4)。目前，外汇期货交易的主要品种有美元、英镑、日元、欧元、瑞士法郎、加拿大元、澳元等，世界主要交易所交易的币种见表4-5。外汇期货合约一般以美元为标价货币报价，因此，在期货交易的公开叫价中，报价方式为每加拿大元、每英镑、每日元、每瑞士法郎、每欧元的美元数。报价采取小数形式，小数点后报出4位数，比如SF1 = \$0.6756。外汇期货合约的金额都是固定的，并且不同的货币有不同的标准金额。比如，在芝加哥国际货币市场上，英镑每份合约是52 500英镑，加拿大元每份合约是100 000加元，日元每份合约是12 500 000日元，瑞士法郎每份合约是125 000瑞士法郎等。交割月份是外汇期货合约规定的外币合约的到期月份，芝加哥国际货币市场的外币期货合约的交割月份分别为3月、6月、9月、12月。一年中其他营业时间可以进行买卖，但不能交割。若合约到期前未进行冲销，则必须进行现汇交割。外汇期货的交割日期，规定为到期月的某一天。芝加哥国际货币市场(IMM)规定的交割日期都是到期月的第三个星期的星期三。从交割日前推两个营业日为每份合约的交易终止日。如果合同在终止日前未冲销，则期货合约的多头有责任以当日结算时的汇率，支付与外汇期货合约等额的美元，而空头要交付相等的外汇额。

“最小价格波动”是指在买卖货币期货合约时，由于供求关系使合约的货币价格产生波动的最小幅度。以瑞士法郎为例，规定该期货合约的最小价格波动为0.0001(一般称为1个点或者说是0.01%)。如果瑞士法郎当前的交易价格为0.6756美元，则上涨和下跌的下一个最小报价为0.6757和0.6755。英镑的最小波动幅度是0.0002，如果英镑的当前报价是1.4488，则英镑上涨和下跌的下一个最小报价为1.4490和1.4486。这里每个点代表一定的美元价值。因为瑞士法郎的期货合约金额为125 000，则每“点”最小波动价值应为125 000

×0.0001 = 12.5 美元,英镑每“点”价值为 62 500 ×0.0002 =12.5 美元。“最高限价”是指每日交易价格变化的最高限制,超过此限价,该种货币的期货交易就将停止。如瑞士法郎的最高限价为 150 个点(0.0150),以美元换算,则最高限价为 125 000 ×0.015 =1 875 美元,这是人为规定的瑞士法郎一天波动的最大幅度。

表 4-4 IMM 5 种外汇期货合约

币种	GBP	JPY	AUD	CHF	CAD
合约金额交易单位	6.25 万	1250 万	10 万	12.5 万	10 万
最小价格变动单位	0.0002	0.000001	0.0001	0.0001	0.0001
每份合约变动单位	USD12.5	USD12.5	USD10	USD12.5	USD10
涨跌限制	400 点	150 点	150 点	150 点	150 点
保证金(初始/维持)	2 800/2 000	2 100/1 700	1 200/900	2 100/1 700	900/700
交易时间	上午 7:20—下午 2:00				
最后交易日	交割日前两个交易日(当日于上午 9:16 收盘)				
交割月份	3、6、9、12				
最后交割日期	交割月份的第三个星期三				

2. 保证金制度

外汇期货交易和其他期货合约一样,是在保证金制度的基础上进行的,交纳保证金的目的是为了确保买卖双方很好地履行义务。保证金的缴纳数量随头寸情况的不同而不同,这和期货价格的易变性有关。在外汇期货交易中,汇率变动大的货币,要求的保证金多些,反之就少些。对于单纯的投机交易,保证金就大,套期保值交易保证金就小。保证金一般是双重的,经纪商或交易所会员要向交易所的清算中心缴纳保证金,客户又要向经纪商缴纳保证金。经纪商向客户征收的保证金往往比交易所规定的要高一些。

保证金有初始保证金和维持保证金之分。初始保证金是签订期货合同时必须存缴的,其金额一般为合约价值的 5%—10%。维持保证金又称最低保证金额,是保证金允许下降的最低水平。客户在开立外汇期货合同后,如果发生亏损,保证金数额会下降,下降到维持保证金限额,客户就必须再缴纳保证金,并将保证金恢复到初始水平,这部分需要新补充的保证金就是追加保证金。

3. 经纪人制度

外汇期货交易是在有组织的交易所通过经纪人进行的,并且有一定的交易程序。其组织结构上有三方主体参与:一是金融期货交易所。其职责是提供一个有组织的市场,制定会员业务经营的公平竞争原则,提供统一的交易规则和标准,订立统一的交易时间,调解会员之间的纠纷,为会员提供履行合约及财务责任的担保,收集信息并向会员和社会传播。二是经纪商。是代客户进行期货交易的公司,他们是交易所的会员,客户是通过经纪商参与交易所的交易的。通常设有结算部门和现货交割部门等,为客户提供全面的服务。三是结算公司,又称结算所,负责清算交割。要完成一个期货合约交易,这三个组织结构缺一不可。

4. 清算制度

交易所交易对场外交易而言,有一个重要的优势就是清算制度。清算制度是通过清算所来完成的,清算所包揽了所有的清算工作,每笔交易的结果都要汇总到清算所进行清算。

在外汇期货交易市场上，期货履约前都会按照某种明确的清算机制进行现金结算，这都是通过清算机构在交易双方之间充当中介来完成的。在交割日到来之前的清算过程实际上是保证金的结算过程。

按照“无负债”原则，外汇期货交易实行“每日结算制度”，或称逐日盯市（Mark-to-market）制度。交易者的头寸每天都要按结算价格结扎。结算价格是每天收市前的最后半分钟或一分钟的价格平均数。外汇期货市场根据每天价格的变动对交易者的账户按结算价格计算盈亏，盈亏分别计入保证金账户。由于这一工作是每天进行的，所以，只要结算价格有变动，每天就有损益收付，一直到履约为止。

资料卡

表 4-5　世界主要交易所交易的货币期货种类

交易所名称	货币期货种类
悉尼期货交易所	AUD
中美洲商品交易所	CHF、GBP、EUR、CAD、JPY
纽约棉花交易所	EUR
费城证券交易所	CHF、GBP、EUR、CAD、JPY、AUD
伦敦国际金融期货期权交易所	GBP、USD、JPY、CHF、EUR
伦敦证券交易所	GBP、USD
多伦多期货交易所	CAD、CHF、EUR、GBP
温哥华证券交易所	CAD、CHF、EUR、GBP
新加坡国际货币交易所	EUR、JPY、欧洲 USD、GBP
奥克兰期货交易所	NZD、USD
法国国际期货交易所	EUR
东京国际金融期货交易所	欧洲 JPY、JPY、欧洲 USD

（三）外汇期货交易与远期外汇交易的区别

外汇期货交易是建立在远期外汇交易基础上的衍生金融品种，但是与远期外汇交易又有着根本的区别，主要表现在：

（1）交易场所不同。外汇期货交易在固定的期货交易所进行，场内交易仅限于会员，非会员只能通过会员代理买卖，远期外汇交易是场外交易，不受交易地点和时间的限制。

（2）合约内容的确定方式不同。外汇期货合约对交易货币的数量、交割期、交割地点等均有标准化的统一规定，远期外汇合约则由交易双方自由协商决定上述事项。

（3）买卖双方合同责任关系不同。外汇期货交易有三方参加，清算所分别与外汇期货的买方和卖方建立契约关系，并需要承担风险。远期外汇交易买卖双方之间具有直接合同责任关系，即使有经纪人介入，后者也只起沟通信息作用，并不亲自承担风险。

（4）交易币种不同。外汇期货交易涉及的货币种类较少，远期外汇交易可以涉及所有可自由兑换的货币。

（5）交易方式不同。外汇期货交易在集中的市场上以公开喊价的方式进行，远期外汇交易则是买卖双方通过电话、电传等通信工具,以协商的方式进行。

(6) 保证金制度不同。期货交易的买卖双方均需缴纳保证金,保证金的数量由期货交易所决定,根据外汇期货价格的波动情况进行调整,远期外汇交易一般情况下对保证金没有严格要求。

(7) 交割方式不同。只有很少的外汇期货合同在到期日进行实际交割,绝大多数合同在到期日之前以对冲方式了结。大多数远期外汇交易在交割日办理实际交割。

(8) 手续费和报价不同。在期货交易中,要按照交易的合约数量收取一定的手续费,并且买方报买价,卖方报卖价,但是在达成协议后只有一个买卖期货的价格。在远期外汇交易中,不收取手续费,报价行既报买价又报卖价。

(四) 外汇期货交易程序

在交易所内进行外汇期货交易的都必须是交易所的会员,其中多半是场内经纪商(Floor Brokers),其余的是场内自营商(Floor Dealers, Floor Traders)。一般外汇期货交易的程序如下:

第一步,期货交易者在经纪公司开立一个保证金账户。

第二步,交易客户通过电话或其他方式委托其经纪公司下单,经纪商将交易指令传递给它在交易所内的出市代表。若交易客户委托的经纪公司本身不是交易所的会员,那么这个经纪公司也一定要通过一个是交易所会员的经纪公司才能进行交易。

第三步,出市代表将订单传至场内的经纪商。

第四步,场内经纪商根据订单要求在交易所内用公开叫价或其他方式,与交易对方定价成交并记录确认交易行为。

第五步,交易结果信息再按下单路径从场内经纪商逆向返回买方或卖方。

(五) 外汇期货交易的运用

外汇期货交易和外汇远期交易的原理是一样的,是外汇交易者进行套期保值、回避风险和单纯投机的金融工具。

1. 外汇期货的套期保值

外汇期货的套期保值是当现货市场存在某一笔交易时,在期货市场上进行一笔买卖方向相反、期限相同的交易,以期保值。在正常情况下,由于期货价格和现货价格受相同因素的影响,其变动方向与即期汇率的变动方向一致。所以通过在两个市场反向操作,即在现汇市场买进(卖出),并在期货市场卖出(买进),如果现汇交易发生亏损(盈利),期货交易一定会盈利(亏损),两者相互抵消或部分抵消,以降低风险损失、固定交易成本或收益。外汇期货交易主要有多头套期交易和空头套期交易两种方式。

(1) 多头套期保值。又称买入套期保值,是指在现汇市场处于空头地位者,在期货市场上先买入与现汇市场存在同风险的外币期货,然后卖出期货轧平头寸。通过期货市场先买后卖的汇率变动与现货市场相关交易的汇率变动损益相抵冲,以避免汇率波动风险。适用于有远期外汇支出的场合,如进口商或需要付外汇的人。

例如,美国某进口商在 7 月 10 日从英国进口价值 125 000 英镑的商品,11 月 10 日需向英国出口商支付货款。假设 7 月 10 日英镑的即期汇率是 \$1.6320/£ ,当天 12 月期英镑期货价格为 \$1.6394/£ ,后英镑汇率上涨到 \$1.6480/£ 。

该美国进口商利用期货市场进行套期保值的具体做法是见表(4-6):在 7 月 10 日买入 5

份(每份合约的交易单位为 25 000 英镑)12 月期英镑期货合约,总价值为 125 000 英镑。到了 11 月 10 日,再在期货市场上进行对冲,即卖出 5 份英镑期货合约,同时在即期外汇市场上买入 125 000 英镑支付货款,这样他便可达到保值的目的。

表 4-6　多头套期保值

现货市场	期货市场
7 月 10 日 现汇汇率 GBP1 = USD1.6320 GBP125 000 折合 USD204 000	7 月 10 日 买入 5 份 12 月期英镑期货合约(开仓) 价格 GBP1 = USD1.6394 总价值:USD204 925
11 月 10 日 现汇汇率 GBP1 = USD1.6480 GBP125 000 折合 USD206 000	11 月 10 日 卖出 5 份 12 月期英镑期货合约(平仓) 价格 GBP1 = USD1.6540 总价值:USD206 750
结果:损失 USD2 000	结果:盈利 USD1 825

在该例中,现货市场的升值幅度超过了期货市场期货价格的升值幅度,美国公司在现货市场的亏损超过了期货市场的盈利,呈现净亏损。所以期货套期保值只能消除部分现汇市场的风险,不能够达到完全保值,有可能还有净风险暴露部分,这也是需要估算和预测的。

(2) 空头套期保值。又称卖出套期保值,是指在现汇市场处于多头地位者,在期货市场上先卖出与现汇市场存在同风险的外币期货,然后买入期货轧平头寸。通过期货市场先卖后买的汇率变动与现货市场相关交易的汇率变动损益相抵冲,以避免汇率波动风险。适用于有远期外汇收入的场合,如出口商或需要收外汇的人。

例如,美国一出口商 5 月 10 日向加拿大出口一批货物,计价货币为加元,价值 100 000 加元,1 个月后收回货款。为防止 1 个月后加元贬值,该出口商在期货市场上卖出 1 份 6 月期加元期货合约。价格为 0.8595 美元/加元,至 6 月份加元果然贬值。

该美国出口商利用期货市场进行套期保值的具体做法是(见表 4-7):在 5 月 10 日卖出 1 份 6 月期加元期货合约,总价值为 100 000 加元。到了 11 月 10 日,再在期货市场上进行对冲,即买入 1 份加元期货合约,同时在即期外汇市场上将 100 000 加元货款卖出,即可达到保值的目的。

表 4-7　空头套期保值

现货市场	期货市场
5 月 10 日 现汇汇率 0.8590 美元/加元 CAD100 000 折合 USD85 900	5 月 10 日 买入 1 份 6 月期加元期货合约(开仓) 价格 0.8595 美元/加元 总价值:USD85 950
6 月 10 日 现汇汇率 0.8540 美元/加元 CAD100000 折合 USD85400	6 月 10 日 卖出 1 份 6 月期加元期货合约(平仓) 价格 0.8540 美元/加元 总价值:USD85 400
结果:损失 USD500	结果:盈利 USD550

若该美国公司不进行空头套期保值,将损失500美元,但是通过在外汇期货市场做空头套期保值交易,降低了现汇市场的风险,并获利50美元(550－500),达到了对现汇保值的目的。

2. 外汇期货的投机

外汇期货投机交易是指交易者在预测汇率波动的基础上,通过低价买进、高价卖出的买空卖空活动来赚取收益的交易。投机交易者与外汇保值者不同,他在未来没有具体的外汇需要保值,只是在期货市场上单向操作,在某种外汇价格的波动之中,进行冒险性质的交易。

例如,某投机者预测加元兑美元的汇率会上升,于是利用期货市场买入10份(每份合约10万加元)某月交割的加元期货合约,成交价格为CAD1＝USD0.9375。1个月后加元果然升值,价格变为CAD1＝USD0.9868,则将未到期10份合约卖出对冲平仓,不考虑费用共获利:10×10万×(0.9868－0.9375)＝49 300美元。

投机交易存在巨大风险,一旦投机者预测失误,则要蒙受巨额损失。但外汇期货的投机交易是期货市场正常运行所必不可少的,他们通过主动承担金融风险,为套期保值者转移风险提供了必备条件。

二、外汇期权交易

期权交易最早是从股票期权交易开始的,1978年荷兰的欧洲期权交易所(European Option Exchange)首次将期权交易纳入交易所内进行。1982年12月,美国费城交易所(Philadelphia Stock Exchange)承办了第一笔英镑期权和德国马克期权,并获得了美国证券交易委员会的批准,标志着外汇期权交易成为一种正式的投资工具。20世纪80年代后期,国际金融市场上一些大的外汇银行开始经营外币现汇期权,期权交易进入场外市场交易。到目前为止,期权交易已经成为一种重要的保值避险和投机的工具。

(一) 外汇期权的概念

外汇期权(Foreign Exchange Option)也称货币期权或外币期权,是指期权购买者向期权出售者支付相应期权费后,即有权在约定的到期日或期满前按协定汇率履行或放弃买卖约定的外汇。外汇期权交易的对象不是"货币"本身,而是一种"选择权",即将来可以根据市场行情履约或放弃履约的权利。

(二) 外汇期权的特点

外汇期权有如下两个特点:

1. 保险费无追索权

保险费(Premium)又称期权费、期权价格或权利金,是期权交易时,买方按规定支付给卖方的购买期权权利的费用。该费用在期权合约成交时一次付清,不论期权购买者在有效期内是否执行该权利,都不能追回。保险费对于期权购买方来讲,是购买期权的成本,是对卖方承担风险损失的补偿;对卖方来讲,是出售期权的收益。保险费的多少是根据保险费费率计算的,而保险费费率是不固定的,取决于即期汇率水平、期权协定价格、预期汇率波动幅度以及期权有效期等因素。

2. 买卖双方的权利和义务不对等

期权对于期权合同的购买者是一种权利,而不是义务,即买方不必承担买进或卖出外汇的义务。到期时市场价格对买方不利则可以执行期权,市场价对买方有利则放弃履约。使用外汇期权交易可以用有限的成本(最大的损失就是所支付的期权费)锁定无限的汇率风险。而期权卖方则有义务在买方要求交割时履约,承担所有的汇率风险,卖方最大的收益是期权费,损失却是无限的。所以,外汇期权买卖双方的权利与义务、收益与风险是不对等的。

(三) 外汇期权交易的分类

根据不同的标准,外汇期权有不同的划分。

1. 按交割时间,期权可分为美式期权和欧式期权

(1) 美式期权(American-style Option)是指从成交日到期权合约到期日,期权买方随时可以行使权利要求卖方履行合约的期权。

(2) 欧式期权(European-style Option)是指只允许期权买方在期权合约到期日行使选择权的期权。

当到期日相同时,一般美式期权的期权费高于欧式期权,因为它赋予期权买方更大的选择自由并使期权卖方承担更大的风险。

2. 按期权性质,期权可分为看涨期权和看跌期权

(1) 看涨期权(Call Option),亦称多头期权、购买期权或买入期权。期权购买者支付期权费并取得以约定价格购买特定数量外汇的权利。购买看涨期权既可以使所负有的外汇债务在外汇价格上涨期间得以保值,又可以在外汇价格上涨期间有权以较低价格(协定价格)买进外汇,同时以较高的价格(市场价格)抛出,以赚取利润。

(2) 看跌期权(Put Option)亦称空头期权、出售期权或卖出期权。购买者支付期权费并取得以约定价格出售特定数量外汇的权利。购买看跌期权一方面可使所持有的外汇债权在外汇价格下跌期间得以保值,另一方面又可在外汇价格下跌期间,以较低的市场价格买入外汇,以较高的价格(协定价格)卖出外汇而获得收益。

(四) 外汇期权交易的运用

外汇期权主要具有保值和投机两种功能。具有远期外汇支出的进口商可用买进外汇看涨期权以固定成本,减轻风险;具有远期外汇收入的出口商可用买进看跌期权达到同样的目的。

1. 买入看涨期权(主要适用于进口商或借款人)

例如,香港某进口商需在3个月后支付50万美元的进口货款,当时即期汇率为USD1 = 7.7788HKD,担心3个月后美元升值,于是,香港进口商以协定价格USD1 = 7.7667HKD买入3个月期美元看涨期权10份(每份5万美元),期权费为HKD0.08/USD,当3个月后市场汇率分别大于、小于和等于合同汇率时,香港进口商的具体操作如下:

若3个月后市场汇率大于合同汇率7.7667,则执行期权,总费用为50万×(7.7667 + 0.08) = 392.335万港元。若3个月后市场汇率小于合同汇率,比如为7.6500,则放弃执行期权合约,在外汇市场直接购买现汇美元,总费用为50万×(7.65 + 0.08) = 386.5万港元,比执行期权合约节省成本5.835万港元。若3个月后市场汇率等于合同汇率7.7667,则执行或不执行期权均可,成本都一样。

通过期权交易,美国进口商将最大成本锁定在392.335万港元,当市场汇率下降时,进口商最大亏损为期权费,当市场汇率上升时,进口商可获得执行期权的收益。

又例如,英国某企业参加瑞士建设部门举办的国际公开招标,结果在两个月后公布,届时,中标者将获得200万瑞士法郎的一期款,其他款项将在此后的固定日期用瑞士法郎支付,如果瑞士法郎在两个月内贬值,中标企业将蒙受损失。为了防范风险,该企业购买200万两个月后到期的瑞士法郎卖出期权,如果该企业中标,并且瑞士法郎贬值则可行使期权按事先约定的较高汇率出售瑞士法郎,若瑞士法郎升值,则可以不执行期权而按较高的市价卖出瑞士法郎,如该企业未中标,则放弃行使期权。

本例如果采用远期外汇交易避险,当该企业中标且瑞士法郎贬值,它可以保值;当该企业未中标或该企业中标但瑞士法郎升值,企业都必须履行远期合同,丧失利用瑞士法郎升值获利的机会,所以对于不确定的外汇流动,外汇期权交易是一种较为理想的套期保值手段,无论汇率朝哪个方向变动,外汇期权均给期权买方留有获利的机会。

2. 买入看跌期权(主要适用于出口商或贷款人)

例如,日本某公司将于3个月后收回一项货款,金额为100万美元,担心3个月后美元贬值,于是买入美元的看跌期权,协定价格为USD1 = JPY130,期权费为USD1 = JPY0.03,试计算:

(1) 盈亏保本点和执行期权的收益。

(2) 当市场汇率分别为130/140/110/129.8时该公司的盈亏状况。

解:(1) 盈亏平衡点 = 合同汇率 - 期权费 = 130 - 0.03 = 129.97

执行期权的收益 = 100万 × (130 - 市场汇率 - 0.03)

(2) 当市场汇率为130时,可以执行也可以不执行期权,卖出100万美元的总收入为100万 × (130 - 0.03) = 12 997万日元。

当市场汇率为140大于合同汇率130时,不执行期权:按市场汇率卖出100万美元的总收入为100万 × (140 - 0.03) = 13 997万日元。

当市场汇率为110小于合同汇率130时,执行期权,总收入为12 997万日元,执行期权收益为100万 × (130 - 110 - 0.03) = 1 997万日元。

当市场汇率为129.98大于129.97且小于130时,执行期权,但期权收益不足以弥补期权费支出,有部分亏损。

三、货币互换交易

货币互换是在平行贷款、背对背贷款以及信用互换三种传统互换形式的基础上产生的。1981年,世界银行和美国国际商用机器公司(IBM)进行了世界上著名的一笔货币互换,世界银行将2.9亿美元债券换为德国马克和瑞士法郎。这笔交易是由所罗门兄弟公司安排的。世界银行用美元支付IBM公司所发行的联邦德国马克和瑞士法郎债券的全部未来本金和利息;IBM公司则用德国马克和瑞士法郎支付世界银行所发行的美元债券的全部本金和利息。通过互换,世界银行用其新发行的美元债券,以理想的筹资成本,筹集了价值2.9亿美元的德国马克和瑞士法郎。IBM公司也花费了较低的筹资成本,而且还因美元坚挺得到了汇率收益。这笔交易的成功,大大刺激了国际金融市场的互换交易。随着世界银行及其他信誉较高的国际性大公司参与互换交易,互换交易开始受到金融市场参与者们的青睐,并很快流行于主要金融中心。

（一）概念及特点

1. 货币互换的概念

货币互换（Currency Swap）指交易双方互相交换不同币种、相同期限、等值借款、到期应付的本金与利息支付责任以回避汇率风险的一种业务，即交易双方同意在一定期限内，交换不同货币本金与利息的支付协议。

2. 货币互换的特点

（1）互换双方使用的货币不同。

（2）总有一个本金交换。

（3）合同期间定期支付利息。

（4）互换双方货币利率有固定利率对浮动利率、固定利率对固定利率和浮动利率对浮动利率三种情况。

（二）货币互换交易程序

（1）双方按照协定互换本金，该汇率一般是互换开始时的市场即期汇率。

（2）在约定的付息日，互换除本金以外的利息，利息按协议所规定的利率和本金计算。

（3）互换协议到期，再按原协议汇率再次互换回原交易开始时互换的本金。

（三）货币互换应用

例如，某德国公司认为，自己的负债结构不合理，现存欧元固定利率负债过多，决定利用互换交易，将1 000万欧元，利率为7.8%，1年付息一次的6年期欧元固定利率债务，换成浮动利率的美元债务，该债务要以LIBOR年息为基础，1年付息一次。欧洲某著名银行安排了这次货币互换。

互换过程如下：

（1）双方按当时的即期汇率交换本金，如果1EUR = $1.08，德国公司付给银行1 000万欧元，银行付给德国公司1 080万美元。在实际操作中，初始本金的互换并不是必要步骤，因为银行和德国公司都可以通过即期外汇交易获得相同的资金。但是无论有无初始本金的交换，互换双方是在假设交换本金的基础上相应支付利息的，而且两种货币的市场利率也是在按即期汇率交换本金的假设基础上确定的。

（2）互换期间，银行按欧元本金的7.5%，每年定期支付给德国公司。德国公司按LIBOR年息支付给银行。

（3）6年到期，银行和德国公司各自换回本金。在实际业务中，无论互换双方初始本金的交换是名义的还是真实的，在互换结束时，双方都必须按和初始本金相反的方向变换本金，这样才是一个标准的货币互换。

复习与拓展

一、本章重要概念

外汇市场　即期外汇交易　远期外汇交易　套汇交易　套利交易　掉期交易　外汇期货交易　外汇期权交易　美式期权　欧式期权　看涨期权　看跌期权

二、选择题

1. 在到期日前可以执行的期权交易称为（　　）。

A. 欧式期权　　B. 美式期权　　C. 日式期权　　D. 英式期权

2. 下列哪一项不是期货交易的特点(　　)。

A. 合约标准化

B. 在具体市场中成交,市场上公开叫喊为实现交易的主要形式

C. 通过经纪人,收取佣金

D. 大多数最后交割

3. 外汇期权交易对合同卖方的好处是获得(　　)。

A. 潜在的收益　　B. 保险费收入　　C. 转嫁风险　　D. 外汇保值

4. 当投机者预期某种货币汇率会大幅度下降时,他就在外汇市场上卖出远期外汇,这种行为被称为(　　)

A. 买空　　B. 卖空　　C. 套期保值　　D. 投机

5. 当远期外汇比即期外汇便宜时,两者之间的差额称为(　　)。

A. 升水　　B. 贴水　　C. 平价　　D. 中间价

6. 组成掉期交易的两笔外汇业务的(　　)。

A. 交割日期相同　　B. 金额相同　　C. 交割汇率相同　　D. 买卖方向相同

7. 按标准化原则进行外汇买卖的外汇业务是(　　)

A. 即期外汇业务　　B. 远期外汇业务　　C. 外汇期货业务　　D. 掉期业务

8. 外汇期货与远期外汇业务的区别是(　　)

A. 允许买卖的货币不同　　B. 合约内容不同

C. 市场参与者不同　　D. 清算方式不同

9. 买方可以不履行外汇买卖合约的是(　　)

A. 远期外汇业务　　B. 外汇期货业务　　C. 外汇期权业务　　D. 掉期业务

10. 远期外汇合同到期日前的任何一天客户可以要求交割,也可以放弃合同执行的外汇业务是(　　)

A. 择期业务　　B. 远期业务　　C. 欧式期权业务　　D. 美式期权业务

11. 合同买入者获得了到期日以前按协定价格出售合同规定的某种金融工具的权力,这种行为称为(　　)

A. 买入看涨期权　　B. 卖出看涨期权　　C. 买入看跌期权　　D. 卖出看跌期权

三、计算题

1. 某投机者预期9月期英镑期货将会下跌,于是在2月20日£1 = $1.7447的价位上卖出4份9月期英镑期货合约(每张英镑期货面额62 500英镑)。5月15日英镑果然下跌,投机者在£1 = $1.7389的价位上买入4份9月期英镑期货合约对全部空头头寸加以平仓。请计算该投机者的损益情况(不计投机成本)。

2. 3月初,美国某进口商从加拿大进口一批农产品,价值500万加元,6个月后支付货款。为防止6个月后加元升值,进口商购买了IMM期货,进行多头套期保值,汇率如下所示,试计算套期盈亏。

	现货市场	期货市场
3 月 1 日	1CAD = USD0.9460	1CAD = USD0.9450
9 月 1 日	1CAD = USD0.9490	1CAD = USD0.9489

3. 假定同一时间，伦敦和纽约两个外汇市场的即期汇率如下：

伦敦外汇市场　　1 英镑 = 1.6270 - 1.6280 美元

纽约外汇市场　　1 英镑 = 1.6230 - 1.6240 美元

用 1 000 万英镑进行套汇，可以获利多少？（不考虑换汇成本）

4. 纽约货币市场 6 个月存款利率 8.5%，欧洲货币市场 6 个月存款利率 6%：

即期汇率　USD1 = EUR0.9120 - 0.9140

6 个月远期　　60—90

问：能否做套利？若能做应怎样操作？结果是什么？（以 USD1 000 万切入）

5. 美国进口商 6 个月后需支付 SF1 500 万，因判断 SF 汇率可能大幅度波动，且对方向无把握。为避免汇率风险，决定采用外汇期权保值。假设：

（1）当日即期汇率 USD1 = SF1.4900，6 个月期权汇率 USD1 = SF1.5000，期权费 2%；

（2）6 个月后期权合约到期日的即期汇率分别为：USD1 = SF1.4200，USD1 = SF1.5600 USD1 = SF1.5010。

问：该进口商应如何进行外汇期权操作？并分析期权合约到期日出现的 3 个即期汇率分别给该进口商带来什么后果？

6. 某日：

即期　USD1 = EUR 0.9350 - 0.9360

1 个月　USD1 = EUR0.9340 - 0.9360

3 个月　USD1 = EUR 0.9310 - 0.9320

某德国银行预计 1 个月后将收入 1 000 万美元，3 个月后需支出 1 000 万美元，如不考虑利率因素，该行是否可做外汇掉期操作？结果是什么？

7. 某日：

即期汇率　　USD1 = EUR0.9150 - 0.9160

3 个月　　40—60

某出口商 3 个月后将收入 1 000 万美元，届时需兑换成欧元，问该出口商应如何通过远期交易进行套期保值？

四、案例分析

首例货币互换完成于 1981 年，由所罗门兄弟公司牵头，在世界银行与 IBM 公司之间进行。当时，IBM 公司有巨额的美元资金需求，从市场供需状况判断，拟采用分散方式，一部分资金从瑞士法郎市场及德国马克市场借入，然后转换为美元运用；同一时期，世界银行筹措瑞士法郎、德国马克、日元等低利率资金。所罗门兄弟公司掌握了这一资金需求信息，向它们提出了互换交易的安排设想。具体地说，就是向 IBM 公司介绍，通过互换业务可以做到两点：① 把自己持有的瑞士法郎与德国马克债务调换为美元，可以避免汇价变动的风险；② 可能获得一定的资本升值，因为当时的瑞士法郎与德国马克汇价和 1980 年 3 月发行债券时的汇价相比,已经大幅度下跌(1980 年 3 月德国马克兑美元的汇价是 \$1 = DM1.93,1981 年 8 月 \$1 = DM2.52,马克兑美元已贬值 23%)。同时,所罗门兄弟公司又向世界银行说明,通过与 IBM 公司互换能够把世界银行用良好信用筹措的低成本的美元资金调换成利息较低的瑞士法郎与德国马克。通过分析介绍,结果使两者的认识取得了一致,世界银行决定发行与 IBM 所需资金完全一致的世界银行欧洲美元债券,同时签订了货币互换交易合同,做成了这笔互换业务。

通过这笔业务,IBM 公司把 10.13% 利率的德国马克债务调换成了 8.15% 利率的美元债务,当时美国财政部的筹资成本计划为 15% 的利息,因此 8.15% 是相当优惠的;另一方面,从世界银行来说能够把 15% 利率的美元债务调换为 10.13% 利率的德国马克债务,这一成本也比直接在马克债券市场筹措要低得多,实现了降低筹资成本的目的。因此,对于双方来说,均享受了降低成本的好处,而且还避免了运用货币与筹措货币不同而产生的汇价风险。

资料来源:http://www.doc88.com/p-241590719469.htm。

请思考:

对于进行货币互换的双方而言,货币互换的功能主要表现在哪些方面?

五、本章相关网站

http://www.cffex.com.cn

http://www.safe.gov.cn/model_safe/index.html

http://topic.eastmoney.com/rmbfd2012

http://www.jrj.com.cn/

http://www.cfi.net.cn/

第五章

外汇风险及其管理

学习目标

- 了解外汇风险的概念、构成要素、基本类型及所产生的影响
- 熟悉外汇风险管理的一般方法
- 掌握外汇风险管理的综合性措施

案例导入

某公司是一家生产型的涉外企业,原材料大部分从国外进口,生产的产品约有三分之一销往国外。企业出口收汇的货币主要是美元,进口支付的货币除美元外,主要还有欧元和英镑。该企业每个月大约有100万美元的外汇收入,400万美元左右的非美元(欧元、英镑)对外支付。2002年年中,欧元兑美元汇价在平价下方,英镑兑美元也在1.5美元左右,2003年上半年欧元兑美元不仅突破了平价,而且最高时甚至达到1欧元兑换1.18美元,该公司因此蒙受了巨大的汇率风险损失。

该公司出口收汇的金额小于进口付汇金额,每月收付逆差约300万美元,且进口付汇与收入外汇的币种也不匹配,存在非美元货币在实际对外支付时,与签订商务合同或开立远期信用证时的成本汇率相比升值的风险。因此,该公司迫切需要进行外汇风险防范和规避。

【启示】 企业在国际业务的经营过程中会遇到各种各样的风险,汇率波动风险就是其中之一。为了规避外汇风险,企业应该根据实际情况,选择好计价货币,搞好货币组合,选好货款结算方式,充分利用外汇市场及货币市场的各种业务,落实外汇风险管理措施,固定进出口成本,尽量达到外币保值增值的目的。

第一节　外汇风险及其管理概述

一、外汇风险的概念

外汇风险(Foreign Exchange Risk)也称汇率风险,是指一个经济实体或个人在参与国际经济、贸易、金融等活动的一定时期内,其以外币计价的资产(债权)或负债(债务)因外币汇率的变化而引起其价值上涨或下降的可能。汇率的变动,有可能给企业和个人带来损失,也可能带来收益。当汇率朝着有利于经济主体变化时,有可能给企业带来风险收益,如外币债权折成本币价值增加等。如果汇率朝着不利于经济主体变化,则可能给企业或个人带来风险损失,在外汇风险管理中一般更注重汇率变动所带来的风险损失。汇率变动带来的风险损失一般包括以下几种:外币债权人以外币表示的资产或应收款折成本币的价值下降;外币债务人以外币表示的负债或应付账款折成本币的价值上升;会计核算中账面上以外币表示的资产折成本币的价值下降;涉外交易中以外币表示的预期收益折成本币的价值减少;企业决策中的不确定性增强。

外汇风险是与外币资产和负债相关的风险,但并非所有外币资产或负债都可能给经济主体带来风险损失。如果以某种外币表示的资产和负债可以相抵时,企业并不会面临外汇风险,因为汇率变动对资产的影响可以被其对负债的反面影响所抵消。只有当外币资产与负债不能相抵,存在差额时,这部分差额才会给企业带来风险。因此,只有差额部分才暴露于外汇风险之中,这部分差额一般称为敞口头寸(Open Position),或称为风险头寸 (Exposure Position)。对外汇银行而言,这种差额表现为外汇持有额中"超买"(Overbought)或者"超卖"部分(Oversold)。

二、外汇风险的构成要素

企业的经济效益一般是以其本国货币来衡量的,因此一个从事国际经济交易活动的企业在经营活动中所发生的各种外币收付(如应收或应付账款、货币资本的贷出或借入等),都必须与本币进行折算。通常情况下,从交易达成到应收账款的最后收进、应付账款的最后付出、借贷本息的最后偿付均有一个期限。比如,某公司因货物出口,60 天后有一笔美元应收账款,另从日本进口设备一套,90 天后有一笔日元应付账款,此外,它在 30 天后还有一笔美元借款需偿还等,这些期限就是时间因素。在确定的时间内,外币与本币的折算比率可能要发生变化,从而产生外汇风险。因此,本币、外币及时间共同构成外汇风险因素,三者缺一不可。如果一个国际企业在对外交易中只使用本币计价结算而不使用外币或用出口所得外汇进口商品,而不是将其兑换为本币,则不会有外汇风险,因为不涉及本币与外币之间的兑换,所以不存在汇率变动对它的影响。例如,我国某企业与巴基斯坦开展进出口业务,用人民币计价并进行结算,根本不涉及货币兑换问题,因此不可能出现汇率风险。如果企业在对外交易中的应收或应付外币账款能在交易发生后立即通过即期外汇交易进行本外币的兑换,也不会有外汇风险,因为不存在时间因素。

企业在对外交易中,其应收或应付外币账款的时间长短(或称时间结构)对其面临的外汇风险的大小有直接的影响。时间越长，汇率在此期间波动的可能性就越大，外汇风险相对就越大。从时间结构越长、外汇风险越大这个角度来分析，外汇风险包括时间风险与价值风险两大部分。由于交易成交和外汇实际收付之间存在时间差，导致汇率不确定带来的风险是时间风险，由于汇率波动导致本外币兑换产生损失的可能是价值风险。改变时间结构，如缩短一笔外币债权债务的收取或偿付时间，可以减缓外汇风险，但不能消除价值风险，因本币与外币兑换所存在的汇率波动风险仍然存在。要彻底消除外汇风险，意味着既要消除时间风险，又要消除价值风险。

例如，某个企业60天后有一笔外币应收账款。对企业来讲，既存在时间风险，也存在价值风险。现该企业借入一笔外汇贷款，其金额与未来的外币收入相等，并将这笔贷款的偿付时间也规定在60天后，即以60天后的外汇收入来偿还这笔外汇贷款，把将来的收入转移到现在，从而消除了时间风险，但价值风险仍然存在，若要消除价值风险应立即将外币贷款兑换成本币，然后以本币进行投资，借以获得一定的投资利润。这样，才能消除全部外汇风险。

三、外汇风险的种类

企业在其国际经营活动的过程、结果、预期经营收益中，都存在着因外汇汇率变化引起的外汇风险，根据表现形式不同，外汇风险一般主要分成三类：在经营活动中的风险为交易风险，在经营活动结果中的风险为会计风险，预期经营收益的风险为经济风险。

（一）交易风险

交易风险（Transaction Exposure）又称结算风险，是指在运用外币进行计价收付的交易中，因汇率变动而引起应收账款和应付账款的实际价值发生变化的风险。这种风险主要表现在进出口贸易、国际投资和借贷活动以及外汇买卖等方面。

1. 进出口交易中的外汇风险

一般情况下，在以外币计价、远期付款为条件的进出口合同中，出口商要承受出口收入的外汇汇率下跌的风险。也就是说，如果外汇汇率下跌，出口商收进的外币货款兑换成本国货币的数额会减少，因此会遭受损失。相反，进口商要承受进口货款的外汇汇率上浮的风险。也就是说，如果外汇汇率在支付时上涨，进口商要支付的进口货款的本国货币数额会增加，进口商因此将遭受损失。

例如，德国出口商输出价值10万美元的商品，合同规定3个月后付款。在签订出口合同时，美元与欧元的汇价为1美元 =0.9524欧元，出口10万美元的商品，可换回9.524万欧元，但3个月后，美元汇价下跌，欧元上升，汇价变为1美元 =0.9300欧元。这样，德国出口商结汇时的10万美元只能兑换9.3万欧元。由于汇率波动使出口商损失了2 240欧元，他不能获得预期利润或只能获得较少的利润。同样，进口商从签订合同到结算为止也要承担汇率风险，原理与出口商相同，只是汇率变动与出口商刚好相反。

例如，我国某外贸公司从美国进口一批价值10万美元的货物，合同规定3个月后以美元结算，此时美元的汇率是 \$1 = ¥6.3000。3个月后，外贸公司须购买美元支付货款，如果此时的美元汇率是 \$1 = ¥6.4000，外贸公司将付出比签订贸易合同时更多的本币，损失人民币1万元。企业进口成本增加，遭受外汇汇率上升的损失。

2. 国际投资和国际借贷活动中的外汇风险

在以外币计价的国际借贷和投资业务中,汇率变动会引起资产或负债的本币价值发生变化,从而带来外汇风险。在外币债权债务关系中,若清偿时外汇汇率上升,高于债权债务关系发生时,债权人将收入较多的本国货币;对债务人来说,外汇汇率上升会使债务人支付更多的本国货币。如果外汇汇率下降,情况则相反。

例如,中国某金融机构在日本筹集一笔总额为100亿日元的资金,以此向国内某企业发放10年期美元固定利率贷款。按当时日元对美元汇率1美元折合200日元,该机构将100亿日元折成5 000万美元。10年后日元对美元汇率变成1美元折合110日元,仅100亿日元的本金,就需要9 090.9万美元。而该金融机构到期收回本金5 000万美元与利息(按14%计)700万美元,总计5 700万美元,连借款的本金都难以弥补,这就是该金融机构因所借外币汇率上浮蒙受的损失。

3. 外汇银行在外汇买卖业务中的外汇风险

外汇银行在买卖外汇的过程中也会因持有外汇多头或外汇空头而蒙受汇率变动带来的风险。外汇银行每日都要从事外汇买卖业务,难免会出现某些币种的货币买入多于卖出,即持有外汇头寸的多头;或另一些币种的货币卖出多于买入,即持有外汇头寸的空头。如果持有多头的货币的汇率出现下跌,持有空头的货币的汇率出现上涨,那么在将来卖出多头、买进空头时,该外汇银行就要蒙受少收(多付)本币或其他币种的货币损失。我们以美元与欧元的买卖为例,来说明银行持有美元敞口头寸的风险情况,见表5-1:

表5-1 美元敞口头寸损益表

	美元空头	美元多头	无头寸
美元对欧元升值	损失	盈利	无盈亏
美元对欧元贬值	盈利	损失	无盈亏

(二)会计风险

会计风险(Accounting Exposure)也称换算风险(Translation Exposure)或评价风险,它是指涉外经济主体在进行会计处理和对以外币计价的债权和债务进行财务决算时,对于必须转换成为本币的但是以各种外币计价的项目进行评价时产生的风险。换句话而言,会计风险就是因为在评价外币计价的债权债务及决算时采用的汇率和初始计账时的汇率不同,从而产生的账面上的损益差异的可能性。通常一国企业在编制会计报表时一般使用本国货币为计价单位,而不能同时使用多种货币单位。因此,凡是拥有以外币计价的会计科目的企业在编制正式报表时,均需折成本币。这种情况经常出现于国内的涉外机构、在海外注册的企业、跨国公司的海外分支机构等。因此,会计风险多产生在跨国公司、涉外企业将世界各地的子公司或海外分支机构的财务报表进行合并统一处理的过程中。跨国公司在海外的经营机构,应遵守东道国的会计准则,并且以该国货币作为货币计价单位。但在进行总公司的报表汇总时,为了向社会或者全体股东公布财务状况,则必须以母公司所在国的货币作为货币计价单位。比如美国某跨国公司在新加坡的子公司,当它与其他国家的公司进行经济交易时,需要将各种外币折成东道国的货币入账或编制资产负债表,而向母公司报告时又需要将其折算成美元。

显然,会计风险是一种账面风险,是存量风险。从经济角度分析,会计风险和实际价值并没有直接关系,在会计折算过程中资金实际上不发生转移,但是会计风险对企业的利税额、利润分配、股票价格等方面都会产生一定的影响。该风险因受到不同国家的会计制度与税收制度所制约,人为的影响因素较大。

例如,美国某公司在英国的子公司的往来账户余额为100万英镑。年初GBP1 = USD1.6000,英国子公司账户余额折算成美元为160万美元。年末时,美元升值,英镑贬值GBP1 = USD1.5000,英国子公司账户余额折算成美元只有150万,英镑余额价值降低了10万美元。根据美国的会计制度规定,这笔损失可记在母公司的损失上,或通过一个备抵账户直接冲销股东收益。

(三)经济风险

经济风险(Operating Exposure)又称经营风险,是指由于外汇汇率发生变动从而导致从事国际业务的公司未来收益变化的一种潜在的风险。这里所说的汇率变动是企业没有预料到的汇率变动,因为预测到的汇率风险已被企业进行了相应的处理,因而不存在风险。经济风险的大小主要取决于汇率变动对产品成本、价格、产量、收益水平的影响程度。因此,这种潜在风险的大小及能否避免,在很大程度上取决于企业的预测能力,预测的准确程度将直接影响该企业在生产、销售和融资等方面的战略决策。对国际化企业而言,经济风险比由交易风险和会计风险所引起的变动更为重要,它不单产生于交易过程或者会计程序,更属于一种经济分析过程,侧重于通过分析公司在一定时间内对未来现金流量(Cash Flow)的预测,从而对企业的经营活动和投资决策作出正确判断。经济风险与前两种风险相比,交易风险和会计风险是一次性的,而经济风险对企业的影响是长期的和复杂的,因而经济风险是企业,尤其是从事跨国经营的企业最为关心的一种风险。

虽然交易风险、会计风险与经济风险都是由于汇率变动引起的企业或个人的外汇资产或负债在价值上的变动,但侧重点各有不同。三种外汇风险的区别见表5-2。

表5-2 三种外汇风险的区别

区别点	经济风险	交易风险	会计风险
发生的时间	预测企业未来收益	经营过程中	经营结束
造成的损益真实性	潜在的	真实的	账面的
衡量损益的角度	企业整体	单笔的交易	母公司
衡量风险的时间	长期的	一次性的	一次性的
损益表现的形式	动态性和主观性	客观性	客观性

资料来源:谢琼主编,《国际金融》,北京理工大学出版社,2010年,第170页。

四、外汇风险管理的一般原则

(1)外汇风险管理的选择取决于企业的总体目标。一般情况下,为实现利润最大化的目标,企业需要综合考虑外汇风险报酬、风险损失和管理成本等因素,来选择最佳的风险管理策略。

(2)不同情况下选择不同的外汇风险管理策略。汇率较稳定时,可选择消极的风险管理策略,汇率波动剧烈时,可选择完全避险策略,汇率预测能力强的企业可以选择积极的外汇风险管理策略,预测能力较差的企业可选择消极的或完全避险策略,同一企业在不同时期也要针对不同情况采取不同的外汇管理策略。

(3) 全面考虑外汇风险。企业在采购、销售、筹融资等各种业务活动中都有可能面临各种外汇风险,如果各种外汇头寸能够相互抵消,就可以适当减少外汇风险。

第二节 外汇风险管理的一般方法

外汇风险管理是指涉外经济主体对外汇市场可能出现的变化采取相应的对策措施,以避免汇率变动可能造成的损失。根据外汇风险的分类,对外汇风险的管理也相应划分为交易风险管理、会计风险管理和经济风险管理三种,本节主要针对进出口交易风险的管理进行介绍。

一、慎重选择计价货币,合理优化货币组合

在国际贸易活动中,选择以哪种货币作为结算货币直接关系到交易主体是否要承担外汇风险造成的损失。因此,计价结算货币的选择往往是交易双方谈判、签订合同的重要议题。选择结算货币时一般应遵循以下几个原则:

(一) 合理选择计价结算货币

(1) 选择可自由兑换货币作为计价结算货币。可自由兑换货币主要是指国际货币基金组织规定的那些自由兑换货币(自 2002 年 1 月 1 日起,欧盟统一流通并使用欧元,成员国原有货币退出流通领域)。这些可自由兑换货币是国际外汇市场上交易的主要币种,流动性强、可接受程度高且价值稳定。当汇率发生变动时可以迅速进行货币之间的兑换,从而达到防范和转嫁风险的目的。

(2) 选择本币为计价结算货币。无论是进口合同还是出口合同,防范外汇风险的最好方法就是选择本币作为结算货币,可以避免汇率变动的影响。由于不需要进行汇兑业务,从而规避了外汇风险。目前主要发达国家的出口贸易,普遍是以本币计价结算的,如美国、日本和德国以本币作为结算货币的贸易额占到总贸易额的 75% 以上。当然,这种方法并没有消除风险,只是将风险从交易的一方转嫁到了交易的另一方。

(3) 选择有利的外币计价,坚持“出强进弱、收硬付软”原则。在进出口的交易过程中,我们要争取在出口收汇时选择硬货币,进口付汇时选择软货币,即所谓“出口用硬币,进口用软币”原则。在实际交易活动中,这取决于双方“讨价还价”的能力,谁的实力更强,谁在计价货币上的发言权就更大。在买方市场进口商占有主动权,在卖方市场下,出口商占有主动权。出口滞销的商品,出口商可以以软货币成交;进口急需的商品,进口商也可以用硬货币成交。

(二) 软硬货币的合理搭配或使用多种货币组合计价

采取硬软货币适当搭配的方法,一种货币汇率上升在一定程度上可抵消另一种货币汇率下降的影响,使汇率风险由交易双方合理分担,利于达成交易。多种货币组合计价是在交易中使用两种以上货币作为计价货币,其中有软币也有硬币,并各占一定比重,这样在某些货币升值时,另一些货币可能贬值,汇率变动的影响将相互抵消一部分,从而降低汇率变动

给交易双方带来的风险。对于大型机械设备的进出口贸易，由于时间长、金额大，通常采用三种或三种以上的货币加权进行搭配，具体的货币种类在合同中明确标明，其中软硬货币兼顾，从而使交易双方都有可能避免或减少损失。

（三）提前收付或拖延收付法

提前收付或拖延收付法是指进出口商根据对计价结算货币汇率走势的预测，将贸易合同中所规定的货款收付日期提前或延期，以达到消除或减少外汇风险的目的。在进出口贸易中，如果预测计价货币将升值，出口商应争取对方的同意，延期收进货款，而进口商应争取对方的同意，提前支付货款；反之，如果预测计价货币将贬值，出口商应争取对方的同意，提前收进货款，而进口商应争取对方的同意，推迟付款（见表5-3）。这样，进出口商通过改变外汇风险的时间结构，可以减轻因汇率剧烈变动所遭受的损失。

表5-3　提前或拖延结汇

	预测外币上升	预测外币下跌
出口商（收进外币）	推迟收汇	提前收汇
进口商（支付外币）	提前付汇	推迟付汇

（四）调整价格法

在实际交易中，计价货币的选择要受交易意图、市场需要、商品质量、价格条件等因素的制约，造成出口有时不得不用软货币计价、进口有时不得不用硬货币计价，这样就有潜在的外汇风险。调整价格方法是这种情况下的一种弥补性措施，以期通过对进出口商品价格的调整，把外汇风险分摊到价格中去，来达到减少外汇风险的目的。调整价格的方法主要有加价保值和压价保值两种。加价保值用于出口交易中，当出口商接受软货币计价成交时，将汇价损失摊入出口商品价格中，以转嫁风险。根据国际惯例，即期交易调价公式为：

$$调整后的出口商品价格 = 原价格 \times (1 + 计价货币贴水率)$$

例如，某美国出口商与日本进口商签订合同，约定以日元计价，3个月后交割。假定签订合同时美元对日元的汇率为1美元=120日元，则其价值100万美元的货物的日元报价应为12 000万日元。如果3个月后日元对美元贬值，美国出口商要做一笔卖出日元的远期外汇交易来防范外汇风险。假定3个月的远期汇率中日元对美元的贴水为10，贴水率为8.3333%（10/120）。3个月后，收到货款时，按远期汇率交割，则美国出口商只能获得92.31万美元，损失了7.69万美元。如果合同中有加价保值条款的话，美国出口商可以调整报价，根据公式，调整后的价格为12 000×（1+8.3333%）=13 000万日元。

按照这个报价，美国出口商3个月后可兑换到100万美元，弥补了汇率变动带来的损失。

压价保值用于进口交易中，当进口商接受硬货币计价成交时，将汇价损失从进口商品中扣除，以转嫁外汇风险。即期交易调价公式为：

$$调整后的进口商品价格 = 原商品价格 \times (1 - 计价货币升水率)$$

（五）平衡抵消法

平衡抵消法，是指在对外经济贸易活动中，通过使货币收付的币种相同或比例相同，以及货币收付金额相等或近似相等来达到规避或减弱外汇风险的方法。它的基本原理是创造

在规模上基本类似但流动方向相反的对冲交易来抵消外汇风险。平衡抵消法主要有以下几种类型:

(1) 平衡法。是指在同一时期内,创造一个与存在风险币种相同、金额相同、期限相同的资金反方向流动。例如,A 公司在 3 个月后有 10 万英镑的应付货款,该公司应设法出口同等英镑金额的货物,使 3 个月后有一笔同等数额的英镑应收货款,借以抵消 3 个月后的英镑应付货款,从而消除外汇风险。一般来讲,这种方法适合金额较大的、存在一次性外汇风险的贸易。

(2) 组对法。是指一笔具有外汇风险的交易发生后,创造一个与该笔交易中的货币相联系的另一种货币的反方向流动来消除外汇风险的方法。组对货币与具有风险的货币流向相反,但金额相同、时间相同、变动趋势相同,具有外汇风险的货币对本币升值或贬值时,作为组对的货币也随之升值或贬值。作为组对的两种货币,常常是由一些机构采取钉住政策而绑在一起的货币。例如某公司有一笔 3 个月内的美元收入,选择以港元来组对,创造一笔 3 个月港元流出的业务。由于港元与美元维持联系汇率,两种货币同幅度升降,以港元组对,是减缓美元汇率波动的一种方法。

平衡法与组对法的区别在于:平衡法是基于同种货币的对冲交易来完成,而组对法是基于不同的两种货币的对冲交易来完成。组对法较之平衡法具有更大的灵活性,易于使用,但是也只能削弱而不能完全消除风险。如果选用组对货币不当,还会产生两种货币都发生价值波动的双重风险。

(3) 借款法。是指存在着远期外汇收入的企业,从银行借入一笔与其远期收入币种相同、金额相同、期限相同的贷款,以达到融通资金、防止外汇风险和改变外汇风险时间结构的一种方法。由于借款法的特点是改变了外汇收入的时间构成,将未来的外汇收入转移到现在,当银行的借款本息到期后,刚好可以利用同时到期的外汇收入加以偿还,消除时间风险。同时,还可以在得到借款的同时将其兑换成为本币,从而消除价值风险。

例如,美国某公司半年后将从德国收回一笔 100 000 欧元的出口外汇收入,该公司为防止半年后欧元汇率下跌的风险,向银行借入半年期 100 000 欧元,并将这笔欧元作为现汇卖出,以补充其美元的流动资金。半年后再利用其从德国获得的欧元收入,偿还其从银行取得的贷款。即使欧元在半年后严重贬值,对公司也无任何经济影响,从而避免了汇率风险。该公司的净利息支出,即为防止外汇风险所花费的成本。

(4) 投资法。是指有远期外汇付款业务的企业,将一笔与远期付款业务相同币种、相同金额、相同期限的闲置资金,投资到原则上无风险的、固定到期日的政府债券、银行定期存款、定期存单、银行承兑票据、商业票据等短期信用工具上,并且在规定的到期日,连同利息收回该笔资金,用于支付活动,从而规避外汇风险的方法。借款法和投资法实际上是一种原理的两个方面的具体应用,前者适用于外汇收入的风险防范,而后者适用于外汇支出的风险防范。

例如,某公司在 3 个月后有一笔 50 000 美元的应付账款,该公司可将一笔同等金额的美元(期限为 3 个月)投放在货币市场,以使未来的外汇风险转至现时。3 个月投资期结束后,从货币市场收回美元用于对外支付,还可以获得一定的投资收益。

(六) 对销贸易法

对销贸易法,是指一种将进口和出口相互联系进行货物交换的贸易方法。对销贸易的

形式很多,其中能够有效避免外汇风险的方法主要有以下三种:

(1) 易货贸易。这是贸易双方直接、同步地进行等值货物交换的贸易方法。简单的易货贸易,只需双方签订一个合同,进行一次性的交易。复杂的易货贸易是双方在合同中规定,在一定时期内,分批交换一定金额的货物,到期出现差额仍通过货物补偿,从而避免了货币的收支和汇兑风险。易货贸易需要交易双方的商品在数量、质量、时间上都满足对方的需要才能成交,因此易货贸易只有在较特殊的时期、对较特殊的贸易对手使用。我国曾经和苏联、独联体国家在上世纪 80、90 年代进行了一段时间的易货贸易,目前这种贸易方式较少采用。

(2) 清算协议贸易。是具有经常贸易往来的双方在约定时间内,其所有资金支付都用一种货币计价,一定时间后再清算。由于交易双方大部分交易额都可相互抵消,只有少量差额才最后清算,可消除一定外汇风险。因为清算协定贸易也存在货币支付,故不能完全消除风险。

(3) 转手贸易。这是在清算协议贸易的基础上发展起来的,是一种通过双边清算账户进行多边货物交换的贸易方式。在清算协议贸易中,产生清算盈余的一方,如果需要第三国的货物,而第三国又从清算亏损方进口货物,则三者间的贸易即成为转手贸易。由于三方的货物价格均通过协商确定,不涉及现汇的收支,故没有外汇风险。因为这种方式手续繁琐并且涉及的贸易金额一般较小,目前基本不再使用。

二、采取适当的保值措施防范外汇风险

在进出口贸易合同中,进出口商可以加入有保值内容的条款,来达到防范外汇风险的目的。

(一) 黄金保值条款

是指在贸易合同中加入黄金保值条款,将合同的金额与黄金挂钩,利用市场黄金价格来保值的办法。在合同签订时,按照当时的黄金市场价格将支付货币的金额折算成为相应盎司的黄金,到实际结算时,按照黄金市场现价,对支付的货币金额进行相应调整。如果黄金市场价格上涨,则收付的货币金额也相应增加,反之则相应减少。黄金保值条款通行于固定汇率时期,现在很少使用。

(二) 货币保值条款

货币保值条款,就是进出口商在签订合同时,明确规定支付的货币同一种或者一组保值货币之间的汇价波动幅度。如果在支付时汇价的波动超过了预定的幅度范围,则按照当时的汇率加以调整,从而达到保值的目的。目前在国际贸易活动中,应用比较普遍。通常的做法有以下两种形式:

(1) 利用硬币保值。在交易中以硬币来保值,在实际使用时有不同的处理方法。第一种方法是计价用硬币,支付用软币,在支付日按当时支付货币与保值货币的实际汇率计算支付金额。第二种方法是计价与支付都用软币,但在签约日明确该货币与另一种硬币的比价,支付时如果外汇市场上这两种货币的比价发生变化,则原货价按这一比价的变动幅度进行调整。第三种方法是在第二种方法的基础上确定一个变动幅度,当硬币与软币比价变动超过这个变动幅度时才对原货价进行调整。

例如，某公司出口合同用日元收汇 1 000 万日元。选定美元保值，汇率定为 USD1 = JPY85，1 000 万日元相当于 1 000 万/85 = 11.76 万美元。若到期时，汇率变为 USD1 = JPY86，则进口商支付给出口商约 11.76 × 86 = 1 011.76 万日元。

（2）选用“一篮子”货币保值。是指在实际交易中选取几种货币组成“一篮子”作为保值货币，并规定“篮”中各种货币的权数，在签订合同的时候将所选择的货币与计价货币之间的汇率一一确定。如果实际交割时汇率发生变动，则根据汇率变动幅度和每种货币的权数，按此时的汇率进行调整折算成计价货币。由于“篮”中的各种货币与计价货币的汇率有升有降，升降互相抵消，从而能有效地避免或减轻外汇风险。可见，使用一篮子货币保值条款时，一篮子货币的选择和权数的确定是关键，实际操作中有时选用临时确定的一篮子货币进行保值，但是在一些中长期进出口贸易合同和国际信贷合同中，经常选择固定的篮子货币（复合货币）来保值。如特别提款权就是其中一种，它是由国际货币基金组织创设的、由多种货币进行定值的复合货币。采用复合货币作为保值货币的做法简便、规范，是目前进出口贸易中使用最多的一种货币保值条款。

例如，某公司有价值 90 万美元的出口合同，以欧元、英镑和日元三种货币保值，它们均占权重的 1/3，与美元的汇率定为 USD1 = EUR1 = GBP0.5 = JPY120，则以此三种货币计算的价值各为 30 万美元，相当于 30 万欧元、15 万英镑和 3 600 万日元。若到期结算时，三种货币的汇率变为 USD1 = EUR1.1 = GBP0.45 = JPY110，按这些汇率将以欧元、英镑和日元计算的部分折算成美元，分别为 30 万/1.1 = 27.3 万美元，15 万/0.45 = 33.3 万美元，3 600 万/110 = 32.7 万美元，合计为 93.3 万美元。即到期付款时，进口商应付给出口商 93.3 万美元。

（三）物价指数保值条款

它是根据某种商品的价格指数或消费指数来保值，进出口商品的价格根据规定的价格指数的变动做相应的调整。

（四）滑动价格保值条款

滑动价格保值条款即进出口业务中所讲的“活价”，一般有三种方式可以选择：在价格条款中明确规定定价时间和定价方法；暂定价格，即在合同中先订立一个初步价格，作为开立信用证和初步付款的依据，待双方确定最后价格后再进行最后清算，多退少补；采用部分固定价格、部分非固定价格。非固定价格根据履行合同时市场价格或生产费用的变化加以调整。

三、利用国际信贷规避外汇风险

在中长期国际支付中，企业利用适当的国际信贷形式，一方面获得资金融通，另一方面转嫁或抵消外汇风险。在国际上通常使用的方式主要有以下几种：

（一）国际保理业务

保付代理业务又称承购应收账款业务，它是出口商以商业信用形式出卖商品，在货物装船后立即将发票、汇票、提单等有关单据，卖断给承购应收账款的财务公司或专门组织，收进全部或部分货款，从而取得资金融通的业务。出口商使用国际保理业务，不仅能够立即获得现金，有利于资金融通，而且可以将其面临的外汇风险转嫁给承购应收账款组织，使出口商免受汇率变动与债务人情况变化的风险影响。

(二) 出口信贷

出口信贷分为出口卖方信贷和出口买方信贷,均由出口国的银行提供,其目的是为了扩大本国商品的出口。其中,出口卖方信贷属于延期付款方式,是由出口方银行向出口商垫付货款,同时允许进口商在一段时间内分期付款的融资方式。出口买方信贷,是由出口方银行直接向国外进口商或者进口方银行提供信贷支持,但要求将该笔资金用于购买出口方商品的资金融通方式。

出口商通过出口卖方信贷,既可以获得资金融通又可以避免外汇风险。出口商通过从本国银行借得外币资金消除时间风险,如果预测汇率将向不利的方向发展,可通过即期外汇交易立即将外汇折算为本币用以补充企业的运营资金,加速企业的资金周转,同时消除价值风险。而出口商的外汇贷款,则利用进口商的分期付款来偿还。这样,出口商的外币贷款刚好和应收账款相对冲。

(三) 福费廷业务

福费廷业务也称为包买票据业务,是指在延期付款的大型设备贸易中,出口商将已经进口商承兑的、期限在半年以上至五六年的远期汇票按照一定的折扣、无追索权地卖断给出口商所在地的银行或一些大金融公司,以便提前获取资金的一种贸易融资方式。在此项交易中,出口商在卖断票据后及时收回外币货款,将未来的收入转移到现时,消除了时间风险;如果将提前收回的外汇兑换成本币,又消除了外汇的价值风险。由此,出口商成功地规避了外汇风险。

有关出口信贷、福费廷业务、国际保理业务的具体内容详见本书第七章。

四、利用外汇业务防范外汇风险

(一) 即期合同法

所谓即期合同法(Spot Contract)就是具有外汇债权或债务的公司与外汇银行签订出卖或购买外汇的即期合同来消除外汇风险。它主要是通过资金的反向流动来消除外汇风险。企业如果近期有外汇收入,则应卖出相应的外汇头寸;如果近期有外汇支出,则应买进相应的外汇头寸。利用即期交易来消除风险,交割日期和收付结算日期最好在同一时点上,以尽可能地消除风险。

例如,美国某公司在两天内要支付一笔金额为10万欧元的货款给德国出口商,该美国公司可直接与外汇银行签订以美元购买10万欧元的即期外汇买卖合同。两天后,该外汇银行交割给美国公司的这笔欧元就可用来支付给德国出口商。由于美国公司购进10万欧元,实现了资金的反方向流动,消除了两天内美元对欧元的汇率波动风险。

(二) 远期合同法

远期合同法(Forward Contract)就是具有外汇债权或债务的公司与银行签订出卖或购买远期外汇的合同以消除外汇风险。进出口商通过与银行签订远期外汇买卖合同,将将来交割的汇率固定,也就锁定了成本或收益,从而避免汇率波动的风险。

例如,我国某出口商与美国一进口商达成一笔10万美元的交易,出口商预期3个月后可收回这笔美元货款。出口商担心3个月后汇率会发生变动而遭受损失,于是采用外汇远期交易来进行保值。在外汇市场上签订远期合同,卖出10万美元的3个月远期。假定成交时即期汇率为1美元=6.55元人民币,3个月的远期汇率为1美元=6.5元人民币,则3个月后无论美元汇率如何变动,该出口商都能获得65万元人民币的收入。若3个月后美元的即期汇率为1美元=6.45元人民币,则该出口商因签订了远期合同,减少了0.5万元人民币的损失。

资料卡

NDF——无本金交割远期外汇交易

NDF(Non-deliverable Forwards)即无本金交割远期外汇交易。它也是一种远期外汇交易,所不同的是该外汇交易的一方货币为不可兑换货币,这是一种场外交易的金融衍生工具。主要是由银行充当中介机构,交易双方基于对汇率预期的不同看法,签订无本金交割远期交易合约,确定远期汇率、期限和金额,合约到期只需对远期汇率与实际汇率的差额进行交割清算,与本金金额、实际收支毫无关系。无本金交割远期外汇交易一般用于实行外汇管制国家的货币。NDF为面对汇率风险的企业和投资者提供了一个对冲及投资的渠道。

无本金交割远期外汇交易与传统的远期外汇交易的主要差别在于:不涉及本金的支付,在到期日时,只就市场即期汇率价格与合约远期价格的差价进行交割清算,由于名义本金实际上只是用于汇差的计算,无需实际交付,故对企业未来现金流量不会造成影响。

(三)期货合同法

期货合同法(Futures Contract)指具有外汇债权或债务的企业与银行、期货公司等机构签订外币期货合同,以防范外汇风险。外币期货合同法在规避外汇风险时与远期合约保值非常相似,即持有与现货市场头寸相反的期货市场头寸。不同的是期货交易合约是标准化的远期合约,其在交易单位、交割月份、交割方式等方面均实现了标准化,并且在固定的交易所买卖转让,所以保值目的的期货合约实际交割的非常少,而是以对冲为主。外汇期货交易的套期保值分为多头套期保值和空头套期保值两种。

(1)多头套期保值。又称为"买进套期保值",它是指进口商(债务人)为了防止付款日计价结算货币汇率上升带来的损失,在签订贸易合同时就在期货市场上买进外汇期货,在期货交割日到来之前,再卖出期货合同进行对冲。由于期货市场和现货市场存在价格走势基本一致的规律,无论应付款到期支付时结算货币是升值还是贬值,进口商或债务方在外汇现货市场上的亏损(或盈利)总可以与期货市场的盈利(或亏损)相抵或大致相抵,从而全部或部分消除外汇风险。

例如,2010年3月1日,一家美国进口商从英国进口一套机械设备,合同金额为260 000英镑,并约定当年6月15日交货付款。该进口商将面临从3月到6月这段时间内汇率波动的风险。在签订合同时,即期汇率为1英镑=1.56美元,该美国进口商预计3个月后英镑的汇率会上升。为规避外汇风险,他在IMM买入4份6月17日交割的英镑期货合约,每份金额为62 500英镑,共计250 000英镑,成交时的期货汇率为1英镑=1.5761美元(为简化起见,在此略去外汇期货市场逐日结算的过程和交易佣金)。

6月15日，在外汇现货市场上，即期汇率为1英镑=1.5790美元，该进口商购买260 000英镑，将比预期多支付(1.5790-1.56)×260 000=4 940美元。而与此同时，由于英镑的期货汇率上升至1英镑=1.5950美元，该进口商卖出4份期货合约，获利(1.5950-1.5761)×260 000=4 914美元，基本弥补了现货市场上的损失。

(2) 空头套期保值。又称为“卖出套期保值”，它是指出口商(债权人)为了防止付款日计价结算货币汇率下跌带来的损失，在签订贸易合同时就在期货市场上卖出外汇期货，在期货交割日到来之前，再买入期货合同进行对冲。如果结算日计价货币汇率上升，则出口商在期货市场上“低卖高买”的损失可由现汇市场上的盈利来补偿。若在结算日计价货币贬值，则出口商在现汇市场上的损失可由期货市场上“高卖低买”所获得的收益来补偿。这样，无论结算日计价货币汇率如何变动，出口商在现汇市场盈利(或亏损)与期货市场上的亏损(或盈利)正好相抵，从而可以避免外汇风险带来的损失，达到保值的目的。

(四) 期权合同法

期权合同法(Option Contract)是指具有外汇债权或债务的企业，通过外汇期权市场进行外汇期权交易，以避免外汇风险的方法。外汇期权交易可分为看涨期权和看跌期权。在进出口贸易中，进口商买进看涨期权，出口商买进看跌期权。从事外汇期权交易，既可以避免或减少外汇风险损失，又可以不放弃因汇率有利变动带来的汇兑收益。

(1) 看涨期权。又称为“买进期权”或“多头期权”。它是指进口商在签订贸易合同的同时，在期权市场上买进一份看涨期权合同，合同中约定了计价货币的交割汇率，若结算日计价货币的汇率高于协定汇率，进口商就执行期权合约，按约定的交割汇率买进所需要的外汇，从而消除计价货币汇率上升导致其支出增加的损失。若结算日计价货币的汇率低于协定汇率，进口商可以选择不执行期权合约，而是在现汇市场上购买所需的外汇，从而获得因计价货币汇率下跌带来的收益。当然，该企业需要付出期权费用的代价，即保证金。

(2) 看跌期权。又称为“卖出期权”或“空头期权”。它是指出口商在签订贸易合同的同时，在期权市场上买进一份看跌期权合同，合同中约定了计价货币的交割汇率，若结算日计价货币的汇率低于协定汇率，出口商就执行期权合约，按约定的交割汇率卖出收到的货款，从而消除因计价货币汇率下跌导致其收入减少的风险。若结算日计价货币的汇率高于协定汇率，出口商可以选择不执行期权合约，而是在现汇市场上卖出收到的货款。从而获得因计价货币汇率上升带来的收益。当然，该企业需要付出期权费用的代价，即保证金。

例如，我国某出口商与澳洲一进口商签订了一个金额为10万澳币的贸易合同，合同规定3个月后结算，若签订合同时的汇率为1澳币=6.6元人民币，则该出口商预计收到66万元人民币的货款。考虑到结算日在3个月之后，该出口商为避免澳币汇率下跌导致其收入减少，决定用外汇期权交易来避险，在期权市场上买进一份看跌期权。假定10万澳币的卖出权合同价格(即保险费)为1万元人民币，合同约定的汇率为1澳币=6.5元人民币。则3个月后有可能出现三种情况：

第一种情况：澳币贬值，汇率为1澳币=6.3元人民币。

在这种情况下，该出口商会选择执行期权合约，按照约定汇率卖出10万澳币，获得65万元人民币，扣除1万元的保险费，实际所得的货款为64万元人民币，比不做外汇期权交易少损失1万元人民币。

第二种情况:澳币升值,汇率为1澳币=6.8元人民币。

在这种情况下,该出口商会选择不执行期权合约,而按照市场汇率卖出10万澳币,获得68万元人民币,扣除1万元的保险费,实际所得的货款为67万元人民币,虽然比不做期权少收益1万元人民币,但避免了风险。

第三种情况:澳币汇率不变,仍然为1澳币=6.6元人民币。

在这种情况下,该出口商选择执行期权合约或不执行期权合约的结果都一样,实际所得的货款为65万元人民币,以损失1万元人民币的期权费来避免风险,固定收益。

资料卡

NDO——无本金交割外汇期权

NDO(Non-deliverable Option)即非交割期权,也称无本金交割外汇期权、无本金交割远期外汇选择权。是指期权买方向期权卖方支付一定的期权费,拥有在未来一定时期后按照约定汇率向期权卖方买进或者卖出约定数额的货币的权利;同时,期权买方也有权不执行上述交易合约。操作逻辑与NDF的概念一致,只是从远期外汇的概念延伸到选择权交易。

人民币NDO的全称是"美元对人民币无本金交割汇率期权",是以人民币为计价标的计算汇率价差,并折算为美元后,以美元结算,无需交割契约本金,亦无需持人民币进行结算。无本金交割美元对人民币外汇期权是离岸人民币期权业务,在香港等离岸中心已经开始了广泛交易。随着人民币汇率由单边升值进入双向波动时代,企业对汇率避险的需求有了微妙变化。在此情况下,目前部分境内商业银行陆续推出了人民币外汇期权组合业务。

(五)掉期合同法

掉期交易法(Swap Contract)指具有远期债务或债权的公司,与银行签订卖出或买进即期外汇的同时,买进或卖出相应的远期外汇。在掉期交易中两笔外汇买卖币种、金额相同,买卖方向相反,交割日不同。

例如,美国一家投资公司需要50万英镑在海外进行投资,预计2个月后收回,该公司在用美元购进50万英镑现汇的同时,为了防止2个月后英镑对美元汇率波动可能带来的损失,卖出50万英镑2个月的期汇,假设当时市场汇率为:

即期　GBP1 = USD1.6845/55

2个月远期　GBP1 = USD1.6820/40

该公司购进50万英镑需84.275万美元,卖出期汇可获84.1万美元,差额1 750美元为该公司为防止汇率变动付出的代价(不考虑两种货币利息因素)。假设2个月后的市场汇率为:GBP1 = USD1.6810/20,则该公司通过掉期合同避险比不避险多收回0.05万美元。

银行在从事外汇买卖业务时,如果不存在外汇敞口头寸,就不会面临外汇风险。因此,外汇银行可以通过在银行间外汇市场上从事外汇交易来调整外汇头寸,规避风险。但是如果银行对所有的外汇敞口头寸都进行对冲交易,交易成本太大。因此,在实际管理中,银行通常的做法是限定风险的大小,把风险控制在可承担的范围之内。具体方法是进行限额管理:在风险评估的基础上,对每一交易币种,每一交易人员确定交易限额,当交易人员的交易超过限额时,交易员必须在外汇市场上将多余的头寸对冲掉。

综上所述,可以看出,一些防止外汇风险的方法是在风险已经存在后采取的,一些是在风险发生前采取的。此外,防止外汇风险的方法与技术有些只可消除时间风险,有些只可消除货币风险,有些则二者均可消除。只有即期合同法、远期合同法和平衡法、货币期货合同法、期权合同法、择期合同法、掉期合同法等能够独立地用于外汇保值;提前收付法、拖延收付法、借款法、投资法必须同即期外汇交易相结合才能全部消除外汇风险,达到外汇保值的目的。现将各种防止外汇风险方法的效果,摘要列表如下(见表5-4),以便掌握区分。

表 5-4　防止外汇风险的方法比较

消除			减少风险的影响	避免风险环境
时间风险	时间风险与货币风险	货币风险		
提前收付法 拖延收付法 借款法 投资法	远期合同法 平衡法 期货合同法 期权合同法 掉期合同法	即期合同法	选好计价货币 多种货币组合法 组对法 调整价格法 保值法 国际信贷	对销贸易法 本币计价法

第三节　外汇风险防范的综合措施

第二节中我们介绍了很多外汇风险防范的一般方法,这些方法中有些单独使用就可以消除全部的外汇风险,如远期合同法、期货合同法、期权合同法、掉期合同法以及平衡抵消法等,有些方法,如提前收付法、借款法和投资法,则必须与其他方法相互配合、综合利用,才能消除全部的外汇风险。将几种外汇风险防范方法加以综合运用,从而消除时间风险和价值风险的措施就是外汇风险防范的综合措施。常用的外汇风险防范综合措施有借款—即期合同—投资法(Borrow-Spot-Invest, BSI法)和提前收付—即期合同—投资法(Lead-Spot-Invest, LSI法)。下面我们就这两种方法在应收外汇账款和应付外汇账款中的具体运用加以分析和介绍。

一、BSI法和LSI法在应收外汇账款中的具体运用

(一) BSI法

BSI法(Borrow-Spot-Invest)是将借款法、即期合同法以及投资法综合运用消除外汇风险。企业在有应收外汇账款的情况下,为防止应收外币的汇价波动,首先通过借款法借入同应收账款的外汇金额相同的外汇,将外汇风险的时间结构转变到现在办汇日,消除时间风险。接着通过即期合同法将所获得的外汇卖给外汇银行,换为本币,消除价值风险。最后通过投资法将获得的本币存入银行或对外投资,以投资收益来抵消为避免外汇风险的费用支出(如贷款利息费用)。这样,不仅能消除外汇风险,还能降低避险成本,获得额外的投资收益。

例如,日本某出口商 90 天后有一笔价值 $500 万的出口应收账款,签约时即期汇率为 $1 = JPY120,该笔货款折合日元为 JPY60 000 万。为了避免 90 天后日元对美元汇率升值的外汇风险,该出口商决定采用 BSI 法,对 $500 万的出口应收账款进行风险防范。具体操作如下:

首先,该出口商从某外汇银行借入一笔金额为 $500 万的外币贷款,期限为 90 天,月息为 4.17%。这样,$500 万应收账款的时间风险就从 90 天后转移到了办汇日。为此,该出口商要支付利息费用约 $6.25 万。

其次,该出口商将借入的 $500 万贷款通过即期合同法卖给银行换成本币,从而消除了 $500 万的汇兑风险。按照此时的汇率水平 $1 = JPY120 折算,出口商可兑换成日元 JPY60 000 万。此时,因为外币兑换本币而向银行支付的换汇成本为金额的 0.5%,即 $2.5 万。

最后,该出口商及时将换来的 JPY60 000 万存入银行(或者购买短期债券)进行投资,期限为 90 天,年息为 4%。到期该出口商连本带利可获得 JPY60 600 万。

假设 90 天后应收款和贷款到期时,美元对日元的汇率变动为 $1 = JPY115,该出口商将收到的应收账款 $500 万归还银行贷款,并支付利息 $6.25 万。我们对此进行损益分析:

JPY60 600 万 - $6.25 万 × 115 - $2.5 万 × 120 = JPY59 581.25 万

JPY59 581.25 万 - $500 万 × 115 = JPY2 081.25 万

通过以上分析得出,该出口商通过 BSI 法来防范外汇风险比不采取任何避险措施,出口收入增加了 2 081.25 万日元。

(二) LSI 法

LSI 法(Lead-Spot-Invest)是将提前收付法、即期合同法以及投资法综合运用消除外汇风险。企业在有应收外汇账款的情况下,为防止应收外币的汇价波动,首先征得债务方的同意,请求其提前支付款项,并给予债务人一定的折扣,将外汇风险的时间结构转变到现在办汇日,消除时间风险。接着通过即期合同法将所获得的外汇卖给外汇银行,换为本币,消除价值风险。最后通过投资法将获得的本币存入银行或对外投资,以投资收益来抵消因提前收汇而向债务人支付的折扣款项。

例如,美国某出口商有一笔价值£100 万的出口应收账款,付款期限为 90 天。签约时即期汇率为£1 = $1.3。按照此汇率,£100 万折合成美元为 $130 万。为了避免 90 天后英镑贬值造成美元货款减少的风险,该出口商决定采用 LSI 法进行风险防范。具体操作如下:

首先,该出口商征得了债务人的同意,请其提前 90 天支付£100 万的出口应收账款,并同意给予债务人 2% 的折扣,即£2 万,按照当时的即期汇率£1 = $1.3 计算,折扣金额折合美元为 $2.6 万,从而将外币收款的时间风险转移到了办汇日。

其次,该出口商将收到的£100 万货款通过即期合同,与银行按照即期汇率£1 = $1.3 换为 $130 万,同时向银行支付手续费 1%,即 $1.3 万,从而消除了英镑对美元的兑换风险。

最后,该出口商将兑换得到的 $130 万用于短期债券投资活动,期限为 90 天,假定由于通货膨胀等原因,年利息为 18%,则到期时出口商连本带利共收回 $135.85 万。

假设 90 天后,英镑对美元的汇率变动为£1 = $1.2,我们对此进行损益分析:

$135.85 万 - $2.6 万 - $1.3 万 = $131.95 万

$131.95 万 - £100 万 × 1.2 = $11.95 万

通过以上分析得出，该出口商通过 LSI 法来防范外汇风险比不采取任何避险措施，出口收入增加了 11.95 万美元。

二、BSI 法和 LSI 法在应付外汇账款中的具体运用

（一）BSI 法

企业在有应付外汇账款的情况下，为防止应付外币的汇价波动，首先通过借款法借入一定数量的本币，从而将应付账款的时间风险转移到目前的办汇日。其次，将借入的本币通过即期合同法兑换成为外币，消除应付账款的汇兑风险。最后，把兑换的外币存入银行或者进行其他短期投资，获得的投资收益用于弥补本币兑换成外币时向银行支付的手续费和借入本币需向银行支付的利息。等到外币投资到期时，正好用收回的外币进行应付账款的支付。

例如，美国某进口商有一笔价值£100 万的应付外汇账款，付款期限为 90 天，签约时即期汇率为£1 = \$1.5，100 万英镑折合为 150 万美元。为了避免 90 天后美元对英镑的汇率下跌而带来的外汇风险，该进口商决定采用 BSI 法，对价值£100 万的应付外汇账款进行风险防范。具体操作如下：

首先，该进口商从当地银行借入一笔金额为 \$150 万，贷款期限为 90 天，月息为 3‰，从而将该笔应付账款的时间风险转移到了目前的办汇日。为此，该进口商将为此付出 \$1.35 万的利息支出。

其次，该进口商将借入的 \$150 万的本币贷款通过即期合同法兑换成英镑，按照即期汇率£1 = \$1.5 折算，\$150 万折合成£100 万，从而该进口商消除了应付货款的兑换风险。为此，该进口商需向银行支付相当于金额 1% 的手续费，折合为 \$1.5 万。

最后，该进口商将换来的£100 万存入银行（或者用于其他短期债券的投资），期限为 90 天，月息为 2.5‰，这样，当 90 天后存款到期时，该进口商可收回本利£100.75 万。

假定 90 天后，英镑对美元的汇率为£1 = \$1.55，该进口商的£100 万的应付外汇账款折合美元为 \$155 万。我们对此进行损益分析：

$$\$150\text{ 万} + \$1.35\text{ 万} + \$1.5\text{ 万} - £0.75 \times 1.55 = \$151.69\text{ 万}$$

$$\$155\text{ 万} - \$151.69\text{ 万} = \$3.31\text{ 万}$$

通过以上分析得出，该进口商通过 BSI 法来防范外汇风险比不采取任何避险措施，进口成本减少了 3.31 万美元。

（二）LSI 法

企业在有应付外汇账款的情况下，为防止应付外币的汇价波动，首先在征得债权人同意提前付款的前提下，从银行借入一定数量的本币，将应付外汇账款的时间风险转移到目前的办汇日。其次，将借入的本币通过即期合同兑换成应付外汇账款的外汇，从而消除了应付账款的汇兑风险。最后，根据与出口商约定好提前付款的协议，将兑换的外币提前支付给出口商，并得到一定数额的折扣。根据以上程序，消除外汇风险的步骤是先借款，再与银行签订即期合同，最后再提前支付，所以称为 BSL 法（Borrow-Spot-Lead），但是根据国际贸易惯例，还是称其为 LSI 法。

例如，英国某进口商有一笔 \$300 万的外汇应付账款，期限为 90 天，签约时的即期汇率为£1 = \$1.5，该笔应付账款折合为£200 万。为了避免 90 天后应付外汇账款到期时，由于美

元升值而增加英镑成本的外汇风险,该进口商决定采用 LSI 法进行风险防范。具体操作过程如下:

首先,该进口商征得债权人同意提前付款,从银行借入一笔£200 万的本币,期限为 90 天,月息为 4‰,从而将£200 万的应付外汇账款的时间风险转移到了办汇日。为此,该进口商需向银行支付贷款利息£2.4 万。

其次,该公司将借入的£200 万通过即期合同兑换成美元,按照即期汇率£1 = \$1.5 折算,£200 万折合为 \$300 万,从而该出口商消除了英镑对美元的汇兑风险。为此,该进口商需向银行支付 1% 的手续费,金额为£2 万。

最后,根据同债权人事先约定好提前付款的协议,将 \$300 万的应付外汇账款提前支付给债权人,并获得 2% 的一次性折扣,价值为 \$6 万,按照当时的即期汇率£1 = \$1.5 折算为£4 万。

假定 90 天后应付外汇账款到期时,英镑对美元的汇率为£1 = \$1.45,该进口商的 \$300 万的应付外汇账款折合英镑为£206 .9 万。我们对此进行损益分析:

$$£200\text{ 万} + £2.4\text{ 万} + £2\text{ 万} - £4\text{ 万} = £200.4\text{ 万}$$

$$£206.9\text{ 万} - £200.4\text{ 万} = £6.5\text{ 万}$$

通过以上分析得出,该进口商通过 BSI 法来防范外汇风险比不采取任何避险措施,进口成本减少了 6.5 万美元。

复习与拓展

一、本章重要概念

外汇风险　交易风险　经济风险　会计风险　平衡法　组对法　远期合同法　期货合同法　期权合同法　掉期合同法　BSI 法　LSI 法

二、选择题

1. 国际企业最主要的外汇风险是(　　)。

A. 交易风险　　B. 会计风险　　C. 经济风险　　D. 经营风险

2. 根据平衡法,A 公司在 3 个月后有一笔英镑的应收货款,为防止外汇风险,该公司应该(　　)。

A. 设法出口,使 3 个月后有一笔同等数额的英镑应收货款

B. 设法进口,使 3 个月后有一笔同等数额的英镑应付货款

C. 设法出口,使 3 个月后有一笔同等数额的美元应收货款

D. 设法进口,使 3 个月后有一笔同等数额的美元应付货款

3. 既能消除时间风险,又能消除价值(货币)风险的方法是(　　)。

A. 远期合同法　　B. 提前收付法　　C. 拖延收付法　　D. 投资法

4. 为防止外汇风险,在出口贸易中应选择的计价货币是(　　)。

A. 硬币　　B. 软币　　C. 第三国货币　　D. 进口国的货币

5. 一个国际企业在其经营活动中存在的外汇风险属于(　　)。

A. 交易风险　　B. 会计风险　　C. 经济风险　　D. 经营风险

6. 进口商应选择从成交到付汇期间(　　)货币作为进口计价货币。

A. 下浮趋势最强的一种　　　　B. 下浮趋势最强的两种
C. 具有下浮趋势的多种　　　　D. 不升不降比较稳定的一种

7. 掉期交易法要求进出口商同时进行两笔（　　）。
A. 金额不同、方向相反的相同交割期限的外汇交易
B. 金额相同、方向相同的不同交割期限的外汇交易
C. 金额相同、方向相反的不同交割期限的外汇交易
D. 金额相同、方向相反的相同交割期限的外汇交易

8. 设某企业 90 天后有一笔外汇收入，则这笔业务（　　）。
A. 存在时间风险
B. 存在价值风险
C. 既存在时间风险，又存在价值风险
D. 既存在时间风险，又存在利率风险

9. 汇率的交易风险发生在下列哪些场合（　　）。
A. 国际贸易　　B. 国际投资　　C. 国内贸易　　D. 外汇银行运作

10. 出口合同的外汇保值条款形式之一是（　　）。
A. 以硬币计价，以软币支付
B. 以软币计价，以软币支付
C. 签约时确定该软币与另一较硬货币的比价
D. 支付日按软币对硬币贬值幅度

11. 交易风险管理中的 BSI 法主要通过（　　）等业务组合来消除外汇风险。
A. 货币市场的存借款　　　　B. 外汇市场的外汇买卖
C. 贴现市场的票据贴现　　　　D. 证券市场的证券投资

12. 某拥有一笔美元应收款的国际企业预测美元将要贬值，它会采取（　　）方法来防止外汇风险。
A. 提前收取这笔美元应收款　　　　B. 推后收取这笔美元应收款
C. 买入远期美元　　　　D. 卖出远期美元

三、计算题

1. 某英国公司 3 个月后将收进 200 000 美元，为防止美元汇率下跌，该公司预售 200 000 美元，假设该日伦敦市场外汇牌价为：

即期汇率	3 个月差价
1.6048/74	130/124

问：3 个月后该公司可确保得到多少英镑？

2. 加拿大某进出口公司签约从美国进口一批价值 100 万美元的机械设备，6 个月内付款。签约时汇率为 USD1 = CAD1.1540，若半年后美元升值，汇率变为 USD1 = CAD1.1560，加拿大公司要承受美元升值带来的损失是多少？若半年后美元贬值，实际汇率变为 USD1 = CAD1.1520，则情况如何？

3. 如果某商品原价是 1 000 美元，为防止汇率波动，用“一篮子货币”保值，其中，英镑和

欧元各占40%,日元占20%,在签约时汇率为£1 = \$1.40,1EUR = \$1.05, \$1 = JPY120.0,在付汇时汇率变为:£1 = \$1.50,1EUR = \$0.90, \$1 = JPY110.0,问付汇时该商品的价格应为多少?

4. 英国某公司在90天后有一笔价值1 000万美元的出口应收账款,为了避免美元汇率波动的风险,对出口收益进行保值,该公司决定采用综合避险措施。当时金融市场上借款年息为4.5%,即期汇率1GBP = USD1.45,外汇兑换手续费为8%,货币市场上该公司经常投资的某商业票据的月息为6‰,假设90天后应收款到期时,汇率变动为1GBP = USD1.42,请为该公司设计具体操作方法和步骤,并进行损益分析。

5. 美国某出口商预计6个月后将收到货款100万瑞士法郎,需在市场换成美元。为防范汇率风险,该公司拟通过外汇期货做套期保值。若当日现汇汇率为USD1 = CHF1.3778 - 1.3788,6个月期货价格为USD0.7260/CHF。6个月后的现汇汇率为USD1 = CHF1.3850 - 1.3860,6个月期货价格为USD0.7210/CHF。问:该出口商应如何进行操作?

6. 某跨国公司的母公司在美国,一个子公司在日本,另一个子公司在英国。如预测日元对美元将上浮,英镑对美元将下浮。为消除外汇风险,跨国公司之间在进口与出口业务中,将如何运用提前结汇(Dads)和推迟结汇(Lags),请填下表。

	英国	美国	德国
英镑计价 (对英国收付)	(不填)		进口: 出口:
美元计价 (对美国收付)	进口: 出口:	(不填)	进口: 出口:
欧元计价 (对德国收付)	进口: 出口:	进口: 出口:	(不填)

四、案例分析

百富勤破产案

百富勤投资集团有限公司(Peregrine Investments Holdings Limited)成立于1988年年底,由集团主席杜辉廉和董事兼总经理梁伯韬在香港创办。在短短的几年间,其业务已遍及亚太各地。该集团主要为客户提供各类型的综合投资银行及证券经纪服务。百富勤由最初3亿港元的资本发展成为拥有240亿港元总资产的跨国投资银行,在东南亚及欧美共设有28家分行,业务遍及证券、期货经纪、基金管理、投资融资、包销上市等。

1997年下半年爆发了涤荡全球的金融风暴,在这次金融危机中泰铢、菲律宾比索、马来西亚吉特、印尼盾和新加坡元兑美元的汇率大幅下跌,屡创历史新低。由于百富勤大量投资于东南亚市场,持有巨额亚洲货币债权,此番东南亚货币狂泻给它造成了无法弥补的损失。

同时汇市的动荡也带来了股市的暴跌,10月23日恒生指数由11 700点暴跌至10 426点,跌幅达到10.4%。10月24日,恒生指数略有反弹,但在10月28日恒指再次暴跌1 438点,创历史纪录,收报9 059点。从10月20日到28日,恒生指数在短短的几天里跌去了4 541点,跌幅达33.4%。若以香港股市7月3日的3 000亿美元的市值计算,到10月28日已损失约1400多亿美元。作为从事证券业务的百富勤在1997年7月至10月的股票损失估计至少近10亿港币。

1998年1月12日下午5时,百富勤宣告破产。

资料来源:http://www.sdwm.cn/bumen/khshow.php? tid=20189。

请思考:

百富勤集团破产给我们哪些启示?进行国际化经营的企业应如何防范外汇风险?

五、本章相关网站

http://www.tiffe.or.jp

http://www.imf.org

http://www.nber.org

http://www.yahui.cc

http://forex.cfi.cn

第六章

国际金融市场

学习目标

- 掌握国际金融市场的概念、分类及特点
- 了解国际金融市场形成的原因及发展趋势
- 了解各个重要的国际金融中心
- 掌握国际金融市场的构成及作用
- 掌握欧洲货币市场的特点及业务

案例导入

20世纪末,巴基斯坦政府在位于卡拉奇40公里处修建一年发电量129.2万千瓦的电力工程。该工程由英美电力咨询公司设计,HUB电力公司承建,美国梅林金融财务公司规划融资方案并组织筹资,其投资与融资结构是:

1. 股本投资(占20%)　　3.72亿美元
2. 债务:(占80%)

能源发展基金借款	6.02亿美元(33%)
商业银行借款	6.95亿美元(38%)
其他地区及国外贷款	1.63亿美元(9%)

美国梅林金融财务公司建议,6.95亿美元的国际商业银行贷款金额巨大,远非一两家银行所能承担,必须借取银团贷款,并且这项占项目资金总额38%的贷款,不能从传统金融市场取得,必须从欧洲货币市场也即境外货币市场取得。由于其具有资金充沛、管制较松、费用低廉、利率相对较低以及资金调拨方便等特点,可大大降低融资成本,从而压低工程造价。HUB公司采纳了这一意见,最后从美、英、德等银行组成的银团取得了贷款,

使该工程得以按期完成，对缓解巴基斯坦的电力紧缺状况发挥了重要作用。

资料来源：http://wenku.baidu.com/view/336722d676eeaeaad1f330a5.html。

【启示】 HUB公司为何对其电力工程的主要资金需在欧洲货币市场借取银团贷款，而不在传统国际金融市场借取一般商业贷款？两个市场之间具有什么样的联系与区别呢？本章将对国际金融市场予以阐述与分析。

第一节 国际金融市场概述

一、国际金融市场的概念

国际金融市场（International Financial Market）是指在国际范围内进行资金融通或金融产品买卖的场所，也就是居民与非居民之间，或非居民与非居民之间进行国际金融活动的场所。国际金融市场与国内金融市场相比，不同之处在于：资金借贷关系涉及非居民；业务活动范围跨越国境；交易中使用的货币为各国货币；业务活动比较自由开放，较少受某一国政策、法令的限制。

国际金融市场有广义和狭义之分。广义的国际金融市场是进行各种国际金融业务活动的场所，包括长、短期资金的借贷，外汇与黄金的交易，这些业务活动分别形成了货币市场（一年以内短期资金的借贷）、资本市场（一年以上中长期资金的融通）、外汇市场和黄金市场。狭义的国际金融市场是国际间进行资金借贷和融通的市场，具体指国际货币市场和国际资本市场。

二、国际金融市场的类型

按照不同的分类标准，国际金融市场可以划分为多种类型。

（一）按市场功能分为国际货币市场、国际资本市场、国际外汇市场、国际黄金市场、金融衍生工具市场

1. 国际货币市场

又称为短期资金市场，是经营短期资金交易的市场。无论何种形式的资金借贷，只要期限在1年或1年以下均属于货币市场范畴。具体地讲，国际货币市场以短期工商企业资金周转、拆款和短期政府债券为主要交易对象，是经营短期信用票据买卖和转让的金融市场。国际货币市场的作用是调节短期资金，解决资金需求者的季节性和临时性的资金周转。货币市场通常由同业拆借市场、承兑市场、票据贴现市场、短期政府债券市场、大额可转让定期存单市场、回购市场和短期信贷市场组成。

2. 国际资本市场

是指交易期限在1年以上的中长期金融工具交易的市场，又称为中长期资金市场。其重要功能是为工商企业、政府和机构提供中长期资金。资本市场主要由两部分组成，即发行和买卖各种债券、股票的证券市场和通过银行进行融资的中长期信贷市场。

3. 国际外汇市场

外汇市场是以外汇银行为中心,由外汇需求者、外汇供给者及买卖中间机构组成的外汇买卖场所或交易网络,第五章已进行了详细介绍。

4. 国际黄金市场

是指专门进行黄金买卖的国际性交易市场,是国际金融市场的一个重要组成部分。黄金既是国际结算的手段,又具有世界货币的性质。虽然黄金已经退出了国际本位货币领域,但黄金仍然是重要的国际储备货币和保值手段,黄金的国际性交易仍然以各种新型方式发展着,仍在不断发展的国际金融市场上占有重要的地位。伦敦、苏黎世、纽约、芝加哥和香港的黄金市场是世界上最重要的五大黄金市场。

5. 金融衍生工具市场

也称派生工具市场,是相对于商品市场、资本市场、证券市场等基础市场而言的。该市场交易的工具是金融衍生工具,它是当代金融创新最重要的成果之一。金融衍生工具是一种交易者为转嫁风险的双边合约,其价格取决于基础市场工具或资产的价格及其变化。金融衍生工具市场既包括标准化的交易所,也包括场外交易(柜台交易)即 OTC 交易。金融衍生工具市场主要有金融期货市场、期权市场、互换市场、远期合约市场等。

(二) 按市场性质可分为传统国际金融市场和新型国际金融市场

1. 传统的国际金融市场

传统的国际金融市场在国内金融市场基础上发展起来,主要从事市场所在国货币的借贷,并受市场所在国政府政策和法令管辖的金融市场。传统国际金融市场交易主体是本国居民与非居民,其中居民主要是投资者,非居民主要是筹资者,当然也存在着相反情况。这类金融市场必须首先是国内金融中心和经济贸易中心,逐步发展为国际金融中心,如纽约、伦敦、巴黎、法兰克福、东京等,它们既是一国主要的国内金融市场,也是重要的国际金融市场。

2. 新型的国际金融市场

新型国际金融市场又称欧洲货币市场,它是在第二次世界大战后,从传统的国际金融市场的基础上发展而来的,因此,两者之间有一定的联系,但它也具有一些与传统国际金融市场完全不同的特点:其一,经营对象不是市场所在国货币,而是除市场所在国货币以外的货币,即境外货币,几乎包括所有可自由兑换货币;其二,交易一般在非居民之间进行,即投资者和筹资者都是非居民,打破了传统的只限于市场所在国资金供应者的规定;其三,经营活动不受任何国家法规和条例的限制,所以是完全自由化的市场。

(三) 按融资渠道分为国际信贷市场和国际证券市场

1. 国际信贷市场

国际信贷市场是指在国际金融市场上以金融机构为媒介融通资金的市场,是各国资金需求者通过银行进行资金融通的场所。国际信贷市场是早期融资的主要渠道,以银行为主体为国际贸易及其他资金需求者贷款,对国际贸易和世界经济的发展起到了重要的作用。随着国际经济一体化的发展,国际信贷活动也在不断发展,形式也在日渐多样化。目前,国际信贷市场以银行同业拆借为主体,形成了多个国际信贷中心。

2. 国际证券市场

国际证券市场是指发行和交易各种有价证券的市场。主要是指国际债券市场和国际股票市场。20 世纪 80 年代后，国际金融市场的证券化趋势形成，国际证券市场的融资规模超过了信贷市场，成为国际筹资的主要渠道。

（四）按地理位置分为五大区域金融中心

国际金融市场有时也指国际间一些跨国银行和证券投资机构云集的国际金融中心。目前，世界上主要的国际金融中心可以分为西欧区、北美区、亚洲区、中东区与中美洲和加勒比海区五个区域。

1. 西欧区

西欧区包括伦敦、法兰克福、巴黎、苏黎世、卢森堡等金融中心。在西欧区，伦敦历史最悠久，是世界最大的国际金融中心。聚集在伦敦的跨国银行是世界上最多的，数量超过了英国的本国银行。

2. 北美区

北美区包括纽约和加拿大的多伦多、蒙特利尔等金融中心。由于美元在国际货币体系的重要性，纽约是世界上最重要的金融中心。

3. 亚洲区

亚洲区包括东京、新加坡和香港等新兴的国际金融中心。

4. 中东区

中东区包括巴林、科威特等新兴金融中心。巴林是一个典型的由于地理位置优越和政府的政策鼓励，迅速发展起来的避税港型的国际金融中心。

5. 中美洲与加勒比海区

中美洲和加勒比海区的开曼群岛、巴哈马群岛以及百慕大等地，以其特殊的地理位置、优惠的税收政策和完善的通信服务设施，吸引了大量的跨国银行在此投资设立分行，成为国际银行和金融机构理想的逃税地。

三、国际金融市场的形成

（一）国际金融市场的形成和发展

国际金融市场是随着国际贸易、资本输出及生产国际化的发展而产生和发展起来的，19 世纪中叶最先在英国伦敦形成。因为英国是资本主义发展最早的国家之一，其空前发展的国内经济和国际贸易、比较稳定的政治制度，以及完备的现代银行制度，使英镑成为最主要的国际结算和国际支付手段，伦敦也成为当时世界上最重要的国际金融市场。第一次世界大战爆发后，英国的经济虽然遭到了一定程度的打击，英镑作为主要国际结算货币和国际储备的地位有所下降，但伦敦仍然是世界最大的国际金融市场。与此同时，其他资本主义经济较为发达的国家的国内金融市场，随着对外贸易和资本输出的发展，也相继在不同程度上发展成为国际金融市场，如美国的纽约、法国的巴黎、瑞士的苏黎世、德国的法兰克福等。第二次世界大战后，美国的经济实力迅速膨胀，美元取代英镑成为最主要的国际结算和国际储备货币，纽约成为国际资金借贷和资本筹措的中心，纽约金融市场迅速崛起，继伦敦之后成为世界上最大的国际金融市场。与此同时，由于西欧各国经济遭受战争严重破坏，只有瑞士未受战争影响而保持了良好的金融环境，苏黎世金融市场的外汇交易和黄金交易都非常活跃。这一时期，纽约、伦敦和苏黎世发展成为世界三大国际金融市场。

进入20世纪60年代后,美国出现持续的国际收支逆差,大量美元流向境外,美国的跨国公司为了逃避限制,纷纷把资金转移到欧洲国家,形成“欧洲美元市场”,即境外美元市场。欧洲德国马克、欧洲法国法郎的出现,使欧洲美元市场发展成为欧洲货币市场。欧洲货币市场的兴起是国际金融市场的重大发展,它突破了传统国际金融市场受所在地政府法令的约束,也不局限于国际贸易和国际清算业务汇集地条件限制,是真正意义上的国际金融市场,目前已成为国际金融市场的重要组成部分。20世纪60年代末期,亚洲美元市场的形成使欧洲货币市场的业务范围从欧洲、北美扩大到亚洲,亚太地区的国际金融业务量迅速增长,一些国家和地区的国内金融中心相继发展成为国际金融中心,如新加坡、香港、东京等。

20世纪70年代后,一些原来并不重要的地区由于具有优越的地理位置、稳定的政局以及采取灵活、自由的金融政策,而发展成为重要的国际金融中心,如加勒比海地区的拿骚、巴拿马、开曼群岛和中东的巴林等地。这样国际金融中心从西欧、北美向亚太地区乃至全世界范围扩展。

20世纪80年代后,西方各主要国家普遍掀起了以放松金融管制为主要内容的金融自由化和金融全球化的改革浪潮。这一趋势对新兴工业化国家金融的发展产生了深远影响。一方面,这些新兴工业化国家经济的发展和国际化程度已达到一定水平,西方金融变革浪潮的示范效应促使它们推动相应的金融自由化和国际化变革;另一方面,从80年代开始的国际资本和产业技术转移的浪潮中许多新兴工业化国家成为国际投资的新热点。国际资本流动要求建立与之相适应的金融环境,各国也更加注意与国际惯例接轨,以适应国际金融一体化要求,从而加速了这些国家的金融发展和国际金融市场的形成。新兴国际金融市场主要有拉丁美洲地区的墨西哥、阿根廷、巴西,亚洲的“四小龙”、泰国、马来西亚、菲律宾、印度尼西亚等国家和地区。

(二) 国际金融市场的形成条件

国际金融市场的形成必须具备若干条件,其中包括以下各项内容:

(1) 较稳定的政局。一国政局不稳,往往会引起经济混乱,导致该国金融市场动荡,投资者的利益难以得到保障。这样,就不可能建立一个稳定的国际金融市场,已经形成的国际金融市场也会停顿或关闭。这是国际金融市场形成的最基本的一项条件。

(2) 发达的国内金融体系。具有集中的银行机构、健全的管理制度和发达的信用。在市场管理上具有丰富的经验、较熟练的技术、较高的效率和较好的服务。金融机构网络完备,能处理大量的金融业务,具有较大的筹措和运用资金的能力。

(3) 金融管制宽松。如实行自由外汇制度,对存款准备金、利率等方面无严格管理条例,税率较低,居民与非居民参加金融活动享有同等待遇等。

(4) 比较优越的地理位置。具备便利的交通条件,拥有完善的国际通讯设备,能适应国际金融市场发展的需要。

四、国际金融市场的作用

(一) 国际金融市场的积极作用

随着国际金融市场的发展,它对世界经济活动起着举足轻重的作用。主要表现在以下几个方面:

(1) 为各国经济发展提供了资金。国际金融市场是世界各国资金的集散中心,国际金融市场上的各种融资方式为资金短缺国家利用外资发展本国经济提供了便利。如欧洲货币市场促进了当时的联邦德国和日本经济的复兴,亚洲美元市场对亚太地区的经济建设也起了积极作用。尤其是发展中国家,大部分资金都是在国际金融市场上筹措的。可以说,国际金融市场为不同类型的国家发展经济进行资金融通提供了便利,从而促进了各国经济的发展。

(2) 有助于各国调节国际收支。有国际收支逆差的国家越来越多地在国际金融市场筹集资金来弥补短期国际收支逆差,国际收支顺差国家也将其盈余资金投放到国际金融市场,国际金融市场为平衡各国国际收支发挥了重要的作用。

(3) 促进了全球资源的合理配置。国际金融市场是一个高度竞争的市场,资金总是流向经济效益最好、收益最高的国家或地区,这就使国际金融市场上的资金利用效率大大提高。国际金融市场上的各种金融资产的价格,如利率、汇率等的形成,是基于众多的交易者对未来市场走势的预期,这些价格信息不仅充分反映了金融资产的供求关系,也对全球真实资源的最优配置发挥着重要的调节作用。

(4) 提供了避险的场所。随着金融自由化趋势的发展,各种金融资产的价格波动越来越剧烈,国际金融市场上各种各样的金融衍生工具,为不同国家交易主体提供了有效的风险管理手段,也使得各类投资者能够在广泛范围内进行债务组合和投资组合,分散风险、稳定收益。

(二) 国际金融市场的消极作用

国际金融市场的作用是两方面的,一方面它促进了国际经济金融的发展,另一方面,由于在某些方面的过度发展以及管理和监控手段的不完善,也会对世界经济产生一些消极影响,例如:大规模国际资本流动,可能对一些国家金融体系造成冲击,并影响其货币政策的实施效果;为国际货币投机活动创造了条件和提供了便利;加剧了世界性通货膨胀和引发经济危机等。为此,近些年来,世界各国在推行金融自由化的同时,纷纷采取措施加强对国际金融市场的干预和管制。

第二节　传统国际金融市场

传统国际金融市场也被称为在岸国际金融市场,主要从事居民与非居民之间的国际借贷和货币交易以及市场所在国货币的借贷和交易,市场活动受各有关国家的政策、法令的管制,受当地市场规则、惯例的约束。主要包括国际货币市场、国际资本市场、国际外汇市场和国际黄金市场(有关国际外汇市场的具体内容见第五章,本节不再介绍)。

一、国际货币市场

国际货币市场,又称为短期资金借贷市场,是指借贷期限在 1 年及 1 年以下的资金市场,一般由银行短期信贷市场、短期证券市场和贴现市场组成。货币市场的中介机构包括商业银行、票据承兑行、贴现行、证券交易商和证券经纪人。由于西方各国短期资金市场的历史发展和形成不同,主要从事的业务活动不同,货币市场中介机构的地位也不同。比如,美国纽约短期资金市场以短期信贷和短期债券为主，商业银行在这一市场占有重要地位。而在伦敦，短期资金市场以贴现业务为主，贴现行占有重要地位。

（一）短期信贷市场

银行短期信贷市场（Short Credit Market）主要包括银行对外国工商企业的信贷和银行同业间拆放市场。其中，银行同业拆放市场处于重要地位，目的在于解决临时性的资金需要和头寸调剂。贷款的期限最短为一天，最长为1年，也提供3天、1周、1月、3月、半年等期限的资金。银行同业间拆放业务，一部分通过货币经纪人进行，一部分在银行之间直接进行，无需提供担保和抵押，一般都是大额交易，少则几十万，多则几千万，利率多以伦敦银行同业拆放利率（LIBOR）为基础，伦敦银行同业间拆放利率包括拆进利率和拆出利率，两者一般相差0.25%—0.5%。除LIBOR以外，新加坡同业拆放利率（SIBOR）、香港同业拆放利率（HIBOR）、美国的主要市场优惠利率（Prime Rate）和日本的长期优惠利率等，也常被作为国际信贷的基准利率。

资料卡

LIBOR——伦敦银行同业拆放利率

LIBOR是London Interbank Offered Rate的缩写，是指伦敦银行同业拆放利率。同业拆放有两个利率：拆进利率（Bid Rate）表示银行愿意借款的利率，拆出利率（Offered Rate）表示银行愿意贷款的利率。同一家银行的拆进和拆出利率相比较，拆进利率永远小于拆出利率，其差额就是银行的收益。LIBOR是由英国银行家协会（British Banker's Association）按其选定的一批银行，在伦敦货币市场规定时间（一般是伦敦时间上午11:00）报出的平均利率，目前大量使用的是3个月和6个月的LIBOR。我国对外筹资成本即是在LIBOR利率的基础上加一定百分点。从LIBOR变化出来的，还有新加坡同业拆放利率（SIBOR）、纽约同业拆放利率（NIBOR）、香港同业拆放利率（HIBOR）等。

（二）短期证券市场

短期证券市场（Short Security Market）是进行短期证券发行与买卖的市场。在这个市场进行交易的短期证券主要有：

1. 国库券（Treasury Bills）

国库券是西方国家政府为满足季节性财政需要，或是为了进行短期经济和金融调控而发行的短期政府债券，期限有3个月到1年，通常为3个月、6个月、9个月、1年。采取按票面金额折扣出售的方式发行，并以投标发售方式确定折扣率，投资者以低于面值价格购买，到期按票面金额偿还。由于其以政府信用为担保，具有低风险和高流动性的特点。

2. 商业票据（Commercial Bill）

商业票据是一些信誉卓著的大工商企业为筹措短期资金，凭其自身信用发行的短期本票。期限一般为30天到1年不等，其中以30天到60天的居多。发行方式多采取折价发行，到期时按票面金额偿还，但也有的附有利率或息票。商业票据的利率一般稍高于国库券，低于银行优惠利率,取决于市场供求、发行人信誉、银行利率、期限及面额等。

3. 银行承兑汇票(Bank Acceptance Bills)

银行承兑汇票是指出口商签发的,由银行承兑保证到期付款的汇票。由于银行信用优于商业信用,因此银行承兑汇票的流动性较高,比较容易进行贴现,或在二级市场上买卖。

4. 定期存款单(Large-denomination Negotiable Certificate of Deposit,CD)

定期存款单是商业银行和金融公司吸收大额定期存款发给存款者的存款单。期限不超过 1 年,通常为 3—6 个月。这种存款单不记名可在市场上自由出售,因此对投资者来说,购买存款单既可获得定期存款利息,又可随时变现,具有较大吸引力。最初,存款单均系大额,面值最少为 10 万美元,最多达 100 万美元,后来,银行为吸收更多的资金,开始发行小面额的存单。

(三) 贴现市场

贴现市场(Discount Market)是对未到期的票据按贴现方式进行融资的场所。所谓贴现是指银行买入未到付款期的票据,扣取自贴现日至票据到期日之间的利息,把余额支付给贴现人的一项活动,实际就是银行向票据持有人融通资金。在贴现业务中,贴现的票据种类有商业票据、银行承兑汇票和短期政府债券等。贴现率一般低于银行贷款利率。贴现行或从事贴现业务的机构可以持贴现过的票据向其他贴现行办理转贴现或向中央银行办理再贴现。

二、国际资本市场

国际资本市场是融资期限在 1 年以上的中长期资金融通市场,按融资方式不同分为国际信贷市场和国际证券市场。

(一) 国际信贷市场

国际信贷市场资金提供者主要包括各国政府、国际金融机构和国际银行,所以贷款分为政府贷款、国际金融机构贷款和国际银行贷款。政府贷款是一国政府利用国家财政资金提供的优惠贷款,具有期限长、利率低的特点,通常有一定附加条件。国际金融机构贷款是包括像国际货币基金组织、世界银行集团、泛美开发银行以及亚洲开发银行等在内的国际金融机构向其成员国提供的一种资金融通,主要为满足成员国因弥补国际收支逆差而产生的资金需要,或向成员国提供中长期的建设和开发贷款,帮助成员国开发资源和发展经济。国际银行贷款是各国资金需求者通过银行进行的资金融通,借贷期限 1—5 年的称为中期信贷,5 年以上的称为长期信贷。借贷双方要签订书面协议,规定借贷双方的权利和义务,主要包括利率的确定、借贷货币的选择、利息和费用、贷款期限与偿还方法、保证条款、违约条款和纠纷解决方法等。在国际银行中长期信贷市场上,借贷资金要么由独家银行提供,称为独家银行贷款,要么由多家银行组成银团联合提供,称为银团贷款。

(二) 国际证券市场

国际证券市场是进行债券、股票等有价证券的发行和转让买卖的市场,包括国际债券市场和国际股票市场。

1. 国际债券市场

国际债券市场(International Bond Market)是在国际金融市场上发行债券和交易债券的

市场。20 世纪 80 年代以来,国际债券市场发展很快,国际债券融资所占的比重不断上升。国际金融数据提供商 Dealogic4 月 10 日公布的数据显示,2012 年一季度欧洲企业发行的债券总额达到 1 795 亿欧元,与去年同期相比增长 38%,达到 2009 年二季度以来最大规模。截至 2011 年年底,我国境外人民币债券市场融资总规模已达到 1 850 亿。通过发行国际债券进行筹资,已经成为借款者在国际金融市场上融资的主要方式。所谓国际债券(International Bonds)就是一国政府、金融机构、企业为筹措外币资金在国外债券市场发行的以国外货币计值的债券。

国际债券按发行主体不同分为政府债券和公司债券,按其特点分为固定利率债券、浮动利率债券、可转换债券和附有新股认购权债券,按债券标示货币不同分为外国债券、欧洲债券和全球债券。

外国债券(Foreign Bonds)是借款者在国外债券市场上发行的以市场所在国货币表示票面和利息的债券,发行市场主要以发达国家为主,目前,东京、纽约、苏黎世、法兰克福、伦敦和阿姆斯特丹都是国际上主要的外国债券市场。在某些国家发行的外国债券具有特定的名称,如美国的扬基债券、日本的武士债券、英国的猛犬债券、我国的熊猫债券等。

欧洲债券(Euro Bonds)是借款者在某个国家发行的以市场所在国以外货币表示票面和利息的债券,简而言之,就是发行人在外国发行的以第三国货币为面值的债券(详细内容将在下一节介绍)。

全球债券(Global Bonds)是在全世界各主要债券市场同时大量发行,并且可以在这些市场内部和市场之间自由交易的一种国际债券,是国际金融市场全球化趋势进一步加强后出现的一种新型国际债券,由世界银行于 1989 年 5 月首次发行。

国际债券发行方式分为公开发行和非公开发行两种。国际债券在发行时必须明确规定以下一些条件:币种、利率、期限、偿还方式、发行数量和发行价格。由于债券市场的国际化程度越来越高,债券发行者的资信或债券的风险程度对国际投资者来讲至关重要。国际债券的发行需要进行信用评级,就是由专门的信用评级机构根据发行债券公司的信用,对其发行的债券的信用风险作出评判。在国际债券市场上,应用最广泛、最具权威性的信誉评级机构是美国的标准普尔公司和穆迪公司。它们根据债券发行人的财务报表和其他相关资料,评判债券发行人的偿债能力或信誉状况,并将评判结果公布于众。公开发行的国际债券可以在二级市场上流通转让,既可以在证券交易所挂牌上市,也可以在证券公司或银行的柜台进行交易。有许多国际债券虽在一国市场发行,但可以在多个国家的二级市场上流通转让,甚至可以与面值货币不同的货币转让。

资料卡

国际债券评级

目前国际上较权威的评级机构有标准普尔、穆迪、惠誉国际等。不同的评级机构对债券级别分类不尽相同,但大致分九种:AAA 级(最高级)、AA 级(高级)、A 级(高级)、BBB 级(中级)、BB 级(中低级)、B 级(半投机性)、CCC 级(投机性)、CC 级(投机性强)、C 级(投机性强,拒付息)。一般把前四种称为投资级债券,因为这些债券的信誉较高,偿本付息能力较强，风险较小，适合投资者购买。一般把后五种债券称为投机级债券，这些债券信誉较低，还本付息能力较弱，都有一定的风险，一旦经济形势恶化，债券发行人随时可能无法还本付息，该债券适合投机者购买，所以称为投机级债券。

2. 国际股票市场

国际股票市场(International Equity Market)是指在国际范围内发行股票并交易的场所或网络，是国际证券市场的重要组成部分。在其他国家发行股票要遵循发行地的市场规则和惯例，接受当地监管部门的监管。在国际资本市场上，虽然国际股票市场的规模远远比不上国际债券市场和国际借贷市场，但是20世纪90年代以来，该市场有了比较快的发展，主要原因是亚洲和欧洲一些国家新兴股票市场的迅速发展，经济转型国家进行企业私有化或股份化改革，以及新兴市场的投资报酬率比较高等。2010年，全球股票市场共融资(包括首次公开发售和再融资)9 661亿美元，较2009年上升13%。上海证券交易所占全球股票市场融资额的比重为8.6%，上升了3个百分点，居全球第四位。

在国际股票市场中，股票的发行和买卖分别通过一级市场和二级市场实现。股票发行方式主要分为直接发行和间接发行两种。直接发行是发行公司自行负责股票发行的各项事宜，间接发行是发行公司委托专门的证券公司代为发行股票，间接发行方式目前是股票发行的最主要方式。在国际股票市场发行股票需经市场所在国证券监管机构核准、认可或按法定程序进行，公开发行股票需有详细的募股说明书。股票发行要对发行价格、发行数量、发行对象、发行方式、承销商的选择等方面进行决策。国际股票交易市场由交易所、自动报价系统、自营商、投资人、经纪人组成，主要是通过证券交易所进行交易。证券交易所的组织形式有会员制和公司制两种。会员制证券交易所本身不以营利为目的，其向全体会员提供必要的交易服务设施，并对场内交易进行必要的管理，以保证证券交易的公开性和公正性。公司制证券交易所是以盈利为目的的公司法人，通常由银行、投资公司、证券公司等法人共同出资建立，并按照股份有限公司形式成立与管理。

股票交易方式主要包括4种：现货交易、期货交易、股指期货交易和股票期权交易，前两种是传统的方式，后两种是20世纪70年代后才产生和发展起来的方式。目前，全球60多个国家设有股票交易市场，其中纽约证券交易所、伦敦证券交易所和东京证券交易所是世界上最著名的证交所。由于时差关系，国际股票市场的交易在交易时间上已经形成全球全天候24小时交易。

世界各国的股票二级市场都编制了自己的股票价格指数，主要的股票指数有：美国道琼斯股价指数、标准普尔500股票指数、伦敦金融时报股票价格指数、香港恒生价格指数和日经股价指数等。由于世界主要经济体仍未完全摆脱金融危机的影响，2010年全球股票成交规模继续下降。具体来看，全球证券交易所股票(含投资基金)成交金额63.09万亿美元，较2009年下降28%。除了在证券交易所挂牌上市的股票外，还有大量的股票在交易所外进行交易，形成了庞大的场外交易市场。场外交易市场最主要的是柜台交易市场，此外还包括在美国称之为第三市场和第四市场的股票交易市场。

资料卡

证券存托凭证

存托凭证(Depository Receipt,DR)是一种可以流通转让的、代表投资者对境外证券所有权的证书,它是为方便证券跨国界交易和结算而设立的原证券的替代形式。它所代表的基础证券存在于DR的发行和流通国境外,通常是公开交易的普通股票,现已扩展到优先股和债券。它可以像基础证券一样在证券交易所或场外自由交易,并且同时在几个国家的市场上流通。1927年,英国法律禁止本国企业在海外登记上市,英国企业为了获得国际资本,便引入了ADR这一金融工具。具体做法是,由美国一家商业银行(摩根银行)作为预托人,外国公司把股票存于该银行的海外托管银行,该预托银行便在美国发行代表该公司股票的可流通票证。自摩根银行开创存托凭证业务以来,世界上很多大公司发行过数额庞大的存托凭证。

目前,存托凭证已发展了多种形式。根据存托凭证发行市场的不同可分为ADR(美国存托凭证)、EDR(欧洲存托凭证)、HKDR(香港存托凭证)、SDR(新加坡存托凭证)、GDR(全球存托凭证)等。其中ADR出现最早,运作最规范,流通量最大,也最具代表性。

存托凭证分为三级:第一级是公司参与型存托凭证,一般在场外交易;第二级是在被认可的交易所挂牌的存托凭证,包括各类交易所和交易商自动报价系统;第三级是为新股发行集资的存托凭证,包括公开发行、不公开发行的新股存托凭证和全球交易的存托凭证三种。

三、国际黄金市场

(一) 国际黄金市场概述

黄金市场,是集中进行黄金买卖的交易场所。黄金交易与证券交易一样,都有一个固定的交易场所,世界各地的黄金市场就是由存在于各地的黄金交易所构成。黄金交易所一般都是在各个国际金融中心,是国际金融市场的重要组成部分。

在黄金市场上买卖的黄金形式多种多样,主要有各种成色和重量的金条、金币、金丝和金叶等,其中最重要的是金条。大金条量重价高,是专业金商和中央银行买卖的对象,小金条量轻价低,是私人和企业买卖、收藏的对象。金价按纯金的重量计算,即以金条的重量乘以金条的成色。

国际黄金市场中作为卖方出现的参与者主要有:产金国生产黄金的企业、拥有黄金需要出售的集团或个人、为解决外汇短缺和支付困难的各国中央银行、预测金价下跌做"空头"的投机商等。作为买方出现的参与者主要有:为增加官方储备的各国中央银行、为投机或投资目的购买者、预测金价上涨做"多头"的投机商、以黄金作为工业用途的工商企业等。此外,一些国际金融机构,如国际清算银行和国际货币基金组织等也参与黄金市场的买卖活动。

国际黄金市场的交易方式主要有现货交易和期货交易两种方式。所谓现货交易,是指交易双方成交后两个营业日内交割的一种交易方式。所谓期货交易是指交易双方按签订的合约在未来的某一时间交割的一种交易方式。在同业间通过电话联系进行交易的欧洲型市场，如伦敦、苏黎世等，是以现货交易为主；设有具体交易场所的美国型市场，如纽约、芝加哥、香港等，是以期货交易为主。由于黄金交易及其类型上的差异，黄金市场又呈现着国际化的趋势，因而世界上出现了两大黄金集团：一个是伦敦—苏黎世集团，另一个是纽约—香港集团（包括芝加哥）。这两大集团之间的合作十分密切，共同操纵着世界黄金市场。其中伦敦黄金市场的作用尤为突出，至今该市场的黄金交易和报价仍然是反映世界黄金市场的一个“晴雨表”。

在伦敦国际黄金市场上的黄金现货交易价格，分为定价交易和报价交易两种。定价交易的特点是提供客户单一交易价，即无买卖差价。按所提供的单一价格，客户均可自由买卖，金商只收取少量的佣金。报价交易的特点就是有买、卖价之分，一般是在定价交易以外的时间进行报价交易。定价交易在规定的时间里有效，短则一分钟，长则一个多小时，具体时间视市场供求情况而定。伦敦国际黄金市场每日进行两次定价交易，第一次为上午 10 时 30 分，第二次为下午 3 时。定价交易在英国最大金商洛希尔父子公司的交易厅里进行，该公司担任首席代表，其他各金商均选一名代表参加。在定价交易前，市场的交易活动要停止片刻，这时各金商对外均不报价，由首席代表根据市场金价动态定出开盘价，并随时根据其他代表从电话里收到的订购业务调整价格。若定价交易开盘后没有买卖，则定价交易结束。若有买卖，首席代表就不能结束定价交易活动。订购业务完成时的金价即为黄金现货买卖的成交价格。定价交易是世界黄金行市的“晴雨表”，世界各黄金市场均以此调整各自的金价。定价交易结束后，即恢复正常的黄金买卖报价活动。国际黄金市场上的报价交易由买卖双方自行达成，其价格水平在很大程度上受定价交易的影响。但一般说来，报价交易达成的交易数量要多于定价交易达成的现货交易数量。

（二）主要国际黄金市场

1．伦敦黄金市场

伦敦黄金市场历史悠久。早在 19 世纪，伦敦就是世界黄金精炼、销售和交换的中心。1919 年，伦敦黄金市场开始实行日定价制度，成为一个组织比较健全的世界黄金市场。第二次世界大战爆发后，伦敦黄金市场受战争影响关闭，直到 1954 年 3 月重新开放。由于伦敦具有国际金融中心的各种便利条件，加上英国基本垄断了世界最大产金地南非的黄金产销，因而起着世界黄金产销、转运、调剂的枢纽作用，交易量曾经达到世界黄金交易总额的 80%，1968 年 3 月，西欧掀起了抢购黄金的巨大风暴，伦敦黄金市场的黄金价格无法维持，导致一部分黄金交易转运到苏黎世市场，使其地位受到一定影响。目前，伦敦黄金市场虽然不是世界最大的黄金市场，但仍不失为世界主要的黄金现货交易市场，其价格变化，被看做是国际黄金市场价格的晴雨表。

2．苏黎世黄金市场

苏黎世黄金市场是第二次世界大战后发展起来的国际黄金市场。瑞士通过与南非订立优惠协议将以前运往伦敦的黄金直接运到苏黎世，加上苏联的黄金也大量聚集于此，使得瑞士不仅是世界上新增黄金的最大中转站，也是世界上最大的私人黄金存储中心。苏黎世黄金市场没有正式组织结构，由瑞士银行、瑞士信贷银行和瑞士联合银行三大银行负责清算结账，三大银行不仅可为客户代行交易，而且黄金交易也是这三家银行本身的主要业务。由于瑞士特殊的银行体系和辅助性的黄金交易服务体系，为黄金买卖提供了一个既自由又保密的环境,瑞士成为西方各国的资金庇护所。每逢国际政治局势发生动荡或货币金融市场发生波动时,各地大量游资纷纷涌向瑞士,购金保值或从事投机活动。加上瑞士利率低,持有的黄金可以列为现金项目,市场交易没有任何限制,使其成为伦敦市场最有力的竞争对手。

3. 纽约和芝加哥黄金市场

纽约和芝加哥黄金市场是美国及北美地区主要的黄金市场,主要特点是以黄金期货、期权交易为主,纽约商品交易所和芝加哥国际货币市场都是重要的黄金期货市场。市场每年的交易量都非常大,但到期真正进行黄金实物交割的却很少,绝大部分属于买空卖空的投机交易。因此,为避免过度投机影响美国的金融秩序,美国对黄金市场的期货、期权交易制定了严格的限制措施。

4. 香港黄金市场

香港黄金市场已有90多年的历史。1974年,香港政府撤销了对黄金进出口的管制后,伦敦五大金商、瑞士三大银行等先后参与香港黄金交易,香港黄金市场迅速发展。由于香港黄金市场在时差上刚好填补了纽约、芝加哥市场收市和伦敦开市前的空当,可以连贯亚、欧、美,形成完整的世界黄金市场。香港市场的黄金大多来自欧洲等地,主要买主是东南亚国家。香港是世界五大黄金交易市场之一,是同时拥有实金交易、无形市场和期货市场的唯一地区。

资料卡

上海黄金交易所

上海黄金交易所成立于2002年,是经国务院批准,由中国人民银行组建的中国唯一合法从事贵金属交易的国家级市场。上海黄金交易所的建立,不仅标志着我国包括货币市场、证券市场、外汇市场在内的完整的金融市场体系的构筑,还使得个人投资者可以通过交易所会员进场交易黄金,结束了中国民间不允许交易黄金的历史。

1. 组织形式

黄金交易所实行会员制组织形式,会员由在中国境内注册登记,并经中国人民银行核准从事黄金业务的金融机构,从事黄金、白银、铂等金属及其制品的生产、冶炼、加工、批发、进出口贸易的企业法人,并具有良好资信的单位组成,现有会员128家。交易所会员依其业务范围分为金融类会员、综合类会员和自营会员。金融类会员可进行自营和代理业务及批准的其他业务,综合类会员可进行自营和代理业务,自营会员可进行自营业务。

2. 交易方式

交易所按照"价格优先、时间优先"的原则,采取自由报价,撮合成交,集中清算,统一配送的交易方式,会员可自行选择通过现场或远程方式进行交易。

3. 交易品种

交易所实行标准化交易,交易黄金必须符合交易所规定的标准。目前交易的品种为标准牌号Au99.99、Au99.95、Au99.9、Au99.5四种和金币,标准重量为50克、100克、1千克、3千克、12.5千克的金条、金锭和法定金币。黄金交易的报价单位为人民币元/克(保留两位小数),金锭的最小交易单位为千克。金锭的最小提货量为6千克。

黄金 $T+D$ 交易

黄金 $T+D$ 交易，$T+D$ 里的“T”是 Trade（交易）的首字母，“D”是 Delay（延期）的首字母，是由上海黄金交易所统一制定的、规定在将来某一特定的时间和地点交割一定数量标的物的标准化合约。这个标的物，又叫基础资产，是 $T+D$ 合约所对应的现货。$T+D$ 交易特点：保证金方式进行买卖，交易者可以选择当日交割，也可以无限期的延期交割；交易的目的不是获得实物，而是回避价格风险或套利，一般不实现商品所有权的转移。

第三节　欧洲货币市场

一、欧洲货币市场的形成与发展

（一）欧洲货币市场的概念及特点

欧洲货币（Euro-currency）也称境外货币，是指在货币发行国境外流通的货币。欧洲货币市场也称境外货币市场或离岸金融市场，是能够交易众多境外货币的市场，既不受货币发行国政府法令管制，又不受市场所在国政府法令管制，是新型国际金融市场的主要形式。

欧洲货币市场是一个完全国际化和自由化的国际金融市场，同传统的国际金融市场相比，欧洲货币市场具有以下特点：

1．是一个非地域性的概念

欧洲货币是一种境外货币，欧洲货币市场是经营多种境外货币的市场总称，之所以称为欧洲货币市场，是因为它起源于以伦敦为中心的欧洲市场，但是其范围早已扩展到了纽约、东京、新加坡、香港、开曼群岛、巴哈马等地，所以“欧洲”并不是一个表示地理位置的概念。任何可自由兑换的货币只要在市场所在国管辖之外都可以称为欧洲货币，例如，除欧洲美元外，还有欧洲英镑、欧洲日元、欧洲瑞士法郎等。

2．市场管制较松

欧洲货币市场的管理体制不同于货币发行国国内进行借贷的市场。欧洲货币市场既不受货币发行国政府政策法令的管制，也不受市场所在国金融政策、法令的管制和外汇限制，借款条件灵活，借款不限制用途，可以自由筹措，是一种真正意义上的国际金融市场。例如，一国政府机构或企业筹集资金，在美国纽约市场发行美元债券或借款等，美国有关当局对此审查相当严厉，一般中小国家或企业很难获准。而如果在欧洲货币市场发行美元债券或借款，审查的手续则较简单，比较容易获得批准。因此，一些发展中国家政府或企业常常在此借取资金。

3．具有独特的利率结构

欧洲货币市场最具竞争力的特点是其利率结构。一般说来，国际金融市场利率是以该货币国内金融市场利率为基础的。但是，欧洲货币市场以伦敦市场同业拆借利率（LIBOR）为基础，存款利率略高于货币发行国国内的存款利率，贷款利率略低于国内的贷款利率，存贷利差小，通常在 0.25%—0.5% 之间，有时甚至低于 0.125%，由此吸引了大批客户将资金投放于欧洲货币市场或从欧洲货币市场上借取款项。

4. 交易规模巨大，品种较多

欧洲货币市场的资金来自世界各地，数额极其庞大。交易以银行间交易为主，是一个资金批发市场，绝大多数单笔交易金额都超过100万美元，几亿美元的交易也很普遍。由于欧洲货币市场的经营环境非常自由，竞争激烈，使欧洲货币市场金融创新活跃，市场交易品种众多，包括银行各种短期、中长期贷款，特别是辛迪加贷款发展迅速。同时，方便筹资者直接融资的欧洲债券和欧洲票据业务也急剧增加。目前，欧洲货币市场已经发展成为具有短、中、长期交易工具，业务期限结构比较齐全的市场，能满足不同类型的国家及银行、企业对各种不同期限与不同用途的资金需要。

5. 资金调拨方便，税负轻

欧洲货币市场银行机构林立，通信发达，业务活动一般通过电话、电报、电传等现代化通信网络在银行间或银行与客户间进行，资金调拨非常方便。在税收方面，欧洲货币市场税赋较轻，银行机构各种服务费平均较低，从而降低了融资者的成本负担，特别是如加勒比海和亚洲的一些避税港，银行的利息收益只需缴纳很少的税金，或根本不需缴税。

（二）欧洲货币市场的形成与发展

第二次世界大战后，世界经济和科学技术的迅速发展促进了国际分工、生产国际化和资本流动国际化，生产和资本的国际化又促进了金融市场的国际化，这是欧洲货币市场产生和发展的根本原因。欧洲货币市场起源于欧洲美元市场，具体来说，以下几个因素直接导致了欧洲货币市场的形成和发展。

1. 东西方“冷战”

20世纪50年代初，东西方关系紧张，苏联政府鉴于美国在侵朝战争中冻结了中国在美国的美元资产，就将其持有的美元转存到美国以外的银行，主要存放在苏联设在巴黎的北欧商业银行、在伦敦开设的莫斯科国民银行，以及设在伦敦的其他欧洲国家的商业银行，欧洲美元市场的雏形出现。

2. 英镑危机

20世纪50年代，英、法和埃及之间爆发战争，英国国际收支急剧恶化，外汇短缺，导致1957年的英镑危机。英国政府为稳定英镑而加强外汇管制，禁止英国的商业银行向非英镑区发放英镑贷款。于是，英国的各大商业银行为了规避外汇管制和维持其在国际金融市场上的地位，纷纷转向经营美元业务，吸收美元存款并向海外客户发放贷款，从而在伦敦形成了一个在美国境外大规模经营美元存款和贷款业务的资金市场。

3. 美国的国际收支逆差和金融管制政策影响

20世纪50年代以后，美国的国际收支开始出现持续逆差，并且规模不断扩大，美元资金大量流向海外，为欧洲货币市场提供了大量的美元资金。美国为改善其国际收支状况，从20世纪60年代起采取了一系列限制资本外流的措施。如1963年实施的限制美国对外投资的“利息平衡税”，规定美国人购买外国证券所得的高于本国证券利息的差额，必须作为税款交给国家，这一措施导致美国投资者向美国境外投资，美国的海外企业也不愿意把利润汇回国内，而是存入海外银行。另外，美国联邦储备银行的“Q条例”限制了美国商业银行存款的最高利率，而西欧国家商业银行的存款利率自由变动，导致美国国内存款利率经常低于西欧，使美国大批国内存款转移到欧洲货币市场上。1965年，实行了“自愿限制贷款计划”，要求美国银行和其他金融机构自觉地控制贷款数额。1968 年颁布了“国外直接投资规则”,直接限制有关机构的对外投资规模等。一系列管制措施都促使美国银行及企业纷纷将资金调往海外,或将融资重点放在欧洲美元市场,从而推进了欧洲美元存贷款业务的发展。

4. 西欧国家金融政策推动

自 20 世纪 60 年代初开始,美元出现危机,即国际金融市场上出现抛售美元、抢购黄金和其他硬货币的风潮。各国中央银行为了避免外汇风险,由过去持有单一美元改为持有多种储备货币。德国和瑞士等硬货币国家,为了抑制通货膨胀曾对非居民持有本币采取不付息或倒扣利息等措施加以限制,而对非居民的外币存款则给予鼓励。这样一来,硬通货资金被转存到其发行国以外的地区,形成了欧洲马克、欧洲瑞士法郎、欧洲英镑、欧洲法国法郎、欧洲日元等欧洲货币,并使欧洲美元市场扩大演变成欧洲货币市场。

5. 石油美元注入巨资

20 世纪 70 年代,石油价格大幅度上涨,1973 年到 1979 年发生了两次石油冲击,石油输出国获得巨额盈余资金,积累了大量的“石油美元”,流入欧洲货币市场的石油美元成为欧洲货币市场的巨大资金来源。而非石油输出国由于石油价格的上涨,出现了巨额的国际收支赤字,急需要资金解决国际支付问题,欧洲货币市场在石油美元回流过程中发挥了重要的中介作用。

资料卡

石油美元

石油美元(Petro-dollar)是指 20 世纪 70 年代中期石油输出国由于石油价格大幅提高后增加的石油收入,在扣除用于发展本国经济和国内其他支出后的盈余资金。由于石油在国际市场上是以美元计价和结算的,也有人把产油国的全部石油收入统称为石油美元。

从欧洲美元市场发展起来的欧洲货币市场,近几十年发展迅速。欧洲货币市场起源于伦敦金融市场,随后扩展到欧洲一些国家和地区,如苏黎世、巴黎和海峡群岛。20 世纪 60 年代末开始扩展到欧洲以外的国家和地区,首先是亚洲的新加坡和香港,然后向加勒比海和中美洲扩展。众多离岸金融中心在一些小型岛国形成,如开曼群岛和巴哈马。在 20 世纪 80 年代世界范围内金融自由化浪潮中,许多国家放松了对金融业的管制,进一步促进了欧洲货币市场的迅速发展。其中具有重大意义的新发展是原来的境外货币业务可以在货币发行国内进行,例如,美国于 1981 年在境内设立了“国际银行业务便利”(International Banking Facilities,简称 IBFs),获准设立“国际银行业务便利”的美国银行和在美国的外国银行可以经营欧洲美元和其他欧洲货币业务,即吸收非居民的美元存款或其他境外货币存款,并贷放给非居民。此外,一些新兴的工业国和苏联、东欧等国家,为加快经济发展,也积极进入欧洲货币市场筹集资金,进一步扩大了欧洲货币市场的业务。

二、欧洲货币市场与离岸金融中心

欧洲货币市场自形成以后,规模不断扩大,目前在全球范围内已形成了几十个形式各异的离岸金融市场,遍布欧洲、亚洲、北美洲和拉丁美洲。欧洲货币市场与离岸金融中心同为经营境外货币的市场,前者是境外货币市场的总称或概括,后者则是具体经营境外货币业务的一定地理区域。按这些离岸金融中心所从事的业务、经营特点及资金来源和去向不同,一般分为以下几种类型:

(一) 功能中心(Functional Center)

该中心集中诸多的国内外银行和金融机构,从事具体的存款、贷款、投资和融资业务。它又分为集中性中心和分离性中心。

集中性中心,即境内金融市场业务与境外金融市场业务融为一体,居民和非居民均可从事各种货币存贷业务,伦敦和我国的香港地区属于此类。

分离性中心,即境内货币市场与境外货币市场严格分离,居民存贷业务与非居民存贷业务相分离,其目的在于防止离岸金融交易活动影响或冲击本国货币政策的实施。美国纽约和新加坡是典型的分离性中心。

(二) 名义中心(Paper Center)

名义中心不经营具体融资业务,只从事借贷投资等业务的转账或注册等事务手续,国际性的大银行和金融机构在这里开设账户,是为了逃避管制和税收。名义中心是簿记中心和避税港型离岸金融市场,是理想的避税乐土。这种中心多集中在中美洲等地岛国,如巴哈马、百慕大、开曼群岛等。

资料卡

开曼群岛

开曼群岛是世界第四大离岸金融中心,拥有发达的金融服务业,国际上许多著名企业如可口可乐、宝洁、英特尔都纷纷在开曼群岛开设子公司,全球50%以上的对冲基金也都在这里注册。在此注册离岸公司的好处有:

(1) 便于企业开展跨国经营。企业开展跨国经营往往要受到母国政府的种种限制,发展中国家尤其突出,在这种情况下,注册一家海外离岸公司也就成为开展跨国业务的捷径。

(2) 有利于企业规避贸易壁垒。企业(尤其是发展中国家企业)向美国等发达国家出口产品,通常需要申请配额及办理一系列的相关手续,为此需要多花费1—2倍的成本。如果该企业拥有一家海外离岸公司,由企业向离岸公司出口产品,再由离岸公司向美国等发达国家出口,就有可能规避关税壁垒和出口配额限制。

(3) 规避外汇管制,便于企业开展资本运作。加勒比海离岸金融中心没有任何外汇管制,在此注册的国际商业公司资金转移不受限制,这对于实行外汇管制的国家的企业而言具有很大吸引力。

(4) 法律环境宽松。由于美国在世界经济体系中占有特殊地位,现行国际商业实践中的许多惯例实际上是英美法系的产物,而英属维尔京群岛、开曼、百慕大等地是部分自治的英国殖民地,其公司法以英国商业公司法为基础,因此有利于吸引海外公司前来注册。

(5)信息披露要求极少,保密规定相对严格,有利于企业保持商业运行秘密。在加勒比海主要离岸金融中心,对在本地注册的国际商业公司都实行有利于保密的规定。其中包括无需出示经过审计的账目报表或每年审计、允许发行不记名股票、不必拥有在本地活动的记录、不必向公司登记负责人及董事名字、不必登记股东信息等规定。

(6)税负轻微且可以避免双重征税。在加勒比海离岸金融中心,各类公司的税负极为轻微,几乎所有加勒比海离岸金融中心都与主要经济大国签署了避免双重征税条约。比如安提瓜就规定国际商业公司自成立起50年内完全免税,百慕大规定对收入、利润和岛内分配不征税,开曼群岛不征收所得税、资本利得税、公司税和遗产税。

(7)注册程序便利,维持成本也甚低。离岸公司的注册程序非常简单,有专业的注册代理机构代为完成,不需要注册人亲自到注册地进行操作,还可以进行网上注册。注册周期很短,通常当天就可以完成。

(8)公司管理简便。离岸公司无需每年召开股东大会及董事会,即使召开,其地点也可任意选择,自由度较大。

近年来,众多中国公司,包括不少国内著名互联网企业如阿里巴巴、分众传媒、人人网、网秦、优酷网、奇虎360、新浪网均在这个群岛注册。选择在开曼注册离岸公司的目的有:

(1)剥离不良资产。借助母子公司之间的有限责任关系,以及离岸金融中心对离岸公司资产质量要求极为松弛的特点,将不良资产剥离到离岸子公司。

(2)曲线海外上市。由于我国政府对中资企业海外上市要求非常严格,而百慕大、开曼、英属维尔京群岛是纳斯达克等交易所的上市公司合法注册地,因此,采取“造壳上市”(海外曲线上市)策略,即在拟上市的海外证券市场所在地或其允许的国家(地区)成立一家控股公司,将在中国内地的资产注入该公司,进而以控股公司名义申请上市,就不失为一条规避国内监管的可行道路。

(3)获得与外商相同的待遇。在目前外资存在优惠的情况下,内资企业设立离岸公司,然后以离岸公司名义回国投资,享受外商投资的“超国民待遇”,无疑是一项理性的选择。

(4)隐瞒公司的实际控制者。内资公司往往在多个离岸金融中心注册多家“壳”公司,在国内的资产注入海外“壳”公司的过程中,控股关系纵横交错,资产置换也令人扑朔迷离。基于当地良好的保密条件,非核心层内部人很难知道各家离岸公司之间的真实关系及其实际控制者,从而有利于企业进行关联交易,也有利于内部人出于某种目的而刻意模糊公司的真实产权归属。

(5)合法避税。设立离岸公司有助于企业降低全球纳税额,这一优势理所当然引起中国企业的关注并加以充分利用。

(三)基金中心(Funding Center)

这类市场主要吸收国际游资,然后贷放给本地区的资金需求者,以新加坡为中心的亚洲美元市场即属此类。它的资金来自全球各地,而其贷款的主要对象是东盟成员国或临近的亚太地区国家。

(四) 收放中心(Collectional Center)

此中心与基金中心刚好相反,收放中心主要筹集本地区多余的境外货币,然后贷放给世界各地的资金需求者。中东的巴林即为代表,其主要吸收中东石油出口国的巨额石油美元,然后贷放给世界各地的资金需求者。

三、欧洲货币市场构成

欧洲货币市场主要由短期资金借贷市场、中长期资金借贷市场和欧洲债券市场组成。

(一) 欧洲短期借贷市场

欧洲短期借贷市场是欧洲货币市场中发展最早、规模最大的部分,经营欧洲信贷业务的银行通称欧洲银行。银行的存贷款对象包括企业、政府和银行,银行同业之间的存贷是欧洲短期信贷市场的主要业务活动。欧洲短期信贷市场有如下特点:

(1) 期限短。存款分为两种,一种是通知存款,即期限为隔夜至 7 天期存款,可随时发出通知提取;另一种是定期存款,期限分 7 天、1 个月、2 个月、3 个月、6 个月和 1 年,以 1 个月和 3 个月为最多。贷款主要是银行同业间的资金拆放。

(2) 起点高。每笔存款的最低额一般为 5 万美元,每笔贷款的起点为 25 万美元,一般为 100 万美元,有的则高达 1 000 万美元甚至 1 亿美元。由于起点较高,参加该市场者多为大银行和企业机构。

(3) 借贷条件灵活。借款的期限、币种、金额等没有固定格式和要求,可由借贷双方商定。借贷币种最多的是欧洲美元,此外还有欧洲英镑、欧洲瑞士法郎、欧洲日元等。

(4) 存贷利差小。欧洲短期借贷市场的存款利率一般略高于国内市场,贷款利率则略低于国内市场,因而存贷利差较小,一般为 0.25%—0.5%。因此,欧洲货币市场对存款人和借款人都很有吸引力。

(5) 无需签订书面协议。一般情况下借贷通过电话、电传等进行,无需担保品,也不需签订协议,主要凭信誉。

(二) 欧洲中长期借贷市场

欧洲中长期贷款都是期限在 1 年以上的贷款,具有以下几个特点:

(1) 贷款金额大。每笔贷款金额少则数千万美元,多则数亿美元。

(2) 借款成本高。借款人除支付利息外,还要支付管理费、代理费、承担费、杂费等费用。

(3) 需要签订书面贷款协议,并常要由政府、中央银行或大商业银行对贷款协议的履行与贷款的偿还进行担保。

(4) 一般以浮动利率发放贷款。

(5) 多采取银团贷款。欧洲信贷市场提供的中长期贷款的主要形式有两种:一种是由个别大银行提供的,称独家银行贷款。一种是由多家银行联合组成的国际银团提供的,称为银团贷款或辛迪加贷款。银团贷款是由众多银行共同提供贷款,一方面可以扩大信用规模,使贷款不受单个银行实力的限制;另一方面,可以分散信用风险,避免单个银行将资金过于集中在某一债务人。因此,银团贷款是欧洲中长期借贷市场的主要形式。

在银团贷款过程中,贷款银行起着十分重要的作用。根据不同的银行在银团中的地位和作用不同,可以将其分为牵头银行、代理行和参加行。

牵头银行(Lead Bank)是整个银团中的负责人,其受借款人的委托,负责组织贷款,并同借款人商讨贷款协议的各项条款。牵头银行一般都是资金雄厚、管理经验丰富的国际大银行,其在整个贷款中提供的贷款份额较多。代理行(Agent Bank)是整个贷款银团的代理人,负责对这笔贷款的具体事务进行管理,包括同借款人的日常联系,通知各银行及时提供贷款,负责计算、收取和分发应偿还的本金和利息。代理行可以由牵头银行兼任,也可由其指定银团中的其他银行担当。参加银行(Participating Bank)是指参与银团贷款,提供一部分贷款的银行。它们按其出资比例分享收益,承担风险。

在国际中长期信贷中,借贷双方必须签订严格的借贷协议,明确双方的权利和义务。在这些规定中,最基本的信贷条件通常包括三个内容:一是贷款的利息和费用,二是贷款的期限和偿还,三是币种选择。

(1) 贷款的利息和费用。利息和费用是国际中长期信贷的价格,其中利息是主要部分。一笔国际中长期信贷的利息由利率和附加利率两部分组成。一般讲,国际信贷的利率以伦敦银行同业拆放利率或美国优惠利率(Prime Rate)为基准,在此基础上还要计收一定的附加利率。附加利率的多少要根据借款人的资信状况、贷款的风险程度、贷款的期限、市场资金供求、金额的大小等情况来确定。费用则包括管理费、代理费、杂费和承担费等。管理费(Management Fees)是借款人支付给牵头银行的费用,是对牵头银行成功组织银团贷款的报酬,按贷款总额的一定百分比(0.25%—0.5%)一次性或分次支付。代理费(Agent Fees)是借款人在贷款期内向代理行支付的费用,因代理行要负责与借款人的各项联系工作,并会产生通信费、办公费等费用开支。代理费通常在整个贷款期内按预先商定的固定金额每年支付一次。杂费(Out of Pocket Expense)是指在辛迪加贷款协议签订前发生的各种联系费用和业务开支,如交通费、办公费、宴请费、律师费等,这些费用都由借款人支付。承担费(Commitment Fees)是借款人未能按期使用贷款银行已按合约准备好的资金而付出的一种赔偿性的费用。在整个贷款期内,规定一个承担期,即借款人必须在此期限内将贷款全部提走,如果承担期结束,贷款尚未用完,则没提走的款项自动注销,在承担期内未动用的款项按一定比例交纳承担费。为了更有效地使用资金,一般会在承担期之前规定一个缓冲期,如借款人能在缓冲期用完贷款就不必支付承担费了。收取承担费的目的是促使借款人尽早将款项提走。

(2) 贷款期限和偿还方式。贷款期是指借款人从借入款项到偿还完毕的期限,由宽限期和偿还期两部分组成。宽限期是指借款人只需支付利息,无需偿还本金的期限;偿还期是指借款人开始偿还本金的期限。宽限期的长短直接影响到贷款的实际使用期限。偿还期内偿还本金的方法通常有三种,即到期一次偿还、宽限期过后按比例分期偿还和贷款期内逐年分次等额偿还。由于不同的偿还期和还本方式,使一笔贷款的实际贷款期和名义贷款期可能不相等。实际贷款期可按下列公式计算:

$$\text{实际贷款期} = \text{宽限期} + \text{偿还期} \div 2$$

对借款人来说,在上述三种偿还方式中,以到期一次偿还最为有利。因为实际贷款期限与名义贷款期限相一致,占用时间较长,且到期才偿还贷款本金,偿债负担不重。第二种方式尚可接受,因为实际贷款期限虽比名义贷款期限短,但有几年宽限期,在几年内可不还本,偿债负担相对有所缓和。第三种方式则很不利,因为实际贷款期限仅为名义贷款期限的一半,且需从第一年起就开始还本,偿债负担较重。

一般情况下,合同签订后,借款人都按合同规定期限使用资金,但在贷款期内,如遇到以下几种情况,对借款人而言,能提前归还贷款较为有利。第一,贷款所使用的货币汇率出现上浮趋势,若不及时还款会造成更大的损失;第二,在浮动利率贷款条件下,贷款利率出现上浮趋势,若提前还款可减少利息开支;第三,在固定利率贷款条件下,市场利率出现下浮趋势,此时借款人若能通过其他渠道重新获得资金,归还原贷款可减少利息开支。不过,借款人在贷款过程中要有这个主动权,必须预先在合同中签订提前偿还条款。

(3) 币种选择。在国际信贷中,所使用的货币均为国际市场可兑换货币,具体讲,贷款货币常有以下几种情况:采用贷款国货币、采用借款国货币、采用第三国货币或综合货币。在货币选择上,借贷双方的利益正好相反。对借款人而言,应选择具有下浮趋势的货币,因为借软币将来还款时就能取得汇价下浮的好处;但对贷款人而言,应选择具有上浮趋势的货币,这样将来还款时就能取得汇价上浮的好处。实际中,以软币计值的贷款合约其利率往往要高于以硬币计值的贷款合约。因此在国际银行中长期信贷中,不能仅仅考虑货币的软硬问题,还要将利率成本综合起来进行考虑。

除上述主要内容外,欧洲辛迪加贷款协议还包括说明与保证条款、约定事项条款、违约事件及救济条款和担保条款等。

(三) 欧洲债券市场

欧洲债券是指一国筹资者在国外金融市场上发行的、以市场所在国以外的货币标价的债券。进行欧洲债券交易的场所即为欧洲债券市场(Eurobond Market),欧洲债券市场是欧洲货币市场的重要组成部分。1961 年 2 月在卢森堡发行了第一笔欧洲债券,60 年代中期形成了欧洲债券市场。市场建立初期主要发行欧洲美元债券,后来以德国马克、法国法郎、加拿大元、澳大利亚元、荷兰盾等币种发行的欧洲债券相继出现。80 年代以来,特别是 1982 年出现国际债务危机以来,整个欧洲债券市场发展迅速,1980 年起至今,欧洲债券的发行量一直超过外国债券的发行量。进入 90 年代以后,欧洲债券的发行量一直占到国际债券总发行量的 80% 左右,欧洲债券市场已经成为国际资本市场的一个重要组成部分,发挥着越来越重要的作用。

与外国债券市场相比,欧洲债券市场具有如下特点:

(1) 不受各国金融政策、法令的约束,发行自由灵活。欧洲债券市场对任何国家而言,都是境外债券市场,债券发行自由,无需得到有关国家政府的批准,不受任何国家政策、法规的限制。债券持有者的利息收入,无需缴纳所得税。

(2) 发行债券的种类多,发行成本低。欧洲债券的面值货币多种多样,主要有欧洲美元债券、欧洲日元债券、欧洲英镑债券、欧洲瑞士法郎债券和欧元债券等。如果按债券不同类型划分,欧洲债券有固定利率债券、浮动利率债券、可转换公司债券、附认股权债券、零息票债券、双重货币债券等。欧洲债券的发行费用一般为债券面值的 2.5%,发行成本较低。而且由于欧洲债券一般都免交利息预扣税及所得税等,其利息支付的成本也较低。

(3) 欧洲债券市场容量大、期限长。欧洲债券是在全世界范围发行,因而其市场容量远远大于任何一个国家债券市场上所能提供的资本数量,能满足各国政府、跨国公司和国际组织筹款的需要。而且欧洲债券发行期较长,以前债券的期限最短为 1—2 年,一般为 3—5

年，现在延长到20—40年，甚至出现无偿还期的永久性债券。

（4）欧洲债券发行方式宽松，安全性高。欧洲债券的发行和销售一般采用非正式方式，对发行债券的审批条件、资料提供、评级条件的掌握，不如其他债券市场严格，受到的限制较少。一般由跨国银行组成的国际辛迪加承办，以不经过申请批准的非正式方式发行，避免了国家对发行的限制。而且欧洲债券市场的主要发行人或借款人大多是大的跨国公司、政府和国际金融组织，他们的资信较好，对投资人而言比较安全。

（5）大多数欧洲债券是不记名式的，可以保护投资者的利益。欧洲债券市场对借款人和投资者都有很大吸引力。多数欧洲债券以不记名方式发行，不记名债券可以比较方便地转让，投资者的投资情况及收入，可以保密。而且如果一个国家征收利息税，通常由债券发行者承担，不影响投资者的利息收入。

四、欧洲货币市场的作用

（一）积极作用

（1）促进了世界各国经济的发展。欧洲货币市场作为最大的国际资金市场，对发达国家和发展中国家，特别是发展中国家的经济发展作出了巨大贡献，据世界银行统计，20世纪70、80年代，发展中国家从国际货币市场上借入的资金，绝大部分来自欧洲货币市场。依靠欧洲货币市场的资金，很多国家解决了国内生产建设资金不足和外汇短缺的难题，使经济得到迅速恢复和发展。

（2）促进了金融市场的国际化。传统的各国金融市场被各国的货币、国界和金融立法相隔离，国际资本在国与国之间流动受到多方面的约束。欧洲货币市场的形成使传统的阻隔被打破，促进了国际资本的流动和国际金融市场的一体化。

（3）有助于部分国家解决国际收支平衡问题。欧洲货币市场方便了短期资金的国际流动，特别是通过石油美元的再循环，缓解了世界性国际收支不平衡问题；另外，国际金融组织也利用其特殊的地位及良好的信誉，在欧洲货币市场上筹集巨额资金，转而用于帮助成员国克服国际收支逆差问题。可见，在解决国际收支失衡问题上，欧洲货币市场发挥着重要的媒介作用。

（4）促进了国际贸易和国际投资的发展。欧洲货币市场大规模的融资活动加速了国际贸易的发展，而对外贸易的发展又促进了投资的扩大和经济的增长。如果没有欧洲货币市场资金的支持，国际贸易的发展不可能如此迅速。

（二）消极作用

欧洲货币市场的存在也给世界经济和国际金融市场带来了以下的消极影响：

（1）外汇投机的增加加剧了汇率波动的风险。欧洲货币市场上，套利、套汇等投机活动十分发达，且规模巨大，由此引起国际资金的频繁流动，造成利率、汇率的较大波动，从而影响了国际金融的稳定。

（2）影响各国金融政策的有效实施。由于欧洲货币市场不受各国金融政策法令的约束，其借贷活动往往会使一国的货币政策难以收到预期效果。如当某国实行紧缩性政策、收紧银根时，该国银行或企业却可从欧洲货币市场借入资金。当某国实行扩张性政策，降低利率时，该国资金又会流向国外，从而使各国的金融政策难以达到预期的效果。

(3) 加剧世界性通货膨胀的倾向。欧洲货币市场为一国的闲置资金转化为另一国的经营资金提供了大量新增的信贷扩张手段,增加了货币流通速度。一些国家由于大量输入资金,扩大了国内的货币供给。此外,欧洲银行的贷款条件往往很宽松,导致借款人比较容易借得款项,往往借贷过多,造成经济过热,使通货膨胀加剧。

(4) 使国际金融市场变得更加脆弱。欧洲货币市场的存款以一年以下的短期存款为主,而欧洲货币贷款多半是中长期的,这种"存短放长"的信贷结构显然是不平衡的。金融市场一有风吹草动,就会造成资金周转不灵的问题。而且这些资金通过银行的多次转存,形成锁链式的借贷关系,一旦客户纷纷挤兑存款,就会造成许多银行出现流动性危机,导致金融市场崩溃。

五、亚洲货币市场

亚洲货币市场是指亚太地区的银行用境外美元和其他境外货币进行借贷交易所形成的市场。因为交易额90%以上是美元,所以亦称为亚洲美元市场。这个市场的存放中心在新加坡,银团贷款主要基地在香港,马尼拉和东京已设立了离岸金融市场,经营境外美元和其他可自由兑换货币。由此可见,亚洲货币市场是欧洲货币市场在亚太地区的延伸,是欧洲货币市场的重要组成部分。

(一) 亚洲货币市场发展概况

1965年,新加坡独立后,为了发展和繁荣经济积极利用本国的有利条件:稳定的政治经济,优越的地理和时区位置,高效率的行政服务,刻意把新加坡发展成为一个国际金融中心。20世纪60年代末,以美资为首的跨国公司大量涌入亚太地区,迫切要求在亚太地区也能有一个经营美元业务的金融中心为之服务。由于内外条件的促成,1968年10月1日,新加坡政府批准美洲银行新加坡分行发行"亚洲货币单位"(Asian Currency Unit, ACU),以和欧洲货币市场同样的方式接受非居民的外国货币存款,为非居民进行外汇交易以及资金借贷等各项业务。从此,一个以新加坡为中心的亚洲货币市场出现了。

新加坡美元市场的主要业务是吸收非居民的外币存款,为非居民进行外汇交易,从事资金借贷、开立信用证、经营票据贴现等境外金融业务。它要受新加坡金融当局监督,服从新加坡银行业法令,但不受其中某些条款的约束,如不受最低现金余额和法定清偿能力规定的约束等。不过,新加坡货币市场实行内外分离制度,亚洲美元业务需独立记账,不能参与新加坡国内金融活动,以防止离岸交易给其国内金融活动带来冲击。

从新加坡设立亚洲美元市场起,新加坡政府就一直在税收上予以各种优惠,并在1971年起开始经营亚洲美元债券业务,债券期限为6—15年。1978年全面撤销了外汇管制,使国际资金自由进出新加坡,吸引了众多的国际大银行、证券公司来此设立境外分行,进一步加速了新加坡亚洲美元市场的发展。

新加坡美元市场的飞速发展,极大地刺激了亚洲其他国家和地区,如香港、马尼拉和曼谷等。香港政府也在70年代加紧了发展亚洲美元市场的步伐。香港于1973年取消外汇管制,1974年开放黄金市场,1978年又放松了外国银行进入香港地区的限制,外资银行逐年增加。1982年2月,香港取消了对外币存款利息收取15%的预扣税,使美元存款迅速增加,从而使香港地区迅速成为亚洲货币市场的重要组成部分,并发展成为仅次于伦敦、纽约和巴黎的世界第四大银团贷款中心。

1986 年 12 月 1 日,东京离岸金融市场开始营业,使得亚洲美元市场的规模进一步扩大。这个市场并无实体存在,只是在获准经营离岸业务的银行中,把境外业务另立离岸账户分别处理。经营离岸业务的银行在接受非日本居民存款以及对非居民提供贷款时,可以不受日本国内银行系统所受到的严格限制,可以免缴准备金,并获得 20% 的利息豁免权。随着日本和世界经济的发展,东京离岸金融市场在不断发展和完善。

此外,巴林、马尼拉、曼谷等地的亚洲美元市场也都具有一定规模。

以新加坡为中心的亚洲货币市场能迅速发展的原因有:

(1) 亚太地区经济高速发展。由于经济的迅速发展,亚太地区的一些国家和地区的政府、跨国公司和个人积聚了大量的美元和其他货币外汇资金。在本地区金融市场不甚发达的情况下,这些资金多投向欧洲货币市场生息,而不能投向本地区的产业部门,来满足本地区迅速发展的经济对外汇资金的需要。亚洲货币市场正是适应本地区经济迅速发展的客观需要应运产生的。

(2) 享有得天独厚的地理优势。在地理位置上,亚洲货币市场位于美国西海岸和欧洲的中间地带,正好形成联系美洲金融中心和欧洲金融中心的金融交易,从而使欧洲货币市场得以实现 24 小时不间断地进行交易。

(3) 有关国家政府的鼓励性政策措施和外汇管制的放松。亚洲货币市场的形成还同这个地区的一些国家和地区实行的鼓励性政策措施有重要的关系。以新加坡为例,先后采取了一系列优惠的鼓励性政策措施,包括 1978 年取消外汇管制、1984 年建立金融期货市场等,对亚洲美元市场的形成起到了核心作用。这些措施不仅吸引了大量的国际资本,而且吸引了大量跨国银行的涌入,从而推动了亚洲货币市场的发展。香港、马尼拉等亚洲国际金融中心的发展也都与政府的鼓励性措施分不开。由此可见,亚洲货币市场的形成和发展在一定程度上是政府政策积极引导的结果。

(二) 亚洲货币市场的业务活动

亚洲货币市场的业务经营活动与欧洲货币市场大同小异,包括亚洲货币信贷市场交易和亚洲债券(Asian Bonds)交易。1975 年以前,该市场只办理短期信贷,从 1976 年开始,该市场发展了中长期信贷业务,贷款对象为亚太地区国家的中央银行、发展银行、政府机构、跨国公司和当地以出口为主的公司,主要用于应付国际收支逆差,重要的建设项目和投资项目。亚洲美元市场的利率主要是新加坡同业拆放利率(SIBOR),新加坡市场每天早晨根据伦敦市场的收市利率定出 SIBOR,而 SIBOR 也会影响到伦敦市场的开市利率。

亚洲债券的交易中心为新加坡和香港地区。亚洲债券的发行、认购、销售等均由新加坡银行和金融机构承担,面值多采用美元,也包括日元、欧元等货币。发行者主要是亚太地区的银行、企业和各国政府。20 世纪 70 年代以来,世界银行、亚洲开发银行、非洲开发银行也进入这一市场筹措资金。亚洲债券的购买者主要是世界各国的中央银行、商业银行、企业、投资公司、年金机构以及个人投资者。1971 年亚洲美元债券创设之初,发行者多采用固定利率。80 年代以来,由于通货膨胀率和利率波动引起的风险难以确定,浮动利率为越来越多的筹集者和投资者所接受。

亚洲货币市场的资金来源主要有亚太地区跨国公司的调拨资金或闲置资金、外国中央银行的部分储备资产或财政结余、欧洲货币市场的同业存款、外国侨民、进出口商或个人等非银行客户的资金。从地区分布上看,来自欧洲和北美的资金占亚洲美元存款的大部分比例,说明欧洲货币市场是亚洲美元市场资金的重要来源。亚洲货币市场的资金运用,银行同业贷款一直占70%以上,另外还对亚太地区国家政府、企业和非银行金融机构贷款。从地区流向上看,亚洲货币市场贷款的重点是“四小龙”和东盟国家,流向欧洲货币市场的资金仅占20%左右。亚洲货币市场对亚太地区经济的迅速发展起到了积极的作用,这不仅因为它集中了亚太地区的外汇盈余资金,而且还因为它集中了大量欧洲货币市场(其中包括其他金融中心)的资金,贷给经济增长最快、经济效益最好和资金相对缺乏的国家与地区。

复习与拓展

一、本章重要概念

国际金融市场　国际货币市场　国际资本市场　欧洲货币市场　辛迪加贷款　外国债券　欧洲债券　离岸金融市场

二、正误判断

(　　)1. 欧洲货币市场中的离岸金融中心是以市场所在国的强大经济实力和巨额资金积累为基础的。

(　　)2. 国际债券的信用评级具有重要意义。

(　　)3. 欧洲债券是发行人在本国以外的市场上发行的、不以发行所在地国家的货币计值、而是以其他可自由兑换的货币为面值的债券。

(　　)4. 亚洲美元市场是以香港为中心。

(　　)5. 吸收国际资金,贷放给本地区是离岸金融中心的基金中心。

(　　)6. 欧洲货币市场的存贷利差一般大于各国国内市场的存贷利差。

(　　)7. 银团贷款既包括短期贷款,也包括中长期贷款。

(　　)8. 欧洲债券利率通常比同期银行存款利率要高。

(　　)9. 亚洲美元市场是欧洲美元市场的延伸。

三、选择题

1. 在美国发行的扬基债券是(　　)。

A. 本国债券　　B. 外国债券　　C. 欧洲债券　　D. 全球债券

2. 广义的国际金融市场,是指进行各种国际金融业务活动的场所,这些业务活动分别形成了(　　)。

A. 货币市场　　B. 资本市场　　C. 黄金市场　　D. 外汇市场

3. 世界上国际金融中心有几十个,而最大的三个金融中心是(　　)。

A. 伦敦、法兰克福和纽约　　B. 伦敦、巴黎和纽约

C. 伦敦、纽约和东京　　D. 伦敦、纽约和香港

4. 国际货币市场的组成为(　　)。

A. 银行短期信贷市场　　B. 贴现市场

C. 短期证券市场　　D. 外汇市场

5. 欧洲货币市场是(　　)。
A. 经营欧洲货币单位的国家金融市场
B. 经营欧洲国家货币的国际金融市场
C. 欧洲国家国际金融市场的总称
D. 经营境外货币的国际金融市场
6. 国际债券包括(　　)。
A. 固定利率债券和浮动利率债券　　B. 外国债券和欧洲债券
C. 美元债券和日元债券　　D. 欧洲美元债券和欧元债券
7. 欧洲货币市场的特点有哪些(　　)。
A. 管制较松　　B. 调拨方便　　C. 资金来源广泛　　D. 可选货币多样
8. 离岸金融中心作为功能性中心可以分为(　　)。
A. 名义中心　　B. 集中性中心　　C. 分离性中心　　D. 基金中心
E. 收放中心
9. 属于分离性中心的有(　　)。
A. 纽约　　B. 伦敦　　C. 新加坡　　D. 香港
E. 东京
10. 国际金融市场的客体是指(　　)。
A. 欧洲票据　　B. 外国债券　　C. 可转让定期存单　　D. 欧洲债券
11. 欧洲债券利率通常比同期银行存款利率要(　　)。
A. 高　　B. 低　　C. 一样　　D. 无法确定
12. 银团贷款的借款人需支付(　　)
A. 利息　　B. 保险费　　C. 管理费　　D. 代理费
E. 承担费

四、案例分析

离岸金融市场的潜在弊端

近年来,离岸金融市场获得了迅速的发展,但同时也产生了一些弊端。比如说,某些新兴的离岸银行中心为不太合法的金融市场提供服务,影响了金融市场的健康发展。

离岸银行业有利可图且发展迅速,据估计,该行业的业务正在以15%的速度逐年增长,因此,新兴的中心都在力图从传统离岸金融中心手中争得一块业务。由于极力吸引业务以及本身监管力度不高等原因,这些新兴中心往往成为洗钱的场所。

塞舌尔是另一个激起国际监督当局公愤的国家,它向所有1 000万美元以上的投资者敞开大门,从不追究资金究竟从何而来。英国、欧盟、美国和经合组织已联合谴责他们这种公然邀请洗钱分子和毒品走私团伙的做法。迄今为止,这一举措已足以吓退其潜在的客户们,迫使他们转向别处另觅其他洗钱天堂。

如今,正当的离岸银行中心已迅速采取措施回绝那些来自一些新兴市场的可疑资金。在欧洲,这主要是指前苏联及东欧诸国;在世界的另一端,美国反毒品局的官员们也一直在全力以赴追查离岸可卡因黑钱。

一个重大的洗钱丑闻就能毁掉一家银行的所有业务。1991 年 7 月关闭的国际商业信贷银行(BCCI)就是一个例子。当一切正常时,BCCI 成功地瞒过了银行监管当局,它将控股公司设在卢森堡,将主要业务附属机构设在开曼群岛并在世界各地建立了 70 家分行。它总是设法避开了银行监管当局对其业务的稽核,等到英格兰银行最终抓获 BCCI 时,它已在英国三大离岸金融中心之一的马恩岛开办了业务。马恩岛为此为存款人赔付了近 2 300 万英镑。

资料来源:http://www.doc88.com/p-807578757694.html。

请思考:

离岸金融市场的特点有哪些?为什么离岸金融市场可以为非法金融交易提供服务场所?

五、本章相关网站

http://sh.eastday.com

http://bond.hexun.com

http://bond.jrj.com.cn

http://www.cfi.net.cn

http://www.sge.sh/publish

http://www.cnfol.com

http://gold.cnfol.com

第七章

国际融资实务

学习目标

- 了解国际融资业务的主要类型及特点
- 掌握国际贸易融资方式的业务流程、运作特点及使用原则
- 熟练运用国际保理业务、福费廷等贸易融资方式规避风险
- 掌握国际项目融资的原理和主要类型

案例导入

成立于1988年的深圳华为技术有限公司，主要从事电信设备的研发、生产与营销，为固定、移动、光学和数据交换网络提供定制的解决方案。华为公司目前是中国电信市场的著名企业，正在迅速成为全球电信市场积极的参与者。2004年9月23日，阿尔及利亚电信公司(借款人)和法国巴黎银行(贷款人)签署了6年期买方信贷的贷款协议，金额总计为2 800万美元。该项目由阿尔及利亚国民银行提供融资担保，电信设备由华为技术有限公司制造并出口至阿尔及利亚国有经营者——阿尔及利亚电信公司。华为技术有限公司与阿尔及利亚电信公司签署的商务合同将由本信贷额度提供85%的融资，华为作为出口商向借款人——阿尔及利亚电信在阿巴纳地区提供80 000条线路的CDMA-WLL设备的安装和运营。中国信用保险公司的保单承保了出口买方信贷融资，首次对外资银行利用自己资金提供了融资，表明中国信用保险公司将扩大对外开放，与国际银行界加强合作以支持中国的出口贸易。

资料来源：改编自新浪网新闻。

【启示】 出口信贷是出口国政府为了支持本国商品的出口，以利息补贴和信贷担保形

式，鼓励本国银行对本国出口商或外国进口商（或其银行）提供条件优惠的一种中长期融资方式。买方信贷是其主要形式之一。买方信贷可使出口商避免货款被拖欠以致不能收回的风险。需要注意的是，本案例中提供贷款的银行并非出口商所在地银行即我国银行（进出口银行），而是法国巴黎银行，而且阿尔及利亚国民银行提供了融资担保。因此可以说，我国的出口买方信贷在实践中有了新的发展。

第一节　国际融资概述

一、国际融资的概念

国际融资（International Finance）是指不同国家与地区之间的资金需求者和供应者通过不同途径在国际间进行融通资金的活动。国际融资的当事人有资金供应者（债权人）、资金需求者（债务人）和金融中介，通常包括从事跨国投融资的各国政府与中央银行、商业银行与经纪人、跨国公司与进出口商、各类国际金融机构，以及各国居民与投机商等。

国际融资一般是在国际金融市场上进行的。国际金融市场为各类借贷和融资主体提供了交易和融资的场所，为国际资金的转移服务。在国际金融市场上，资金供应者和资金需求者要么通过金融机构进行资金借贷交易，要么通过证券交易活动实现国际资金的融通。国际融资形式包括传统的国际货币资金借贷、国际证券融资、国际贸易融资、国际租赁融资，以及新型的国际项目融资等，本章主要介绍国际贸易融资和国际项目融资。

二、国际融资的特点

（一）国际融资活动广泛而复杂

国际融资活动广泛而复杂。首先，表现在融资主体的构成比较复杂。参与国际融资的主体是不同国家的居民，借贷或投融资双方不在同一国家，也就是居民和非居民之间进行融资活动，这就涉及不同国家的经济制度和法律制度，不同经济主体的经济利益，要比国内融资活动难度大、涉及面广。其次，表现在国际融资客体的复杂多样性。国际融资中使用的货币是多样化的，它可以是筹资人所在国货币、贷款人所在国货币或第三国货币。美元、英镑、欧元、瑞士法郎、日元等一些关键性货币是国际融资中通常选用的。由于汇率的波动使得投融资主体面临一定的风险，所以，使用何种货币是一个很复杂的问题。通常必须根据各种货币汇率变化和发展趋势，结合融资条件等因素加以综合考虑作出决策。最后，表现在融资手段和资金来源的多样性。国际融资的手段是多种多样的，可以是直接融资，也可以是间接融资；可以从国际银团贷款、政府贷款或是国际金融机构贷款；贷款的目的除了一般性融资外，还有为促进进出口提供的国际贸易融资，或是为特定项目建设提供的项目融资。

（二）国际融资风险较大

国际融资与国内融资相比，其风险较大。国内融资中债权人所面临的风险主要是商业风险，即债务人由于经营管理不善，到期无力偿付贷款或延期偿付的可能性。国际融资由于是跨国界进行的资金融通，除了面临商业风险外，还面临着国家风险和外汇风险。国家风险（Country Risk）是指由于国家的主权行为所引起的造成损失的可能性，包括主权风险和转移风险。主权风险是主权政府或政府机构的行为给贷款方造成的风险,主权国家政府或政府机构可能出于自身利益的考虑,拒绝履行偿付债务或承担担保的责任,从而给贷款银行造成损失。在主权风险的范围内,国家作为交易的一方,通过其违约行为(例如停付外债本金或利息)直接构成风险。转移风险是因东道国政府的政策或法规禁止或限制资金转移而对贷款方构成的风险,在转移风险范围内,国家不一定是交易的直接参与者,但国家的政策、法规却影响着国内企业或个人的交易行为,通过政策和法规的变动(例如调整汇率和税率、实施外汇管制和资本管制等)间接构成风险。此外,国家风险还包括由于东道国政治因素而产生的社会变动所造成的风险,这些变动包括战争、政变、骚乱等,它们对外国的贷款人和投资人的经济利益有同样的威胁。国家风险对贷款人来说往往是一种难以防避的风险。

外汇风险是指在国际经济、贸易和金融活动中,以外汇计价的收付款项、资产与负债业务,因汇率变动而蒙受损失或获得收益的可能性。国际融资经常以外国货币计值,如果融资货币发生贬值或升值,既可能影响借款人的偿债负担和能力,又可能影响贷款人的债权收益。国家风险主要由贷款人承担,外汇风险既可由贷款人承担,也可由借款人承担,更可由借款人和贷款人共同承担。

(三) 国际融资的被管制性

国际融资通常是分属不同国家的资金持有者之间跨国境的资金融通和转移,是国际资本流动的一个组成部分。国际融资当事人所在国政府,从本国政治、经济利益出发,为了平衡本国国际收支,贯彻执行本国的货币政策,以及审慎管理本国金融机构尤其是银行金融机构,无不对本国居民对外的融资活动进行管制。各国对国际融资的管制体现在,对国际融资的主体、客体和融资信贷条件实行法律的、行政性的各种限制性措施。法律管制是指由国家立法机关制定并颁布法律,行政性管制措施是指一国金融当局不经过正式的立法程序,而以行政手段对国际融资实施限制的措施。我国对国际融资管理,重点是对利用国外借款的管理。目前实施的管理措施包括国家授权制、计划与审批制度、登记管理制度、税收制度等。

三、国际融资的类型

国际融资从不同角度可以划分为以下几类:

(一) 按是否通过金融中介分为直接融资和间接融资

1. 国际直接融资

是指资金的融通由资金供应者(贷款人)与筹资者(借款人)直接协商进行,或者在国际金融市场上通过直接发行融资凭证进行的融资。前一种直接融资的具体形式:如进出口企业之间以预付货款或赊购商品等商业信用形式进行的融资,这类融资受融资双方财力、资信状况、融资时间、地点、范围的限制较多,融资规模很小。后一种直接融资的具体形式:由证券公司或投资银行作为证券经纪人包销(经销)筹资人发行的各类金融工具,再分散转售给广大投资者,融资规模较大。

2. 国际间接融资

是指在国际金融市场上通过金融中介进行的资金融通。金融中介指银行和保险公司、投资公司等金融机构。金融中介人主要通过吸收存款、保险金或信托投资金等来汇集资金,同时又通过发放贷款或购买原始有价证券等方式将其所汇集的资金转移到资金短缺的筹资者手中。

直接融资和间接融资的主要区别在于金融中介机构与资金融通双方有没有产生债权债务关系。间接融资一般以银行等金融机构作为信用中介,金融中介分别与资金供求双方形成独立的债权债务关系,资金需求者和供给者之间不直接产生债权债务关系。间接融资工具主要有金融机构发行的存单和贷款合约。直接融资是资金需求者通过发行股票债券等的股权债权融资,资金供求双方通过一定的金融工具直接形成债权债务关系,金融中介机构与资金供求双方之间不形成债权债务关系。直接融资工具主要有商业票据、直接借贷凭证、股票和债券等。

(二) 按融资的目的分为国际贸易融资、国际项目融资和一般融资

1. 国际贸易融资

是指国际间为进行贸易进行的融资活动,是国际融资中最古老的类型。国际贸易融资是促进进出口贸易的一种金融支持,包括期限在一年期以下的短期贸易融资和一年期及以上的中长期国际贸易融资。

2. 国际项目融资

是指为某一特定的工程项目进行融资,如大型的采矿、能源开发、运输交通以及电力、化学、冶金企业等建设项目。

3. 一般融资

是指既不与进出口贸易,又不与特定工程项目直接联系的融资。这类融资往往是出于克服资金短缺,调剂外汇资金,或弥补国际收支逆差、维持货币汇率等原因。

(三) 按融资期限长短可以分为短期融资和中长期融资

1. 短期融资

是指资金融通期限在1年以下的融资活动,包括银行短期信贷、短期证券融资、票据贴现业务和短期贸易融资(国际保理业务)等。

2. 中长期融资

是指资金融通期限为1年以上的融资活动,一般需资金供需双方签订融资协议。包括银行中长期信贷、国际证券融资、出口信贷、国际项目融资、国际租赁、国际金融机构和政府组织贷款等中长期融资。

(四) 按融通资金的来源分为商业银行融资、国际金融机构融资、政府融资和国际租赁融资

1. 商业银行融资

是指从国外一般商业银行借入资金。按期限的长短又分为短期贷款和中长期贷款。短期贷款是指企业为了满足对流动资本的需求或为了支付进口商品的货款而借入资金的一种银行信贷。其特点是期限较短,用途不限,无需担保,形式灵活,手续简便。中长期贷款是指企业为了满足对固定资产投资的需要而向银行取得的贷款。其特点是期限较长,风险较高,借贷双方需签订协议并有借款人所在国政府担保。国际商业银行贷款的特点有三个:一是贷款用途不受限制,企业可以自由使用;二是贷款供应充足,企业可以灵活选用币种;三是与发达国家国内同类贷款相比,利率较低。

2. 国际金融机构融资

是指融通资金来自国际金融机构,如国际货币基金组织、世界银行、国际开发协会、亚洲

开发银行等，由它们向成员国提供贷款，旨在帮助成员国开发资源、发展经济和平衡国际收支。其贷款发放对象主要有：对发展中国家提供以发展基础产业为主的中长期贷款，对低收入的贫困国家提供开发项目以及文教建设方面的长期贷款，对发展中国家的私人企业提供小额中长期贷款。国际金融机构贷款特点：一是利率较低，期限较长，如国际开发协会，主要是对低收入的贫困国家提供开发项目以及文教建设方面的长期贷款，最长期限可达 50 年，只收 0.75% 的手续费；二是审查严格，手续繁多，从项目申请到获得贷款，往往需要很长的时间。

3．政府融资

是指融通资金来自各国政府的财政预算，如某国政府利用本国财政预算资金向另一国政府提供长期优惠贷款，其中主要是发达国家向发展中国家政府提供贷款。政府贷款如被限定用于购买贷款国的资本货物，可划归为贸易融资，如用于资助借款国的经济建设项目，可划归为项目融资。

4．国际租赁融资

是指出租人和承租人分属于不同国家的一种融资方式。融资租赁又是金融租赁，是指当项目单位需要添置技术设备而又缺乏资金时，由出租人代其购进或租进所需设备，然后再出租给项目单位使用，按期收回租金，其租金的总额相当于设备价款、贷款利息、手续费的总和。租赁期满时，项目单位即承租人以象征性付款取得设备的所有权。在租赁期间，承租人只有使用权，所有权属于出租人。融资租赁的方式有：平衡租赁、回租租赁、转租赁、直接租赁等。

随着国际金融市场全球化、证券化以及自由化程度的进一步加深，金融领域的创新业务日新月异，国际融资业务也不例外，融资方式和融资工具发生了新变化，出现了一些新型融资工具，例如：项目融资中的 BOT 融资、ABS 融资，国际股权融资中的存托凭证，债券融资中的可转换债券、中期债券、“龙债券”、欧洲票据，以及风险基金、战略结盟式融资、结构融资等。融资方式的创新扩大了资金来源的渠道，不仅给投资者带来了较高且稳定的收益，也提高了投资者资产的流动性，同时也推动了金融管制方式的调整，进而刺激金融机构进一步进行创新活动。

第二节　国际贸易融资

一、国际贸易短期融资

国际贸易短期融资是指向进出口商提供的期限在 1 年以下的资金融通。从事对外贸易的进出口商，在商品的采购、打包、仓储、装运的每个阶段以及在与商品进出口相关的制单、签订合同、申请开证、承兑、议付等每一贸易环节中，都能从不同的渠道得到资金融通的便利，加速商品的流通，减少资金积压，促进进出口贸易的完成。这种与进出口贸易资金融通有关的外贸信贷形式繁多，名目各异，我们主要分析贷款和保理这两项业务，根据对外贸易融资对象的不同，又可分为短期出口融资和短期进口融资。

（一）短期出口融资

短期出口融资是对出口商提供资金融通，包括进口商提供的商业信用、经纪人对出口商的信贷和银行对出口商的信贷。

1．进口商提供的商业信用

进口商通过预付款的形式对出口商提供商业信用。预付款是进口商在收到货物之前支付给出口商款项。并不是所有的预付款都是融资方式，作为定金的预付款通常期限较短、占交易金额的比重不大，不被视为融资方式。

这种融资方式在现代贸易中变得越来越不重要，通常是发达国家在发展中国家收购农产品和其他初级产品时或是发展中国家从发达国家进口装备时采用。发达国家从发展中国家进口农产品的预付款，通常由出口商出具期票作为预付款的担保。发展中国家进口机器装备的预付款，一般由对方银行出具履约保函，以预防付款后对方不履行合同的风险。

2．经纪人对出口商的信贷

经纪人在某些发达国家的原料和粮食的对外贸易方面，起着很大的作用，这些经纪人多半为大公司组织，与银行垄断组织有着密切的联系，受到银行垄断组织在资本方面的支持，取得低息贷款。经纪人通常以下列方式对出口商提供信贷：

（1）无抵押采购商品贷款。经纪人通常在与出口商签订合同时对出口商发放无抵押品贷款。合同规定，在一定时期内出口商必须通过经纪人经销一定的商品，这种贷款常以出口商签发的期票为担保，贷款额约等于货价的25%—50%，偿还方法是将贷款转为商品抵押贷款。

（2）货物单据抵押贷款。经纪人所提供的货物单据抵押贷款，按接受物所在地的不同，可分为出口商国内货物单据抵押贷款、在途货物单据抵押贷款、运抵经纪人所在国家的货物单据抵押贷款及运抵某预定出售地的第三国货物单据抵押贷款。

（3）承兑出口商汇票。经纪人办理对出口商开出的汇票进行承兑业务，出口商持经纪人承兑了的汇票到银行办理贴现取得资金。经纪人通过提供信贷，加强了对出口商的联系和控制。

3．银行对出口商的信贷

（1）出口押汇。也称议付，是指出口方银行买入出口商开出的汇票及有关货运单据，向出口商提供的一种短期资金融通。根据结算方式的不同，它又可以分为信用证出口押汇和托收出口押汇。

① 信用证出口押汇。在国际贸易中，当出口商同意按信用证规定开立远期汇票而出运货物，则货款的收取要等到远期汇票到期。如出口商希望在汇票到期日之前取得资金，一种方式是将已承兑的远期汇票向银行贴现。另一种方式就是由银行做出口押汇，押汇银行买入出口商向银行提供的信用证项下完备、正确的货运单据，相当于押汇银行在以出口单据作抵押的条件下扣除利息及手续费后向出口商垫付货款。在信用证出口押汇融资方式下，押汇行具有开证行提供的有条件付款担保。如果因种种原因开证行未能履行付款义务或推迟付款，押汇银行有权向出口商追索，若出口商不能及时归还垫款，押汇银行有权处置开证行退回的单证。若遇开证行无理拒付，押汇银行有权凭押汇单据以自己的名义直接向开证行主张债权。由此可见，信用证出口押汇的安全性相对较高。

② 托收出口押汇。托收出口押汇是指银行根据进口商的资信情况，对D/P托收做押汇，即买入D/P托收项下的有关单据，但并不是做百分之百的押汇，而是银行根据实际情况，

一般最多只向出口商提供相当于汇票票面金额80%的资金融通,余额待货款收妥后再补。对D/A托收,银行一般都拒做押汇,因为不能掌握货权,风险太大。

(2) 打包放款。也叫装船前信贷,它是指银行对出口商在接受国外订货到货物装运前这段时间所需流动资金的一种贷款。打包放款从形式上看,是以尚在打包中,而没有达到可以装运出口程度的货物作为抵押。银行向出口商发放打包放款的依据是出口商收到的国外订货凭证,这种凭证主要是进口商开来的信用证、得到认可的出口成交合同和订单或表明最终开出信用证的证明。出口商向银行申请打包放款,需填打包放款书,规定贷款用途,并根据出口商的资信状况和实际需要确定贷款金额和期限。出口打包放款的期限通常为3—6个月。银行提供打包放款时,不是一次支付,一般由银行给出口商在往来账户外另开户头,由出口商陆续支用。在出口商完成出口装运,并向银行交付装运单据后,贷款银行即将出口打包放款改为上述的出口押汇,从出口押汇款项中扣除打包放款的本息。

(3) 票据贴现。是指出口商在汇票到期之前,为提前收回货款将汇票转让给银行的行为。贸易融资项下的贴现业务通常限于远期信用证项下的已承兑汇票,由于这类票据可靠性和流通性较强,所以容易被银行接受。贴现行按票面金额、到期期限和贴现率计算贴现息,从票据到期日金额中扣除后将余额支付给出口商。票据贴现实际上是银行基于进口商承诺而对出口商的一种融资。由于进口商在另一国,资信情况难以掌握,所以贴现行通常会保留对出口商的追索权。此外,由于贴现是一国鼓励和扩大出口的手段之一,贴现率通常低于同期银行信贷、透支或其他融资方式的利率,有利于出口商节约融资成本。

(二) 短期进口融资

短期进口融资是对进口商进行资金融通,包括出口商提供的商业信用和银行对进口商的信贷。

1. 出口商提供的商业信用

为加强商品的竞争能力,争夺销售市场,出口商常以赊销方式销售商品。出口商对进口商提供的信贷通常称为公司信贷,公司信贷分为开立账户信贷与票据信贷。

(1) 开立账户信贷。是在出口商和进口商订立协议的基础上提供的,当出口商将出口商品发运后,将进口商应付货款借记进口商账户,进口商则将这笔款贷记出口商账户,进口商在规定的期限内支付货款。这种商业信用对进口商有利,对出口商来说风险较大,多用在出售小型装备品方面。

(2) 票据信贷。是进口商凭银行提交的单据承兑出口商的汇票,或是出口商将单据直接寄交进口商,后者于一定期间支付出口商的汇票。汇票期限的长短,依商品性质、买方资信以及汇票能否在银行贴现而定。美国出口商对外国进口商提供信贷的期限多在90天至120天之间。

(3) 寄售。出口商同国外客户(代销人)签订寄售合同后,将寄售商品发给国外代销人,由代销人按照合同规定的条件和办法,在当地市场进行销售。货物出售后,由代销人扣除佣金及其他费用后,按合同规定的办法将货款付给寄售人,是一种先出口后寄货的贸易方式。这种方式适用于互相之间比较熟悉和信任的进出口商之间的贸易。

2. 银行对进口商的信贷

(1) 进口押汇。在出口商将所有单据交给银行要求进口商付款赎单阶段,如果进口商无足够的资金赎单,可由开证行垫付货款。当货物运抵进口地而进口商仍未支付货款时,进口货物本身就成为银行的抵押品,这时,进口商作为银行的代理人,凭必要的单据,进行报关提货,并根据银行的指示,以银行名义将货物存仓。然后,在进口商签署了总质权书的条件下,银行凭进口商所签具的、以银行为抬头的信托收据出具提货单,授权货栈把货物转交给进口商,进口商将货物出售后再偿还银行垫付的货款,这种融资方式称为进口押汇。银行是否对进口商做进口押汇,主要看进口商的资信情况。

(2)承兑信用。出口商为了确保按时收回货款,往往要求进口商办理银行承兑汇票。银行予以承兑后,就要承担在汇票规定期限内兑付汇票票款,即向出口商支付货款的责任。尽管承兑时银行并不垫付资金,但承兑信用是银行对对外贸易融通资金的一种方式。办理银行承兑汇票主要有四个步骤:第一步,进口商在洽谈进口贸易的同时,与银行议定由银行承兑汇票;第二步,出口商开出汇票由银行承兑;第三步,汇票由收款人或其代理人保管,如果资金困难,可将承兑汇票到银行办理贴现;第四步,进口商向承兑银行支付汇票票款,承兑银行向收款人或其委托人交付汇票票款。

(3)提货担保。提货担保是指进口商品先于单据到达,进口商接到船公司的通知后,可请求银行出具提货担保,由进口商到船公司提货。在提货担保下,银行向船公司保证,因释放货物给船公司造成任何损失,由担保银行负责。船公司凭银行担保释放货物,进口商在合理时间内向船公司提交正本提单。银行为进口商提供提货担保的条件是:第一,进口商必须放弃信用证项下不符合单据拒付的权利;第二,进口商收到提单正本,应及时交船公司换取银行担保书,退回银行。

(三)国际保付代理业务

1. 保付代理业务的概念

保付代理业务(International Factoring)在西方国家国际贸易短期融资业务中普遍流行。保付代理业务有多种译法,如"应收账款收买业务"、"承购应收账款业务"、"出口销售保管"和"应收账款管理服务"等,目前译名渐趋统一,统称保付代理,简称"保理"。应用于国际间的保理业务称为国际保理,它是指出口商以商业信用形式出卖商品,在货物装船后立即将发票、汇票、提单等有关单据,卖断给承购应收账款的财务公司或专门组织,收进全部或一部分货款,从而取得资金融通的业务。财务公司或专门组织买进出口商的票据,承购了出口商的债权后,通过一定的渠道向进口商催收欠款,如遭拒付,不能向出口商行使追索权。财务公司或专门组织与出口商的关系在形式上是票据买卖、债权承购与转让的关系,而不是一种借贷关系。

2. 保付代理业务的类型

(1)根据出口商出卖单据能否立即得到现金可把保付代理业务分为:

① 到期保付代理业务(Maturity Factoring),这是最原始的保付代理业务,即出口商将出口有关单据出卖给保付代理组织,该组织确认并同意票据到期时无追索权地向出口商支付票据金额,而不是在出卖单据的当时向出口商立即支付现金。

② 预支(Advance)或标准(Standrad)保付代理业务,出口商装运货物取得单据后,立即将单据卖给保付代理组织,取得现金。

(2)根据是否公开保付代理组织的名称又可分为:

① 公开保付代理组织名称，即在票据上写明货款付给某一保付代理组织。

② 不公开保付代理组织名称，即按一般托收程序收款，不一定在票据上特别写明该票据是在保付代理业务下承办的，即不突出组织的名称。

(3) 根据保付代理组织与进出口商之间的关系可分为：

① 双保付代理业务，即出口商所在地的保理组织与进口商所在地的保理组织有契约关系，它们分别对出口商的履约情况及进口商的资信情况进行了解，并加以保证，促进交易的完成与权利义务的兑现。

② 直接进口保付代理业务，即进口商所在地保理组织直接与出口商联系，并对其汇款，一般不通过出口商所在地的保理组织转送单据，在美国这种情况较多。

③ 直接出口保付代理业务，即出口商所在地的保理组织直接与进口商联系，并对进口商融资，一般不通过进口商所在地的保理组织转送单据。

(4) 根据保理商有无追索权可分为：

① 无追索权的保理业务，即通常所做的保理业务。

② 有追索权的保理业务，根据国际保理公约规定，保理包括融资、保存账目、托收账款和坏账担保等四项内容，只要承做其中两项业务即视为保理。据此，有追索权保理即保理商不承担坏账担保，只承做融资、托收账款等业务，如遇有坏账，它能行使追索权。一般出口商与进口商交往有素，进口商资金雄厚、信用卓著或进口商为政府机构，一般不会无理赖账，也无破产倒闭风险，出口商为减少保费负担，常做有追索权的保理业务。

3. 保付代理业务的程序

为了将应收款项售与保付代理组织融通资金，出口商以赊销方式出卖商品时一般都与该组织签有协议，规定双方必须遵守的条款与应承担的责任。协议有效期一般为 1 年，但近年来对此不再明确规定，保付代理组织与出口商每半年洽谈一次，商讨重新修订条款。签订协议后，保付代理业务通过下列具体程序进行：

(1) 出口商在以商业信用出卖商品的交易磋商过程中，首先将进口商的名称及有关交易情况报告给本国保付代理组织。

(2) 出口方的保付代理组织将上列资料整理后，通知进口方的保付代理组织，进口方的保付代理组织对进口商的资信进行调查，并将调查结果及可以向进口商提供赊销金额的具体建议通知出口方的保付代理组织。如进口商资信可靠，向其提供赊销金额建议的数字也可信，出口方的保付代理组织即将调查结果告知出口商，并对出口商与进口商的交易加以确认。

(3) 出口商装运后，把有关单据售与出口方的保付代理组织，并在单据上注明应收账款转让给出口方的保付代理组织，要求后者支付货款，后者将有关单据寄送进口方的保付代理组织。

(4) 出口商将有关单据售与出口方保付代理组织时，后者按汇票(或发票)金额扣除利息和承购费用后，立即或在双方商定的日期将货款支付给出口商。进口方的保付代理组织负责向进口商催收货款，并向出口方保付代理组织划付。

4. 保付代理业务的特点

(1) 保理商承担了信贷风险。在保理业务中，出口商将单据卖断给保理商的同时，转嫁了所有风险。这就是说,如果将来进口商拒付货款或不按期付款,保理商不能向出口商行使追索权,全部风险自己承担,这是保理业务最主要的特点。由于保理组织设有专门部门,有条件对进口商资信进行调查,并在此基础上决定是否承购出口商的票据,只要得到该组织的确认,出口商就可以赊销方式出售商品,并能避免货款收不回的风险。

(2) 保理商承担资信调查、托收、催收账款甚至代办会计处理手续,是内容广泛的综合服务,这是该项业务的另一个主要特点。出卖应收账款的出口商多为中小企业,他们对国际市场了解不深,保理商不仅代他们对进口商进行资信调查,并且承担托收货款的任务,有时他们还要求出口商交出与进口商进行交易磋商的全套记录,以了解进口商负债状况及偿还能力。一些具有季节性的出口企业,每年出口时间相对集中,为减少人员开支,还委托保理机构代办会计手续等。保理组织具有一定的国际影响和声誉,并对进口商进行了深入的调查,在托收业务中,一般进口商都能如期支付货款。

(3) 预支货款。出口商在卖出单据后,立即收到现款,得到资金融通,这是保理业务的第三个特点。

5. 保付代理业务的费用

由于承购组织不仅向出口商提供资金,而且还要向他们提供一定的劳务,所以要向出口商索取一定的费用,该费用包括保付代理手续费和利息。

保付代理手续费,即保付代理组织对出口商提供劳务而索取的酬金。其中包括:保付代理组织提出的、向进口商提供赊销额度的建议调研的结果,对提供此项劳务,出口商要给予报酬;给予信贷风险的评估工作一定的报酬;支付保存进出口商间的交易磋商记录与会计处理产生的费用。保付代理手续费根据买卖单据的数额一般每月清算一次。手续费的多少一般取决于交易性质、金额及信贷、汇价风险的大小。手续费的费率一般为应收账款总额的1.75%—2%。

利息,保付代理组织从收买单据向出口商付出现金到票据到期从海外收到货款这一时期内的利息负担完全由出口商承担。根据预支金额的大小,参照当时市场利率水平而定,通常比优惠利率高2%—2.5%。

出口商如利用保付代理形式出卖商品,均将上述费用转移到出口货价中,其货价通常高于以现汇出卖的商品价。

6. 保付代理业务的作用

对出口商的作用体现在以下几方面:

(1) 保付代理组织代出口商对进口商的资信进行调查,为出口商决定是否向进口商提供商业信用以扩大商品销售提供信息和数据。由于保付代理组织熟知海外市场情况,他们还经常向中小出口商提出建议,协助其打进国际市场,增强其竞争能力。

(2) 出口商将货物装运完毕,可立即获得现金,满足营运需要,加速资金周转,促进利润增加。

(3) 只要出口商的商品品质和交货条件符合合同规定,在保付代理组织无追索权地购买其票据后,出口商就可以将信贷风险和汇价风险转嫁给承购组织。

(4) 出口商如从银行贷款取得资金融通,会增加其负债数字,提高企业的负债资产比率,恶化资产负债表的状况,对企业的资信不利,影响其有价证券上市。而出口商利用保付代理业务,货物装船,出卖票据后,立即收到现金,资产负债表中的负债不仅不会增加,反而使表中资产增加,改善资产/负债比率,有利于企业的有价证券上市与进一步融资。

对进口商的作用体现在以下几方面:

(1) 保付代理业务适用于以商业信用购买商品,进口商通过保付代理组织进行支付结算。这样,进口商不需要向银行申请开立信用证,免去交付押金,从而减少资金积压,降低了进口成本。

(2) 经常往来的买卖双方,可根据交易合同规定,定期发货寄单。通过保付代理业务,买方可迅速得到进口物资,按约定条件支付货款。这样,可大大节省开证、催证等的时间,简化了进口手续。

(3) 在采用保付代理业务后,出口商将办理该项业务有关的费用转移到出口货价中,从而增加了进口商的成本负担。但是,货价提高的金额一般仍低于因交付开证押金而蒙受的利息损失。

二、国际贸易中长期融资

外贸短期信贷的形式繁多,但只能满足资金周转迅速、成交金额不大的短期资金需要。一些大型机械装备进出口周期长,成交额大,进出口商需期限较长的信贷支持。因此,各国的商业银行和进出口银行常常向进出口商发放期限在1—5年或5年以上的外贸中长期信贷,给予资金通融。由于对外贸易中长期信贷着重于扩大出口,所以国际上将对外贸易中长期信贷统称为出口信贷。

(一) 出口信贷的概念

出口信贷是西方国家为支持和扩大本国大型设备的出口,增强国际竞争能力,以对本国的出口给予利息贴补并提供信贷担保的方法,鼓励本国的银行对本国出口商或外国进口商(或其银行)提供利率较低的贷款,以解决本国出口商资金周转的困难,或满足国外进口商对本国出口商支付货款需要的一种融资方式。

出口信贷是国际贸易中借贷资本运动的一种形式,是国际商业信用和国际银行信用的有机结合的一种融资方式,在发展中国家使用较普遍。

(二) 出口信贷的特点

1. 出口信贷与信贷保险相结合

由于中长期信贷偿还期限长、金额大,发放贷款的银行存在着较大的风险。为了减少出口国家银行发放此项贷款的后顾之忧,保证其贷款的安全,发达国家一般都设有国家信贷保险机构,对银行发放的外贸中长期贷款给予担保,如发生贷款不能收回的情况,信贷保险机构利用国家资金进行赔偿。

2. 出口信贷的利率较低

出口信贷的利率是一种优惠利率,一般低于同期市场利率,提供出口信贷的银行产生的利差损失由出口国政府给予补贴。这样有利的资金成本计价方式对出口能起到很大的促进作用。

3. 出口信贷是政策性贷款

出口信贷是一种由官方资助的政策性贷款,很多国家设立专门的机构负责管理和经营出口信贷。有些国家是专设独立机构管理和经营,如加拿大主要由出口发展公司(Export Development Corporation)管理和经营;有些国家是由商业银行和其他机构共同管理和经营,如法国的出口信贷由法国外贸银行和法国外贸保险公司共同管理经营。

4. 贷款指定用途

出口信贷是为了帮助提供出口信贷的国家提高该国产品出口能力和扩大出口数量的,因此贷款必须用于购买出口国的商品。

(三) 出口信贷的主要类型

1. 卖方信贷(Supplier's Credit)

是指在大型机械装备与成套设备贸易中,为便于出口商以延期付款方式出卖设备,出口商所在地的银行对出口商提供的信贷。

卖方信贷的程序(见图 7-1):

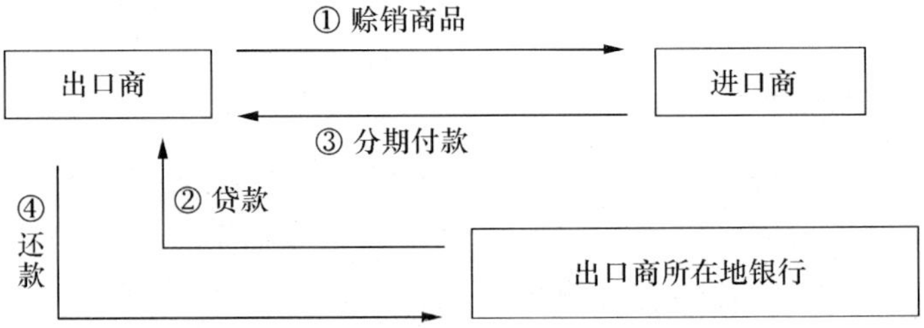

图 7-1　卖方信贷程序

(1) 出口商以延期付款或赊销方式向进口商出售大型机械装备或成套设备。在这种方式下,出口商和进口商签订合同后,进口商先支付 10%—15% 的现汇定金,在分批交货验收和保证期满时,再分期付给 10%—15% 的货款,其余 70%—80% 的货款在全部交货后若干年内分期偿还(一般每半年还款一次),并支付延期付款期间的利息。

(2) 出口商向其所在地的银行贷款,签订贷款协议,以融通资金。

(3) 进口商分期偿还出口商货款后,根据贷款协议,出口商再用以偿还其从银行取得的贷款。

卖方信贷中,出口商向其所在地银行贷款,除按出口信贷利率支付利息外,还要支付信贷保险费、承担费、管理费等。出口商将这些费用均附加于出口成套设备的货价之中。所以,延期付款的货价一般高于以现汇支付的货价,有时高出 3%—4%,甚至有的高出 8%—10%。

2. 买方信贷(Buyer's Credit)

是指在大型机械装备或成套设备贸易中,由出口商(卖方)所在地的银行向国外进口商(买方)或进口商所在地银行提供的信贷。

买方信贷有两种具体形式:一种是出口国银行直接贷款给外国进口商;另一种是先由出口国银行贷款给进口国银行,再由后者转贷给本国进口商,两者的业务程序有所不同。

直接贷款给进口商的程序(见图 7-2):

(1) 进口商与出口商签订贸易合同后,进口商先支付相当于货价 15%—20% 的现汇定金。现汇定金在贸易合同生效日支付,也可在合同签订后的 60 天或 90 天支付。

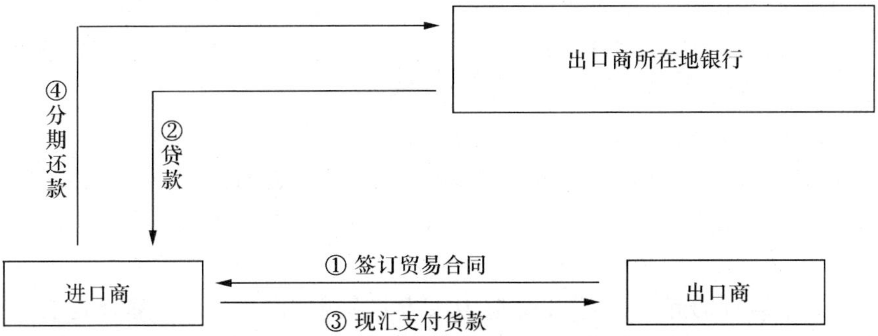

图 7-2 贷款给进口商买方信贷程序

(2) 在贸易合同签订后至预付定金前,进口商与出口商所在地银行签订贷款协议。这个协议是以上述贸易合同作为基础。如果进口商不购买出口国的设备,则进口商不能从出口商所在地银行取得此项贷款。

(3) 进口商用其借得的款项,以现汇形式向出口商支付货款。

(4) 进口商对出口商所在地银行的贷款,按贷款协议的条件分期偿付。

贷款给进口商银行的程序(见图 7-3):

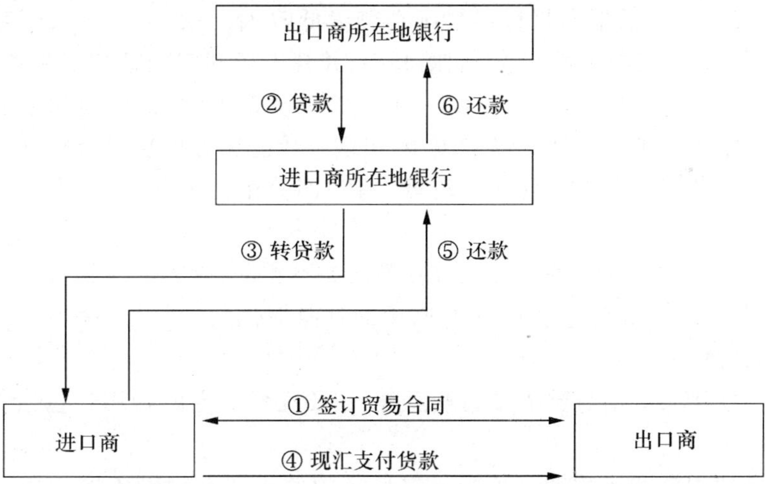

图 7-3 贷款给进口商所在地银行买方信贷程序

(1) 进口商与出口商签订贸易合同,进口商先支付相当于货价 15%—20% 的现汇定金。

(2) 签订合同至预付定金前,进口商的银行与出口商所在地银行签订贷款协议。该协议虽以前述贸易合同作为基础,但在法律上具有相对独立性。

(3) 进口商银行以其借得的款项,转贷给进口商,后者以现汇形式向出口商支付货款。

(4) 进口商银行根据贷款协议分期向出口商所在地的银行偿还贷款。

(5) 进口商与进口商银行间的债务按双方商定的办法在国内清偿结算。

世界各国对买方信贷办理的具体要求不尽相同,但也坚持大致相同的基本原则。

买方信贷的贷款原则:

(1) 贷款的使用方向。接受买方信贷的进口商只能以其所得的贷款向发放买方信贷国家的出口商、出口制造商或在该国注册的外国出口公司进行支付,不能用于第三国。

(2) 贷款购买的标的物。除特殊情况外,进口商只能利用买方信贷进口资本货物,如成套设备、单机等,一般不能用其进口原材料、消费品等。

(3) 资本货物的构成。提供买方信贷国家的出口货物,必须是本国制造的。如出口货物部件由多国产品组装,本国部件须占50%以上。各国规定的标准不一。

(4) 现金支付。贷款只提供贸易合同额的85%,船舶为80%,其余15%—20%要付现汇。

(5) 申请买方信贷的起点。进口商利用买方信贷购买资本货物都规定有最低起点,如所购买的资本货物的金额未达到规定的起点,则不能使用买方信贷。各国对买方信贷规定的起点不尽相同,如英国向我国提供买方信贷的起点最初规定为500万美元,现出口合同金额必须超过100万英镑。

买方信贷的贷款条件:

(1) 贷款所使用的货币。大致有以下四种情况:一是使用提供买方信贷国家的本国货币,如日本、澳大利亚等;二是使用美元,如美国、意大利和挪威等;三是本国货币与美元并用,如英国和加拿大等;四是使用美元,但也可以用本国货币转贷款,如瑞典。

(2) 贷款的利率。买方信贷利率一般都低于市场利率,大致有四类:第一类是OECD型,经合组织按经济收入的不同将世界各国划分为低收入国家、中等收入国家和富有国家,根据还款期的不同,对不同国家规定不同的利率,并视市场利率变动情况半年调整一次。第二类是LIBOR利率,此利率较第一类偏高一些。第三类是加拿大型,由加拿大政府制定,一般高于第一类低于第二类。第四类是美国型,美国发放的买方信贷的资金来源于两部分,一部分由国家进出口银行提供,收取利率较低,另一部分由商业银行提供,按美国市场利率收取。

(3) 计息方法。关于利息的计算天数在各国亦不相同,有的国家如借取美元1年按360天计息,法郎1年按365天计息。国际上通用的计息时间为“算头不算尾”,即借款当天计息,还款当天不计息。

(4) 费用。使用买方信贷除需支付利息外,还要支付一定的费用。包括管理费、承担费及信贷保险费。

(5) 贷款的使用期和还款期。关于买方信贷的使用期有两种不同的概念:一种是指总协议中规定的申请具体贷款项目的办理期限,另一种是指每项具体贷款项目中规定的该项贷款的提取期限。所谓还款期是指每项具体贷款项目中规定的该项贷款的偿还期限。在还款期内一般是每半年还本付息一次。对还款期的起始日期的规定,依具体交易性质的不同而有所不同。

买方信贷的作用:

(1) 出口商使用买方信贷,可以较快收回货款,既减少了支付风险,又加快了自己的资金周转,还可避免卖方信贷形成的大量负债对其资产负债表产生的负面影响,同时避免对于上市公司股票价格的消极作用。

(2) 进口商使用买方信贷,由于不涉及延期付款的加价问题,货价清晰,既避免了对价格构成缺乏了解,又可以把更多的精力放在对技术条款的谈判上,得以在谈判中居于有利地位。采用贷款给进口商银行的买方信贷时，办理信贷的手续费用由进口商银行直接付给出口方银行，费用多少由双方协商规定，比卖方信贷的手续费（由出口厂商直接付给出口方银行，但算进货价转嫁给买方）低廉。

(3) 出口地银行提供买方信贷，贷款给进口商银行比贷款给国内企业风险相对小些，因为银行的资信一般高于企业。

3. 混合信贷（Mixed Credit）

混合信贷是买方信贷和卖方信贷形式的新发展。一些发达国家为扩大本国的设备出口，增强其出口竞争力，在出口国银行发放卖方信贷或买方信贷的同时，出口国政府还从预算中拿出一笔资金，作为政府贷款或赠款，连同卖方信贷或买方信贷一同发放，以满足出口商或进口商支付当地费用与设备货款的需要。这种将卖方信贷或买方信贷与政府贷款或赠款混合贷放的方式即为混合信贷。政府贷款或赠款占整个货款金额的比例视当时政治经济情况，以及出口商或进口商的资信状况而有所不同，一般占货款金额的30% —50%。

混合信贷发放形式有以下几种：

(1) 联合发放。出口国政府和银行联合为某一个项目提供贷款，政府之间不签订贷款协议，直接利用两国银行之间原有的买方信贷协议与额度，在贷款的利率和期限等条件上给予优惠，如加拿大、瑞典和挪威等国采取这种形式发放混合贷款。

(2) 混合发放。由政府授权本国银行与进口国银行就某个特定项目签订具体的贷款协议，提供混合利率的项目贷款（资金由银行提供、政府补贴利差），其贷款方式与买方信贷相同，如英国和奥地利等国就是采取这种形式发放混合贷款。

(3) 分成发放。政府与银行按照一定的比例分成共同为同一项目提供贷款，分别签订具体的贷款协议（两个协议同时生效），并按不同的利率和不同的还款期用款和还款，如意大利、法国和西班牙等国均采取这种形式发放混合贷款。

4. 福费廷（Forfeiting）

在资本货物与设备的对外贸易中，进出口商除利用买方信贷与卖方信贷融通资金外，一种新的中长期的资金融通形式——"福费廷"，从1965年开始在西欧国家推行。近年来，福费廷业务发展迅速，在各国间设备贸易中普遍应用。福费廷业务，又称买断或包买票据业务，是指在延期付款的大型设备贸易中，出口商把经进口商承兑的、期限在半年以上到五六年的远期汇票，无追索权地售予出口商所在地的银行或大金融公司，提前取得现款的一种资金融通形式。

福费廷业务的主要内容和程序（见图7-4）：

(1) 出口商如欲采用福费廷融资方式，在与进口商洽谈贸易时，应和其所在地银行或金融公司约定，获得其准予福费廷的承诺，以便做好各项信贷安排。

(2) 出口商与进口商签订贸易合同，确定使用福费廷融资。进口商延期支付设备货款的票据有两种，可以是由出口商签发经进口商承兑的远期汇票，也可以是进口商开具的本票。这两种票据均需进口商银行担保。进口商往来银行对远期汇票的担保形式有两种：一种是在汇票票面上签章，保证到期付款；一种是出具保函保证对汇票付款。

(3) 担保银行要经出口商所在地银行的同意。如出口商所在地银行认为担保银行资信不高，进口商要另行更换担保行。担保行确定以后，进口商才能签订贸易合同。

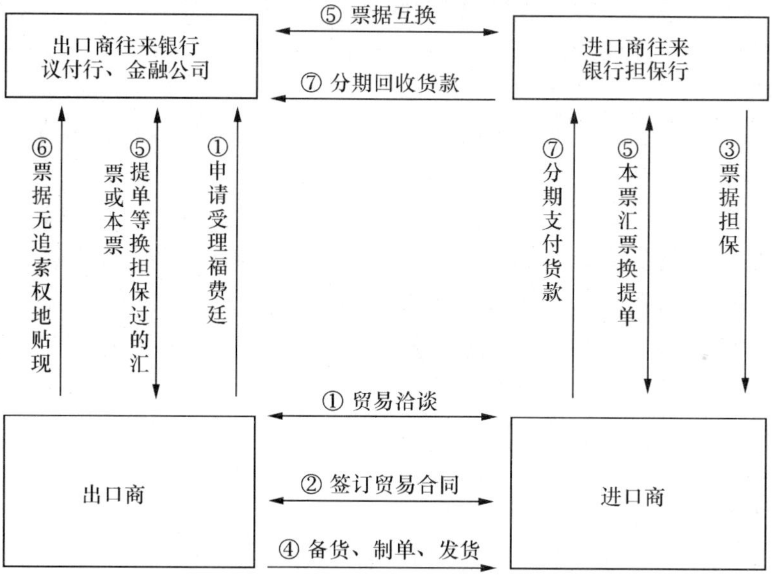

图 7-4　福费廷业务主要程序

(4) 出口商发运设备后,将全套货运单据通过银行的正常途径,寄送进口商,以换取经进口商承兑的附有银行担保的承兑汇票或本票。单据的寄递,可以凭信用证条款寄单,也可跟单托收。

(5) 出口商取得经进口商承兑的,并经有关银行担保的远期汇票或本票后,按照与买进这项票据的银行的原约定,依照放弃追索权的原则,办理该项票据的贴现手续,取得现款。

(6) 远期汇票到期,包买票据的银行与进口商清算货款,若进口商拒绝付款,则由担保行负责还款。

福费廷与一般贴现的区别在于:

(1) 是否具有追索权不同。办理一般票据贴现,如果票据遭到拒付,银行可对出票人行使追索权,要求汇票的出票人付款。而办理福费廷业务,银行不能对出票人行使追索权,出口商是无追索权地卖断票据,将票据拒付的风险完全转移给了银行,这是两者最大的区别。

(2) 业务中涉及的票据不同。贴现的票据,一般为国内贸易和国际贸易往来中的票据,而福费廷则为与设备出口相联系的有关票据。

(3) 有无银行担保不同。贴现的票据需要背书但不需要银行担保,而办理福费廷,必须有一流银行的担保。

(4) 收取费用不同。票据贴现的手续比较简单,费用负担一般按市场利率收取利息。而福费廷业务则较复杂,费用负担也较高,除按市场利率收取利息外,一般还收取管理费、承担费。如出口商未能履行或撤销贸易合同,以致福费廷业务未能实现,银行还要收取罚款。

福费廷业务与国际保理业务的区别见表 7-1。

表 7-1　福费廷业务与国际保理业务的区别

比较项目	福费廷	国际保理
成交商品	大型成套设备	一般进出口商品
交易金额	金额较大	金额较小
银行担保	需进口地银行担保	无需担保
融资性质	无追索权	无追索权或有追索权
融资期限	6 个月以上 10 年以下	1 年以内
业务内容	单一融资业务	综合性任务
与进口商协商一致	需要与进口商事先协商	不需要征得进口商同意

福费廷的作用在于：

（1）对出口商来说，福费廷业务可减少其国外负债金额，从而提高企业的资信，有利于其证券的发行。能使出口企业立即获得现金，从而改善其流动资金状况，并且不受未来汇率变化与债务人情况变化的影响，转嫁所有风险。

（2）对进口商来说，可以获得延期付款的支付条件，提交单据较少，手续简便。但利用福费廷业务的货价较高，因为出口商将利息与所有的费用负担均计算于货价之内。另外，进口商要向担保银行交付一定的保费或抵押品，占用了一定的信用额度。

5. 信用安排限额（Credit Limit）

信用安排限额是出口商所在地的银行为了扩大本国一般消费品或基础工程的出口，给予进口商所在地银行以中期融资的便利，并与进口商所在地银行进行配合，组织较小贸易和金融业务的成交。

信用安排限额有两种形式：一是一般用途信用限额。在一般用途信用限额下，出口商所在地银行向进口商所在地银行提供一定的贷款限额，以满足进口商购买该出口国消费品的资金需要。在双方银行的总信贷限额下，双方银行采取中期贷款的方式，逐个安排金额较小的信贷合同，给进口商以资金融通，这种信贷合同的偿还期限一般为 2—5 年。二是项目信用限额。在项目信用限额下，出口国银行向进口国银行提供一定的贷款限额，以满足进口国的厂商购买出口国的基础设备或基础工程建设的资金需要。项目信用限额与一般信用限额的条件和程序相似，不过借款主要用于购买工程设备。

第三节　国际项目融资

项目融资是 20 世纪 70 年代以后，国际金融市场推出的一种新型融资方式，主要用于石油、天然气、煤炭、铜、铝等矿产资源的开发，如英国北海油田、美国天然气输送管道、智利埃斯康迪达铜矿的开发等都是采用了项目融资的方式。近年来，项目融资的应用范围更是超越了传统的领域，广泛应用于资源型、能源型工业项目和大型基础设施建设项目，如上海南浦大桥、欧洲迪斯尼乐园和悉尼 2000 年奥运会奥林匹克体育场的建设。

一、国际项目融资的概念和特点

(一) 国际项目融资的概念

项目融资(Project Financing)是指向某一特定的工程项目提供贷款,贷款人依赖该项目所产生的现金流量和收益作为偿还贷款的资金来源,并将该项目或经营该项目的经济单位的资产作为贷款的担保。从广义上说,一切针对具体项目所安排的融资都可以划归为项目融资的范畴,但金融界习惯上将具有无追索权(Non-recourse)或有限追索权(Limited recourse)形式的融资活动称为项目融资。项目融资是国际商业银行对外中长期贷款的一种重要形式。

(二) 国际项目融资的特点

(1) 以项目为导向。项目贷款人的贷款决策依据是项目本身的未来收益、现金流量和资产价值,而不是依据项目的主办单位的资信。在项目贷款中,贷款人的注意力主要集中在:项目在贷款期间能产生多少现金流量可用于还款,项目资产可形成多大价值以保证贷款的安全,贷款人能否控制项目现金流量和项目资产,等等。因此,在项目导向下,项目贷款方式可以向依据传统贷款决策标准不能发放贷款的大型项目贷款,提供比传统贷款比例高的资金量,以及比一般商业贷款期限长的贷款。

(2) 各方当事人分担风险。在传统贷款方式下,项目的投资风险主要由借款人承担。在项目贷款方式下,与项目建设、营运有关的各种风险,由项目利益相关的各方当事人共同分担,真正实现了项目收益共享、风险共担的原则。

(3) 资金来源多样化。在项目贷款方式下,一个特定项目的资金来源是多元化的,既有商业银行的商业贷款,也有供应商方提供的出口信贷、政府贷款、国际金融机构贷款等,甚至可以要求建筑开发商提供部分信用,并且可将融资结构与信用支持体系合理结合起来,实现“多赢”。

(4) 有限追索。在传统贷款方式下,借款人对项目的全部借款承担全部的还款责任,若项目投资失败,借款人将以自身的综合财务效益来归还贷款,即传统贷款方式是完全追索权的方式。而在项目贷款方式下,贷款可以在贷款的某个特定阶段(如项目建设期和试生产期)或在一个规定的范围内对项目借款人进行追索,除此之外,无论项目出现什么问题,贷款人均不能追索到借款人除项目资产、现金流量以及所承担的义务之外的任何形式的财产。

(5) 融资成本高。以项目贷款方式融资的大型工程项目,如矿产资源及油气田开发、高速公路、大型发电设施等,所需资金巨大,项目周期长,涉及的当事人和法律关系复杂,不确定性程度较高。因此,以项目贷款方式提供的融资相对传统方式而言成本较高。

二、项目融资的当事人和担保

(一) 当事人

由于项目融资具有比较复杂的结构,因此,参与项目融资结构并在其中发挥不同作用的当事人也比较多。一般来说,国际项目融资的参与者主要有以下各方:

(1) 主办单位。主办单位即项目的主管单位和部门,它从组织上负有督导该项目计划落实的责任。贷款虽非根据主办单位的保证而发放,但如果发生意外情况,导致项目所创造的收入不足以偿付债务时,主办单位在法律上负有拿出差额资金用以偿债的责任。所以贷款人发放贷款时,对主办单位的资信情况也非常关注。

（2）承办单位。承办单位也称为项目单位,这是专门为某一特定项目融资而成立的一家独立公司,作为项目的直接主办人,直接参与项目投资和项目管理,直接承担项目债务责任和项目风险。承办单位的组织形式可以分为契约式合营、股权式合资和承包三种,需要根据项目的具体情况选择合适的承办单位组织形式。

（3）外国合伙人。承办单位有时选择一个资力雄厚、信用卓著、经营能力强的外国合伙人,一般是为了利用其入股的产权资金或其对该项目另外提供的贷款,而且它可以协助该工程项目从国外市场融通资金。此外,外国合伙人的资信情况也是贷款人提供贷款的重要考虑因素。

（4）项目贷款人。商业银行、非银行金融机构（如租赁公司、财务公司、投资基金等）和一些国家政府的出口信贷机构以及国际金融组织,是项目资金的主要提供者。贷款规模和项目风险是决定参与银团的银行数目的重要因素。一般贷款金额越高,项目风险越大,就需要越多的银行组成银团以分担风险（如贷款金额在 3 000 万美元以上的项目,就至少需要 3 家以上银行组成银团）。

（5）设备供应人。项目设备的供应人在保证项目按时竣工中起着重要作用。贷款人关心运输机械设备、电力、原材料等供应商的资信和经营作风,这是他们考虑是否发放贷款的因素之一。争取以延期付款方式向供应商支付货款,是承办单位获得信贷资金的一条渠道。

（6）保证方。除了项目投资者通常要为项目公司借入的项目贷款提供一定的担保以外,贷款人为了进一步降低风险,有时还会要求东道国中央银行、外国的大银行或大公司向其提供保证,特别是完工保证和偿债保证。

（7）项目设施使用方或项目产品的购买方。项目使用方或者项目产品的购买方在项目融资结构中具有非常重要的地位,他们通过与项目公司签订项目产品的长期购买合同或者项目设施的长期使用协议,为项目贷款提供重要的信用支持。项目设施使用方或者项目产品购买方,一般是由项目投资者本身、有意使用项目设施或购买项目产品的独立第三方,或者有关政府机构来承担。

（8）项目建设的工程承包方。工程承包公司与项目公司签订项目工程建设合同,承担项目的设计和建设。工程承包公司的信誉,在很大程度上可以直接影响到贷款人对项目建设风险的判断。

（9）外国政府官方保险机构。银行等信贷机构向工程项目提供贷款,常常以能否取得政府官方保险机构的信贷保险为先决条件,这些机构也是项目贷款的主要参与人。

（10）托管人。在国际大型工程项目的资金筹措中,往往有托管人介入。他们的主要职责是直接保管从工程产品购买人处所收取的款项,用以偿还对贷款人的欠款。托管人保证在贷款债务未清偿前,承办单位不得提取或动用该笔款项。

（11）中介机构。由于项目融资负债规模巨大,涉及不同国家的当事人,因此项目投资者或者贷款人往往需要聘请具有专门技能和经验的专业人士和中介机构来完成组织安排工作。这些中介机构有项目融资顾问、法律顾问、税务顾问等,他们在项目融资活动中发挥着非常重要的作用,在某种程度上甚至可以说是决定项目融资成败的关键。

除了上述项目融资的当事人以外,政府机构在项目融资中也起着很重要的作用。例如,为项目开发提供土地或者经营特许权,为项目提供条件优惠的出口信贷或贷款担保、投资保险,甚至为项目批准特殊的外汇政策或税务政策等,这些对于完成一次成功的项目融资都十分重要。

(二) 项目融资的担保

在工程项目融资中,因风险大而普遍要求承诺和担保,以防范风险。从东道国的政府方面看,为了本国经济发展的各种利益,理所当然要承担一些承诺和担保。尤其是政治上、政策上和自有资金的投入上都要持务实的态度,以降低项目风险,增强外国银行和外商的投资信心。一般来说,向贷款人提供的担保主要有以下几种:

(1) 直接担保和间接担保。直接担保,是指担保人为项目单位(借款人)按期还本付息而向贷款人提供的直接保证。间接担保,是指担保人为项目单位(借款人)按期还本付息而向贷款人提供的间接保证。

(2) 有限担保和抵押担保。有限担保,是指担保人为项目单位在时间上、金额上,或同时在时间和金额上提供的有限保证。抵押担保,是指项目单位将设于东道国的项目设施及其他财产抵押给贷款人,以此作为担保。

(3) 默示担保。是指由项目主办单位或当地政府,根据贷款人或项目单位的要求签发的一种表示对项目支持的信函,在我国也叫见证书。

三、国际项目融资的工程规划和风险管理

(一) 可行性研究和工程规划

国际项目融资除要求特殊的巨额资本来源外,还以独特的分析技术和筹资可行性研究而有别于其他融资方式,再加上区别于一般项目的大规模或特大规模、大数额或特大数额的多来源贷款,以及特殊的收益和风险,要求必须有一个与之相适应的全面、严谨、科学的工程规划和工程蓝图。

国际项目融资的工程规划不同于一般的工程规划,也不同于世界银行等国际金融机构和外国政府贷款。项目的工程规划必须严之又严,细之又细,重视方方面面的研究和分析。项目的工程规划主要是技术、财务、经济、组织管理体制和社会效益的规划,但其前提是对这五个方面的可行性研究和分析,否则规划是不切实际的、非科学的,也不能取得确认。可行性研究是通过分析研究确定可行的方案,它发生于规划方案之前,结束于规划方案产生之时,还运用于规划的修改之中。

(1) 可行性研究包括市场研究、技术分析、经济分析、财务分析和社会经济分析。

(2) 工程规划的内容主要包括:论述项目的经济必要性和可行性,销售安排计划,工程费用概算规划,原材料采购供应规划,项目基础设施的安排,环境保护规划,货币规划,财务规划,执行机构的建议计划。

(二) 项目融资中的风险管理

项目风险是指对一个新项目进行贷款或投资后,项目的收益率低于预期收入,以致到期的贷款或投资收不回来。国际项目融资的风险类型很多,通常有建设时期的技术和建设风险,投产后的经营和销售风险,全过程的管理风险、财务风险和政治风险等,这些风险都极大

地影响着项目的成败。

国际项目融资风险的防范措施很多,就国际项目融资的特点而言,应抓住以下几点:

(1) 分散化和多元化策略。分散化策略是回避或减轻风险的有力措施。分散化,是指项目融资的多元化、销售市场的多国化和借款方式的多样化。多元化是指借款来自多国银行和多种金融机构,包括向受益人借款、向股东筹资等,混合的范围越广,成分越多,风险越分散。多边外资来源结构,如对外国政府借款、争取国际金融机构贷款支援、国际商业银行或国际银行集团贷款等,越多元化,融资风险越分散,可以减轻国家及项目主办机构的风险负担,增强承受力。借款方式多样化,是指商业贷款、优惠贷款和赠款同时使用。多种方式同时对项目参与和监督,成本会更低,风险越能向多方转移。产品的销售出口也要力求避免集中在一个国家或地区的市场上,这样既可以增强竞争力,也可以降低风险。

(2) 加强项目评估和科学分析预测。如果项目评估建立在多方面、多角度和多层次的科学分析基础上,则可以预测各方面出现风险及程度的可能性。不可轻视可行性研究、评估和预测而急于马上执行,较长时间(一般为2—3年)的评估过程可以把成败决定于评估之中而不至于造成大量的资金损失。大银行或国际金融机构都有专门机构和大批的专家和专业人才,他们经验丰富,方法多样,不带倾向性。他们的参与可以提高评估的科学性,从而确保项目的可行性,减少盲目性和降低风险程度。

(3) 项目风险的具体防范办法。工程建设阶段中的风险主要有:费用超支风险,它主要通过预定合同的方式预防和解决;不能按期完工风险,减少这种风险,就是按规划的要求,选择较好的工程师和承包商;中途停建风险,这种风险的预防主要以工程项目承建单位或项目产品购买人、设施用户或其他信誉较好的机构给予担保。

技术和建设风险最常见的表现是时间超期和成本超支。由于工程庞大,土建及设备复杂,技术要求很高,生产工艺流程的设计不合理,产品规格质量不合格,原材料不合格等都可以造成技术风险。这类风险的预防与管理主要是要求项目主办人或第三者提供多个合同保证,保证设备及技术的达标和高质量完成项目工程。

在营运阶段,由于不可预测因素的存在,如出现工程停工或开工不足,导致项目停产或产品不足,无法按合同向产品购买人或设施用户提供产品或劳务,使贷款人蒙受损失的可能性。为防止贷款人因工程停止或开工不足而蒙受上述风险,一般需要签订下述合同:最低支付额合同、差额支付协议和直接担保协议。

以上各项措施,主要是针对项目贷款中的商业风险而言的,对于项目的政治风险,通常采取的措施包括:尽可能把各项担保置于东道国管辖以外,选择以外国法律作为各项合同的根据法,选择外国法院作为管辖法院,要求项目东道国政府做出承诺,使项目各方当事人的利益得到保证,以及投保政治风险等。

由于项目的具体情况千差万别,以上所介绍的这些预防和控制风险的措施只是一些原则性的内容,至于具体的应用则要视实际情况而定。

四、国际项目融资的类型

20世纪90年代项目融资已经发展成为一个全球化的业务,并形成了几种主要的融资模式,如BOT、TOT和ABS。

(一) BOT

1. BOT的概念

BOT的英文全称是Build-Operate-Transfer,即建设——经营——转让方式,是政府将一个基础设施项目的特许权授予承包商(一般为国际财团)。承包商在特许期内负责项目的设计、融资、建设和运营,并回收成本、偿还债务、赚取利润,特许期结束后将项目所有权移交政府。实质上,BOT融资方式是政府与承包商合作经营基础设施项目的一种特殊运作模式。

2. BOT融资的特点

(1) BOT融资方式是无追索的或有限追索的,举债不计入国家外债,债务偿还只能靠项目的现金流量。

(2) 承包商在特许期内拥有项目所有权和经营权。

(3) BOT融资项目的收入一般是当地货币,若承包商来自国外,对东道国来说,项目建成后将会有大量外汇流出。

(4) BOT融资项目不计入承包商的资产负债表,承包商不必暴露自身财务情况。

(5) 名义上承包商承担了项目全部风险,因此融资成本较高。

(6) 与传统方式相比,BOT融资项目设计、建设和运营效率一般较高,因此,用户可以得到较高质量的服务。

3. BOT的具体形式

BOT项目融资方式经过十几年的实施和发展,人们对其内涵进行了不断的变革、丰富和完善,在其基本形式(建设——经营——转让)的基础上衍生出了多种变通形式。现在国际上流行的主要有:BOOT(建设——拥有——经营——转让)、BOO(建设——拥有——经营)、BOT(建设——经营——转让)、BTO(建设——转让——经营)、BOOST(建设——拥有——运营——补贴—转让)、BT(建设——转让)等。BOOT是指由私营部门融资建设基础设施项目,项目建成后在规定的期限内拥有所有权并进行经营,期满后将项目移交给政府部门。BOOT和BOT的区别主要有:第一,所有权区别。以BOT方式建成项目后,私人只拥有所建成项目的经营权,但在BOOT方式下,私人在项目建成后的规定期限内既有经营权,也有所有权。第二,时间上的区别。采取BOT方式,从项目建成到移交给政府这一段时间一般比采取BOOT方式短。BOO是指私营部门根据政府赋予的特许权,建设并经营某项基础设施。但是,并不在一定时期后将该项目移交给政府部门。BTO是指私营部门在项目建成后就将项目转让给政府,但仍负责项目的经营管理,并从中取得效益。BOOST是指私营部门在项目建成后,在授权期限内,既直接拥有项目资产,又经营管理项目,但由于存在相当的风险,或经济效益不佳,需由政府提供一定的补贴,授权期满后将项目的资产转让给政府。BT是指私营部门在建成项目后即将项目资产以一定的价格转让给政府,由政府负责项目的经营和管理。各种方式的应用取决于项目条件,如BOO方式在发达国家应用较多,我国BOOT项目较多。从经济意义上说,各种方式区别不大。

4. BOT融资的运作程序

BOT融资的运作有七个阶段,即项目的确定和拟定、招标、选标、开发、建设、运营和移交。

(1) 项目的确定和拟定。确定一个具体项目是否采用BOT融资方式,一是由政府直接确定,二是由项目单位提出、政府确定。政府的主要工作是对候选项目进行技术、经济及法律上的可行性研究,最后确定是否适合采用 BOT 方式建设经营基础设施项目。也可能由项目单位确定一个项目,然后向政府提出项目设想。如果政府批准采用 BOT 方式,则需要邀请投标者提交具体的设计、建设和融资方案。

(2) 招标。一套高质量的招标文件和透明度高的招标和选标程序,对 BOT 融资项目的成功是至关重要的。有经验的投标者将招标文件和选标程序视为项目可行性和招标者做成该项目具有多大成功可能的重要因素。对应标者来说,感兴趣的投资者或发起人通常会组成一个联合项目集团,共同提出一份满足邀请建议书要求的标书,同时,联合集团将争取潜在的贷款人、股本投资者及承包商和供应商,并签订初步意向书。

(3) 评标和决标。评标是政府根据招标文件的要求,对所有的标书进行审查和评比的行为。评估标书的成员应该包括政府官员,技术、财务和法律顾问等。在选定标书时,主要依据应包括价格、可靠性、经验等因素以及拟议项目能在多大程度上给招标者带来其他利益。这类利益包括节约外汇、促进技术转让以及提供就业机会和为招标单位人员提供培训。先评标,最终决定中标者。

(4) 授权项目开发。在确定了项目公司后,政府就必须和发展商进行实质性谈判。谈判的内容涉及项目的技术、经济、法律等多个方面。通过谈判,正式形成涉及项目建设、经营及转让的所有法律文件,主要是授权法律和特许权协议,并就最后的贷款协定、建筑合同、供应合同及实施项目所必需的其他附属合同进行谈判。在谈判这些相互关联的合同过程中,还应对项目进行进一步深入的研究。

经过谈判达成并签署所有上述协定后,项目将开始进行财务交割,财务交割日即贷款人和股本投资者预交或开始预交用于详细设计、建设、采购设备及其顺利完成项目所必需的资金。

(5) 项目的建设。BOT 项目的建设一般是通过交钥匙方式进行的。即项目公司在取得政府的授权后,通过项目建设总承包协议,规定由建设总承包商负责项目的规划、设计、建筑施工、设备安装等,直到项目建成投产且工程质量、产品质量符合政府的有关要求为止。在项目建设期间,政府有权按照国家的有关法律、法规和规章,对工程的质量、进度、环境等进行监督检查,并有权要求发展商提供有关资料等。同时,政府有义务为发展商建设项目提供方便,如为项目的建设提供配套项目的建设等。

(6) 项目的运营。这个阶段持续到特许权协议期满,在这个阶段,项目公司直接或者通过与运营者缔结合同,按照项目协定的标准和各项贷款协议及与投资者协定的条件来运营项目。在整个项目运营期间,应按照协定要求对项目设施进行保养。为了确保运营和保养按照协定要求进行,贷款人、投资者、政府都拥有对项目进行检查的权利。

(7) 项目的移交。特许经营权期满后向政府移交项目。一般来说,项目的设计应能使 BOT 发起人在特许经营期间还清项目债务并有一定利润。这样,项目最后移交给政府时是无偿的移交,或者项目发起人象征性地得到一些政府补偿。政府移交日应注意项目是否处于良好状态,以便政府能够继续运营该项目。

(二) TOT

近些年来,TOT 是国际上较为流行的一种项目融资方式。TOT 是英文 Transfer-Operate-

Transfer 的缩写,即移交——经营——移交,是 BOT 融资方式的新发展。它是指政府与外资投资者签订特许经营协议后,把已经投产运行的可收益公共设施项目移交给外资投资者经营,凭借该设施在未来若干年内的收益,一次性地从投资者手中融得一笔资金,用于建设新的基础设施项目。特许经营期满后,投资者再把该设施无偿移交给政府管理。TOT 融资方式与 BOT 方式是有明显的区别,它不需要直接由投资者投资建设基础设施,因此避开了基础设施建设过程中产生的大量风险和矛盾,比较容易使政府与投资者达成一致。

(三) ABS

1. ABS 的含义

所谓 ABS,是英文 Asset-Backed-Securitization 的缩写,它是以项目所属的资产为支撑的证券化融资方式,即以项目所拥有的资产为基础,以项目资产可以带来的预期收益为保证,通过在资本市场发行债券来募集资金的一种项目融资方式。目前,ABS 资产证券化是国际资本市场上流行的一种项目融资方式,已在许多国家的大型项目中采用。1998 年 4 月 13 日,我国第一个以获得国际融资为目的的 ABS 证券化融资方案率先在重庆市推行。

2. ABS 融资的特点

在规范化的证券市场中,发行债券前必须对发行人进行信用评级。只有获得权威机构较高资信评级的企业才能以较低的融资成本顺利发行债券,某些企业即使拥有发展前景良好的优质项目资产,但由于种种客观条件的限制,无法获得较高的信用等级。ABS 方式的独到之处就在于可以通过信用增级计划,使这样的项目能够进入资本市场融资。信用增级的一般做法是,首先是调整项目资产的财务结构,降低项目本身的实际风险,使项目融资债券能够达到高等级信用水平;然后由信用等级很高的 SPC 通过提供专业化信用担保,使债券信用等级提高。

复习与拓展

一、本章重要概念

国际融资　国际租赁　政府融资　国际保理　出口信贷　买方信贷　卖方信贷　混合信贷　福费廷　项目融资　BOT

二、正误判断

(　　)1. 福费廷业务是由出口方单方面决定的。

(　　)2. 买方信贷的贷款分期偿还,一般每半年还本付息一次。

(　　)3. 利用卖方信贷形式出售商品的货价较买方信贷高。

(　　)4. 福费廷业务有追索权。

(　　)5. 出口信贷的目的是促进本国进出口。

(　　)6. 国际项目融资是一种特殊的融资方式,是无追索权的融资方式。

(　　)7. 在国际中长期信贷业务中,借款人选择贷款到期时看跌的货币(软币),以便减轻还本付息的负担。

(　　)8. 买方信贷是由进口商所在地银行提供的。

(　　)9. 国际保理业务是综合性金融服务业务。

(　　)10. 混合信贷是将买方信贷和卖方信贷混合发放。

三、选择题

1. 国际融资是指经济主体在(　　)上的资金融通活动。

A. 国际证券市场　　B. 国际资本市场　　C. 国际货币市场　　D. 国际金融市场

2. 买方信贷和卖方信贷的授信人是(　　)。

A. 出口商　　B. 进口商　　C. 出口方银行　　D. 进口方银行

3. 主权国家对国际融资管制的内容主要包括(　　)。

A. 对国际融资主体的管制　　B. 对国际融资客体的管制

C. 对国际融资信贷条件的管制　　D. 过国际融资数量的管制

4. 银行对出口商的信贷包括(　　)。

A. 出口押汇　　B. 凭信托收据贷款

C. 承兑出口商汇票　　D. 打包放款

5. 通过保理业务,出口商可以专心组织生产,因为保理商可以帮助(　　)。

A. 对进口商进行信用调查　　B. 向进口商催收账款

C. 进行会计处理和结算　　D. 安排向银行或贴现公司融资

6. 在当今国际贸易融资中,出口信贷应用最为广泛的形式是(　　)。

A. 买方信贷　　B. 卖方信贷　　C. 联合信贷　　D. 混合信贷

7. 保付代理业务中的利息及手续费最终是由(　　)承担。

A. 出口商　　B. 进口商　　C. 银行　　D. 保理组织

8. "福费廷"是在延期付款的大型设备贸易中,出口商把经进口商承兑的、期限在半年以上到五六年的(　　),无追索权地售予出口商所在地的银行,提前取得现款的一种资金融通形式。

A. 远期汇票　　B. 即期汇票　　C. 信用证　　D. 支票

四、案例分析

经营日用纺织品的英国 Tex UK 公司主要从我国、土耳其、葡萄牙、西班牙和埃及进口有关商品。几年前,当该公司首次从我国进口商品时,采用的是信用证结算方式。最初采用这种结算方式对初次合作的公司是有利的,但随着进口量的增长,他们越来越感到这种方式的繁琐与不灵活,而且必须向开证行提供足够的抵押。为了继续保持业务增长,该公司开始谋求至少 60 天的赊销付款方式。虽然他们与我国出口商已建立了良好的合作关系,但是考虑到这种方式下的收汇风险过大,因此我国供货商没有同意这一条件。之后,该公司转向国内保理商 Alex Lawrie 公司寻求解决方案。英国的进口保理商为该公司核定了一定的信用额度,并通过中国银行通知了我国出口商。通过双保理制,进口商得到了赊销的优惠付款条件,出口商也得到了 100% 的风险保障以及发票金额 80% 的贸易融资。目前 Tex UK 公司已将保理业务推广到了 5 家中国的供货商以及土耳其的出口商。

资料来源:http://info.china.alibaba.com/news/detail/v0-d1007509702.html。

请思考:

保理业务对进出口商而言有哪些利处? 若出口保理商已向出口商提供融资,在遭到进口商及进口保理商拒付时,出口保理商是否可以向出口商追索?

五、本章相关网站

http://www.pe-fund.com

http://www.gjtrz.org

http://www.p5w.net

http://www.globefinance.net

http://www.ce.cn/

第八章

国际资本流动与国际债务危机

学习目标

- 理解国际资本流动的含义、类型及特点
- 明确国际资本流动对一国及世界经济带来的利益与风险
- 掌握国际债务危机的形成原因及解决办法
- 了解近年来主权债务危机的爆发原因、对世界经济的影响以及对我国的启示

案例导入

欧债危机背景下的中国国际资本流动

2011年10—11月,我国外汇占款余额连续两月负增长;其间人民币对美元汇率连续12次触及跌停;外商直接投资也出现了放缓的迹象。这些现象是否表明资本正在大规模迅速撤离我国呢?

2011年下半年以来,在欧债危机岌岌可危的背景下,母国资金吃紧导致欧美机构和企业纷纷变现境外资产,市场购汇意愿增强。避险需求大增下的美元走强,新兴市场经济国家资本较快流出带来了货币贬值;同时我国经济增速放缓、地方融资平台风险、房地产调控等问题带来市场对未来的担忧,推动境内外市场形成人民币贬值预期,使部分资本选择暂离中国市场和持有美元外汇,导致外汇市场购汇意愿增强而结汇意愿迅速走弱。

2011年四季度,出现了资本流出步伐加快和资本流入放缓的阶段性现象。放眼未来一段时期,我国国际资本流动仍将以流入为主。

首先,作为全球第二大经济体,我国未来仍将保持8%左右的较快增长,一系列令人担忧的风险隐患将逐步得到化解,中长期国际资本仍将以中国作为投资的重要目的地。

其次,从短期资本流动的收益需求来看,利差、汇差和资产收益差仍将是影响资本流入的主要因素。未来一段时期,为推动经济复苏,发达经济体仍将推行超低利率政策。而我国在稳健货币政策基调下,银行存款基准利率难以大幅下调,流动性状况难以十分宽松,市场实际利率依然会保持在较高水平。未来中外利差仍会在相对较高的水平上波动,将成为持续吸引资本流入的重要因素之一。

最后,鉴于未来我国经济已不大可能持续出现两位数以上的增长,未来一段时期投资回报率将逐步走低;人民币自2005年以来对美元已升值了30%多并日益接近合理均衡水平,未来升值空间有限;中外利差进一步扩展空间很小,只会逐步有所收窄等因素,未来资本流入我国的压力会相对减轻,我国国际资本流动将趋向平稳。

资料来源:转摘自《人民日报》2012年01月16日。

【启示】 在全球经济不断发生变化的大环境中,国际资本随时会出现不定向的流动,从而对各国经济造成影响。发展中国家应不断增强本国抵抗国际金融市场风险的能力,以应对国际资本流动带来的压力,并在可能的情况下获取资本自由流动的收益。

第一节　国际资本流动概述

第二次世界大战后,国际资本流动规模迅速扩大,它不仅对各国经济产生了举足轻重的影响,而且已成为当代世界经济发展的主要推动力。同时,国际资本流动以及对它所进行的研究,极大地丰富了国际金融的理论与实践,已是国际金融学的一个重要组成部分。

一、国际资本流动的含义

国际资本流动(International Capital Flow)是指资本从一个国家或地区转移到另一个国家或地区。或者说,资本在不同国家或地区之间单向、双向或多向流动。具体包括:贷款、援助、输出(入)、投资、债务的增加与债权的取得、利息收支、外汇买卖、证券发行与流通等。

正确理解国际资本流动的含义,必须掌握它与对外资产负债、资金流动、资本输出入与国际收支之间的关系。

(一) 国际资本流动与对外资产负债的关系

作为一种国际经济活动,国际资本流动也是以营利为目的的,但与以所有权转移为特征的国际商品贸易不同,它是以使用权的有偿转让为特征。一般说来,国际资本流动可分为资本流出和资本流入。资本流出是指资本从国内流向国外,如本国企业在国外投资建厂、购买外国发行的债券、外国企业在本国的资本金返回和本国政府支付外债的本金等。资本流入是指资本从国外流向国内,如外国企业在本国投资建厂、本国政府和企业在外国发行债券、本国企业抽回在外国的资本金和本国政府收取外国的偿债款项等。国际资本流出和流入的实质是对外资产负债的增减与变化。

(二) 国际资本流动与资金流动的关系

国际资本流动与资金流动在日常用语中往往可以混淆,不加严格区分,但从经济范畴或国际收支概念加以分析，两者之间是有区别的。资本流动即资本转移，是可逆转的双向性流动或转移，如投资和借贷资本的流出，将引起投资的本金和收益（利润或股息）、贷款本金和利息的返回；资金流动是不可逆转的单向性资金转移，如投资利润和贷款利息的支付等。与国际资本流动有关的内容通常反映在国际收支平衡表的资本项目当中，与国际资金流动有关的内容主要反映在国际收支平衡表的经常项目之中。

（三）国际资本流动与资本输出入的关系

这两个概念一般可以通用，但也有区别。资本流动的内容不但包括与投资和借贷活动等有关的、以谋取利润为目的的资本转移，而且还包括以外汇、黄金等来弥补国际收支逆差的资本流动；资本输出入的内涵相对较少，仅包括与投资和借贷活动有关的、以谋取利润为目的的资本转移。

（四）国际资本流动与国际收支的关系

国际资本流动与一国国际收支之间存在着密切的关系。首先，作为国际经济活动的组成部分，国际资本流动也被纳入国际收支的考核内容，集中具体地反映在国际收支平衡表的资本项目之中。国际收支平衡表中的资本项目反映一国在特定时期内国际资本流动的基本状况。包括：① 流动的规模——资本流出额、资本流入额、资本流动总额和资本流动净额；② 资本流动的方式——直接投资、间接投资和投资利润再投资等；③ 资本流动的类型——贸易资本流动、银行资本流动、短期资本流动和中长期资本流动；④ 资本流动的性质——官方资本流动和私人资本流动。在账户处理上，资本流出记在国际收支平衡表的借方，表示一国资本的减少；资本流入记在国际收支平衡表的贷方，表示一国资本的增加。其次，通过对国际资本流动的控制，可以达到调节国际收支顺差或逆差，实现国际收支平衡的目的。例如，国际收支平衡表中经常项目的顺差，可以用资本项目的逆差（资本净流出）抵消；经常项目的逆差，可以用资本项目的顺差（资本净流入）抵消；经常项目和资本项目都是顺差，整个国际收支的顺差增大，反之减小。

二、国际资本流动的类型

国际资本流动的具体形式是多种多样的。按照资本使用期限的长短不同，国际资本流动可分为长期资本流动和短期资本流动两大类。

（一）长期资本流动

长期资本流动是指使用期限在一年以上，或未规定使用期限的资本流动。按资本流动的方式不同，它又可分为直接投资、证券投资和国际贷款三种类型。

1. 直接投资（Direct Investment）

国际直接投资是指一国企业或个人把资金投入另一国的工商企业，在那里新建生产经营实体，以取得对东道国厂商企业的全部或部分管理和控制权的行为。

直接投资主要有三种形式：一是创办新企业，如在国外设立子公司、附属机构或与多国资本共同投资在东道国设立合营企业等；二是收购国外企业的股权达到国际上所要求的比例，如10%及以上；三是利润再投资，即投资者在国外投资所获利润并不汇回国内，而是作为保留利润对该企业进行再投资，但这实际上并未引起一国资本的流入与流出。

直接投资的特征是：① 投资者通过拥有股份，掌握企业的经营管理权；② 一般向投资企业提供资金、技术和管理经验;③ 不直接构成东道国的对外负债,按有关企业章程规定,只承担定期支付或汇出利润的义务。

在国际市场竞争日益激烈,全球经济一体化浪潮汹涌澎湃的当今世界,国际直接投资增长很快,其平均速度不仅超过各国工业生产的平均增长速度,而且超过世界贸易的平均增长速度。

相关链接

2010 年全球各国对外直接投资同比增长 5%

据联合国贸发组织的报告显示,2010 年全球各国对外直接投资总额达 1.24 万亿美元,同比增长 5%。这也是自 2008 年金融危机以来全球对外直接投资总额首次正增长,但距离 2007 年 1.97 万亿美元的历史高点还有很大距离。受欧债危机影响,投资者对于欧元区一些国家债务偿还能力表示怀疑,因此 2010 年投向欧元区的直接投资额大幅减少,英国和意大利受到的冲击尤为严重。

新兴经济体成为吸引对外直接投资的主要来源(2010 年引资额占全球 52%)。东亚、东南亚和拉美等地区 2010 年引资额同比增长近 200%。与此同时,新兴经济体也成为重要的对外投资国,其 2010 年对外投资总额同比增长 20%。发达国家,尤其是欧洲对外投资额大幅减少,2010 年发达国家对外投资总额仅占 2007 年的一半。联合国工发组织预测,尽管受益于新兴经济体的迅速发展,但直到 2013 年全球对外直接投资总额才能恢复到 2007 年水平。

2010 年全球前五大对外直接投资国和地区为:美国(3 290 亿美元)、德国(1 050 亿美元)、法国(840 亿美元)、中国香港地区(760 亿美元)、中国(680 亿美元)。2010 年全球前五大吸引对外直接投资国和地区为:美国(2 280 亿美元)、中国(1 060 亿美元)、中国香港地区(690 亿美元)、比利时(620 亿美元)、巴西(480 亿美元)。法国吸引外资 340 亿美元排全球第十位,在欧洲落后于德国和英国。

资料来源:http://finance.sina.com.cn/roll/20110728/181510224435.html。

2. 证券投资(Portfolio Investment)

证券投资也称间接投资,指投资者在国际证券市场上,以购买外国政府和企业发行的中长期债券,或购买外国企业发行的仅参加分红的股票方式所进行的投资。证券投资是以获得长期稳定收入为主要目的。各国政府、商业银行、工商企业和个人都可购买(或发行)国际债券或股票进行投资(或筹资)。对于购买方来说是资本流出,对于卖出或发行方来说则是资本流入。

证券投资的特征是:① 证券投资者对投资对象的企业并无实际控制和管理权,投资者购买债券和股票,是为了获得利息、股息和证券买卖差价收入;② 在国际证券市场上发行债券,构成发行国的对外债务;③ 国际证券可以随时买卖或转让,具有市场性和流动性,而直接投资则不具备该特点。

20世纪60年代中期,由于美国等西方发达国家限制资本外流,国际证券投资受到很大影响。80年代后,各国对资本流动的管制逐步放松,国际证券市场日趋成熟,特别是各种体现安全性、市场性和流动性的新证券问世,使国际证券投资呈现出迅速发展的势头。随着全球证券市场一体化、证券交易自由化、交易手段多样化和交易技术现代化的进程加快,国际债券投资将成为国际间最重要的投资和融资形式。

3. 国际贷款(International Credit)

国际贷款主要是指1年以上的政府贷款、国际金融机构贷款和国际银行贷款。国际贷款体现出国际间的借贷关系,其导致的资本流动对借款方是资本流入,对贷款方是资本流出。

国际贷款的特征是:① 不涉及在外国建立生产经营实体,或收购企业的股权;② 不涉及国际证券的发行和买卖;③ 收益的形式是利息和有关费用,风险主要由借款者承担;④ 构成借款国的对外债务。

(二) 短期资本流动

国际短期资本流动是指期限为一年或一年以内的资本流动。一国对外短期资本流动,大多借助于各种票据等信用工具(如国库券、银行大额存单、商业票据、银行承兑票据和短期政府债券等),以及电话、电报、电传和传真等现代通信手段。短期资本流动可以迅速和直接地影响一国的货币供应量。

短期资本流动具有以下几个特征:① 复杂性。如上所列,短期资本流动的工具多种多样,因为短期的融资与投资等金融活动,通常是以运用短期信用工具为前提的。② 政策性。短期资本流动工具中的货币现金和银行活期存款属于货币范畴,而可转让银行定期存单、商业票据、银行承兑汇票和短期政府债券等则属于准货币,两者都构成货币供应量,其流动与变化对一国的货币和金融政策直接产生影响。③ 流动性和投机性。短期资本流动工具易于买卖和转让,而且对利率差异和汇率变化十分敏感,因此能够迅速流动,并被用来从事投机活动。

按照资本流动的不同动机,短期资本流动的方式可分为:贸易性资本流动、金融性资本流动、保值性资本流动和投机性资本流动。

1. 贸易性资本流动

贸易性资本流动是指由国际贸易引起的国际间资本转移,是最传统的短期国际资本流动形式。为结清国际贸易往来导致的债权与债务,必然会使货币资本从一个国家和地区流向另一个国家和地区,从而形成贸易性资本流动。这种资本流动,一般从商品进口国流向商品出口国,带有明显的不可逆转性。从这个角度看,贸易性资本流动可属于资金流动范畴。

2. 金融性资本流动

金融性资本流动是指由各国经营外汇的银行和其他金融机构之间的资金融通引起的国际间资本转移。这种资本流动主要是为银行和金融机构调剂资金余缺服务的,其形式包括套汇、套利、掉期、头寸调拨以及同业拆借等。因为它的金额大、流动频繁,而且涉及外汇业务,所以对利率、汇率的短期变动有一定的影响。

3. 保值性资本流动

保值性资本流动是指为保证短期资本的安全性与盈利性,采取各种避免或防止损失的措施而引起的国际间资本转移。促使保值性资本流动的主要原因是:国内政局动荡,资本没有安全保障;外汇汇率波动较大,资本价值面临损失;外汇管制或征税过高,资本的流动性受到威胁;等等。

4. 投机性资本流动

投机性资本流动是指利用国际金融市场利率、汇率、金价、证券和金融商品价格的变动与差异,进行各种投机活动引起的国际间资本转移。这种资本流动以获取差价收益为目的。例如,一国暂时性的国际收支逆差会对汇率产生下浮的压力,由于人们认为这种下浮是暂时性的,投机者便按较低的汇价买进该国货币,等待不久汇价上升后再卖出,这样就可以从汇率变动中牟取投机利润。

三、国际资本流动的诱因

诱发国际资本流动的因素很多,有政治的、经济的,有根本性的、一般性的。归结起来主要有以下几个方面:

(一) 过剩资本的形成或国际收支大量顺差

过剩资本是指相对的过剩资本。随着资本主义生产方式的建立,资本主义劳动生产率和资本积累率的提高,资本积累迅速增长,在资本的特性和资本家唯利是图本性的支配下,大量的过剩资本被输往国外,追逐高额利润,早期的国际资本流动由此产生。随着资本主义的发展,资本在国外获得的利润也大量增加,反过来又加速了资本积累,加剧了资本过剩,进而导致资本对外输出规模的扩大,加剧了国际资本流动。近二十年来,国际经济关系发生了巨大变化,国际资本、金融、经济等一体化趋势有增无减,加之现代通信技术的发明与运用,资本流动方式的创新与多样化,使当今世界的国际资本流动频繁而快捷。总之,过剩资本的形成与国际收支大量顺差是早期也是现代国际资本流动的一个重要诱因。

(二) 利用外资策略的实施

无论是发达国家,还是发展中国家,都会不同程度地通过不同的政策和方式来吸引外资,以达到一定的经济目的。美国目前是全球最大的债务国。而大部分发展中国家,经济比较落后,迫切需要资金来加速本国经济的发展,因此,往往通过开放市场、提供优惠税收、改善投资软硬环境等措施吸引外资的进入,从而增加或扩大了国际资本的需求,引起或加剧了国际资本流动。

(三) 利润的驱动

增值是资本运动的内在动力,利润驱动是各种资本输出的共有动机。当投资者预期到一国的资本收益率高于他国,资本就会从他国流向这一国;反之,资本就会从这一国流向他国。此外,当投资者在一国所获得的实际利润高于本国或他国时,该投资者就会增加对这一国的投资,以获取更多的国际超额利润或国际垄断利润,这些也会导致或加剧国际资本流动。在利润机制的驱动下,资本从利率低的国家或地区流往利率高的国家或地区。这是诱发国际资本流动的又一个重要原因。

(四) 汇率的变化

汇率的变化也会引起国际资本流动,尤其是 20 世纪 70 年代以来,随着浮动汇率制度的普遍建立,主要国家货币汇率经常波动,且幅度大。如果一个国家货币汇率持续上升,则会产生兑换需求,从而导致国际资本流入,如果一个国家货币汇率不稳定或下降,资本持有者可能预期到所持的资本实际价值将会降低,则会把手中的资本或货币资产转换成他国资产,从而导致资本向汇率稳定或升高的国家或地区流动。

在一般情况下,利率与汇率呈正相关关系。一国利率提高,其汇率也会上浮;反之,一国利率降低,其汇率则会下浮。例如,1994 年美元汇率下滑,为此美国连续进行了 7 次加息,以期稳定汇率。尽管加息能否完全见效,取决于各种因素,但加息确实已成为各国用来稳定汇率的一种常用方法。当然,利率、汇率的变化,伴随着的是短期国际资本(游资或热钱)经常或大量的流动。

(五)通货膨胀的产生

通货膨胀往往与一个国家的财政赤字有关系。如果一个国家出现了财政赤字,该赤字又是以发行纸币来弥补,必然增加了对通货膨胀的压力,一旦发生了严重的通货膨胀,为减少损失,投资者会把国内资产转换成外国债权。如果一个国家发生了财政赤字,而该赤字以出售债券或向外借款来弥补,也可能会导致国际资本流动,因为,当某个时期人们预期到政府又会通过印发纸币来抵偿债务或征收额外赋税来偿付债务,则会把资产从国内转往国外。

(六)政治经济及战争风险的存在

政治、经济及战争风险的存在,也是影响一个国家资本流动的重要因素。政治风险是指由于一国的投资气候恶化可能使资本持有者所持有的资本遭受损失。经济风险是指由于一国投资条件发生变化可能给资本持有者带来损失。战争风险,是指可能爆发或已经爆发的战争对资本流动造成的可能影响。例如海湾战争就使国际资本流向发生重大变化,在战争期间许多资金流往以美国为主的几个发达国家(大多为军费)。战后安排又使大量资本涌入中东,尤其是科威特等国。

(七)国际炒家的恶性投机

恶性投机包含两种含义:第一,投机者基于对市场走势的判断,纯粹以追逐利润为目的,刻意打压某种货币而抢购另一种货币的行为。这种行为的普遍发生,毫无疑问会导致有关国家货币汇率的大起大落,进而加剧投机,汇率进一步动荡,形成恶性循环,投机者则在"乱"中牟利。这是一种以经济利益为目的的恶性投机。第二,投机者不是以追求营利为目的,而是基于某种政治理念或对某种社会制度的偏见,动用大规模资金对某国货币进行刻意打压,由此阻碍、破坏该国经济的正常发展。但无论哪种投机,都会导致资本的大规模外逃,并会导致该国经济的衰退,如 1997 年 7 月爆发的东南亚货币危机。一国经济状况恶化→国际炒家恶性炒作→汇市股市暴跌→资本加速外逃→政府官员下台→一国经济衰退,这几乎已成为当代国际货币危机的"统一模式"。

(八)其他因素

如政治及新闻舆论、谣言、政府对资本市场和外汇市场的干预以及人们的心理预期等因素,都会对短期资本流动产生极大的影响。

四、国际资本流动的新发展

20 世纪 80 年代以来,国际资本流动出现了巨大变化,呈现出一系列典型的发展特征:

(一)国际直接投资高速增长

20 世纪 80 年代以来,国际直接投资出现了两个热潮:一是 80 年代后半期。据统计,

1986—1990年国际投资流出量平均每年以34%的速度增长;每年流出的绝对额也猛增,1985年为533亿美元,1990年高达2 250亿美元;国际直接投资累计总额从1985年的6 836亿美元,增至1990年的1.7万亿美元。二是1995年以来。1995年国际直接投资总量达3 150亿美元,增长40%,1996年达3 490亿美元,增长11%;1997年达4 240亿美元,增长25%。1997年全球国际直接投资并没有因亚洲金融危机而减少,并且各地普遍增长。截至2010年,全球各国对外直接投资总额达1.24万亿美元。

(二)国际资本市场迅速膨胀

国际资本市场的规模主要指国际借贷(中长期)和国际证券投资的数量。至20世纪80年代末,该市场规模约5万亿美元,为1970年的34倍。整个80年代,金融市场资本量每年递增16.5%,远超过世界商品贸易每年5%的增长,进入90年代,该市场进一步扩大。据资料显示,截至1997年7月底,国际银行放款总额达99 698亿美元,放款净额达52 350亿美元。至1997年12月,国际证券发行总量高达35 314亿美元。这里的证券发行包括国际债券、货币市场工具、欧洲票据等。如果再计算股票市场,则国际资本市场的规模将进一步膨胀。1997年多数发达国家股票市场达到了或接近创纪录的水平。美国道·琼斯指数在1992—1996年年间翻了一番,1998年又突破9 000点大关。目前更高达11 000点以上。债券、股市及银团放款市场的兴旺发达是1997年以来国际资本市场发展的一个显著特点。

(三)国际外汇市场交易量扩大

国际金融市场中的短期资金和长期资金市场的流动,基本上都要反映到外汇市场的各种交易往来中。根据国际银行的估计,世界各主要外汇市场(伦敦、纽约、东京、新加坡、香港、苏黎世、法兰克福、巴黎等)每日平均外汇交易额在1979年为750亿美元,1984年扩大到1 500亿美元,1990年接近9 000亿美元,1998年达1.2万亿美元左右。2010年9月国际清算银行(BIS)的调查报告显示,全球外汇市场交易量在过去三年里猛增20%,达到每日4万亿美元,几乎相当于德国一年的经济产出总量。

上述分析表明,国际金融市场上的资金流动,尤其短期资金流动,已占主导地位。货币资本已脱离世界生产和国际贸易而独立运动,由此形成的货币资本运动与商品运动相分离的现象,也构成了当代资本流动的一个重要特点。

(四)跨国公司成为推动国际资本流动的主角

当代国际资本流动,尤其是国际直接投资的主角是跨国公司。跨国公司拥有巨额的资本、庞大的生产规模、先进的科学技术、全球化的经营战略、现代化的管理手段以及世界性的销售网络,其触角遍及全球各个市场,成为世界经济增长的引擎,对"无国界经济"的发展起着重大的推动作用。据统计,跨国公司的海外销售总额高达5.5亿美元,而世界出口总额仅为4万亿美元。跨国公司通过国外直接投资控制了世界对外直接投资累计总额的90%,其资产总额占世界总产值的40%,贸易额占世界贸易额的50%,控制工业研究与开发的80%、生产技术的90%、世界技术转让的75%,以及发展中国家技术贸易的90%。

第二节 国际资本流动的利益与风险

国际资本流动对资本输出国、资本输入国以及国际经济形式必然产生深远的影响。一般来讲，这种影响是双重的，既可从中获取利益，亦会招致各种风险。

一、国际资本流动的利益

（一）长期资本流动的利益

长期资本流动的期限长、数量大，对经济的长期稳定和持续发展影响较大。

对资本输出国经济发展的有利作用主要体现在：① 将资本输出到资本短缺或投资机会更多的国家或地区，可以提高资本的边际收益；② 有利于占领世界市场，促进商品和劳务的输出；③ 有助于克服贸易保护壁垒；④ 向国外输出长期资本，可以直接影响输入国的国内经济、政治，甚至整个社会生产，增强输出国的经济实力，有利于提高国际地位。

对资本输入国经济发展的有利作用主要体现在：① 缓解资金短缺的困难；② 提高工业化水平；③ 扩大产品出口数量，提高产品的国际竞争能力；④ 增加了新兴工业部门和第三产业部门的就业机会，缓解就业压力。

（二）短期资本流动的利益

在短期资本流动中，贸易性资本流动和金融性资本流动比较稳定，并且其影响相对有利。而以投机性资本为主的国际贸易则最受国际金融界和各国货币当局所关注，原因在于其流动规模巨大，变化速度快，对一国乃至世界经济金融造成的影响深刻而复杂。

短期资本流动对国内经济的有利作用主要体现在：① 短期资本流动可以调节暂时性国际收支失衡；② 短期资本流动在一定条件下有助于外汇汇率恢复均衡；③ 国际游资在一定程度上可以使货币政策的执行更加有效；④ 国际游资在一定程度上能起到培育和繁荣国内金融市场的效果。

短期资本流动对世界经济产生的有利作用主要体现在：① 促进了国际经济和金融的一体化进程；② 对国际货币体系产生了深远影响；③ 增强了国际金融市场的有效性，推动了金融市场尤其是衍生金融产品的发展；④ 在一定程度上符合国际间资金配置的动力要求，促进了资金在国际间的合理配置。

二、国际资本流动的风险

（一）长期资本流动的风险

长期资本流动对资本输出国的风险表现在：① 可能在一定程度上阻碍国内经济的发展。由于一国的资本数量有限，如果输出过多，就可能削弱国内投资项目和生产部门的资金供给能力，导致就业机会减少，财政收入下降，甚至引起经济衰退。② 增加潜在对手。长期资本流动把大量资金和先进技术带到其他国家，提高了这些国家的产品竞争力并促进经济发展，甚至在国际市场竞争中与资本输出国形成抗衡。

长期资本流动对资本输入国的风险表现在：① 大量的资本输入可能造成沉重的债务负担；② 若大量外国资本渗入到国民经济重要部门，可能危及民族经济发展和经济政策的自主性。

（二）短期资本流动的风险

对短期资本流动风险的分析，仍着重分析短期投机资本的影响。

短期投机资本流动对一国经济的消极影响表现在：① 对国际收支的影响。短期资本流动会加剧持久性国际收支的不平衡。当一国国际收支出现持久性逆差时,该国货币汇率会持续下跌,投机者会卖出该国货币、买入外币,造成资本外流,使国际收支进一步恶化。② 对汇率的影响。国际游资以投机性资本为主,它根据对未来汇率的预测,在国际市场上进行外汇投机,从而可能使汇率波动加剧。③ 对货币政策的影响。国际游资的流动会影响一国货币政策的自主性,并使货币政策的有效性受到削弱。④ 对国内金融市场的影响。国际游资在客观上虽然能起到培育和繁荣市场的效果,但也会给金融市场带来巨大隐患,甚至引发金融危机。

短期投机资本流动对国际经济的消极影响表现在:① 对国际金融市场的影响。国际游资在各国间的流动,使得国际信贷市场的风险加大,国际游资一旦大量逃离,可能引发国际金融市场的动荡乃至国际金融危机的爆发。② 对资金在国际间配置的影响。国际游资的盲目性投机会干扰市场的发展,误导有限的经济资源的有效配置。

第三节 国际债务危机

国际资本的流入与流出,势必对一个国家在一定时期的债务产生影响。长期以来,人们对于"外债"这一概念并没有统一的定义,不同国家或机构在使用这一概念时,往往具有不同的含义。

一、外债的含义

外债(External Debts)是在任何给定的时刻,一国居民所欠非居民的、已使用而尚未清偿的、具有契约性偿还义务的全部债务。这是 1984 年 3 月在国际货币基金组织、世界银行、经济合作与发展组织和国际清算银行等国际金融组织组成的关于外债统计的国际审计员工作会议上,对外债的定义达成的共识。

这一概念包含四个要素:① 外债是以居民和非居民为标准,是居民对非居民的债务,这里的居民和非居民都包括自然人和法人。② 必须是具有契约性偿还义务的外债,通过具有法律效力的文书明确偿还责任、偿还条件、偿还期限等,不包括由口头协议或意向性协议所形成的债务。③ 必须是某一个时点的外债余额。④ 所谓"全部债务"既可以是外币表示的债务,也可以是本币表示的债务,还可以是以实物形态构成的债务。

二、国际债务的衡量指标

衡量一国的外债承受能力和外债偿付能力可用一套指标体系进行,主要包括以下 5 项:

(一) 偿债率

偿债率(Debt Servicing Ratio)是指一国的偿债额(年偿还外债本息额)占当年该国外汇总收入的比率。这是衡量一国外债偿还能力的一个最主要的指标。其公式如下:

$$偿债率 = \frac{本年度应偿还外债本息额}{本年度出口商品劳务收汇额} \times 100\%$$

国际上一般认为偿债率指标在 20% 以下是安全的,即一个国家的外债本息偿还额不宜超过外汇总收入的 20%,超过这一警戒线,就有发生债务危机的可能性。但这并不是绝对的，一国的偿债能力除了取决于外汇收入和外债的数额、期限、品种等因素外，还取决于一国的进口状况、外汇储备状况、经济和贸易的增长速度等多种因素。

（二）负债率

负债率（Leverage Ratio）是指一国一定时期外债余额占该国当期的国民生产总值的比率。其公式为：

$$负债率 = \frac{本年年末外债余额}{本年度国民生产总值} \times 100\%$$

这个比率用于衡量一国对外资的依赖程度或总体债务风险度，一般参照系数为8%。该指标是从静态考察本国经济对外债的承受能力。

（三）债务率

债务率（Debt Ratio）是指一国当年外债余额占当年外汇总收入的比率。其公式为：

$$债务率 = \frac{本年年末外债余额}{本年度商品和劳务出口收汇额} \times 100\%$$

债务率是表明一国外债偿还能力和风险的指标，该比率以不大于1为界限，即该比率应小于100%。国际上公认的债务率参照系数为100%，若达到150%，则该国为中度负债国，若达到200%，则该国已属于重度负债国。但这也不是绝对的，因为即使一国的外债余额很大，如果长、短期债务分布合理，当年的还本付息额也可保持在适当水平。

（四）短期债务比率

短期债务比率（Short-term Debt Ratio）是指当年外债余额中，1年以下（含1年）短期债务所占的比重，一般参照系数为25%。这是衡量一国外债期限结构是否安全合理的重要指标，它关系到一国当年还本付息额的大小。

（五）其他债务衡量指标

其他债务衡量指标主要有两个：一是当年外债还本付息额占国民生产总值的比率，其参考系数为5%；二是外债总额与本国黄金外汇储备额的比率，应控制在3倍以内。

总之，上述参考系数或指标，均是从某一方面反应一国的债务负担或清偿能力。由于外债问题涉及面广，在衡量一国债务负担时，要注意综合考察各项指标，避免出现偏差。

三、国际债务危机的成因与解决方案

所谓债务危机（Debt Crisis）是指一国不能按时偿付其国外债务，包括主权债务和私人债务，表现为大量的公共或私人部门无法清偿到期外债，一国被迫要求债务重新安排和国际援助。

（一）国际债务危机的产生

国际债务问题产生于20世纪70年代末期。20世纪70年代以来，一些发展中国家，特别是拉美和非洲的发展中国家，为了实现工业化大量举借外债。20世纪80年代的债务危机就是一些国家盲目引进外资后出现的一场金融危机。1973年石油价格上涨后，许多非石油出口国的国际收支严重恶化，这些国家本应降低国内经济发展速度，减少进口，以改善对外收支状况，但由于这些国家继续采取高增长战略，进口继续增长，只能靠举债来弥补国际收支逆差。正好70年代国际资金供应量过剩，利率较低，1977—1979年美元汇率又不断下跌，导致很多发展中国家筹措大量外资。

20 世纪 80 年代美元利率的提高,导致了发展中国家还本付息额的不断提高。从 1973 年至 1982 年的 10 年中,发展中国家的外债总额增加了 5 倍。外债总额在 1973 年相当于国民生产总值的 22.4%,而到 1982 年,这个比重提高到 34.7%,外债总额在 1973 年相当于出口收入的 115.4%,而 1982 年则提高到 143.3%。同时外债结构也发生了变化,官方贷款的比重降低了,短期贷款的比重提高了,长期债务中私人债务的比重提高了。

在 100 多个发展中国家中,主要债务国和地区不过 25 个,它们占发展中国家外债总额的五分之四。其中,巴西、墨西哥、阿根廷、韩国、委内瑞拉、印度尼西亚、土耳其、菲律宾、智利和哥伦比亚是重债国,这些国家外债额占外债总额的一半以上。这些国家发生债务危机的原因各有不同,但其中一个共同点就是,均在过去一些年中大量利用外资发展经济,在经济发展取得了令人瞩目成绩的同时,由于过度借债,这些债务国家在遇到工业化国家经济陷入危机与低迷、西方国家纷纷提高利率的情形时,陷入了不能按期偿还债务的严重危机困境之中。债务危机产生后,作为重灾区的拉丁美洲,出现了大量的资本外逃现象,国民经济的增长出现严重下滑。

（二）国际债务危机的成因

20 世纪 80 年代国际债务危机形成的原因,主要应从债务国国内的政策失误和世界经济外部环境的冲击两方面加以分析。债务国国内经济发展战略的失误和外债管理方针的不当,使外债规模的膨胀超过了国民经济的承受能力,这是危机形成的内因;世界经济的衰退,发达国家的贸易保护主义,以及国际金融市场的动荡等,则是诱发债务危机的直接原因。

虽然国际债务危机的爆发是国内、国际因素共同作用的结果,但外因往往具有不可控性,且外因总是通过内因起作用。因此,从根本上说债务危机产生的直接原因在内因,从债务国本身的失误来分析,国际债务的成因主要有以下六点:

（1）发展中国家因政策失误导致的外债规模膨胀。20 世纪 70 年代中期以后,许多发展中国家盲目追求工业化和高速度,盲目举借外债扩大投资规模,过高地估计了本国的生产能力和出口创汇能力,进而可能因沉重的债务负担导致债务危机。现在国际上一般把偿债率作为控制债务的标准。因为外债的偿还归根到底取决于一国出口创汇的能力,所以举借外债的规模要受制于今后的偿还能力,即扩大出口创汇能力。如果债务增长率持续高于出口增长率,就说明国际资本运动在使用及偿还环节上存在着严重问题。理论上讲,一国应把当年还本付息额对出口收入的比率控制在 20% 以下。

（2）所借外债未形成合理的债务结构。发展中国家在尽力设法吸引外资来推动国内经济建设的同时,未能形成合理的债务结构。在其他条件相同的情况下,外债结构对债务的变化起着重要作用。外债结构不合理主要表现在:① 商业贷款比重过大。商业贷款的期限一般较短,在经济较好或各方一致看好经济发展时,国际银行愿意不断地贷款,因此这些国家可以不断地通过借新债还旧债来“滚动”发展。但在经济发展中一旦出现某些不稳定因素,如政府的财政赤字、巨额贸易逆差或政局不稳等使市场参与者失去信心,外汇储备不足以偿付到期外债时,汇率必然大幅度下跌。这时,银行到期再也不愿贷新款了。为偿还到期外债,本来短缺的外汇资金这时反而大规模流出,使危机爆发。② 外债币种过于集中。如果一国外债集中于一两种货币,汇率风险就会变大,一旦该外币升值,外债就会增加,增加偿还困难。③ 期限结构不合理。如果短期外债比重过大，超过国际警戒线或未合理安排偿债期限，都会造成偿债时间集中，若流动性不足以支付到期外债，就会爆发危机。

（3）对所借外债未有效地加以运用。借债规模与结构确定后，如何将其投入适当的部门并最大地发挥其使用效益，是偿还债务的最终保证。从长期看，偿债能力取决于一国的经济增长率，短期内取决于它的出口率。许多重债务国的外债资金利用效率低，未能把外债资金有效地用于生产性和创汇盈利性项目，不能保证外债资金投资项目的收益率高于偿债付息率。一些重债国将外债资金投向规模庞大而又不切实际的长期建设项目，有的项目最终没有形成任何生产能力。有些国家则是大量借入短期贷款在国内做长期投资，而投资的方向主要又都是房地产和股票市场，从而形成泡沫经济，一旦世界经济环境突变，自然难以应付，无法如期偿还债务，危机也就来临了。

（4）对外债缺乏宏观上的统一管理和控制。外债管理需要国家对外部债务和资产实行技术和体制方面的管理，提高国际借款的收益，减少外债的风险，使风险和收益达到最圆满的结合。这种有效的管理是避免债务危机的关键所在。其管理的范围相当广泛，涉及外债的借、用、还各个环节，需要政府各部门进行政策协调。如果对借用外债管理混乱，多头举债，无节制地引进外资，往往会使债务规模处于失控状态和债务结构趋于非合理化，它妨碍了政府根据实际已经变化了的债务状况对政策进行及时调整，政府一旦发现政策偏离计划目标过大时，偿债困难往往已经形成。

（5）外贸形势恶化，出口收入锐减。由于出口创汇能力决定了一国的偿债能力，一旦一国未适应国际市场的变化及时调整出口产品结构，其出口收入就会大幅减少，经常项目逆差就会扩大，从而严重影响其还本付息能力。同时巨额的经常项目逆差进一步造成了对外资的依赖，一旦国际投资者对债务国经济前景的信心大减，对其停止贷款或拒绝延期，债务危机就会爆发。债务危机严重干扰了国际经济关系发展的正常秩序，是国际金融体系紊乱的一大隐患，尤其对危机爆发国的影响更是巨大，均会给经济和社会发展造成严重的后果。

（6）债务国在一定程度上存在着资本逃避的现象。债务国一方面通过在国际金融市场上借取大量的外债，来筹措资金，发展本国经济，另一方面却又面临着国内资金由于各种原因在一定程度上出现外逃的难题。这势必影响债务国资金的使用安排，加重其偿还外债的负担。

（三）国际债务危机的解决方案

20 世纪 80 年代债务危机的爆发给国际金融界造成了极大的震动，为了减少其负面影响，各方陆续提出了一些解决问题的办法，为此采取的措施主要有以下几种：

1. 债务的重新安排

由债权债务双方协商修订原有的贷款协定，延长还款的期限。官方债务的重新安排由国际货币基金组织协调在“巴黎俱乐部”进行，私人债务由国际货币基金组织成立专门委员会进行重新安排。重新安排有三种基本形式：① 由债权债务双方协商延长偿还本息的期限；② 减免债务国的利息或本金负担；③ 把已有的债务重新转换债权人，即把对私人商业银行的债务转换为某个债权国官方或某个国际金融机构的债务。

资料卡

巴黎俱乐部

巴黎俱乐部成立于1956年,是一个国际性非正式官方机构,现时由全球最富裕的19个国家组成,是一个没有固定成员和组织章程的特殊集团。其核心成员是经合组织中的工业化国家,美国、英国、法国、德国、意大利、日本、荷兰、加拿大、比利时、瑞典、瑞士等,即“11国集团”。俱乐部专门为负债国和债权国提供债务安排,例如债务重组、债务宽免甚至债务撤销。如经过多番努力仍未能改善债务问题,负债国通常由国际货币基金组织转借与巴黎俱乐部协助。

巴黎俱乐部的诞生源于1956年阿根廷向国际社会发出了警告:它已无力偿还它所欠的债务。其困难在于索债的银行和其他债权机构太多,无法进行双边谈判。于是就产生了建立一个协调机构的想法。

巴黎俱乐部已经存在了50多年,签订了将近402个协议,同81个国家交易,总额达5 230亿美元。这些国家被迫不定期地与它打交道,以便能够继续发展他们国家的经济。

2. 贝克计划

1982—1985年期间,国际债务危机仍未解决,1985年下半年,发展中国家的债务问题更趋紧张,同年10月,在国际货币基金组织和世界银行的第40届年会上,美国财政部长詹姆士·贝克提出了解决中等收入主要债务国债务问题的“贝克计划”(Baker Plan)。该计划包括3个要素:① 在债务国中进行全面的宏观经济调整,允许市场力量和私人企业在经济中发挥更大作用,鼓励更多的国内储蓄和投资,减少预算赤字,使贸易和金融自由化。② 要求3年内净增商业贷款200亿美元,为债务国启动经济提供新的周转资金。③ 发挥IMF在大力协调债务问题中的主要作用。

另外,贝克计划还提出了一些建立在金融市场基础上的长期性债务缓解措施,如债务资产化、债权交换和债务回购等建议。

贝克计划强调实现债务国长期的经济增长,但目标仍然是试图将债务国的偿债负担降到其经济增长能够承担得起的水平,而非削减发展中国家的债务。因该计划未制定详细的实施措施,且债务的重新安排还需同世界银行和IMF的贷款相连,故一时难以完全实现。

3. 布雷迪计划与债务削减

美国财政部长布雷迪于1989年3月提出新的债务解决方案,在承认其前任贝克部长关于债务国需要经济改革和实际调整政策的基础上,将重点转向债务削减,亦称“布雷迪计划”(Brady Plan)。

该计划的具体做法是:① 债务国可以用一定比例的国际货币基金组织和世界银行的正常贷款,购回所欠债务,或作为打过折扣的债券的担保;② 债务国定期向债权银行偿付削减了本息的债券利息,世界银行和国际货币基金组织用特别准备金为此提供有效担保;③ 如果拉美债务国接受国际货币基金组织制定的严格的经济平衡计划,美国商业银行将在三年内减免其部分债务和利息;④ 日本将向拉美国家提供贷款;⑤ 各债权银行通过协商放弃一定比例的旧贷款，条件是替代旧贷款的债券，其本息可获得世界银行、国际货币基金组织的担保。

近年来，债务削减方案受到各国政府、国际组织、国际商业银行不同程度的支持，并有部分实践。债务削减包括以市场为基础的商业银行债务削减和官方债务削减，如墨西哥、智利、玻利维亚都产生了以市场为基础的债务削减；埃及则实行的是官方债务削减。

布雷迪计划在减轻债务国的债务负担、提高债务国的信心和增强市场对这些国家信心方面的尝试是成功的，但是由于计划所提供的资金有限，对于一些重债国，如难以满足计划所要求的实施国内稳定调整、实现经济增长的前提，则不可能得到该计划的资金援助。因此，对高负债国家来说，应通过新的经济政策促进经济增长，减少财政赤字，特别是要提高工业产品的出口能力，提高偿还外债的能力。

第四节　次贷危机后的世界主权债务危机

主权债务（Sovereign Debt）是指一国以自己的主权为担保，通过发行债券等方式向国际货币基金组织、世界银行和其他国家及机构所借的款项。一旦到期无法偿付，即构成主权债务危机。

由于主权债务大多是以外币计值的借款，因此，一旦债务国家的信誉评级被调低，就会引发主权债务危机。主权债务危机实质是指一个国家的主权信用危机，具体是指一国政府失信、不能及时履行对外债务偿付义务的风险。

一、次贷危机后世界主权债务危机的表现

以 2008 年美国次贷危机的爆发为分界，之前的主权债务危机大多发生于拉美国家及非洲的一些“重债穷国”。这些国家的经济实力在世界经济体系中所占份额极小，债务危机关联性较弱，多为独立性事件，不足以引发全球性金融动荡。

近年的主权债务危机则集中爆发于欧美发达国家和亚洲新兴市场国家。2008 年以前，这些国家在债务问题上处于超然地位，虽然负债总量很大，但持续的经济增长和膨胀的金融泡沫掩盖了发生债务违约的可能性。在发达国家中，只有英国曾在 1976 年因英镑危机接受过 IMF 的援助。1997 年，亚洲金融危机更多地表现为货币危机，危机后亚洲新兴市场国家仍然保持了强劲的发展势头。自 2008 年国际金融危机爆发以来，国际债务危机格局发生了重要变化，欧美发达国家和新兴市场国家先后成为了主权债务危机的主角。

2008 年 9 月 29 日至 10 月 9 日，冰岛政府宣布接管国内三大银行，外债总额超过 1 383 亿美元，是国内生产总值的 9 倍。按国内 32 万人口计算，平均每个冰岛公民背负着 37 万美元债务，几近国家破产。尽管其史无前例地在全民公投中，以近 94% 的反对票否决了向英荷储户赔偿损失的计划，以民主的形式挑战“欠债还钱，天经地义”的信条底线，最终还是接受了 IMF 的救助，未酿成更大的国际金融动荡。

2009 年 11 月 25 日，阿联酋迪拜当局宣布，受巨额债务困扰，其主权投资实体迪拜世界公司将重组，公司所欠近 600 亿美元债务将延期偿付，成为自 2001 年阿根廷违约以来，全球最大的主权基金违约事件。此举令投资者对迪拜的主权信用产生严重疑虑，进而在全球金

融市场引发巨大震动。尽管由于迪拜世界公司的债务相当透明,而且没有介入复杂的金融衍生品交易,债务违约造成的乘数有限,但是迪拜作为新兴市场、迪拜世界公司作为以政府信用为担保的大型国有企业,其违约使人们质疑新兴市场能不能担负推动世界经济增长的重任。

迪拜倒债事件之后,由其引发的主权信用危机像被推翻的多米诺骨牌,越来越多的欧洲国家主权信用评级遭调降,欧洲国家的债务问题接踵而至。在欧元区16国中,希腊的主权信用评级问题最为严峻。希腊债务总额在2009年年底达3 000万欧元,占国内生产总值的125%,远高于欧盟60%的目标。2010年4月27日,国际三大评级机构之一标准普尔公司将希腊主权信用降至垃圾级。继希腊之后,爱尔兰政府于2010年11月21日正式请求欧盟和IMF提供救助,成为欧元区主权债务危机的第二个牺牲品。2011年4月6日,葡萄牙正式请求欧盟提供救助;7月5日,穆迪投资服务公司宣布将葡萄牙的主权债务评级降为垃圾级。其后,意大利和西班牙的资产价格大幅下降。至此,“欧猪五国”①全部陷入主权债务危机之中。据德意志银行估计,2010年欧盟的总体财政赤字占该地区国内生产总值的6.4%,公共债务则占国内生产总值的80%。法国统计及经济研究所公布的最新数据显示,截至2011年第一季度,法国公共债务累计总额高达1.6461万亿欧元,占国内生产总值的84.5%,相当于法国人均负债2.53万欧元,创下新的历史纪录。如果作为欧元区核心国家的法国出现主权债务危机,那么欧元本身必然面临崩溃。

美国公共债务在可持续性上同样面临重大挑战,悬而未决的债务上限上调问题令市场担忧。2008年金融危机后,美国经济急转直下,税收大受影响。奥巴马敦促国会通过的7 000亿美元刺激计划,将财政赤字推高至经济总产出的10%以上。目前,美国财政支出的每1美元中,就有0.4美元是借来的。更糟糕的是,这种状态并无改善之势:去年,国会预算办公室(CBO)就已警告称,到2021年,联邦政府的债务总额可能达到美国经济年产值的100%,而到2035年,可能达到近190%。2010年2月12日,美国总统奥巴马签署通过了将债务上限从12.4万亿美元提高到目前的14.29万亿美元的法案。而根据美国财政部的报告,截至2011年5月16日,美国联邦政府公共债务已达法定的14.29万亿美元上限。共和党削减开支的主要手段是削减福利,民主党则主张对富人增税。在2012大选年临近之际,双方各执己见,都不想失信于各自选民。如果国会不能在8月2日前提高公共债务上限,美国将面临债务违约的风险。届时,投资者会大幅提高利率,增加美国借贷成本,有可能将美国经济拖入二次衰退。作为世界头号经济大国,美国债务违约必然搅动全球经济,其冲击之大,远非欧洲主权债务危机对全球经济的影响可比。

相关链接

标普下调美国主权信用评级

2011年8月5日,国际评级机构标准普尔公司宣布将美国AAA级长期主权信用评级下

① “欧猪五国”是国际债券分析家、学者和媒体对五个主权债务信用评级较低的经济体的贬称,包括葡萄牙、意大利、爱尔兰、希腊和西班牙。——编者注

调一级至AA+。美国历史上第一次丧失3A主权信用评级立即引发国际社会关切。犹如捅破一层“窗户纸”,美国国债“无风险”神话随着评级下调而破灭。投资者对美国经济前景不确定性的担忧加剧,恐慌情绪蔓延,全球股市跌声一片。

标普调降美国主权信用评级,意味着美债已经不再拥有低廉的融资成本。这很可能是全球金融史上一个标志性事件。美元本位制早已演变为美债本位制:美国用印刷的美元购买全球的劳动、商品、资源,而全球用换取的美元购买美国国债和金融资产为美国债务进行融资,这样全球经济完全地纳入到美国的债务循环之中。债务问题如果处理不好,将瓦解美国在世界的信用和领导力,美债主宰世界的时代开始终结。

标普调降美国主权信用评级,全球金融市场上演灾难性大片。全球为何对美国主权信用评级遭下降反应如此过度?一直以来,美国依靠着全球最高的信用评级,大肆举债,扰乱了全球的信用创造、信用总量和财富的分配机制。标普下调美国主权信用评级实际上是做了一个非常公正的评价。

资料来源:http://www.chinavalue.net/Finance/Blog/2011-8-11/814773.aspx。

二、世界主权债务危机的成因

2008年以前发生的主权债务危机,主要是因为相关国家经济发展缓滞导致无法按期偿付债务,而近年发生的一系列主权债务危机则有着更为复杂的背景和成因,主要表现为以下三点:

(一)经济结构的缺陷

希腊的问题在南欧国家比较典型,其根源是采用欧元作为统一货币之后,丧失了货币政策的灵活性,财政政策无力和经济发展长期不均衡也是其产生的重要原因。希腊财政赤字和政府债务“双高”问题由来已久,基于政党和工会的压力,希腊的高负债率、高福利、低税收,造成工资增长与劳动生产率提高相脱节,削弱了希腊经济的竞争力。同时,希腊公共事业占GDP的40%,主要依靠旅游业和航运业的经济结构使希腊经济在全球金融危机的打击下还未走出衰退,财政收入增速受压严重。

迪拜是由于其以房地产和金融投资为主的经济发展模式。过去几年来,阿联酋的迪拜酋长国为减少对日益枯竭的石油资源的依赖,以建设中东地区物流、休闲和金融枢纽为目标,推进3 000亿美元规模的建设项目,政府与国有企业的债务不断增加。迪拜爆发债务危机有多方面的原因,但首要的原因是房地产业的过度开发,以及迪拜建立在房地产和金融服务业上的经济快速发展模式。在迪拜,工地遍布全城,而且动辄就是“世界最高”、“世界独有”或者身价百亿的项目。为了进行这些项目,迪拜政府与其所属开发公司在全球债券市场大举借债,筹措投资资金。但是迪拜面临最致命的弱点是偏居世界一隅、本地居民数量较少,所有项目的建设和消费都严重依赖国外居民。2008年爆发的国际金融危机和随之实行的全球信贷紧缩政策对迪拜造成了直接打击,大量雄心勃勃的项目因缺少后续资金“烂尾”,其房地产价格跌幅居全球第2位,最终引发主权债务危机。

爱尔兰从20世纪90年代开始,经历了十几年的经济繁荣,曾被誉为“爱尔兰模式”。究其奥秘无他,就是依靠发展房地产市场推动经济增长,房地产泡沫伴随着经济繁荣不断积累，房地产业成为爱尔兰经济的命脉和重要增长动力。2008 年国际金融危机的爆发，导致国内房地产市场骤然萎缩，依靠信贷支撑的房贷体系出现大笔坏账。为了维护金融稳定，爱尔兰政府不得不耗费巨资救助本国银行，财政不堪重负。西班牙面临的主要问题，也是由于银行业在本国房地产市场泡沫时期贷款过多出现了大量与房地产相关的坏账。

冰岛则是因其追求“国际金融中心”的战略发展目标，超常发展金融业而陷入危机的。作为一个北欧小国，国内生产总值仅为 193.7 亿美元，但其银行业资产总值 8 倍于国内生产总值。换言之，冰岛的发展已经不再主要依靠本国实体经济，反而更为依赖其他国家的经济发展。随着国际金融危机爆发，全球银行业借贷利率上升、资本流动性骤减，银行业陷入困境，也就不难理解为什么是冰岛首当其冲，在政府接管银行债务后很快引发主权债务危机。

（二）危机后的财政扩张政策

金融危机使得各国政府纷纷推出刺激经济增长的宽松政策。金融危机导致发达国家居民收入锐减，通过贸易和投资的减退演变成全球性经济危机，欧美各国急需通过强力刺激使本国经济尽快走出衰退，扩大财政支出成了首选方案。另外金融衍生产品的过度杠杆化引发了国际金融危机，欧美各国居民对前期的金融膨胀和货币扩张颇多诟病，去杠杆化的倾向非常明显，欧美各国政府只能通过扩大资产负债表和向金融、居民和企业部门提供经济刺激来减轻财富缩水的冲击。在这种情况下，实施扩张性财政政策有助于将私人部门的资产负债转移至政府承担，从而减轻金融和经济的动荡。基于以上理念，欧美各国财政赤字水平较危机前均有大幅提高，负债水平普遍比危机前的 2007 年提高了 15%—20%。例如欧盟要求其成员国债务率不高于 60%，而德国、葡萄牙、法国和比利时的债务率都在 60%—80% 之间，希腊和意大利两国的债务率更是超过了 100%。

由于国际金融危机对欧美发达国家实体经济冲击较为严重，各国经济复苏普遍缓慢，财政收入难以跟上支出增长的步伐，公共债务的可持续性受到市场质疑。正因如此，主权债务和财政赤字便成为当前困扰欧美发达国家的普遍性难题。如希腊政府，在前几年经济状况较好时并没有完全遵守稳定与增长公约，优化其财政状况，而是不断保持宽松的财政政策，以进一步刺激经济增长。国际金融危机爆发以来，希腊政府为挽救经济，避免衰退，不得不进一步扩大财政开支以刺激经济，结果赤字更加严重。葡萄牙也因经济增长乏力，政府无法通过税收取得资金，劳工薪资高涨又使国内产品丧失竞争力，政府只能大举借入债务，用于国内基础设施建设。当投资者对葡萄牙的还债能力产生疑问时，该国债券收益随之飙升，进一步恶化了葡萄牙的债务问题。一方面因债务国财政收支境况差，不得不“借债度日”；另一方面因经济衰退导致政府必须发更多债，依靠公共开支刺激经济。如果各国国内生产总值不能以正常的速度保持增长，新旧债务必然压制经济增长，而低增长又让偿还债务陷入难以为继的恶性循环，最后结果是可怕的。当大多数发达国家无法再通过发新债、加税等手段来偿债时，政府很有可能指示银行加大印钞，从而将一场倒债危机转化成通胀危机。

（三）国际投行借助金融衍生品的投机行为

依照 1992 年签署的《马斯特里赫特条约》规定，欧洲经济货币同盟成员国必须符合两个关键标准，即预算赤字不能超过国内生产总值的 3%，负债率要低于国内生产总值的 60%。2001 年希腊刚刚进入欧元区时，距这两项标准相差甚远。于是希腊求助美国投行高盛，通过“货币掉期交易”方式，掩饰了一笔高达 10 亿欧元的公共债务，从而使希腊在账面上符合了欧元区成员国的标准。

高盛通过为希腊提供服务和借贷拿到了高达3亿欧元的佣金，但在追求利润最大化动机的驱使下，高盛做的并不止于这些。首先，高盛向德国一家银行购买了20年期的10亿欧元信用违约互换(CDS)保险。作为金融创新的CDS，本来是对一个主权国家债务可能存在支付问题而创设的一种保险，即当该国被怀疑出现支付能力问题时，持有该国国债者便可购买CDS，由承保方负责支付亏空部分，使得信用风险可以像市场风险一样进行交易，从而解决了信用风险的流动性问题，达到转移担保方风险的目的。CDS价格越高代表债券违约的可能性越大，也就是说，当希腊国家支付能力被怀疑的时候，有关希腊债务的CDS价格便会上涨。高盛在希腊未被怀疑有支付能力问题时大量低价购进希腊债务的CDS，然后再对希腊支付能力信誉发动攻击，一方面大肆"唱空"希腊支付能力，另一方面轮番抛售欧元，引致国际市场的恐慌跟进，使得欧元在希腊危机爆发后10天内下跌了10%。同时，2010年7月以来，希腊CDS债务保险利率上涨整整3倍，一度涨到428BP，甚至远远超过处于半战争状态的黎巴嫩(255BP)。高盛在最高点时抛出希腊债务CDS，获得了巨额利润，代价则是希腊主权债务危机的爆发以及整个欧元区的金融动荡。

三、主权债务危机对世界经济的影响

主权债务危机对世界经济的影响主要包括以下三个方面：

第一，加大了世界经济复苏的难度，引发社会动荡。在债务危机下，政府不得不采取缩减支出、提高税率、增加燃油费、对奢侈品征收特别税以及削减公务员福利等多种措施，这样不仅会增大经济复苏的难度，而且很可能会引发社会动荡。主权债务危机还会导致汇率波动，利润下降，融资成本上升，市场和投资环境急剧恶化。冰岛主权债务危机爆发以后，出现了汇率大幅贬值，2009年10月全球最大快餐连锁企业麦当劳退出冰岛。希腊主权债务危机加重，不仅严重影响希腊国内消费信心和零售业预期，同时，欧元受危机拖累，表现疲软。希腊还将2010年预算赤字从2009年的12.7%削减到8.7%，这些措施已引发大规模抗议和罢工。虽然2009年下半年欧洲经济已经连续两个季度扩张，但希腊、西班牙、意大利、匈牙利四季度仍在收缩。多种迹象显示西班牙可能成为欧洲主要国家中最后一个走出衰退的经济体，IMF预计2010年西班牙经济仍可能收缩，很多投资者认为下一个出问题的欧洲国家可能就是西班牙。

第二，制约还贷方国内消费需求的复苏。在经济衰退和复苏阶段，政府为改善预算收支状况所做的努力，不管是削减开支，还是增加税赋，必然要以抑制消费为代价。市场经济条件下，如果国内消费难以有效复苏，投资和内需就会受到制约，经济的复苏就会受到影响。反过来，如果经济增长不能恢复到合理水平，就业状况就难以好转，居民可支配收入增长缓慢，国内消费需求必然疲软。这可能会使消费持续疲软，经济增长在较长时间内低于潜在增长水平。

第三，严重损害经济基础。主权债务危机对经济的影响将是长期的，可能会严重损害经济的基础。债务重组和消化是一个长期的过程，在经济衰退和复苏阶段，政府赤字仍会处于一个较高水平；当经济进入扩张阶段后，巨额的债务负担必然制约经济扩张的速度。20世纪80年代，拉美的债务危机导致拉美各国经济长期停滞不前。90年代以来，日本经济的长期低迷也在很大程度上与其巨额的政府债务有关。

四、主权债务危机对我国的启示

(一) 经济增长要有实体经济的支撑

主权债务危机是一次流动性危机,是过度举债增长模式的产物。由于缺乏实体经济和真实消费基础,地产和金融扶植起来的经济动力结构使迪拜经济缺乏内生性增长的支撑,不得不高度依赖外部的投资和借贷,最终走向泡沫化。不可否认,虚拟经济对促进经济的发展有不少积极的作用,但虚拟经济具有高风险性、复杂性、寄生性等特点,虚拟经济的比重越来越大,其对经济的影响绝不能忽视。对于虚拟经济发展中引起的泡沫成分务必要引起足够的重视,经济增长需要注重实体经济与虚拟经济的协调均衡发展。迪拜债务危机对我国的最大警示就是要通过经济结构的优化调整来夯实实体经济发展的基础,而经济结构调整的关键则是降低经济发展对投资和出口的依赖,提高最终消费对经济增长的贡献度。

(二) 经济建设需量力而行

经济发展需要结合本国的实际进行,遵循客观条件与经济规律,盲目跨越式的发展结果往往是欲速则不达。由于迪拜的石油资源开采到一定时间后即告枯竭,迪拜当局意识到仅仅依靠有限的石油资源,其经济发展的不可持续性很快会凸显出来,因此迅速进行经济结构的调整,采取了多元化的经济发展策略。应该说迪拜的经济转型决策是正确的,总体而言转型也是成功的。前不久迪拜之所以爆发债务危机,在于迪拜同所有的发展中国家一样,普遍具有一种赶超心理,急于摆脱贫穷落后的状况,追求经济的超常增长。

(三) 要密切关注我国的地方债

如果说很多国家刺激政策的代价是主权债务危机,那么在我国则表现为地方政府的债台高筑。截至2009年年末,地方政府融资平台贷款余额7.38万亿,全年新增贷款超过3万亿,比年初统计的数据整整多出了1万亿。地方债务拿什么来偿还?值得我们思考。

(四) 政府债务管理和财政收支必须坚持审慎的原则

从宏观经济全局来说,一国政府利用财政手段,逆对经济风向作出相机决策,从而发挥自动稳定器作用。也就是说,政府为阻止可能出现的经济衰退,在其年度预算中增加政府开支或实施减税措施,乃至实施一定的财政赤字政策。政府公共债务占GDP的比重,是衡量一国是否存在宏观经济风险的重要因素。弥补财政赤字的方式通常有通过中央银行增发货币和发行公债。希腊等欧洲国家的财政赤字和公共债务几乎是IMF安全底线和欧盟财政守则所规定水平的3—4倍,不论在发达国家还是新兴市场国家都是非常危险的,出现危机也就不足为怪,这是我国必须引以为鉴的。财政部消息,2009年财政赤字占GDP比例低于3%,总债务占比不足20%,远低于国际警戒线的60%;2010年我国财政预算收支差额大体是10 500亿元,财政赤字占GDP比例将控制在2.8%以内,政府债务控制在30%以内,总体可控。但在国际经济弱复苏、欧洲主权债务危机蔓延背景下,必须未雨绸缪,继续坚持财政收支和债务管理的审慎原则,特别要加强地方政府债务管理,在经济刺激和宏观稳定上找准平衡点,稳步推进收入分配改革。

(五) 不能忽视房地产市场波动带来的系统性风险

与美国次贷危机、迪拜债务危机以及爱尔兰危机一样,希腊债务危机也蕴涵着房地产泡沫问题。近年来,我国部分地方政府也把房地产业作为支柱产业和财政收入的主要来源,不断刺激吹大房地产泡沫。由于房地产市场与整个金融体系关系紧密,所以必须谨防房价大起大落,抑制房价过快增长。

(六)严密监控和防范国际热钱对我国的潜在冲击

随着主权债务危机愈演愈烈,宽松货币政策的全面退出尚需时日,国际热钱出于避险及寻求资产升值的目的,纷纷涌入以我国为代表的新兴经济体,并有可能对我国实体经济与金融领域带来潜在冲击,我国政府需对此保持高度关注。要摆脱这一困扰,必须采取疏堵结合的方式,既要采取有效的防御性措施,监控各类热钱,加强流入管制,建立防范流出的预案;又要重视疏导的作用,增强汇率弹性,管理通胀预期,抑制泡沫膨胀,防范限制短期资本泛滥,吸引中长期国际资本。

复习与拓展

一、本章重要概念

国际资本流动　直接投资　间接投资　外债　负债率　债务率　偿债率　债务危机　贝克计划　布雷迪计划　主权债务危机

二、案例分析

希腊主权债务危机的演变

在应对金融危机过程中,希腊政府不断扩大财政赤字,公共债务大幅攀升。截至2009年年底,当年希腊国家负债高达3 000亿欧元,政府负债占GDP的113%,财政赤字和政府负债双双大幅度超过欧元区《稳定与增长公约》所设定的3%和60%的上限。

让希腊政府更加不堪重负的是,近期希腊政府需要偿还约230亿欧元的债券本金和利息,其中90亿欧元债务的偿还已迫在眉睫。2010年是希腊政府偿还到期债务的集中时期,希腊政府至少需要寻求540亿欧元才能满足其资金需求,由于旧债尚未还清,筹措新的资金又十分困难,希腊政府以新抵旧的做法已经失灵。

鉴于希腊财政状况严重恶化和债台高筑,全球三大权威信用评级机构惠誉、标准普尔和穆迪相继调低希腊主权信用的等级。这不仅使希腊借贷成本不断攀升,也使希腊在市场上借贷更加困难,由此希腊陷入了有史以来最严重的债务危机,并引起其他欧元区国家的恐慌。

随着希腊债务危机的进一步加剧,目前希腊已然资不抵债,走到了破产的边缘,最终演变成全面主权债务信用危机。对此,为取得欧盟的帮助,在各种压力下希腊政府一方面向欧盟承诺,将赤字比例降至8.7%,另一方面以冻结公务员加薪、增加燃油税等一系列"开源节流"举措来减少财政开支。由于希腊出台的紧缩财政政策将直接影响到中低收入群体的切身利益,立即遭到工会组织的强烈反对和部分民众的强烈不满。

希腊债务危机的浮现与迪拜债务危机有着很大的区别,迪拜债务危机的表现形式仅限于债务问题,波及面和危机的程度相对有限,处理危机的过程并不复杂,后续影响也不会大面积蔓延。而当下的希腊债务危机则有所不同,从本质上看,希腊危机的表现形式不是简单的债务问题,涉及希腊经济、金融、财政以及社会领域的方方面面,危机的延伸最终向何种程度发展尚无定论。同时,由于希腊身处欧元区,其债务危机必然波及欧洲各国,并涉及欧元信用的根本问题。

资料来源:http://forex.jrj.com.cn/2010/06/0710157589476.shtml。

请思考:

1. 希腊债务危机爆发的主要原因是什么?
2. 希腊债务危机的爆发对国际金融局势有何影响?
3. 希腊债务危机给我们带来哪些经验教训?

三、本章相关网站

http://www.safe.gov.cn

http://www.jrj.com

http://www.chinabond.com.cn

第九章

国际金融机构

学习目标

- 了解主要国际金融机构的宗旨和资金来源
- 掌握主要国际金融机构的业务与特点
- 认识中国加强与国际金融机构联系与合作的重要性

案例导入

充分发挥国际金融机构作用

2009 年 11 月 7 日,20 国集团财政部长和中央银行行长会议在苏格兰古镇圣安德鲁斯结束,与会者呼吁要充分发挥国际金融机构促进经济复苏和增长的作用。

会议结束时发表的公报强调要保持国际金融体系改革的势头,确保各项监管改革措施得到全面、及时的落实。各方认为国际金融机构应在确保经济可持续发展、创造就业岗位以及减少贫困人口等方面发挥重要作用。

会议重申了国际货币基金组织和世界银行要按照既定时间表完成治理结构改革,切实提高国际金融机构的合法性和有效性。公报认为,要加强国际金融机构在预防和应对未来危机中的作用,大力支持国际开发协会和非洲发展基金。

在能源方面,20 国集团呼吁国际能源机构、石油输出国组织、经济合作与发展组织和世界银行和 20 国集团的能源部长紧密合作,并就能源补助问题联合发布一份报告。

同时,在 20 国集团伦敦金融峰会召开之前,国际金融机构的改革以及发展中国家在国际金融机构中的地位成为英国学界热议的话题。英国学者认为,发展中国家应当在国际金融机构中拥有更多发言权,中国在国际金融机构改革中的作用不可替代。

英国伦敦政治经济学院经济系主任丹尼·奎阿教授指出,上世纪90年代以来,亚洲和拉美都发生了金融危机,一些国家确实得到了国际货币基金组织的援助,但这些援助是有条件的,这使得这些国家对国际金融机构充满了怀疑。他认为在此次伦敦峰会上,中国可以和其他发展中国家一起推动国际货币基金组织等国际金融机构的改革,为发展中国家争取更多的合法权益。

资料来源:转摘自《国际金融报》,2009年11月09日。

【启示】 国际金融机构对国际货币制度与世界经济的发展都有着深远的积极影响。在促进会员国取消外汇管制、限制会员国进行竞争性货币贬值、支持会员国稳定货币汇率和解决国际收支困难、缓解债务危机与金融危机、促进发展中国家经济发展等方面,国际金融机构都起了重要作用。

在全球出现金融危机之际,国际金融机构所扮演的角色是很关键的,各国与国际金融机构的接触与配合也十分重要。长远而言,通过国际金融机构发挥有效作用,有助于加强和改善国际金融体系。

第一节 国际金融机构概述

一、国际金融机构的概念和特点

国际金融机构(International Financial Institution),又称国际金融组织,是专门从事国际货币关系协调、管理或经营国际金融业务的,以促进世界经济发展、具有超国家性质的各类金融组织。众多的国际金融机构虽然类型不同,但有以下共同特点:

(1) 超国家性:国际金融机构是超国家性质的,对任何国家而言都是非居民。

(2) 不以盈利为目的:国际金融机构的经营管理不以盈利为目的,其主要目标是协调国际货币关系,促进国际经济合作,推动全球经济发展。

(3) 运营方式独特:国际金融机构不按某一国家法律或惯例建立并运作,有自己独特的运营方式。

二、国际金融机构的形成和发展

为适应国际经济发展的需要,曾先后出现了各种进行国际金融业务的政府间国际金融机构。其最初的形成可以追溯到1930年5月在瑞士巴塞尔成立的国际清算银行,之后是第二次世界大战后建立的布雷顿森林国际货币体系,并相应地建立了几个全球性国际金融机构,作为实施这一国际货币体系的组织机构。1957年到70年代,欧洲、亚洲、非洲、拉丁美洲、中东地区的国家为发展本地区经济的需要,通过互助合作方式,先后建立起区域性的国际金融机构,如泛美开发银行、亚洲开发银行、非洲开发银行等。

(一) 第一次世界大战前建立了国际结算制度

第一次世界大战前,西方国家的货币信用与国际结算制度处于建立阶段,它们在国际金融领域的矛盾并不尖锐。此时西方国家主要靠本国货币、资本输出以及政治、军事霸权对殖民地的金融进行控制,不需要其他手段,故不具备国际金融机构形成的基础和条件。

(二)第一次世界大战后建立了第一个国际金融机构

第一次世界大战爆发后,资本主义发展不平衡加剧,西方国家之间矛盾日益尖锐。少数国家不仅运用自己的经济、政治和军事力量,还希望利用国际组织控制其他国家,以达到侵略扩张的目的,故提出建立国际金融组织的设想。同时,由于通货膨胀加剧,国际收支逆差严重,多数西方国家在货币、外汇和国际结算方面发生了困难,希望得到国外援助,因而也要求建立国际金融组织。在此形势下,西方国家在第一次世界大战后,召开了一系列国际金融会议,讨论货币和外汇汇率问题。1930 年 5 月,"第一次世界大战"的战胜国集团为处理战后德国赔款问题,由英国、法国、意大利、德国、比利时、日本中央银行和代表美国银行界的摩根银行,在瑞士巴塞尔成立了国际清算银行,这是第一个区域性的国际金融机构。

(三)第二次世界大战后国际金融组织应运而生

20 世纪 30 年代,资本主义经济大危机和第二次世界大战爆发,严重破坏了国际货币关系,国际金融领域一片混乱。第二次世界大战后初期,西方国家(除美国)为了恢复经济和发展生产,希望有强大国际金融组织提供贷款。与此同时,亚非拉新独立发展中国家迫切要求发展民族经济,但他们都缺乏资金,也对国际金融组织贷款寄予很大期望。对于美国来说,美国战后也想利用国际金融组织对外扩张。基于这些原因,在美、英等国积极策划下,正式成立了两个国际性金融机构,即国际货币基金组织和国际复兴开发银行(世界银行)。国际货币基金组织和世界银行是联合国 14 个专门机构中独立经营国际金融业务的机构。这两个全球性的国际金融机构,在所有国际金融组织中规模最大、成员最多、影响最广泛,它们对加强国际经济和货币合作,稳定国际金融秩序,发挥着极为重要的作用。

(四)20 世纪 50 年代后区域性国际金融组织增多

进入 20 世纪 50 年代后,一些国家通过互助合作方式建立起区域性的国际金融组织,以促进本地区经济发展。1957 年欧共体创立了欧洲投资银行,这是最早成立的区域性国际金融组织。1960 年以后区域性国际金融组织越来越多,先后成立了泛美开发银行、亚洲开发银行、非洲开发银行和阿拉伯货币基金组织等。

三、国际金融机构的类型和作用

(一)国际金融机构的类型

目前的国际金融机构分为三种类型:

(1)全球性金融机构,如国际货币基金组织、世界银行、国际农业发展基金组织。

(2)洲际性或半区域性金融机构,如国际清算银行、亚洲开发银行。它们的成员国家主要在区域内,但也有区域外的国家参加。

(3)区域性金融机构,如欧洲投资银行、阿拉伯货币基金、西非发展银行。它们完全由地区内的国家组成,是真正的区域性国际金融机构。

(二)国际金融机构的作用

第二次世界大战后形成的许多重要国际金融机构的领导权掌握在少数发达国家手里,导致了国际金融机构里也存在霸权主义。这种霸权主义往往使得国际金融机构对发展中国家提供贷款的条件过于苛刻,甚至有的时候国际金融机构的贷款有干涉他国经济主权之嫌。但是,不能仅凭上述缺点就否定国际金融机构的积极作用。自从第二次世界大战以后,国际金融机构在促进国际经济合作、发展世界经济、稳定国际金融体系、扩大国际贸易以及为落后地区提供发展资金和提供国际金融争端协调机制等方面起到了独一无二的作用。国际金融机构最主要的积极作用是:

(1) 加强国际经济金融合作与协调。国际金融组织在加强世界与地区的经济、金融合作关系,推动生产国际化和经济一体化的进程,强化政府之间的联合等方面发挥了重要作用。同时还经常组织商讨国际经济形势,研讨国际金融领域的重大事情,以协调各国之间的经济贸易关系。例如在1997年亚洲金融危机的时候,国际金融机构就为危机国家和地区提供了紧急援助。2004年的拉美危机和2007年的全球性金融危机中,世界各国政府都通过国际金融机构这个平台密切合作、共渡难关。

(2) 制定并维护国际货币制度,促进国际贸易增长。国际金融组织积极制定并维护共同的货币金融制度,协助成员国达成多边支付关系,稳定汇率,保证国际货币体系运转,促进国际贸易的增长。例如,在20世纪70年代中期之前,世界主要国际金融机构共同协调各国政府维持了布雷顿森林体系下的固定汇率制度。在布雷顿森林体系崩溃后,国际金融机构又承担了汇率波动监控者和汇率争端仲裁者的角色,避免了汇率过度浮动带来的严重经济冲击。

(3) 提供信贷支持成员国经济发展。国际金融组织以长短期资金方式,为成员国提供金融信贷,协助成员国实施经济发展和改革计划。如解决有些国家的短期国际收支逆差问题,缓解国际支付危机;帮助发生金融危机的国家减缓国际收支困难,提供紧急资金援助;还为发展中国家的经济结构调整和经济、技术发展提供中长期资金援助。

(4) 磋商解决金融领域重大事件,调节国际清偿力。国际金融组织对国际经济、金融领域中的重大事件,召开联合会议,进行磋商和解决。同时为了适应国际经济发展对国际支付工具的需要,国际金融机构还创造了国际支付工具,例如国际货币基金组织发放的普通提款权和特别提款权,增强了会员国的国际清偿力。

第二节　全球性国际金融机构

一、国际货币基金组织

从布雷顿森林体系成立至今,国际货币基金组织(International Monetary Fund,IMF)在国际货币体系中发挥了重要协调作用。近年来,随着国际金融体系动荡,人们对国际货币基金组织提出了更高要求。

(一) IMF的成立与宗旨

国际货币基金组织是根据1944年7月在美国布雷顿森林召开的联合国货币金融会议上通过的《国际货币基金组织协定》,于1945年12月正式成立的全球性国际金融机构,总部设在美国首都华盛顿,它是联合国的一个专门机构。它是第二次世界大战后国际货币体系的核心,目前已有192个国家和地区加入了该组织。我国于1980年4月16日恢复了在国际货币基金组织的合法席位。

《国际货币基金协定》第一条对该组织宗旨作出如下规定:

(1) 货币合作。通过一个常设机构来促进国际货币合作,为国际货币问题的磋商和协作提供方法。

(2) 扩大贸易。通过国际贸易的扩大和平衡发展,把促进和保持成员国的就业、生产资源的发展、实际收入的高水平,作为经济政策的首要目标。

(3) 汇率稳定。稳定国际汇率,在成员国之间保持有秩序的汇价安排,避免竞争性的汇价贬值。

(4) 消除管制。协助成员国建立经常性交易的多边支付制度,消除妨碍世界贸易的外汇管制。

(5) 提供信贷。在有适当保证的条件下,基金组织向成员国临时提供普通资金,使其有信心利用此机会纠正国际收支的失调,不必采取危害本国或国际繁荣的措施。

(6) 缩短失衡。按照以上目的,缩短成员国国际收支不平衡的时间、减轻不平衡的程度等。

(二) IMF 的组织机构

国际货币基金组织最高决策机构是理事会(Board of Governors),其成员由各国中央银行行长或财政部长组成,每年秋季举行定期会议,决定 IMF 和国际货币体系重大问题,如接纳成员、修改基金协定、调整基金份额等。

国际货币基金组织日常行政工作由执行董事会(Executive Board)负责,该机构由 24 名成员组成,其中,出资最多的美国、英国、法国、日本、德国、沙特阿拉伯各指派 1 名;中国和俄罗斯为单独选区,可各自选派 1 名;其余 16 名各由包括若干国家和地区的 16 个选区分别选派 1 名,每 2 年改选 1 次。董事会另设主席 1 名,主席即为 IMF 总裁,是 IMF 的最高行政长官,其下设副总裁协助工作。总裁负责管理 IMF 的日常事务,由执行董事会推选,并兼任执行董事会主席,任期 5 年。总裁在通常情况下不参加董事会投票,但若双方票数相等时,总裁可投决定性一票。

执行董事会是一个常设机构,在它和理事会之间还有两个机构:一个是“国际货币基金组织理事会关于国际货币制度的临时委员会”,简称“临时委员会”(Interim Committee)。另一个是发展委员会。这两个委员会都是部长级委员会,每年开会 2—4 次,讨论国际货币体系和开发援助的重大问题。由于两个委员会成员大都来自主要国家而且政治级别高,因此,其决议往往最后就是理事会的决议。

基金组织设 5 个地区部门(非洲、亚洲、欧洲、中东、西半球)和 12 个职能部门(行政管理、中央银行业务、汇兑和贸易关系、对外关系、财政事务、国际货币基金学院、法律事务、研究、秘书、司库、统计、语言服务局)。此外基金组织还有两个永久性的海外机构,即欧洲办事处(设在巴黎)和日内瓦办事处,并在纽约联合国总部派遣 1 名特别代表。

除理事会、董事会、临时委员会和发展委员会外,IMF 内部还有两大利益集团——“十国集团”(代表发达国家利益)和“二十四国集团”(代表发展中国家利益),以及许多常设职能部门。

(三) IMF 的资金来源

国际货币基金组织为了贯彻其宗旨,维护组织内部的正常运转,必须有充足的资金。其

资金来源一般由以下三个部分组成:

1. 成员国缴纳的份额

参加基金组织的每一个会员国都要认缴一定的基金份额。份额在性质上相当于股东加入股份公司认购的股份,一旦认缴就成为 IMF 的财产。IMF 以份额作为其资金的基本来源,并用于对成员国的资金融通。份额是根据成员国的国民收入、黄金和外汇储备、进出口贸易及其他经济指标来决定的,由国际货币基金组织与成员国协商决定。1976 年牙买加会议以后,份额以特别提款权、本国货币和外汇缴纳。其中,25% 可以用特别提款权或外汇缴纳,75% 可以用本国货币缴纳,存放在本国中央银行,基金组织随时可以调用。

基金份额的单位最初是美元,1969 年后改为特别提款权。基金组织建立之初,会员国缴纳的份额总计为 76 亿美元。基金组织至少每 5 年对成员国的份额进行一次总检查,以评估其资金基础是否坚实,并对个别会员国的份额进行调整,以反映它们在世界经济中相对地位的变化。随着会员国不断增加和份额的多次调整,2008 年 4 月完成第 13 次调整扩大后,份额总计为 2 174 亿特别提款权。

份额的作用是多方面的,它既是 IMF 的最大资金来源,也是决定成员国投票权、借款权的最主要因素。IMF 的一切活动都与成员国缴纳的份额相联系,重大问题要有 80% 以上的票数通过,甚至要求 85% 以上的票数。IMF 规定,每一成员国有 250 份基本票,这部分代表国家的主权。然后按成员国所认缴份额的数量,每 10 万特别提款权折合 1 票,成员国认缴的份额越多,所获票数也就越多,表决权也就越大。目前,从总体上看,发达国家认缴的份额最多,发展中国家认缴的份额占比较少,可以说,IMF 实际上为发达国家尤其美国所控制。因此,发展中国家在 IMF 中的发言权仍受到制约。

2. 借款

它是指基金组织在与会员国协商后向会员国借入的资金,作为基金组织的另一个来源,其主要作用是向会员国提供资金融通。借款是在 IMF 与成员国协议前提下实现的,主要形式有:① 借款总安排,1962 年与"七国集团"签订,总额 60 亿美元,以应付成员国临时性困难;② 补充资金贷款借款安排,1979 年与 13 个成员国签订;③ 扩大资金贷款借款安排,1981 年 5 月与一些官方机构签订。此外,IMF 还与成员国签订双边借款协议,以扩大资金来源。

3. 出售黄金

1976 年 1 月,IMF 决定将其所持有的黄金的 1/6 即 2 500 万盎司,分 4 年按市价出售,以所得的收益中的一部分,作为建立信托基金的一个资金来源,用以向最贫穷的成员国提供信贷。

(四) IMF 的主要业务活动

1. 汇率监督

为了保证有秩序的汇兑安排和汇率体系的稳定,取消不利于国际贸易的外汇管制,防止成员国操纵汇率或采取歧视性的汇率政策以谋求竞争利益,IMF 对成员国的汇率政策进行监督。这种监督有两种形式:① 在多边基础上的监督。IMF 通过分析发达国家的国际收支和国内经济状况,评估这些国家的经济政策和汇率政策对维持世界经济稳定发展的总体影响。② 在个别国家基础上的监督。主要是检查各成员国的汇率政策是否符合基金协定所规定的义务和指导原则。

近年来，随着成员国经济往来中依赖性的增强、国际经济一体化和国际资本流动的加速以及国际金融市场的动荡，第一种形式显得越来越重要。

根据基金组织协定第四条第三款，汇率监督有三个主要的指导原则：① 成员国应避免为了调整本国的国际收支或为了取得对其他成员国的不公平的竞争优势而操纵汇率或国际货币体系；② 成员国在必要时应干预外汇市场，以应付混乱局面，尤其是本国货币汇率出现的破坏性的短期波动；③ 成员国在采取干预政策时，应考虑其他成员国的利益，包括其货币受到干预的国家的利益。

近些年，尤其是墨西哥发生货币危机以来，IMF 扩大了监管范围，关注成员国经济数据的质量和这些数据的适时公布情况，关注成员国金融制度的效率和能力以及私人资本的稳定性，并通过对可能出现的问题提出警告来防止金融和经济危机的发生。

2．磋商与协调

为了能够履行监督成员国汇率政策的责任，了解成员国的经济发展状况和政策措施，迅速处理成员国申请贷款的要求，IMF 按基金协定规定，每年原则上应与成员国进行一次磋商，对成员国的经济、金融形势和政策作出评价。这种磋商在 IMF 专家小组与成员国政府官员之间进行。其过程是专家小组首先了解有关的统计资料，如贸易收支、物价水平、失业率、利率、货币供应量等，然后与政府高层官员讨论经济政策的效果及欲进行的调整措施，预测国内外经济发展的前景。讨论后，专家小组写出报告，供执行董事会磋商、讨论与分析成员国经济时使用，并发表在一年两期的《世界经济展望》和年度报告《国际资本市场》上。

3．金融贷款

金融贷款是 IMF 的一个主要业务活动，其形式多种多样，条件很严格，特点十分明显。现具体介绍如下：

第一，贷款的特点。根据 IMF 协定，当成员国发生国际收支不平衡时，IMF 对成员国提供短期信贷。这些贷款具有下列特点：① 贷款对象仅限于成员国政府，IMF 只同成员国的财政部、中央银行及类似的财政金融机构往来；② 贷款用途只限于解决短期性的国际收支不平衡，用于贸易和非贸易的经常项目的支付；③ 贷款期限限于短期，属短期贷款；④ 贷款额度是按各成员国的份额及规定的各类贷款的最高可贷比例确定其最高贷款总额；⑤ 贷款方式是根据经磋商同意的计划，由借款成员国使用本国货币向基金组织购买其他成员国的等值货币（或特别提款权），偿还时，用特别提款权或 IMF 指定的货币回购过去借用时使用的本国货币。

第二，贷款的分类。IMF 贷款的种类是有所发展的。早期基金组织的贷款一般推行“一个窗口”办法，到 1963 年推出补偿贷款，1969 年打开第三个贷款窗口——缓冲库存贷款，1974 年又设立了中期贷款，创办了石油贷款等经常性窗口。20 世纪 80 年代后，除了 1979 年设立的补充贷款外，从 1981 年起，IMF 不但着手制定并推行扩张信贷政策，扩大补偿贷款的范围，而且改进贷款条件，新增“储备份额”贷款（不必购回）优惠，将成员国借债限额扩大到该成员国份额的 200% 等。IMF 的贷款分为以下几种：

① 普通贷款（Normal Credit Tranches）。亦称普通提款权，是 IMF 最基本的贷款，期限不超过 5 年，主要用于成员国弥补国际收支逆差。贷款最高额度为成员国所缴纳份额的 125%。贷款分两部分，即储备部分贷款和信用部分贷款。前者占成员国份额的 25%，成员

国提取这部分贷款是无条件的,也不需支付利息,但需用外汇或特别提款权缴纳的份额作保证;后者占成员国缴纳份额的100%,共分四个档次,每档为份额的25%,成员国申请第一档贷款时较容易获得,一般只需制定出借款计划便可得到批准,而第二至四档属高档信用贷款,贷款条件较严格,成员国要借取就必须提供全面、详细的财政稳定计划,而且在使用时还必须接受IMF的监督。

② 中期贷款(Extended Credit)。亦称扩展贷款,这是1974年设立的,用于成员国因在生产、贸易等方面存在结构性问题而进行较长时期调整的一项专用贷款。其最高贷款额度为借款成员国份额的140%,备用期3年,提款后第4年开始偿还,10年内还清。

③ 出口波动补偿贷款(Compensatory Financing Facility或Compensatory Financing of Export Fluctuations)。设立于1963年2月,最初规定,当成员国因自然灾害等无法控制的客观原因造成初级产品出口收入下降,从而发生国际收支困难时,在原有的普通贷款以外,可另行申请此项专用贷款。1981年5月又规定,当成员国粮食进口价格超过前5年的平均价格而造成国际收支困难时,也可申请补偿贷款。该贷款最高限额为成员国份额的100%,贷款期限3—5年。1988年8月IMF再次通过了一个修改方案,将应急机制结合原来的补偿贷款,并把贷款名称更改为补偿与应急贷款。成员国在执行IMF支持的经济调整计划中,如遇突发性、临时性的经济因素而造成经常项目收支偏离预期调整目标时,可申请该项贷款。这里突发性的经济因素主要是指出口收入、进口价格及国际金融市场利率等。该贷款最高限额为份额的95%,如果成员国仅具备申请补偿性融资的条件,最高限度为份额的65%,仅具备申请应急融资的条件,最高贷款额为份额的30%。

④ 缓冲库存贷款(Buffer' Stock Financing Facility)。设立于1969年6月,是一种为帮助初级产品出口国家维持库存从而稳定物价而发放的贷款。贷款的额度最高为成员国份额的50%,期限3—5年。

⑤ 石油贷款(Oil Facility)。是1974年6月至1976年5月期间,专门为解决中东战争后石油涨价引起的国际收支困难的资金需要而设立的一种临时性贷款。

⑥ 信托基金贷款(Trust Fund)。设立于1976年1月,用于援助低收入的发展中国家。低收入发展中国家的标准是:1973年人均国民收入不足300特别提款权单位。此项贷款现已结束。

⑦ 补充贷款(Supplementary Financing Facility)。设立于1977年4月,目的是为了帮助成员国解决庞大的、持续的国际收支逆差。贷款期限3年半至7年,最高借款额为成员国份额的140%。1981年4月,该贷款全部承诺完毕。1985年5月,IMF实施扩张借款政策,提供扩大贷款,其目的和内容与补充贷款相似。该政策规定,贷款额度最高为一年不超过份额的95%—115%,或3年不超过份额的280%—345%。

⑧ 结构调整贷款(Structural Adjustment Facility)。该贷款于1986年3月设立,旨在帮助低收入发展中国家通过宏观经济调整,解决国际收支长期失衡的问题。贷款条件优惠,年利率仅为0.5%—1%,期限一般为10年,且有5年宽限期,贷款最高限额为份额的70%。成员国要获取该贷款,必须有详细的经济调整计划,并且由IMF或世界银行工作人员参与计划的制订,最后由IMF核定批准。为了增强对低收入成员国的资金援助,IMF于1987年12月增设了"扩大的结构调整贷款",其目的和条件与上述结构调整贷款基本一致,但贷款额扩大

了，最高贷款额可达份额的 250%，在特殊情况下还可提高到份额的 350%。但 IMF 对借款国经济结构改革计划的要求较高，对贷款效果的监督也较严格。低收入成员国最终能否获得此项贷款及贷款数额大小，除取决于本国国际收支和收入水平外，还取决于该国本身与 IMF 的合作程度以及对本国经济作出调整的努力。

⑨ 制度转型贷款（Systemic Transformation Facility）。该贷款于 1993 年 4 月设立，主要目的是为了帮助苏联和东欧国家克服从计划经济向市场经济转变过程中出现的国际收支困难，包括：由计划价格向市场价格转变引起的收支困难；由双边贸易向多边贸易转化引起的收支困难；由游离于国际货币体系之外到融入该体系之内引起的收支困难。

此项贷款最高额为份额的 50%，期限 4—10 年。成员国要获取该项贷款，必须制定一项经济稳定与制度改革方案，内容包括财政货币制度改革和货币稳定计划、控制资本外逃计划、经济结构改革计划以及市场体系培育计划等，贷款能否全部得到，还需借款国与 IMF 充分合作，并做出切实有效的努力。

（五）IMF 的贷款条件

当某一成员国向 IMF 申请贷款时，IMF 将派遣由经济专家组成的“专家小组”赴借款国实地考察和分析该国经济形势以及国际收支问题，IMF 通常要求借款国同意专家小组所制定的一组综合的经济政策和经济目标（经济调整计划），才能获得贷款资格。IMF 的调整模式是明确的：贬值以使出口具有竞争力，控制货币供应量以对付通货膨胀，使国家预算脱离赤字以便为私人投资提供空间，限制工资以加速向平稳过渡，等等。具体的调整计划作为贷款条件附在贷款协议中，贷款以一定的间隔分期发放，如果借款国没有履行贷款条件，IMF 可随时终止新的贷款。

IMF 认为，为确保借款国经济纳入正轨，这些调整计划是必要的。同时，国际银行业也十分重视并认可 IMF 向借款国提出的调整计划，认为只要借款国执行 IMF 制定的调整计划就能增强借款国的偿债能力。实际上，IMF 是否愿意提供贷款已成为借款国从国际银行业获得更多贷款的先决条件。

从贷款人对贷款风险管理的角度看，IMF 附加贷款条件是有依据的，这可以从两方面理解。首先，对主权政府的贷款如同对私人企业的贷款一样，也存在着风险。尽管国家不会退出交易，但有可能会发生政治动乱从而停付前任政府留下来的债务，或因经济状况的恶化而无法甚至不愿偿付债务。IMF 贷款使风险增加了一层新的内容，因为没有一家国际法院来强制性执行贷款合同，而且除了借款国在 IMF 或贷款国可能拥有的资产外也不存在贷款的抵押品，IMF 能够履行一个监督员的职责，如果借款国答应贷款条件，就向其提供贷款，如果借款国没有履行贷款条件要求，IMF 就终止贷款。其次，如果贷款国政府或商业银行要求借款国改变其国内政策，可能会被视为侵犯政府的主权，而 IMF 是由 184 个成员国组成的跨国组织，派向借款国的 IMF 专家小组由许多不同国家的人员组成，他们的意见是非政治性的，从而避开了政治纷争。不过，由于发达国家控制着 IMF 的投票权，往往使 IMF 在许多问题上都代表着发达国家的利益，所以，IMF 的贷款条件常常受到发展中国家和一些学者的批评。

资料卡

国际货币基金组织与中国

1980年4月17日,国际货币基金组织正式恢复中国的代表权。中国在该组织中的份额为80.901亿特别提款权,占总份额的3.72%。

2010年11月6日,中国投票权份额占比升至6.39%。中国自1980年恢复在货币基金组织的席位后单独组成一个选区并派一名执行董事。1991年,该组织在北京设立常驻代表处。

2012年3月7日,执行总裁拉加德宣布任命中国籍的雇员林建海担任该组织秘书长。林建海1955年出生于浙江温州乐清磐石镇。20世纪70年代毕业于北京外贸学院(现为北京对外经济贸易大学),后远赴美国留学,获得金融学博士学位,毕业后在美国一家投行工作。1989年进入国际货币基金组织,2009年被提升为高级顾问,2010年3月升任该组织副秘书长。

二、世界银行集团

世界银行集团(World Bank Group)是在其前身国际复兴开发银行的基础上发展起来的,是一个与IMF联系非常密切的全球性国际金融集团,由国际复兴开发银行(IBRD)、国际开发协会(IDA)和国际金融公司(IFC)组成。这三个全球性国际金融机构都是联合国的专门机构。

(一)世界银行集团的组织机构与主要任务

从组织结构上看,国际开发协会和国际金融公司是国际复兴开发银行的附属机构,IBRD的行长、副行长兼任IDA和IFC的总经理、副总经理,IBRD的执行董事和理事在IDA和IFC中担任同样的职务,IDA和IFC不雇用职员,均由IBRD的职员代替,实际上是三个机构、一套人马。但这三个机构中任何一个都享有独立的合法地位,日常事务都由各自机构的常务理事会处理。根据三个机构的章程规定,IBRD成员资格是IDA和IFC成员资格的先决条件,但IBRD成员可以不加入IDA或IFC。

世界银行集团的主要任务是向成员国的发展项目提供资金,其目标是促进成员国可持续经济增长以减轻贫困。世界银行集团主要着眼于帮助最贫困的人民和最贫困的国家,并突出体现在以下项目上:① 投资于人,特别是通过提供基本卫生和教育服务;② 保护环境;③ 支持和鼓励民营企业发展;④ 加强政府的能力,提高效率,增加透明度,提供高质量的服务;⑤ 促进改革,创造一个有利于投资和长期规划的稳定的宏观经济环境;⑥ 注重社会发展、参与良政和机构建设,将其视为减贫的关键要素。

世界银行集团中不同金融机构的业务各有侧重,IBRD的主要任务是通过组织发放中长期贷款,协助成员国的资源开发,促进国际贸易长期均衡发展,维持国际收支平衡,鼓励和辅助私人对外投资以促使成员国的经济复兴与发展。IDA的主要任务是为世界上较贫困的发展中国家筹措低成本的长期资金以满足基础设施建设的需要,促进这些国家的经济发展。IFC的主要任务是专门对成员国,特别是发展中成员国的私人企业融通资金,以扶持这些私人企业的发展。这三个金融机构的主要特点见表 9-1。

表 9-1　IBRD、IDA 和 IFC 的主要特点

名称	贷款对象	贷款期限	年利率	其他费用	贷款目的	备注
IBRD	成员国	20 年左右 5 年宽限期	随市场利率变化定期调整，一般低于市场利率	承诺费 0.75%	促进成员国经济发展	提供长期资金，条件严格
IDA	贫穷的发展中成员国	50 年	无息	手续费 0.75%	帮助贫穷的发展中国家发展经济	条件优惠，项目审查严格
IFC	成员国的私人企业	7—15 年	略高于 IBRD 利率	手续费 1%	扶持私人企业	以原借入货币偿还，多采用联合贷款

(二) 国际复兴与开发银行——世界银行

世界银行是一个政府间的金融机构，由联合国的会员国以认股的方式组成。它成立于 1945 年 12 月 27 日，1946 年 6 月开始营业，从 1947 年起成为联合国的专门金融机构。总部设在美国的华盛顿，是根据《国际复兴开发银行协定》建立的国际金融机构。按照规定，只有参加货币基金组织的国家，才能申请加入世界银行。刚成立时，只有 33 个会员国，到 1988 年会员国增到 151 个。最大的股东是美国，历任行长都是美国人。中国是该行的创始国之一，1980 年 5 月中国在该行的合法席位才得以恢复。

1. 组织机构

世界银行由理事会、执行董事会和行长组成。

理事会是世界银行的最高权力机构，由各成员国选派理事和副理事各一名组成，任期 5 年，可以连任。理事会每年召开一次会议，一般在 9 月。必要时可召开特别会议，副理事没有投票权，如果理事缺席时，副理事才有投票权。理事会的主要职权是：批准接纳新成员国；决定股本的调整；决定银行净收入的分配；批准修改银行协定及其他重大问题等。

执行董事会是由理事会授权，负责主持世界银行的日常业务。设执行董事 22 人，其中 5 人由持有股份最多的 5 国（美国、英国、法国、德国、日本）指派。中国单独选派 1 人，其余 16 人由其他成员国按地区分组联合推选。执行董事会选举产生执行董事会主席 1 人，并兼任世界银行行长，主持日常事务。行长下设副行长若干人，协助行长工作。

行长是世界银行办事机构的首脑，可以任免银行的高级职员和工作人员。根据银行协定，理事、副理事、执行董事、副执行董事不得兼任行长，行长无投票权，只有在执行董事会表决中双方票数相等时，可以投起决定作用的一票。世界银行会员国的投票权不是实行一国一票的原则，而是采取按股份额计算投票权的原则。与基金组织一样，会员国均拥有基本投票权 250 票，另外每认购 10 万美元（后改为 10 万特别提款权）股金即增加一票。但与基金组织不同的是，有关决定一般只需简单多数表决通过。美国认购股份最多，占总投票权的 20% 以上，中国约占总投票权的 3.47%，居第六位。

2. 宗旨

(1) 通过投资帮助会员国境内生产事业的复兴和建设,包括受战争破坏的经济恢复,以及鼓励发展中国家增加生产设施与资源开发。

(2) 以担保或参加私人贷款及其他私人投资的方式,促进外国私人投资;或利用银行的资本和筹集的资金,为生产事业提供资金,以补充私人投资的不足。

(3) 利用鼓励私人投资和以发展会员国生产资源的方式,促进国际贸易长期均衡增长,并维持国际收支平衡,以协助会员国提高生产力、群众生活水平和改善劳动条件。

(4) 就银行发放的贷款或担保的贷款和通过其他渠道的国际性贷款作出安排,以便使迫切需要的建设项目能够得到优先实施。

(5) 在执行国际投资业务时,必须适当照顾会员国境内的工商业状况,特别是战后的几年内,应协助恢复经济的发展。

3. 资金来源

(1) 成员国缴纳的股金。世界银行成立时,协定规定银行法定资本为 100 亿美元,分为 10 万股,每股 10 万美元。由于美元市值不稳,多次贬值,1978 年,世界银行法定资本每股改按 10 万特别提款权计算。成员国缴纳的股金以他们在世界银行中分摊到的份额为准,其中的 20% 在参加时缴纳,包括 2% 的黄金或美元,18% 的本国货币。2% 这一部分股金,银行有权自由使用,其余的 18% 用会员国本国货币支付的,银行征得该会员国同意才能将这部分股金用于贷款。未贷放出去的会员国货币,或者存在该会员国的中央银行,或者由会员国开出一张即期无息票据,以世界银行名义,存入该会员国其他金融机构。世界银行因缴纳股金而持有的会员国货币发生贬值,该会员国必须仍用本国货币补足按贬值汇率计算的差额;若发生升值,银行应将溢出部分退还该会员国。目前,由于实行浮动汇率制度,执行这种货币保值制度的时间很难确定。另外 80% 的认缴股金是待缴股本,只是在世界银行因偿还借款或保证贷款债务而催缴时,以黄金、美元或银行需用的货币支付。自银行成立到目前为止,尚未发生过征集成员国待缴股本的事。后来世界银行的法定资本经过多次调整。1980 年理事会批准法定资本和认缴股金各增加一倍。截至 1987 年 6 月 30 日,世界银行会员国共实缴股本 72.72 亿美元,约占已拨付贷款总额 757.9 亿美元的 9.59%。因此,会员国的实缴股金在世界银行资金来源中只占很小比重。

(2) 借入资金。是世界银行资金的主要来源。主要通过在各国和国际金融市场发行债券筹措。在银行提供的贷款总额中,约有 70% 依靠发行债券借入。1970 年年度借款 7.35 亿美元,1980 年年度借款 51.73 亿美元,1986 年年度借款 106.09 亿美元,截至 1987 年 6 月 30 日未偿还的借款总计 794.20 亿美元,其中短期的占 5.66%,中、长期的占 94.34%。

(3) 债权转让。是世界银行采取将其贷出款项的债权转让给私人投资者(主要是商业银行)的办法,收回一部分资金,以扩大银行贷款资金的周转能力。如 1979 年年度出让债权达 5 324 万美元。

(4) 净收益。主要来自利息收入和投资收益,如 1987 年年度净收益为 11.12 亿美元。

4. 业务活动

世界银行的主要活动是向发展中国家提供长期生产性贷款,促进其经济发展和生产率的提高。

贷款的原则：只贷给会员国；贷款一般用于银行批准的特定项目；贷款只贷放给有偿还能力的国家；申请国确实不能以合理条件从其他来源得到资金。

贷款的特点：

(1) 贷款期限较长，短则数年，最长可达 30 年，平均约 17 年，宽限期 4 年左右。世界银行把借款国按其人均国民生产总值分为四类，第一类国家，人均国民生产总值在 410 美元以下；第二类国家，人均国民生产总值在 411—730 美元之间，这两类国家得到贷款的年限为 20 年，宽限期 5 年；第三类国家，人均国民生产总值在 731—1 170 美元之间，贷款期限为 17 年，宽限期 4 年；第四类国家，人均国民生产总值在 1 171—1 895 美元之间，贷款期限为 15 年，宽限期 3 年。在实际执行中，可根据具体情况酌情伸缩。

(2) 贷款利率比较优惠。世界银行贷款利率参照资本市场，但一般低于市场利率，且实行的是固定利率，另外，世界银行对贷款收取的杂费很少，只对签约后未支用的贷款额收取 0.75% 的承诺费。

(3) 借款国要承担汇价变动的风险。世界银行的贷款协定，一般以美元为货币单位。当借款者提取贷款时，银行以它所持有的某种货币支付，按支付日的适用汇率折合成美元，从贷款承诺额中减除，借款者必须按原来提款时所使用的货币归还，从中要承担某种货币与美元之间的汇率风险。

(4) 贷款一般需与特定的工程项目相联系。

(5) 贷款必须如期偿还，不能拖欠或改变还款日期。

(6) 世界银行的贷款，一般只提供项目所需的外汇资金，约占项目总投资额的 30%—40%，个别项目也可提高到 50%。

(7) 手续严密，费时很长，从提出项目，经过选定、评定等阶段，到取得贷款，一般要一年半到两年。

贷款的种类：

(1) 项目贷款，也称为特定投资贷款。世界银行对农业和农村发展、教育、能源、工业、交通、城市发展和供水等方面的大部分贷款都属此类。项目贷款的执行期一般为 4—9 年。

(2) 部门贷款，又可分为三种：一是部门投资及维护贷款，这类贷款重点是改善部门政策和投资重点，加强借款国制定和执行投资计划的能力。目前世界银行对运输部门的贷款，大部分采用的就是这一形式，这类贷款的执行期大体为 3—7 年。二是部门调整贷款，主要目的是支持某一具体部门的全面政策和体制改革。这类贷款通常为部门的进口提供所需外汇，预先确定受益人或按双方商定的标准选择受益人，执行期一般为 2—4 年。三是中间金融机构贷款，这类贷款包括向开发金融部门和农业信贷机构的贷款，由世界银行作为一个独立项目贷给中间金融机构，再由中间金融机构分贷给各分项目，此类贷款的执行期大体为 3—7 年。

(3) 技术援助贷款，贷款的目的是加强借款国有关机构制定发展政策和准备特定投资项目的能力。技术援助分两种：一种是与工程有关的技术援助，是对准备投资的某些项目进行技术咨询和经济咨询的资助；另一种与组织机构有关，是对机构或政策问题的分析和解决提供帮助，也可为国民经济规划、改善国有企业或某一经营管理提供资助。此类贷款的执行期为 3—6 年。

(4) 结构调整贷款,这类贷款的目的在于:帮助借款国经济政策改革和体制改革,提高资金和资源的使用效益,从经济结构上减少国际收支的逆差,帮助借款国调整经济结构和发展格局,以适应变化了的世界经济形势;向借款国提供自由外汇,用于进口必需的原料和部件,维持和恢复经济增长,帮助吸收外来资金。

(5) 紧急复兴贷款,是帮助会员国应付自然灾害或其他灾难所造成的影响。此类贷款执行期一般少于4年。

(6) 联合贷款,是世界银行与借款国以外的其他方面的贷款联合起来,对世界银行贷款资助的项目共同筹资,提供贷款。

(7) "第三窗口"贷款,这是1975年6月由世界银行举办的一项新贷款,旨在解决发展中国家资金严重短缺的问题,是介于世界银行贷款和国际开发协会优惠贷款之间的一种贷款,条件介于两种贷款之间,期限为25年,贷款规模为10亿美元,接受这项贷款的为低收入国家,其标准是1972年按人均国民生产总值低于375美元。

世界银行的业务活动除此之外,还担负其他任务,如技术援助、国际联合贷款团的组织工作,以及协调与其他国际机构的关系等。

资料卡

世界银行与中国

1980年5月15日,中国恢复了在世界银行的席位。1980年9月3日,世界银行理事会同意将中国在该行的股份从原7 500股增加到12 000股。中国在世界银行有投票权。在世界银行的执行董事会中,中国单独派有一名董事。次年,中国接受了世行第一笔贷款。

当年中国刚刚改革开放,中方对世行准备出具的第一份经济报告颇多意识形态方面的担心。但这份报告出来后却给中方官员留下了深刻印象,因为他们惊奇地发现,社会主义中国的问题与那些"生活在水深火热中"的发展中国家有很多相似之处。布鲁金斯在《世界银行史》中指出,这份报告"成为中国高官的入门读物,对世界银行在中国建立良好声誉有很大帮助"。

自1981年世界银行向中国提供第一笔贷款以来,截至2011年6月30日,世界银行对中国的贷款总承诺额累计超过491.5亿美元,共支持了337个发展项目,目前正在执行中的项目有73个。世界银行一直关注中国传统文化遗产保护,例如丽江古城、甘肃丝绸之路沿线古迹、贵州少数民族文化遗产、孔孟遗产等文化遗产保护项目。

2011年11月16日,世界银行副行长凯特表示,世行未来5年将维持对中国每年15亿美元的贷款规模。凯特说,未来5年对中国的贷款重点将投放在交通、环境保护、自然资源管理、农村扶贫、可再生能源和提高能效等方面,并希望把世行在中国的经验带到其他国家。

(三) 国际开发协会

国际开发协会成立于1962年9月24日,是世界银行的附属机构。国际开发协会有其自己的资金来源,是一个在法律上独立的单位,也是联合国的一个专门机构。按照规定,凡是世界银行的成员国均可加入国际开发协会。会员国分为两类:第一类是工业发达国家和石油输出国;第二类为发展中国家。协会成立之初,只有 15 个国家参加,截至 2011 年 6 月 30 日,共有 184 个成员国。该协会总部设在华盛顿。中国是 1980 年 5 月恢复在国际开发协会的代表权的。

1. 组织机构

国际开发协会由世界银行的人员负责经营管理,在组织机构方面是两块牌子、一套人马。但两者在法律上和财务上相互独立,两者的股本、资产和负债相互分开,业务分别进行。协会的组织机构在名义上也有理事会、执行董事会和经理、副经理。理事会是最高权力机构;执行董事会是负责组织日常业务的机构;以经理、若干副经理和工作人员组成的办事机构负责处理日常业务工作。但国际开发协会并不是一个独立的机构,它实际上是一笔由世界银行经营管理的资金,所以,国际开发协会的正、副理事由世界银行的正、副理事兼任,正、副执行董事也由世界银行的正、副执行董事兼任,世界银行的正、副行长兼任该协会的正、副经理。国际开发协会每年与世界银行一起开年会。

国际开发协会会员国的投票权仿效世界银行,采取按认缴股份额计算投票权的原则。1987 年 6 月 30 日,协会共有投票权数 537.48 万票,第一类会员国占 62.7%,第二类会员国占 37.3%,其中美国为 18.35%、日本为 8.77%、联邦德国为 7.06%、英国为 6.3%、法国为 3.8%。

2. 宗旨

专门对发展中国家提供比世界银行的贷款条件更为宽厚的长期信贷,以减轻其国际收支负担,促进它们的经济发展,提高居民的生活水平,从而补充世界银行的作用,推动世界银行目标的实现。

3. 资金来源

国际开发协会的资金主要来自四个方面:

(1) 会员国认缴的股金。各会员国认缴数均按其在世界银行的认缴比例确定。1960 年 9 月协会成立时,只有 15 个会员国,共认缴股金 68 620 万美元,与法定资本 10 亿美元相差 31 380 万美元。随着参加国增加,至 1986 年 6 月 30 日,会员国认缴股金总额为 54.55 亿个特别提款权。按规定第一类会员国认缴的股金,必须全部以黄金或自由外汇缴纳,第二类会员国认缴的股金 10% 以自由外汇缴纳,其余 90% 可用本国货币缴纳。协会要将这些货币用于贷款时,必须取得该国家政府的同意。

(2) 会员国和其他资助国的补充资金和特别捐赠。国际开发协会的会员国认缴的股金数额极其有限,远远不能满足业务的需要,因而必须依靠各会员国政府(主要是第一会员国)定期提供补充资金。截至 1990 年,补充资金已达 500.9 亿美元。规定每 3 年补充一次,自 1965—1990 年,协会已经 8 次补充资金。

(3) 世界银行的赠款。从 1964 年度开始,世界银行每年将净收益的一部分以赠款形式转拨给协会,截至 1987 年 6 月 30 日,共拨款 24.34 亿美元。

(4) 协会本身业务经营的净收入。到 1986 年 6 月底为 2.86 亿美元。

4. 业务活动

协会的主要活动是向发展中国家的公共工程和发展项目提供比世界银行贷款条件较宽的长期贷款。

贷款条件:按人均收入衡量的受援国贫困程度,20 世纪 80 年代初规定的标准是 1980 年人均国民收入低于 410 美元的国家即为贫困国家;受援国从传统来源借款的信誉不高;受援国的经济发展水平,包括其有效利用资金的能力以及有无合适的项目。

贷款特点:贷款免收利息,对未提用部分每年征收 0.75% 的手续费。贷款期限可长达 50 年,头 10 年不必还本,第二个 10 年,每年还本 1%,其余 30 年每年还本 3%,贷款可全部或部分用本国货币偿还。贷款对象虽规定是成员国政府或公私企业,但实际上都是贷给成员国政府。自从成立以来,国际开发协会累计发放的无息贷款和无偿赠款总额已经高达 2 220 亿美元,其中一半以上流向了非洲。贷款对象主要有:农业和农村发展、能源、工业项目、人口保健和营养、电信、旅游、运输等部门。2010 年接受国际开发协会无息贷款最多的前 10 个国家分别是:印度、越南、坦桑尼亚、埃塞俄比亚、尼日利亚、孟加拉国、肯尼亚、乌干达、民主刚果和加纳。

(四) 国际金融公司

国际金融公司成立于 1956 年 7 月 24 日,是世界银行的附属机构,1957 年成为联合国的专门机构。按照规定,只有世界银行的成员国,才能申请加入国际金融公司。成立之初有 31 个国家,截至 1987 年为止,参加国共 132 个。其总部也设在华盛顿。中国在国际金融公司的代表权也是 1980 年 5 月恢复的。

1. 组织机构

国际金融公司与国际开发协会在组织机构方面不完全相同,它除一些机构、人员也由世界银行相应的机构和人员兼任外,还设有自己的办事部门和工作人员。

国际金融公司的组织系统同世界银行一样,包括理事会、董事会和日常办事机构。理事会是公司的最高权力机构;董事会是负责组织日常业务的机构;以总经理、若干副总经理和工作人员组成的办事机构则负责处理日常业务工作。世界银行正、副理事及正、副董事,分别兼任该公司的正、副理事和正、副董事。世界银行行长兼任该公司的总裁,也是其执行董事会的主席。该公司设执行副总裁 1 人,实际负责公司全面工作,另设有副总裁若干人,分工负责领导秘书处、法律部、资本市场部、工程部、财务部和各地区投资部的工作,该公司有一套独立的业务、财务和法律部门。该公司的投票权同样仿效世界银行,采取按认缴股份额计算股票权的原则。第一会员国不论认股多少,拥有基本投票权 250 票,每认缴 1 股(1 000 美元),另加 1 票。除另有规定外,公司事务一般采取投票方式,由简单多数票决定。美国是认缴股份最多的会员国,拥有的投票权也最多,占股份总额的 24.18%,投票权的 23.16%;其次是英国、德国、法国和日本,各占投票权的 6.67%、6.54%、5.82% 和 5.04%。我国认缴股金为 911.5 万美元占总投票权的 0.85%。

2. 宗旨

补充世界银行的业务活动,即通过向其成员国,特别是向欠发达地区的重点私人生产性企业提供无需政府担保的贷款和投资,鼓励国际私人资本流向发展中国家,以及支持当地资金市场的发展,来推动上述私人企业的成长,促进成员国经济的发展。

3. 资金来源

国际金融公司的资金主要来源于以下三个方面：

（1）会员国认缴的股金。公司成立时的资本总额为1亿美元，分为10万股，每股1000美元，以后经多次增资，截至1987年6月底，已认缴资本总额为7.22亿美元，认股最多的五国是：美国、英国、原西德、日本、加拿大。

（2）从世界银行和其他金融市场借入的资金。截至1987年6月30日，借自世界银行的资金为7.96亿美元，借自其他金融市场的为7.85亿美元。

（3）公司经营业务所得收益。

4. 业务活动

公司的主要活动是对成员国的私人企业或私人和政府联合经营的企业提供贷款。公司对项目的投资一般不超过成本的25%，金额最低为100万美元，最高可达3000万美元；对大型项目，公司除本身投资外，还可设法向外筹措大额资金。除提供贷款外，还可通过认购股份等方式对企业进行资助。贷款期限一般为10—12年，经过一段宽限期后，以一年2次或一年4次的方式分期偿还。贷款一般为美元，也用其他可兑换货币。利率在贷款期内固定不变，高低按照国际金融市场及每一笔交易的具体情况而定。对贷款的未提用部分每年收1%的承担费。还款需用原借入货币。贷款主要用于制造业、加工业和开采业。如钢铁、建筑材料、纺织、采矿、肥料、化工以及公共事业和旅游。接受贷款最多的国家是：巴西、墨西哥、南斯拉夫、土耳其、印度尼西亚等。贷款条件是：投资项目必须有利于发展所在国的经济，有盈利前途，无法以合理条件获得私人资本，项目得到本国政府的批准。公司审核项目考虑的因素是：政府对该项目的所有权和控制的程度，企业的性质和管理效率以及将来扩大私营所有权的可能性。

第三节　洲际性和区域性国际金融机构

一、国际清算银行

国际清算银行成立于1920年5月，是西方主要工业化国家的中央银行和私营商业银行合办的世界上最早的国际金融机构。总行设在瑞士巴塞尔。成立该行的最初目的是为了处理第一次世界大战后德国战败赔款和债务问题。1930年1月海牙会议上作出决定：以减少德国赔款和使赔款商品化的办法，来使德国战败后的赔款问题获得解决。会议通过了《国际清算银行公约》，瑞士政府向该行颁发具有法律效力的《创办特许证书》。同年5月17日由英国、法国、意大利、德国、比利时、日本六国的中央银行，以及代表美国银行界利益的三家大银行（摩根银行、纽约花旗银行和芝加哥花旗银行）组成的银团共同出资完成了建立国际清算银行的必要程序。后来，欧洲其他各国、澳大利亚、加拿大和南非的中央银行也都参加了该行。

1945年国际货币基金组织和世界银行成立后，国际清算银行变成了为经济合作与发展组织成员国之间进行结算的代理机构，是与各国中央银行进行业务往来的国际性金融机构，它与国际货币基金组织等其他金融机构在性质、业务和体制等方面均不相同，它不是政府间的金融决策机构,也不是发展援助机构,实际上只是西方中央银行的银行。该行 1985 年资产约 426 亿美元,资金雄厚,在世界大银行排列中名列前茅,被认为是最安全的银行之一。1984 年 12 月中国正式与该行建立业务往来关系,在该行开设外汇及黄金存款账户。

国际清算银行在国际金融活动中发挥着重要作用,它是西方国家中央银行行长和银行家们交换意见,举行重要会见的中心。它经常举行的重要会议有:董事会例会,每年召开 10 次;十国集团成员国中央银行行长会议,每年召开 10 次,通常在董事会的前一天举行;欧洲共同体成员国中央银行行长会议,每年举行 10 次,在董事会之后召开;股东大会,每年 6 月召开。目前有 29 个股东,除美国外,都是各国中央银行。股东大会还向所有的存款者发出邀请书,存款者大都是各国中央银行。另外,东欧国家都接受邀请参加股东大会。由于历史的原因,国际清算银行实际上成为西欧各国的银行,董事会成员与历任总裁均为西欧人。美国的联邦储备局有资格参加该行董事会,但因美国国会反对至今未曾赴会。股东大会一般在每年 6 月的第二个星期一召开,通过年度报告、资产负债表、损益计算书和利润分配办法。股东大会投票权的多少由所持有的股份多少决定。

(一) 组织机构

国际清算银行的最高权力机构是股东大会。股东大会每年举行一次,由认购该行股票的各国中央银行派代表参加,实际权力则由董事会掌握。董事会由董事长、副董事长各 1 名及董事 11 名组成。其中 8 名由英国、法国、意大利、比利时、瑞士、荷兰、瑞典和德国的中央银行董事长或行长担任,其余的由上述八个国家提名产生。董事会是主要政策的制定者,每年召开会议 10 次左右。董事会下设经理部,有总经理和副总经理及正、副经理 10 余人,下设四个机构:银行部,主管具体银行业务;货币经济部,负责研究和调查工作;秘书处和法律处。该行雇员约 300 余人。

(二) 宗旨

国际清算银行的宗旨是:"促进中央银行之间的合作并向它们提供更多的国际金融业务的便利;在国际金融清算业务方面充当受托人或代理人。"该行最初的任务是担负战后原西德赔款和协约国之间债务的清算和清偿工作,后来,根据"布雷顿森林协定",在国际货币基金组织成立后,应撤销这一机构,但由于美国为贯彻"马歇尔计划"而被保留下来。

1948 年,该行成为"欧洲经济合作组织"的银行。

1950 年和 1954 年,又先后成为"欧洲支付同盟"和"欧洲煤钢联盟"的银行。

1961—1968 年,该行成为各国中央银行合作和"十国集团"的活动中心,并承担了"黄金总库"的代理。

1973 年 6 月起,该行成为共同体"欧洲货币合作基金"的代理人。

后来,业务范围不断扩大,逐渐成为主要资本主义共同协商金融政策的中心,行使各有关国家中央银行的职能。该行成员有 29 个国家的中央银行,实际上世界上绝大多数国家的中央银行都与该行建立了业务关系。各国约 1/10 的外汇储备及 3 000 余吨黄金存在该行。该行不但接受各中央银行的存款,还向各中央银行贷款,发行债券,代理买卖外汇、黄金,协助办理政府间借款等。由于该行经营的国际金融业务范围广泛,资信甚佳,其国际金融调研与信息工作有很高的权威性,因此它在国际金融机构中具有独特的地位和广泛的影响。

(三) 资金来源

国际清算银行创立时的法定资本为 5 亿金法郎。金法郎是 1865 年法国、瑞士、比利时等国成立拉丁货币联盟时发行的一种金币，单位含金量是0.29032258克纯金，与1936年贬值以前的瑞士法郎的含金量相同。该行始终以金法郎作为记账核算单位，含金量至今不变。日常营业中该行并不使用金法郎，而只作为资产负债表上的记账单位，按：1金法郎=1.94美元的比值换算。到1985年，该行核定股本为15亿金法郎，其中11.83亿已按股份的形式认缴，实缴资本为25%。国际清算银行的股份资本不仅可由各个国家的中央银行认购，而且私人银行和个人也可以认购，不过认购了该行股份的私人银行或个人没有投票权。

（四）业务活动

国际清算银行主要是和各国中央银行往来，包括成员国和非成员国的中央银行，进行国际金融合作。此外，还和一些国家的商业银行有往来关系。它的主要业务是：办理存款、放款、贴现业务；买卖外汇、黄金和债券；和各国政府或中央银行签订特别协议，代办国际清算业务，协助各国中央银行管理货币储备与金融投资。该行办理黄金存款，给予一定利息，因此有些国家的中央银行，将一部分黄金储备存放该行，赚取利息。中国自1984年12月与该行建立业务联系后，该行一直定期向我国通报国际外汇市场行情，中国银行据此对汇率趋势进行预测，在外汇业务中获得了较好的收益。

二、亚洲开发银行

亚洲开发银行是由联合国所属机构——亚洲太平洋经济委员会创办的。是亚洲、太平洋地区的一个区域性金融机构，成立于1966年12月，总部设在菲律宾的首都马尼拉。该行是亚洲、太平洋国家（地区）以及西方发达国家政府出资开办的多边官方金融机构。凡是联合国亚太经济委员会的成员和准成员、联合国及其专门机构的亚太地区其他国家和非亚太地区的发达国家均可参加。截至1936年3月共有成员国47个，其中亚太地区32个，非亚太地区15个。中国政府于1983年4月申请加入该行，1986年3月10日正式成为亚洲开发银行的成员国。

15个非亚太地区成员国是：奥地利、比利时、加拿大、丹麦、芬兰、法国、德国、意大利、荷兰、挪威、瑞典、瑞士、英国、美国和西班牙。

（一）组织机构

理事会是该行的最高权力机构，由每个成员国（地区）选派一名理事和副理事组成。理事会每年举行一次全体会议。理事会决定接受新成员、确定银行股本额、修改银行章程等。执行董事会是银行的执行机构，主持银行的日常工作，有执行董事12人，其中8人从本地区成员中推选，其余4人从非本地区成员中推选。美、日两国因认缴股本额最大，可各单独指派一名执行董事，其他成员则自愿组成投票小组，选出各自的执行董事。执行董事会主席由行长担任，行长由理事会选出。执行董事任期2年，行长任期5年，均可连选连任。该行的主要职能部门有：农业和乡村发展部、基本建设部、工业和开发银行部、预算部、人事管理部及司库等。

成员投票权由基本投票权和比例投票权两部分构成。前者根据各成员权力相等的原则，以投票权总数的五分之一平均分配给每个成员，后者按各成员认股的多少确定，每认缴1股10 000美元可增加一票。日本和美国拥有的股本最多，投票权也最多。

（二）宗旨

该行的宗旨是为亚太地区的发展计划筹集官方及私人资金，向本地区的发展中国家提供贷款和技术援助,帮助协调成员国在经济贸易和发展方面的政策,与联合国及其专门机构进行合作,以促进区域内经济发展。

(三)资金来源

亚洲开发银行的资金来源有四个方面:

(1)成员国认缴的股本。根据亚洲开发银行的规定,每一成员国(地区)需按其国民生产总值和其他因素认缴一定数额的股金,并取得相应的投票权。银行成立时的法定股本为9.8亿美元,以后经过多次增资。截止到1987年底,该行法定资本为229.87亿美元,各成员国认缴股本为227.70亿美元,其余为待缴股本。实缴股本分期缴付,每期按一定比例缴付黄金或可兑换货币和本国货币。待缴股本仅在银行需偿还借款或担保金时才向成员催缴。目前,三大认缴股本国是美国、日本和中国,其次是印度和澳大利亚。

(2)借款。主要是通过发行债券筹措资金。截止到1987年底。该行从国际金融市场上借款总余额为84.44亿美元,占亚行资产总额的60.99%。亚行的股本和借款构成了其普通资金来源的基础。

(3)某些国家捐赠的款项。亚行在捐款的基础上,建立了亚洲开发基金和技术援助特别基金。

(4)营业收入所积累的资本。

(四)业务活动

亚洲开发银行的主要业务活动是向成员国提供项目贷款和技术援助,参与股票投资和共同投资。亚洲开发银行的贷款分为两种:普通贷款和特别基金贷款。普通贷款(硬贷款)主要发放给高收入的发展中国家,一般用于基础设施项目,贷款期限为10—40年,含宽限期2—7年,利率每半年调整一次。我国从1987年起开始从亚行借款,当年获得硬贷款1.333亿美元;1988年又从亚行获得硬贷款2.829亿美元。特别基金贷款(软贷款)分为亚洲开发基金贷款和技术援助特别基金贷款,前者是向人均国民生产总值低于670美元(1983年标准)的低收入发展中成员国提供的长期无息贷款,期限长达40年,有10年的宽限期,每年只收1%的手续费。但该贷款往往要指定用途和限定由借款国提供商品或劳务。截至1985年底,亚行贷款总额为174.9亿美元,其中119.5亿美元为普通资金贷款,55.4亿美元为特别资金贷款。亚行的贷款主要用于农业、能源、工业、交通运输、供水、城市发展、教育、卫生等方面。亚行技术援助主要用于与项目有关的准备、执行和咨询等。截至1985年9月,共批准技术援助项目为867个,金额1.87亿美元。技术援助贷款的种类有:项目准备技术援助;项目执行技术援助;咨询性技术援助;区域性活动技术援助。前三种技术援助一般分为聘请专家提供咨询、采购设备、人员培训和出国考察三个组成部分。区域性活动技术援助主要是资助区域性的研究计划、多边专题研讨会或多边高级圆桌会议等。截至1988年底,亚行技术援助贷款总额为4918万美元。批准向我国提供的无偿技术援助16项,共计483.6万美元。股票投资是亚行从1983年开始办理的业务,旨在通过购买私营企业的股票,为私营企业利用国内外投资起促进和媒介作用。截至1985年9月,亚行共批准了6笔股票投资,金额503万美元。共同投资是亚行1970年开设的业务,通过与其他投资者共同出资资助某些发展项目,达到多渠道集资的目的。截至1985年9月共参与了180个共同投资项目,其中亚行出资62.5亿美元,共同投资者出资48.2亿美元。

我国加入亚行时，认缴股本 114 000 股，其中 13 691 股为实缴股本，100 309 股为待缴股本。实缴股本平均分 4 年缴付。每一笔款项的 43.46% 用亚行规定的可兑换货币交付，56.54% 用人民币交付。

三、泛美开发银行

泛美开发银行是拉美国家、一些西方国家、日本及南斯拉夫合办的区域性国际金融机构。1959 年 4 月 8 日，20 个拉丁美洲国家和美国签订了建立泛美开发银行的协定，于同年 12 月 30 日生效。1960 年 10 月 1 日正式开业。行址设在美国华盛顿。泛美开发银行的创始成员国共 21 个，包括 20 个拉美国家和美国，均为“美洲国家组织”的成员国。此后又有 6 个拉美国家陆续参加。1972 年 5 月加拿大加入，1976 年以后，欧洲和亚洲一些工业比较发达的国家也先后加入。截止到 1983 年，泛美开发银行共有成员国 44 个，其中美洲国家 27 个，美洲以外的国家 17 个。

（一）组织机构

泛美开发银行的最高权力机构是董事会，由所有成员国各派 1 名董事和 1 名副董事组成，任期 5 年。董事会每年召开一次会议，必要时可召开特别会议。董事会讨论决定银行的重大方针政策问题。银行的执行机构是执行理事会，由 12 名执行理事组成，负责日常业务工作，执行理事会向董事会负责。执行理事由董事会选派。12 名执行理事的名额分配大体是 8 名由拉丁美洲国家代表担任，2 名由美洲以外的国家担任，另由美国和加拿大各 1 名担任。董事会选出行长 1 人，行长兼任执行理事会主席，任期 5 年，在董事会指导下处理日常业务并主持董事会会议。此外，还由执行理事会选派 1 名执行副行长。董事会和执行理事会的投票权分为两部分：一是基本投票权，每个成员国有 135 票；二是按认缴资本额分配，美国认缴资本最多，投票权也最多，其次是巴西、阿根廷等国。

泛美开发银行在美洲各国设有办事机构，代表银行同当地官方和借款者处理有关事务，并对银行资助的建设项目进行监督。另外在巴黎和伦敦也设立了办事机构，以便同区外成员国和金融市场保持联系。

（二）宗旨

泛美开发银行的宗旨是动员美洲内外的资金向成员国政府及公、私团体的经济、社会发展项目提供贷款或对成员国提供技术援助，以促进拉美国家的经济发展和经济合作。

（三）资金来源

泛美开发银行法定资本原为 10 亿美元，分为普通资本和特种业务基金。普通资本为 8.5 亿美元，其中美国出资 3.5 亿，占 43%；特种业务基金为 1.5 亿美元，其中美国出资 1 亿，占 66.7%。以后由于上述两项资金逐渐增加，同时美洲以外其他国家又先后加入，法定资本又分为三种：一是普通资本，由美洲国家认缴；二是区际资本，由美洲和美洲之外的国家共同认缴；三是特种业务基金。它们构成该行资金的主要组成部分。截至 1983 年底，普通资本总额为 136.06 亿美元，已缴部分为 12.5 亿美元；区际资本总额为 78.21 亿美元，已缴部分为 8.34 亿美元；特种业务基金总额为 82.11 亿美元，已缴 67.66 亿美元。在以上出资中，美国认缴的最多，其次是巴西、阿根廷、墨西哥、委内瑞拉等国。除此之外，有的国家还将一些资金交给泛美开发银行掌握使用。该行还通过发行债券在国际金融市场上筹借资金，另外,同世界银行、国际农业发展基金会、欧洲共同市场、石油输出国组织等国际机构有资金往来。

(四) 业务活动

泛美开发银行的贷款分为普通业务贷款和特种业务基金贷款。前者贷款的对象是政府和公、私机构的经济项目,期限一般为10—25年,还款需用贷款的货币偿还;后者主要用于条件较宽、利率较低、期限较长的贷款,大部分贷款期限力10—30年,可全部或部分用本币偿还。泛美开发银行贷款项目有能源、工矿业、农渔业、交通运输业、环境和公共保健事业、教育科学和技术、城市发展等。借款国都是拉美国家,除苏里南外,其他拉美国家都获得了贷款。参加泛美开发银行的工业发达或比较发达的国家,主要是提供资金。他们得到的好处是,通过资本输出推动了对拉美各国的商品和劳务的出口。另外,由美国政府提供资金组成的社会进步信托基金的贷款,主要用于资助拉美国家的社会发展和低收入地区的住房建筑、卫生设施、上地整治和乡村开发、高等教育和训练等方面,其他基金的贷款也各有侧重。接受贷款数额最大的国家是巴西、墨西哥和阿根廷。

四、非洲开发银行

非洲开发银行是非洲国家合办的互助性、区域性国际金融机构,成立于1964年9月,1966年7月1日开始营业。行址设在科特迪瓦(原象牙海岸)首都阿比让。关于在非洲大陆建立一家开发银行的建议,最早是在1960年第一届非洲人民大会上提出的。1961年3月联合国非洲经济委员会在亚的斯亚贝巴会议上讨论了这个问题,并指定由利比里亚、尼日利亚、马里、几内亚、喀麦隆、突尼斯、坦噶已喀、苏丹和埃塞俄比亚组成九国委员会,负责筹备建行。1963年8月,在苏丹喀上穆举行的非洲国家财政部长会议,审议九国委员会工作,通过了成立非洲开发银行的协定。该行成立时只有9个成员国,截至1988年底,该行已有75个成员国,其中非洲国家50个,非洲以外的国家25个。

(一) 组织机构

非洲开发银行的最高权力机构是理事会,它由成员国各出一名理事和副理事组成,理事会制定有关银行政策,特别是有关信贷的总方针,每年举行一次年会,必要时举行特别理事会。担任理事的一般是各成员国的财政部长、中央银行行长、外交部长等。理事会的执行机构为董事会,董事由理事会选举产生,任期3年。董事会负责执行理事会决定,开展业务,定期向理事会汇报工作。总裁(行长)由董事会投票选举产生,行长兼任董事会主席,是该行合法代表,任期5年,在董事会指导下开展工作。另设副行长1人,由行长提名,董事会选出,任期3年,负责该行日常工作,有权招聘和解雇银行职员,另外还设1名顾问。

(二) 宗旨

非洲开发银行的宗旨是促进公共或私人资本在非洲的投资,使用自由资金进行贷款和证券投资的活动,并为此提供担保,鼓励在成员国进行的私人投资,同成员国合作,使其经济越来越具有互补性,进一步促进对外贸易的有序增长,更好地利用本国资源。此外,非洲开发银行还为开发规划或项目的建设、筹资和实施提供技术援助。

(三) 资金来源

非洲开发银行的主要资金来源是会员国认缴的资本。该行核定的法定资本为2.5亿非洲开发银行记账单位，当时 1 个非洲开发银行记账单位合 1 美元，整个资本分为 25 000 股，每股 1 万美元。认缴资本中实缴资本和待缴资本各占 50%。实缴资本分 6 次缴清，第一次缴 5%，第二次缴 35%，其余四期各缴 15%，首次缴付资本需用黄金和自由兑换货币，其他几次缴付方式由理事会决定，美元贬值后，在 1987 年第 23 届年会上，理事会通过了第四次普遍增资的决议，该决议决定增资 200%，将核定股本增至 162 亿非洲开发银行记账单位，约合 200 亿美元。

非洲开发银行的资金来源分为普通资金来源和特别资金来源。

普通资金来源为：① 该行核定资本的认缴额；② 该行筹借的资金；③ 该行用实收资本或筹措资金发放贷款所获的还款资金；④ 依据该行待缴资本发放贷款或提供担保所获的收入；⑤ 不构成该行特别资金来源的其他资金和收入。

特别资金来源有：① 最初捐赠给该行建立或受托的特别资金的款项；② 为特别资金所筹措的专款；③ 该行从任意成员国筹借的该国货币贷款，并用来为从贷款国购买商品与劳务所需费用提供的资金，以完成在另一成员国境内的工程项目；④ 用特别资金发放贷款或提供担保而获得的偿还资金；⑤ 用上述任何一项特别基金或资金来源从事营业活动而获得的收入；⑥ 可用作特别基金的其他来源。

（四）业务活动

非洲开发银行的业务分为普通贷款业务和特别贷款业务两种。普通贷款业务是用该行普通资本基金提供贷款和担保贷款的业务；特别贷款业务是用该行规定专门用途的特别基金开展的贷款业务，一般条件较宽。该行贷款利率每半年调整一次。贷款主要用于公用事业、农业、交通运输业、教育、卫生及社会其他部门。特别基金的宗旨与职能是协助非洲开发银行对非洲 29 个最穷的国家进行贷款，重点是农业、乡村开发、卫生、教育等，该项贷款较长，达 50 年，包括 10 年宽限期，免收利息，只收取少量手续费。该行还重视同其他金融机构的合作，采用共同投资方式以解决成员国一些规模较大或多国发展项目资金不足的困难。1972 年以后，相继设立了“非洲开发基金”、“尼日利亚信托基金”、“非洲投资开发国际金融公司”和“非洲再保险公司”等四个附属或合办机构，与非洲开发银行一起共同组成了非洲开发银行集团。中国 1985 年 5 月被正式接纳为非洲开发基金和非洲开发银行的成员。目前我国拥有非洲开发基金股本 5 072 万非洲开发基金记账单位，约合 4 934.792 万美元，拥有该行股本 1 250 万非洲开发银行记账单位，约合 1 507.93 万美元。1985 年 7 月，中国人民银行还认购非洲开发银行发行的两年期美元债券 200 万美元。我国虽然不能使用非洲开发银行的贷款，但加入该行，使我国得以进入由非洲开发银行贷款或联合贷款项目的工程承包和劳务合作市场。

复习与拓展

一、本章重要概念

国际金融机构　国际货币基金组织　份额　世界银行集团　国际清算银行　亚洲开发银行　非洲开发银行

二、简答

1. 简述国际金融机构的概念、特点与作用。
2. 试比较国际货币基金组织与世界银行的宗旨与业务活动。
3. IBRD、IDA 和 IFC 的主要特点有何不同?
4. 简述国际清算银行的宗旨与主要业务。
5. 试分析亚洲开发银行的资金来源与业务活动。

三、本章相关网站

http://www.imf.org

http://www.worldbank.org

http://www.adb.org

第十章

国际金融创新与银行业监管实务

学习目标

- 正确理解国际金融创新的含义及表现
- 探求国际金融创新的诱因及发展趋势
- 客观分析国际金融创新对商业银行的影响
- 了解巴塞尔委员会与国际银行业监管
- 认识《巴塞尔协议 III》的新规定及对中国银行业的影响

案例导入

美国商业银行的业务创新

由于经济全球化和现代科技的迅猛发展,全球商业银行经营发展的外部环境发生了巨大的变化,从而导致商业银行在经营理念、运作方式、管理机制、服务手段等方面都进行了深刻的变革。商业银行业务创新主要包括银行业务工具的创新和银行业务流程的创新。美国的商业银行自出现的那天起就开始了业务的不断创新,并在创新的实践过程中产生了前所未有的新工具、新技术和新市场。这在很大程度上革新了传统的业务活动和经营方式,改变了金融总量和结构,促进了金融和经济的快速发展。

美国商业银行业务种类和金融工具(含货币市场工具、资本市场工具、衍生金融工具)繁多。根据市场与客户需求的变化不断推出新业务品种是美国商业银行的一大特点。目前,美国商业银行开展比较多的新业务品种有:租赁型业务、客账购理业务、贷款买卖证券化业务、锁箱收账业务等。事实上,推动美国商业银行金融创新的原动力主要有三种:COST,即成本;CUSTOMER,即客户需求;CONVENIENCE,即方便性。另外还有一个C,就是

COMPUTER,即计算机。信息技术的飞速发展为金融创新提供了可能性和润滑剂,先进的信息技术是美国商业银行业务增长与效益增长的基石。在美国,住房按揭贷款证券化的比率为65%。证券化意味着贷款卖掉,贷款卖掉使原来的融资性业务变成收费性业务。

然而从美国次贷危机演变到全球的经济危机过程中却有许多值得我们中国商业银行吸取的教训。

资料来源:根据霍光伟等"浅谈美国次贷危机下的中国商业银行业务创新",《活力》,2009年第3期,以及周素彦"美国银行业业务创新对我国银行业的借鉴",《商业研究》,2006年第10期,改编整理而成。

【启示】 银行业属于市场经济的前沿性行业,追求利润最大化是银行的首要目标,而实现这一目标的重要手段就是要从客户需要出发,在业务种类、金融产品、科技应用、经营理念、组织制度等方面及时推陈出新,以不断的金融创新提升市场竞争力。同时,银行业又是一个典型的高风险行业,防范和控制银行风险是各国银行业监管的共同准则。为防范风险,监管者有可能会实施更加严格的准入政策,对金融创新难免产生限制和不利影响。

要处理好创新与监管的博弈关系,就要在风险与创新之间寻求平衡。西方国家市场经济的实践表明,银行业只有实现监管保护下的创新和创新推动下的监管,即在加强监管、防范风险的同时,支持金融创新,增强银行业金融机构的活力,提升银行业的竞争力,以获取创新与监管的"双赢",才能使金融体系安全、高效的运作。因此,国际金融创新与加强银行业监管、维护金融稳定并不矛盾,而是相辅相成的。

第一节 国际金融创新概述

20世纪70年代,伴随着布雷顿森林体系的解体和世界性的石油危机,资本主义世界出现了严重通胀,经济衰退,主要工业国汇率波动频繁,利率上升;宏观经济环境发生巨变,银行和其他金融机构的旧有经营模式和业务种类失去市场;计算机与通信技术长足发展,金融理论研究出现新突破。在动荡不定的国际环境中,在新技术和新理论的推动下,银行等金融机构为在竞争中立于不败之地,出现了许多金融创新,导致全球金融领域发生了一场至今仍在继续的广泛而深刻的变革,国际金融市场动荡不定,国际金融新秩序有待形成。

一、国际金融创新的概念

(一)关于"创新"

"创新"(Innovation)一词首先见于西方著名经济学家熊彼得(J. A. Schumpeter)的理论之中。他对创新所下的定义为新的生产函数的建立,也就是企业家对生产要素和生产条件实行新的结合,包括五种情形:① 新产品的出现;② 新的生产方法或技术的应用;③ 开辟新的市场;④ 发现新的原料供应来源;⑤ 推行新的管理方式或组织形式。

(二)关于"金融创新"

引用熊彼得的"创新"概念,我们可以把"金融创新"(Financial Innovation)定义为:金融创新是各种金融要素重新组合的过程。也可进一步表述为:金融创新是指金融机构或金融管理当局为适应经济环境的变化，出于对宏观效益和微观利益的考虑对金融产品、金融技术、金融市场、金融制度等所进行的创造性变革和开发活动的过程。

1. 金融产品创新

金融产品创新，指金融业在社会政治和经济体制的发展与变革中适时地创造新的多样化的金融品工具。比如推出在支付方式、期限性、安全性、流动性、利率、收益等方面具有新特征的有价证券、汇票、金融期货等。

20 世纪 80 年代以来，国际金融市场上金融产品创新最为活跃，其中最具有代表性的是一些新的金融衍生产品的出现和发展。比如像前面国际金融市场中介绍的金融期货和期权，就是一种防范融资风险的创新；还有金融互换，其特点是能够分散风险，降低融资成本；还有远期利率合约（Forward Rate Agreements，FRAs），是银行和某些分银行机构用来专为利率风险保值的产品。在欧洲债券市场上也成功地推出很多金融产品，比如全球债券、双重货币债券、复合证券等。目前衍生金融产品多达 2 万余种，国际金融市场上几乎每天都有新的金融产品问世。

2. 金融技术创新

金融技术创新，指在融资过程中各种新的资金营运和管理技术的引入，比如在金融交易中广泛应用科技新成果，或推出新的融资方式，使金融交易成本大幅度降低，交易速度大大提高，有效地规避风险等。

国际金融市场上融资技术创新主要表现在三个方面：

一是以互联网和电子商务为平台的现代通信技术、计算机技术的广泛运用，以及新兴的金融分析理论（模拟分析理论和相关分析理论应用于评价复合衍生产品或多元化衍生产品组合）和新兴的信息处理技术的结合，为金融创新的发展提供了坚实的技术基础。这些新的科技成果不断引入金融交易的全过程，推动网络金融的迅猛发展，传统的金融业务被纷纷取代，其结果一方面大幅度降低了金融成本，另一方面将全球各主要金融市场紧密地连接起来，使国际金融市场的效率大大提高，并吸引更多的投融资者进入这个市场，从而大大拓展了市场规模。

二是一些从事纯数学和物理学研究的科学家进入金融界设计衍生产品，使得衍生产品的技术含量和理论含量大大增加，新的金融产品的运用和管理更加复杂，对这些金融产品操作者和管理者的要求越来越高。

三是融资方式的优化组合。针对 20 世纪 80 年代以来国际金融市场金融资产价格频繁大幅波动而急剧增加的金融风险，通过融资技术的创新，将不同特征的金融资产重新组合来重新分配风险，达到转移风险和规避风险的目的。比如，国际信贷市场的主要创新是循环技术和辛迪加技术的结合运用，在此基础上推出了多种选择辛迪加贷款，这种贷款给借款人提供了取得资金的一系列选择权，如从银行贷款到货币市场工具。在国际债券市场上的重要创新是欧洲债券灰色市场（European Grey Market，或称预先市场，Premarket）的建立，这一创新使得债券在发行前有一个前市场，可以使债券的发行有一个适应的价格水平，从而促进债券的供给与需求达到均衡。

3. 金融市场创新

金融市场创新，指金融业紧跟现代化社会经济的发展，为谋求自身的生存和发展以及实现利润最大化目标,通过金融产品和金融技术的创新积极扩展金融业务范围,创造新的金融市场,不断开拓新的融资空间所做的努力。

金融市场创新的一个典型实例,是20世纪80年代逐步形成和发展的欧洲股票市场。欧洲股票是指由一家跨国辛迪加同时在若干个全国性股票交易所发行的股票。第一支价值4 300万美元的欧洲股票是由加拿大贝尔公司于1983年发行的,其销售活动由瑞士联合银行组织经营。今天,金融机构不但可以从事跨越国境的股票交易和债券交易,而且也可以在其他国家发行本国的债券和股票(比如全球存托凭证),全球性的证券市场已经形成。与此同时,还形成了纽约、伦敦、法兰克福、东京、香港等各大金融市场连为一体的全球金融衍生产品市场,由金融期货、金融期权、金融互换和金融远期等所组成的衍生产品市场,其规模已经大大超过传统的基础金融资产市场。

4. 金融制度创新

金融制度创新,指各国金融当局调整金融政策、放松金融管制、改革金融监管制度和金融业治理结构等所导致的金融创新活动,如推进金融自由化,建立新的组织机构,实行新的管理方法来维持金融体系的稳定等。

国际金融领域的金融制度创新主要表现在各国金融管理当局持续推进金融自由化政策所引起的一系列创新活动,这些创新活动体现在:放松或直接取消外汇管制和资本管制、创建离岸金融市场、降低市场准入门槛、逐步取消对金融业经营范围的限制、金融监管的目标从安全优先演进为安全与效率并重等。这促使越来越多国家金融市场的参与者能够很容易地逾越国内法规的界限从事各种金融活动,同时传统金融机构之间的界限正在被新的金融机构的纷纷进入和激烈的竞争打破,金融机构正朝着非专业化和联合化方向演进,20世纪90年代中期金融业跨国并购热潮一浪高过一浪,推动国际金融市场的结构向一体化、网络化发展,国际金融业务向综合化、同质化(意指所有金融机构的职能日益接近、各项业务日益交叉)发展。

(三) 关于"国际金融创新"

如果上述创新活动发生在国际金融领域,就是国际金融创新(International Financial Innovation)。显然,国际金融创新是在国际金融领域将各种金融要素重新组合以实现利润目标或效率目标的过程。

二、国际金融创新的诱因

国际金融创新源于经济环境的变化,或者说源于宏观经济基础的变化。这里所说的经济环境主要是指多种要素条件发生了变化。归纳起来,诱发金融创新的因素主要有以下几种:

(一) 技术进步

技术进步是促成金融创新的主要原因,如远程通信技术、计算机技术、互联网和电子商务等在金融业的广泛应用,推动了金融业的电子化和网络金融的迅猛发展。其诱因在于这些新技术引入金融活动的全过程以后,大大缩小了金融交易的时间和空间的距离,加快了资金转移的速度,降低了金融交易的成本,提高了金融市场的效率和金融业经营管理水平。

(二) 投资者的需求变化

各种金融产品具有不同的特性,如期限性、收益性、流动性、风险性、安全性等。随着经济环境的变化,投资者的投资偏好会随之改变,产生对新的金融产品的需求。使投资者产生需求变化的主要原因有两个:一是回避风险的需求。金融市场投资者面临的风险有汇率风险、利率风险和信用风险等,这些风险的大小随着经济环境的变化而变化,诱发投资者产生对能够回避风险的新金融产品的需求。二是对金融产品所具有的流动性和收益性的需求。20 世纪 70 年代以来西方主要发达国家的通货膨胀率和名义利率上升,提高了投资者持有现金余额的机会成本,使得传统金融产品的流动性与投资收益性之间的替代难以接受,导致投资者对能改善流动性和收益性的新金融产品的需求。

(三) 交易成本

交易成本与货币需求、金融创新密切联系。交易成本是作用于货币需求的一个重要因素,不同的需求产生对不同类型金融产品的要求,交易成本使经济个体对需求预期发生变化,交易成本降低的发展趋势使货币向更高级的形式演变和发展,产生新的交换媒介和新的金融产品,因而不断降低交易成本将刺激金融业的金融创新活动,并不断提高金融服务的质量。

(四) 约束与管制

金融创新是金融机构摆脱或减轻加于其上的约束与管制而作出的反应。其约束与管制一方面来自于受支付能力约束的消费者(或投资者)所愿承担的金融服务成本、金融业的竞争和政府施加的金融管制等,另一方面来自于金融企业自身制定的流动性资产比例、资本比例、资产收益率、增长率等目标。只要这些约束与管制条件发生变化,出现了扣除金融创新产品成本之后的利润机会,金融企业就会去创新。

即使是市场经济国家,金融业所受到的政府金融法规的管制也是非常严格的,有些法规限制了金融业的盈利能力,导致这些金融企业去规避它们,当金融法规的约束大到回避它们便可以增加经营利润时,金融创新就非常可能发生。在一定条件下,金融法规的约束越强,金融创新就会越多,但对于金融管制权力完全集中在政府手里的国家,金融创新活动只能处在很低的水平上。

三、国际金融创新的发展趋势及影响

进入 20 世纪 90 年代以后,国际金融环境发生了较大变化,一方面保留了 20 世纪 80 年代的基本特征,如利率、汇率和有价证券价格频繁波动,国际金融创新活动持续发展等,另一方面金融危机频频爆发,国际金融市场危机四伏和动荡不定。金融全球化环境下金融创新活动更加活跃,同时所引发的金融风险更加突出,必须予以高度的重视。本部分主要分析国际金融创新的发展趋势和这些创新活动对全球经济产生的影响。

(一) 国际金融创新的发展趋势

从国际金融创新的整体发展趋势上看,可归纳为三大趋势,即证券化趋势、一体化趋势和表外业务扩展趋势。

1. 证券化趋势

金融证券化(Securitization)趋势意指信贷流动从银行贷款转向可买卖的债务工具。换言之,证券化是指融资方式从传统的银行贷款转向资本市场的证券融资。证券化既是 20 世纪 80 年代以来国际金融市场的主要特征之一,又是步入 21 世纪后的发展趋势。其原因主

要有三点:

(1) 20 世纪 80 年代初,发展中国家严重的债务危机迫使国际银行业改变信贷政策,逐步减少对发展中国家的放款,而经济发达国家的借款人转向债券融资,以及资金供给者对证券的偏好增加,促使国际债券市场迅速成长,辛迪加贷款面临严峻挑战。为了加强竞争,国际银行业加大创新的力度,在贷款安排中,融入某些证券融资的方式,出现辛迪加市场与国际债券市场同步发展和稳步成长的态势。

(2) 动荡的国际金融环境和激烈的竞争促使国际银行业更加注重流动性的选择,诱导银行业不断创新出更具流动性和弹性的金融产品以及融资技术来替代传统的银行贷款,银行贷款更多地投向流动性高的股票和债券,日益重要的机构投资者如保险公司、养老基金会等偏向于证券投资,政府更多地用发行债券解决财政资金需求。

(3) 国际金融市场上日益广泛的创新活动,特别是先进技术(网络金融)的不断应用,改变了银行与证券公司以及投资银行的比较优势,改变了金融机构与非金融机构的比较优势,使这些机构都能以较低的成本从事证券交易。创新使证券的买卖高度灵活和自由,即使长期证券投资也可视为短期资金形态;货币市场、银行信贷市场与证券市场的区别日益模糊,许多证券利率以货币市场利率来设定并随时调整,证券的长短期限对投资者已无关紧要,原有的专业性金融市场概念发生了一系列新的变化。

2. 一体化趋势

金融一体化(Financial Integration)趋势意指金融要素在全球范围内的自由流动不断加深,并遵循一定的共同规则。这一表述突出了两方面的含义:一是金融要素在全球范围内流动越来越自由,越来越迅捷,意味着发达的、高流动性的、网络化的全球金融市场日趋形成;二是这些金融要素是在一定的共同规则框架下(世界贸易组织规则、国际货币基金组织规则、巴塞尔协议等)在全球范围内流动的,意味着越来越多的国家在推进金融自由化政策,逐步让渡本国原有的金融法规权力,接受国际经济金融组织制定的全球规则。上述两方面的含义都与国际金融创新密切相关,结合前面的分析,具体可以归纳为以下 6 个方面:

(1) 先进技术的广泛应用促进了金融一体化。金融一体化的一个突出特征是全球金融市场一体化,这得益于网络金融创新的迅猛发展,在技术进步的推动下,远程通信技术、互联网技术和电子商务被金融业广泛应用于各种金融交易的全过程,推动了全球金融市场的网络化,金融要素在全球各金融市场间的流动更加迅捷、便利和高效率。随着网络金融的深度开发,将会更加迅速地整合全球金融市场。

(2) 证券化趋势促进了金融一体化。如前所述,证券化使银行业不断通过证券市场来融资,使国际信贷市场与国际证券市场的联系不断加强,加速国际信贷市场与国际证券市场的融合。如迅速增长的浮动利率证券就是作为银行资金主要来源发展起来的。

(3) 新的金融产品的应用促进了金融一体化。例如,金融互换使借款人比较容易进入货币市场或资本市场;复合证券可以利用一种货币发行债券或股票,以另一种货币赎回,从而大大提高金融资产的替代性,促进债券市场、股票市场以及外汇市场的进一步融合。

(4) 回避型创新促进了金融一体化。回避型创新的发展使融资者能较顺利地绕过各国金融法规的限制进入国际金融市场,使各国金融管理当局的法规约束能力受到削弱,欧洲美元等离岸金融市场和表外业务的发展最具代表性。

（5）金融自由化促进了金融一体化。近年来各国政府实施的金融改革和放松管制的金融自由化措施，进一步激发了国际金融市场创新活动。特别是新的金融市场和新的组织管理方式的出现，使各国各地区金融市场的联系更为密切，这无疑是加速金融一体化的重要原因。

（6）金融的同质化、集中化促进了金融一体化。经济发达国家都曾有类似的法律来规定各类金融机构的业务范围，如商业银行不能进行股票和债券的认购等。20 世纪 90 年代后期，主要发达国家进一步推进金融自由化，取消对银行业严格的分业经营的限制，管制的放松又推动了金融业的跨国并购的浪潮，打造出一个又一个全能型、综合型的“超级金融航空母舰”。这些国际金融创新正在打破金融业传统的业务分工，使各种业务日益交叉与渗透、职能分工日益接近、促进全能型金融机构的产生和发展，所呈现的金融同质化与集中化的特征，也加快了金融一体化的进程。

3. 表外业务扩展趋势

表外业务（Off-balance Sheet Business）是指商业银行所从事的不列入资产负债表，也不影响资产负债总额的经营活动。如前面介绍的金融互换、远期利率协议等都属于表外业务。近年来国际金融市场的表外业务发展相当惊人，其原因主要有两方面：一是规避资本比率限制是表外业务扩展的诱因。20 世纪 80 年代以来，美国、英国和日本等经济发达国家越来越重视对国际银行业的监管，其中一项重要措施就是加强对银行资本比率的监督，以减少融资风险。资本比率要求在一定程度上限制了银行的盈利能力，因而诱导银行业谋求金融创新，在不增加资产或负债的情况下获取经营利润。由于各国金融管理当局对银行从事表外业务限制较少，并且开展此类业务不需要对等的资本需求，所以表外业务大大增加。二是防范风险的需要扩大了表外业务。近年银行业通过各种创新业务来防范利率和汇率风险以降低营运成本。利率互换、远期利率协议等可以在不使银行资产或负债变化的情况下减少风险和保值，这使得表外业务日趋重要，所以被国际银行业广泛采用。

（二）国际金融创新的影响

国际金融创新对世界经济的影响广泛而深远。层出不穷的创新活动向国际金融领域注入了活力，成为金融业谋求利润机会的重要手段，金融市场的效率得到提升，促进了金融资源的优化配置，全社会的总体福利有较快的增长。同时也应该看到，大量的创新活动增加了国际金融体系的不稳定性，引发了一些亟待解决的新问题，必须予以高度重视。下面从三个方面来探讨国际金融创新的影响。

1. 对国际货币体系的影响

各国政府持续推进金融自由化政策、弱化金融管制的结果，一方面大大提高了金融资产的流动性，加速了资本在全球范围内的流动，另一方面大量游资充斥国际金融市场，国际资本流量和流向频繁变化，导致汇率、利率随之大幅波动，使国际金融市场更加不稳定。

通过金融创新推出的新产品既能防范风险，又能作为投机的手段，因此日益活跃的创新活动使国际金融市场的风险不断增加和扩大，危及国际货币体系和各国国内的经济金融环境。1992 年欧洲货币体系危机中英镑和里拉大幅贬值，1994 年墨西哥金融危机、1997 年东南亚金融危机、1998 年俄罗斯和巴西的金融危机，以及后来的阿根廷和拉美的金融危机都是典型的实例。金融危机的国际快速传染和蔓延表明全球化环境中国际金融市场的负外部性(Harmful Externalities)日益明显,而且受到冲击的国家(地区)难以凭借自己的力量抵御这种冲击,即使是发达国家也是如此,从而越发凸现出国家(地区)之间的国际货币金融合作的重要性。

进一步分析,在金融全球化形成的过程中,一国(地区)的货币金融政策,将影响该国(地区)国际资本流动和汇率、利率及有价证券价格的变动,并在国际金融市场上产生双向影响,表现在:一方面受到世界其他国家(地区)经济、金融及金融政策的影响(市场溢出的外部效应);另一方面本国的经济、金融及金融政策的变动也有可能影响其他国家(地区)。一国(地区)的经济金融实力越强大,由政策引致的市场溢出效应就越大,受外部经济(溢出效应)的影响相对较小。比如,美国的 GDP 占世界总量的三分之一,其经济金融政策形成的市场溢出效应会对整个世界经济造成很大影响,而其本身受到他国(地区)市场溢出效应的影响很小;欧盟和日本也因经济和资本输出规模仅次于美国,其市场溢出效应也会对世界经济及他国(地区)产生一定影响。其他中小经济体受到市场溢出的外部效应影响大,本身经济金融环境变化所形成的溢出效应对他国(地区)影响很小。因此,为减少市场溢出的负效应就需要稳定主要货币及其金融资产价格,这意味着大国之间的货币金融合作极其重要。

1985 年美国的"广场协议",美国、德国、日本、英国、法国(五国集团,后来加入意大利、加拿大形成七国集团)共同干预外汇市场联合扭转美元汇率的走势,开创了"寡头协调"的国际货币合作的里程碑,在此之后又三次联合干预外汇市场,为稳定国际金融环境作出积极的贡献。由此可以预期,金融全球化环境中,美国、欧盟、日本等发达国家的国际货币合作将对国际货币体系的稳定发挥更加重要的作用。

2. 对中央银行政策的影响

尽管国际金融创新的结果产生了广泛而深远的积极影响,但是一浪高过一浪的创新活动使各国(地区)货币政策的有效性明显削弱,各国(地区)中央银行的金融监管日趋复杂化。除回避型创新活动对中央银行政策的冲击外(见本章回避法规的金融创新分析),创新活动对中央银行政策的负面影响还表现在以下两个方面:

第一,创新使货币结构管理的难度加大。传统的货币政策的制定与执行是建立在资金流量可测性的基础上的,货币的流动性和投机性界限比较分明,以利于货币政策的操作。但是大量创新活动的结果使金融资产的替代性明显增强,作为货币的货币和作为资本的货币难以区分,交易账户和投资账户之间,广义货币与狭义货币之间,本国货币与外国货币之间的界限变得越发模糊甚至消失。这使中央银行观测本国货币流量结构失去了稳定的基础,传统的货币政策工具(再贴现和准备金制度)受到很大冲击。其次是货币流通速度更难检测。大量创新活动改变和降低了资产之间的转换成本,一旦经济环境发生变化,就会引发各种资产的大规模替代,必然使货币流通的速度发生紊乱而难以检测和控制;尤其是电子货币的大量使用和网络金融的迅速发展,必然推动电子货币支付结算的比重迅速增加,这对货币政策有效性带来的隐患更为明显,因为如果电子货币使支付脱离银行账目,意味着对中央银行货币的需求将会减少,而这种需求恰恰是货币政策的关键因素。

第二,中央银行金融监管的难度大大增加。美国、英国等十国中央银行于 1985 年成立了专门研究国际金融创新的进展及影响的小组,该小组的研究报告中涉及创新对中央银行影响的几点结论应予以足够的重视:① 创新的结果使较大部分的信用通过资本市场流动而不是银行(公司直接通过证券市场融资),而这部分信用所受监督管理较弱;同时,由于借贷双方的关系一般比较疏远,使融资计划的重新安排更趋复杂化。为此,中央银行必须要求商业银行有足够的资本,以求财务结构的安全和健全。② 创新的结果大大降低了交易成本,促使金融机构进一步扩展业务,因此,通过支付系统清算的交易快速增长,一旦系统出现超负荷现象,就有可能爆发系统性风险。③ 表外业务的迅速增长使中央银行对银行财务报表的分析更趋复杂化:一是如何检查及管理银行的风险问题亟待解决;二是缺乏一套与表外业务项目有关,而且能为各国共同接受的会计准则,因而诱使银行承担更多的风险;三是表外业务的复杂性,使各国中央银行利用国际风险情报的可靠性降低,为此中央银行必须取得更为广泛的资料信息才能制定正确的政策;四是与传统的银行贷款相比较,证券化资产具有良好的流动性,但如果许多证券持有人同时或几乎同时向某一债务人要求将所持有的证券兑换为现金时,则这些资产在最需要流动性的时候,其流动消失的风险却往往是最大的。这时由于银行对许多证券化资产给予承诺,因而可能暴露流动性压力,故中央银行必须创新某些官方手段以处理流动性问题或促使金融市场的稳定。

为减少国际银行业因大量创新活动所产生的潜在风险,各国中央银行必须和国内、国际金融市场管理当局密切合作,以提高管理效能为中心进行审慎积极的金融改革,努力改善其监管体系的功能,提高管理质量,只有这样,才能对国际金融市场的新形势做出快速有效地反应。

3. 对商业银行的影响

先进的金融技术、互联网技术和电子商务等在金融业的广泛应用,改善了整个国际金融市场的效率,也使商业银行从中受益。但是创新活动既能防范风险和增加收益,又会增加风险和降低收益。国际金融创新对商业银行的负面影响主要表现在四个方面:

(1) 流动性风险。创新活动中证券融资的规模不断扩大,资信较高的借款人积极转向证券市场筹资的结果使银行放款的平均品质逐渐下降,这意味着商业银行可能对突如其来的流动性需求或其他方面的冲击难以适应,并将促使商业银行谋求分配这类风险的创新。比如,与证券融资融合的辛迪加贷款,增大发行短期票据包销承诺(Note Issuance Facilities-NIFs)等。可以预期,今后银行在国际证券市场的角色会进一步加强。

(2) 利率风险。金融自由化降低了对利率的管制,利率的频繁波动使银行的资产负债结构发生很大变化,固定利率负债的比率不断下降,浮动利率负债的比例逐渐上升,从而市场利率的变化对银行经营的盈亏水平的影响大大增加了,银行的成本和收益变得难以准确控制,使银行置身于利率多变的风险之中,即使有许多避险工具可以利用,但仍无法消除这种风险。

(3) 表外业务带来的风险。商业银行为回避资本比率限制,使表外业务迅速扩展,虽然表外业务能减轻商业银行资本需要量的压力,但也存在着风险。商业银行在表外业务中提供各种担保和承诺以及备用信用证等业务时,稍有疏忽便会从中介人变为债务人而承受风险,从而降低商业银行的信誉,危及商业银行的经营。

(4) 清偿力风险。国际金融创新推动的金融一体化和自由化趋势使商业银行间的竞争日益激烈,竞争的结果导致平均收益率下降的趋势使银行的生存和发展面临严峻的挑战,诱使商业银行加速金融创新寻求新的利润机会,商业银行因内部监管不严而诱发过度的高风险投资,最终引发清偿力危机的事件时有发生。如 1995 年 2 月,有着 223 年悠久历史的英国巴林银行因年轻交易员利森炒卖期货造成近 12 亿美元损失而倒闭;1995 年 9 月,日本大和银行交易员井口俊英经营国债衍生工具交易亏损 11 亿美元等。清偿力风险直接影响银行体系的稳定,因此加强对商业银行经营的内部管理和监管的力度已被视为未来各国(地区)金融管理当局重中之重的任务。

第二节　国际金融创新的经济分析

国际金融创新是金融创新在国际金融领域的体现。从创新的诱因分析中可以看出,无论是国内金融创新还是国际金融创新,其目的是相同的,或是追求微观利益,或是追求宏观效益。但是与国内金融相比较,国际金融面临的市场条件、金融法规和技术条件等方面有着明显的差异性,这决定了国际金融创新有其自身的特点。本节针对近年来国际金融领域的创新活动,主要在技术进步、防范风险、回避法规和金融自由化这四个方面从经济角度对国际金融创新进行分析。

一、技术进步与国际金融创新

近二十多年来,先进技术及设施在国际金融领域的广泛应用,促使金融业和国际金融市场发生了深刻的变革。在 20 世纪初,国际金融业务还处在十分落后的水平,国际经济交往中的借贷和结算只能通过原始的交通工具来完成。到 20 世纪 90 年代末期,人类社会开始步入新经济时代,互联网和电子商务技术的结合并应用于金融交易的全过程,使金融交易的成本大幅度降低,经营效率也显著提高。高新技术在国际金融领域的广泛运用首先体现在国际金融交易过程的电子化,继而导致银行业、证券业和保险业的全球化。技术进步推动的金融创新主要表现在以下几个方面:

(一) 电子清算系统

计算机技术替代了传统的电信技术,通过计算机终端把各银行连接成网络,以完成同业之间的金融交易的国际支付与清算,即建立国际银行间电子资金划拨系统(Electronic Funds Transfer)。最具有代表性的有银行同业支付清算系统(Clearing House Inter-bank Payment System, CHIPS)和环球同业银行金融电信协会(Society for Worldwide Inter-bank Financial Telecommunication,SWIFT)。CHIPS 是一个办理国际美元收付的电脑网络,也是世界上最大的并体现最新技术的电子计算机清算系统。CHIPS 于 20 世纪 70 年代由纽约清算所协会的 12 家会员银行首创,发展至今已能连接系统内 140 多家美国银行和外国银行分支机构网点的计算机终端。SWIFT 是一个国际银行同业间通过计算机网络系统传输资金汇划和业务往来的国际电信组织,成立于 1973 年,其创始会员为欧洲和北美洲 15 个国家的 239 个大银行,目前全球大多数国家大多数银行已使用 SWIFT 系统。SWIFT 的使用,为银行的结算提供了安全、可靠、快捷、标准化、自动化的通信业务,大大提高了银行的结算速度。

(二) 电子货币

电子货币是采用电子技术和通信手段的信用货币。也可定义为以电子方式运用并承载货币价值的支付工具。使用电子货币的优点是可以大大减少现金的使用和相应的劳动耗费,提高资金周转速度和使用效益,简化货币及财务结算手续,增强金融服务功能,以及减少资金风险等。电子货币的形态有信用卡、IC卡,以及网络电子货币。目前信用卡的使用最为普及。

网络货币是互联网和电子商务技术相结合的金融创新,近年来推出的网络货币有很多,比如 e-Cash、Net-Cash、电子钱包、Mondex、GeldKarte 和 InstaBuy 等。其中 Mondex 智能卡是由万事达(MasterCard)的分公司 Mondex 于 1994 年推出的,后来英国西敏寺银行(National-Westminster Bank)将其开发成电子钱包,并迅速而广泛应用于商场购物、餐饮业、停车场、电话亭和公共交通等行业中。目前 Mondex 卡经营权授予地区已经扩展到全球各地,是全球唯一国际性的电子货币。随着互联网和电子商务的迅速发展和网上购物及投资需求的增加,电子货币终将会遍及世界各地,未来的社会将会是一个无现金、无支票和无纸币的社会。

(三) 网络银行

特指通过互联网向用户提供各种金融服务的银行。1995 年 10 月 18 日,世界上第一家网络银行"安全第一网络银行"(SFNB-Security First Network Bank)在美国诞生后,短短的几年里,网络银行已经遍及世界各地,并且从诞生之日起就具有"全球银行"的特色,可以为客户提供全功能、个性化的服务模式,为客户提供超越时空的"AAA"式服务,即在任何时候(Anytime)、任何地方(Anywhere)、以任何方式(Anyhow)为客户提供每年 365 天、每天 24 小时的全天候金融服务。网络银行使金融业运作趋向虚拟化和智能化,犹如进入了全方位的"网络金融百货公司",使金融机构可在不增加经营风险的情况下大幅度降低经营成本,其单边交易的平均成本仅有 0.01 美元,显示出强大的竞争优势,代表着未来金融业发展的方向。

(四) 网络证券

美国的 NASDAQ(National Association of Securities Dealers Automated Quotations,全国证券交易商协会自动报价系统)是全球证券市场上证券交易电子化网络化的典型代表。NASDAQ 是世界上第一个电子化的股票交易市场,也是一个支持风险投资的市场,它自 1971 年成立到今天,一直在电子交易创新方面遥遥领先,是全球第三大股票市场。与世界其他证券交易所相比较,NASDAQ 在电子化交易系统的技术含量、市场深度、流动性、定价效率和透明度等方面都具有明显的竞争优势。随着网络金融的发展和市场竞争的日益激化,全球主要股票市场纷纷建立证券交易自动报价系统,1996 年 11 月欧洲证券经纪商协会自动报价系统(EASDAQ)正式运作,亚洲国家和地区有:日本证券经纪商协会自动报价系统(JASDAQ)、新加坡证券经纪商协会自动报价系统(SESDAQ)、韩国证券经纪商协会自动报价系统(KOSDAQ)、马来西亚证券经纪商协会自动报价系统(MESDAQ)等。证券交易网络化最大的优点是大大增强了证券市场的流动性,从市场经济学角度考察,市场流动性越强,给市场参与者带来的利益越大,于是将有更多的人参与,形成更大的流动性,由此可以看出网络金融环境中证券市场已经发生了质的变革。

(五) 网络保险

同上述金融创新一样,在全球保险市场上,网络保险具有信息丰富、选择范围广泛、方便快捷、无地域时间限制、个性化全天候服务、保护隐私和成本低廉等优势。由于网络保险服务公司可以将各大保险公司的保险品种集合起来,便于用户通过反复比较和选择,因而这种

第三，回避型创新还使货币政策工具的效用降低。如前分析，回避型创新弱化了存款准备金制度的威力，同样，它使再贴现的作用降低。这是因为回避型创新的结果拓宽了融资渠道，使融资方式更为灵活多样，大大增加了存款机构的资金来源和信贷能力，存款机构不到万不得已时不会向中央银行申请贷款或要求再贴现。近年来几乎所有发达国家的中央银行的贷款占银行负债的比例都下降了，这使金融当局在运用选择性政策工具上越来越困难。

四、金融自由化与国际金融创新

20 世纪 30 年代席卷西方世界的严重经济危机表明，金融市场和金融体系是否稳定和完善对社会经济发展将产生至关重要的影响。由于银行等金融机构倒闭的社会效果远远大于任何其他大企业、大公司，所以西方各国对金融市场和金融体系都实行过严格的管制，以维护存款者和投资者的利益不受损害，提高经营管理效率，保证金融体系的稳定。

但是稳定和效率是相矛盾的，提高效率，就需要通过创新强化竞争，竞争的加强又可能危及稳定；若管制太死，虽然达到了稳定的目的，但效率难以提高，不利于经济发展。这一矛盾始终贯穿于金融管制的全过程。在国际金融领域，这个矛盾同样存在。国际金融活动的开展不但受到经济距离的制约，而且各国政府的政策管制因素也阻碍了跨越国界的资金转移。事实上，由于各种因素，各国政府都不同程度地为本国的金融市场设置管制的“篱笆”，使国际金融活动在相当长的一段时期内停留在较低的水平。

以 20 世纪 30 年代为背景制定的金融管制法规已经不能适应日益发展的世界经济和金融的要求，因此，各国政府都在不断修正金融法规政策，放松对金融的管制，从而形成了全球性金融自由化趋势。

一般认为，金融自由化表现在四个方面：① 价格自由化，如取消利率和汇率的限制，取消证券交易中的各种限制，充分发挥金融资产价格的市场调节作用。② 资本流动自由化。即允许外国资本和外国金融机构更方便地进入本国市场，并放宽对本国资本和金融机构进入国际市场的限制。③ 扩大业务范围和经营权力，从而创造一个更为宽松的、公平的市场环境。④ 以放宽管制为特征的金融市场改革。即从管理体制上不断减少对金融活动的约束，取消各种金融机构进入金融市场的限制等。这表明金融自由化本身就是一种创新行为。

美国是西方发达国家中最早推进金融自由化的国家，在 20 世纪 70 年代中期，美国就取消了外汇管制；80 年代初期，取消了 Q 条例和某些贷款利率的限制；为了保证美国在国际金融市场的地位，1981 年 11 月建立了国际银行业务便利（International Banking Facilities-IBFs），在美国本土创立了离岸金融市场，促进了美国国际金融活动的增长。进入 20 世纪 90 年代，美国在金融自由化方面又先后推出了《瑞格尔—尼尔法案》（Riegle—NealAct）和《1999 年金融现代法》，前者取消了对金融机构在市场准入上对地理方面的限制，后者取消了对金融机构在市场准入上对产品的限制。这两个法案的通过，被誉为美国现代金融史上的一次大解放。

英国政府在 1971 年开始放松金融管制，并于 1979 年彻底取消外汇管制，取消最低准备资产比率，取消证券交易的固定佣金制，直接促成离岸欧洲股票市场的建立，其次它直接降低了交易成本，进而降低了证券市场的进入成本。1996 年 1 月 2 日，英国在政府债券市场（金边债券市场）开办公开回购金边债券的业务，它意味着任何人可以直接或通过中介机构回购以任何目的借出或借入的金边债券,官方对此没有任何限制。其目的是提高金边债券持有人的融资能力,以此增加金边市场的流动性和效率,降低政府的融资成本。

日本在发达国家中是管制最严的国度,其金融自由化始于20世纪70年代中期。由于一直采取高频率小步调整的办法,自由化进度一直很慢。到了80年代,日本开始允许外国的证券公司在东京证券交易所进行有限制的投资和交易,一些新的金融产品开始进入东京金融市场。1986年12月日本宣布在东京建立离岸金融中心,1987年6月4日又公布了一项金融及资本市场自由化实施纲领,在扶持金融市场及对外开放方面取得显著进展。1997年6月,日本政府又推出了"金融体制改革规划方案",分步取消对金融业的分业限制、银行长短期资金业务的限制、外汇交易限制、金融衍生产品交易限制、场外交易限制以及证券交易手续费的限制,实行真正彻底的金融自由化。

除美国、英国、日本三国外,其他国家近年来也都实行了程度不同的金融自由化措施。这些创新措施显然使各国政府过去所设置的金融市场的障碍不断减少。到目前为止,一个以纽约、伦敦、东京为中心的全球性金融市场已经形成,在这个市场上国家之间的障碍已经全部或大部分被拆除,主要的金融机构可以进行一星期7天、一天24小时的金融交易。这样,在任何一个时间内金融债权债务的结算都可以在多个不同的金融中心进行,使不同国家的不同的金融资产更容易相互比较,新的金融产品和融资技术可以在世界范围内迅速传播,一个以金融自由化为背景所产生的全球性金融市场的发展大大加速了国际金融领域的各种创新活动。

第三节　国际银行业监管与《巴塞尔协议 III》

一、国际银行业监管概述

(一) 巴塞尔委员会和《巴塞尔协议》

20世纪70年代布雷顿森林体系解体后,金融创新业务层出不穷,金融机构国际化日趋深化,导致金融体系风险加大。为营造新的银行业经营环境,控制银行业国际化导致的新风险,制定统一国际银行监管原则,1975年2月,比利时、加拿大、法国、德国、英国、日本、卢森堡、意大利、荷兰、瑞士、瑞典和美国在瑞士的巴塞尔召开会议,会议决定,建立一个监管国际银行活动的协调委员会,这就是巴塞尔银行监理委员会(The Basel Committee on Banking Supervision),简称巴塞尔委员会,它是国际清算银行的一个正式机构,以各国中央银行官员和银行监理当局为代表,总部设在瑞士的巴塞尔。

该委员会的主要宗旨在于交换各国的监管安排方面的信息、改善国际银行业务监管技术的有效性、建立资本充足率的最低标准及研究在其他领域确立标准的有效性。需要强调的是,委员会并不具备任何凌驾于国家之上的正式监管特权,其文件从不具备亦从未试图具备任何法律效力。不过,它制定了许多监管标准和指导原则,提倡最佳监管做法,期望各国采取措施,根据本国的情况,通过具体的立法或其他安排予以实施。委员会鼓励采用共同的方法和共同的标准,但并不强求成员国在监管技术上的一致。

委员会的一项重要任务是堵塞国际监管中的漏洞,它遵循着两项基本原则:没有任何境外银行机构可以逃避监管,监管应当是充分的。为了强化国际银行系统的稳定性,巴塞尔委员会制定了一系列协议、监理标准与指导原则,如《关于统一国际银行资本衡量和资本标准的协议》、《有效银行监管核心原则》等,这些协议、监理标准与指导原则统称为"巴塞尔协议"。这些协议的实质是为了完善与补充单个国家对商业银行监管体制的不足,减轻银行倒闭的风险与代价,是对国际商业银行联合监管的最主要形式。自 1998 年以来,这一协议不仅为各成员国所采用,而且实际上已为几乎所有拥有国际性银行的其他国家所采用。它的制定与推广,对稳定国际金融秩序起到了积极作用。

(二) 国际银行业监管的发展

1975 年 9 月,第一个巴塞尔协议出台。这个协议的核心内容为:针对银行国际化后监管主体缺位的问题,规定任何银行其国外机构都不能逃避监管,母国与东道国应共同负责监管的责任。1983 年,巴塞尔委员会对协议进行了修改,对母国与东道国的监管责任进一步明确,但该协议只是提出了监管原则和职责分配,仍未能提出具体可行的监管标准。

第一次提出使用资本监管方式进行银行风险控制是在 1987 年,1988 年委员会公布了《巴塞尔资本协议》(或称《巴塞尔协议 I》),此协议影响深远,改变了世界银行业监管格局。该协议至今已被 100 多个国家采纳,而 8% 的核心资本率已成为国际银行业遵循的通行标准。《巴塞尔资本协议》的核心是最低资本要求,而进行资产证券化可通过"分母战略"使银行达到提高资本充足率的目的,促使了资产证券化的迅猛发展。

为限制银行利用资产证券化进行资本套利,《巴塞尔新资本协议》(或称《巴塞尔协议 II》)于 2004 年 6 月出台,新协议延续了旧协议三大支柱的结构,首次将资产证券化风险问题列入第一支柱,在风险计量方面倡导内部评级法,强化信息披露,使国际银行业监管走向完善。2006 年 6 月,国际清算银行正式公布《资本计量和资本标准的国际协议》,该协议在国际范围内具有较好的操作性,如能在国际范围内广泛使用,有利于形成相对公平的竞争与发展环境。除了信用风险的计量外,从操作风险、市场纪律、监督检查和信息披露方面,也做出了改善。

次贷危机后,巴塞尔委员会吸取了金融危机的教训,在 2008 年发布了《公允价值的度量与建模报告》,针对金融创新产品多样化、复杂化的问题,提出公允价值评估有待提高的四个方面:管理与控制过程、风险管理与度量、价值调整和财务报告。出台的《健全的流动性监管原则》旨在提高银行流动性风险管理的能力。2009 年,委员会对表外业务杠杆率问题加强了关注,提出应强化银行资本和流动性储备管理,对《巴塞尔协议 II》的部分内容进行了调整,以强化"三大支柱"的资本监管框架,增强新资本协议的风险捕捉能力。

可以说,从《巴塞尔资本协议》的发展进程看,一直在被动适应银行国际化与金融创新的发展进程,国际银行风险监管的范围不断扩大,对金融创新工具越来越重视,对金融衍生工具的监管将成为未来国际银行监管的重点。

资料卡

银行风险与监管国际证书(ICBRR)

银行风险与监管国际证书(International Certificate in Banking Risk and Regulation,

ICBRR)是由全球风险管理专业人士协会(Global Association of Risk Professionals,GARP)在全球推行的专门针对银行从业人员的国际资质证书,暂为一次性考试。

该证书已经在中国得到积极推广,获得了众多银行业从业人员的认知,特别是在五大国有商业银行(中、农、工、建、交)得到广泛推广。由于该证书的考证的范围覆盖了银行风险管理和巴塞尔协议等知识面,所以对银行业的从业和待从业人员来说,能够提高他们对银行风险的认知和掌控能力,对实际工作帮助很大。

目前,我国银行业已经全面对外开放,并且国有大型商业银行将在2010年以后逐步实施《巴塞尔协议III》。在这种新环境下,我国商业银行逐渐认识到要想与跨国银行展开竞争,顺利实施《巴塞尔协议III》,提高银行的金融风险管理水平,必须拥有一批熟悉国际标准、掌握国际先进的银行风险管理知识、了解国际银行监管规则的风险管理人才。

ICBRR是对银行业风险管理和监管一般知识的考核,其教材通过实际案例及对《巴塞尔协议III》所涵盖的金融风险概念的介绍,帮助银行员工掌握基于国际标准的金融风险管理基础理论与知识。因此,我国各银行有必要对员工进行系统、持续的培训,使其掌握巴塞尔新资本协议中的风险管理技术和理念,这有助于银行保持自身竞争力并最大限度地避免可能发生的声誉和经济风险。同时,也将使我国银监会和全球投资者对我国银行业的长期稳健发展充满信心。

二、《巴塞尔协议III》的新规定

由美国引发的次贷危机催生了《巴塞尔协议III》的诞生,该规定旨在创造出更稳定的国际金融体系。2010年9月12日,巴塞尔银行监管委员会(BCBS)在瑞士巴塞尔召开央行行长和监管当局负责人会议(GHOS),就巴塞尔协议新框架细节达成一致意见,并在11月的二十国集团(G20)首尔峰会上获得签署。那么,《巴塞尔协议III》在银行业监管方面出台了哪些新的规定?能否有效避免未来发生新的金融危机?新规定对世界及主要国家银行业会带来哪些影响?中国银行业又该如何实施或应对呢?

2010年9月12日,巴塞尔委员会监管理事会宣布实质性增加对银行及其他金融机构的最低资本要求,即以《监管理事会宣布更高的全球最低资本标准》文本为核心,构成了《巴塞尔协议III》对世界银行业进行监管的标准框架。与《巴塞尔协议II》相比,《巴塞尔协议III》突出体现了风险敏感性的资本要求和非风险敏感性杠杆率要求相结合,资本监管与流动性监管相结合,微观审慎与宏观审慎相结合。其监管准则的内容主要表现出以下几个特点:

(一)提高银行最低资本要求,增强资本质量

《巴塞尔协议III》对国际银行业最大的影响是强化了合格资本定义,显著提高了最低资本要求,尤其是增加了一级资本中普通股的最低要求。由普通股构成的"核心"一级资本占银行风险资产的下限将从现行的2%提高至4.5%,一级资本的最低占比由原来的4%提升到6%(但一级资本加二级资本的最低要求仍保持原来的8%不变)。二级资本仅在破产清算时承担损失,同时取消三级资本,简化资本结构。另外,扩大了风险资产覆盖范围,即提高

了“再资产证券化风险暴露”的资本要求,增加压力状态下的风险价值,提高交易业务的资本要求,提高场外衍生品交易(OTC derivatives)和证券融资业务(SFTs)的交易对手信用风险(CCR)的资本要求等。其目的是增强银行资本质量,减少银行债务风险的负荷率及由银行风险引起的整个社会的金融风险。

(二)提出新的计量指标,加强流动性风险管理

流动性枯竭是金融危机的主要特征之一。为最大限度地保证银行在各种可能的压力情景下有足够的优质资金维持其流动性,降低银行体系的流动性风险,巴塞尔委员会在2009年12月《流动性风险计算方法、标准和监控的国际框架(征求意见稿)》中,提出了两个流动性计量指标,即流动性覆盖比率(LCR)和净稳定资金比率(NSFR)。其中LCR为高流动性资产储备与未来30日资金净流出量的比率,用来确定在短期极端压力情境下,银行所持有的无变现障碍的、优质的流动性资产应对资金流失的能力。而NSFR为可供使用的稳定资金与业务所需的稳定资金的比率,反映了银行中长期资金的稳定程度,通过优化银行资金结构比率以减少短期融资的期限错配,增加长期稳定资金来源,确保各项资产和业务融资,至少具有与它们流动性风险状况相匹配的满足最低限额的稳定资金来源。

(三)设立“资本防护缓冲资金”,提高整个银行业在危机中的恢复能力

新协议规定,建立资本留存缓冲和逆周期缓冲。“资本留存缓冲”全部由扣除递延税项及其他项目后的普通股权益组成,最低标准为2.5%。这意味着银行在满足普通股4.5%、一级资本6%、一级和二级资本8%最低要求的基础上,还要再预留2.5%的普通股作为资本留存缓冲,一旦银行的资本留存缓冲比率达不到该要求,监管机构将限制银行拍卖、回购股份和分发红利。因此,此项要求将有效减弱银行在资本头寸恶化时也肆意发放奖金和高红利的行为,建立一个更加安全的资本边际,使银行有更大的余地来应对经济衰退期的困难。“逆周期缓冲”作为资本留存缓冲的延伸,将由普通股或其他能完全吸收亏损的高质量资本构成,资本要求设定为0—2.5%,仅在信用过度增长对系统性风险造成影响时使用。各国监管机构将根据自身情况确定不同时期的逆周期缓冲。

(四)引入杠杆率指标,把控银行风险敞口

杠杆率是指银行一级资本占其表内资产、表外风险敞口和衍生品总风险暴露的比率。其中表外业务通常是指不计入资产负债表内、不形成现实资产负债但能改变损益的业务,包括担保、承诺、金融衍生交易三类业务。在金融危机中,很多达到和超过最低一级资本要求的银行未能在危机中幸存,就是因为在计算一级资本占比中,未考虑表外资产。而有问题的银行交易了大量的表外产品,尤其是复杂衍生产品,使银行在健康的资本充足率背后早已危机重重。为了防止银行过度投机,并有利于掌握风险敞口,巴塞尔银行监管委员会管理层建议将杠杆率最低标准初步定为3%。监测从2011年1月1日开始,过渡期为2013年1月1日至2017年1月1日,此阶段为杠杆率的测试期,银行需从2015年起披露其杠杆率。根据过渡期的实施结果,2017年上半年将进行最终调整,并在合理评估和校准的基础上,从2018年1月1日起,将杠杆率加入到巴塞尔协议的第一支柱中。

(五)调低资本充足率的起点,实施差异化过渡期安排

为了防止过快实施更高的资本充足率而影响全球经济的复苏,新出台的《巴塞尔协议

III》调低了银行资本充足率的起点指标，即普通股充足率只要求达到2%，一级资本充足率也只要求4%，普遍低于世界各国银行的实际资本充足率。但巴塞尔委员会安排了不断递增的过渡期。普通股充足率和一级资本充足率要求将从2013年起逐年递增，到2015年银行需满足其最低要求。其中，2013年1月1日，普通股充足率最低要求从原来的2%提高到3.5%，一级资本充足率最低要求从原来的4%提高到4.5%；2014年1月1日，普通股充足率最低要求为4.0%、一级资本充足率最低要求为5.5%；2015年1月1日，普通股充足率最低要求为4.5%、一级资本充足率最低要求为6.0%。总资本充足率最低要求仍为8%且不设置过渡期；到2019年商业银行的普通股（含留存收益）充足率和一级资本充足率最低应达到7%和8%，总资本充足率最低应达到10.5%。总资本充足率与一级资本充足率的差额部分应为二级资本或其他更高形式的资本。

三、《巴塞尔协议III》对全球及世界主要国家和地区银行业的影响

《巴塞尔协议III》要求各成员国从2013年1月1日起将协议列入法律当中，并且要求从当日起各成员国的商业银行必须满足其最低要求。该协议的出台作为接受全球金融危机教训的成果之一，旨在加强银行业监管，以减轻银行的风险。总的来说，现阶段对全球银行业的冲击不大，但各国的反响不一。

（一）对全球银行业的总体影响

首先，新规定促使银行提高资本持有率，减少高风险资本构成，降低了利润空间。新协议大幅度提高了对银行资本数的要求，尤其是高质量的一级资本数量的要求，将普通股权益作为一级资本的最重要组成部分，这将使未来几年全球银行面临数千亿美元的巨大融资压力；同时，还将迫使那些全球性大银行减少高风险业务，为更大规模的放贷和投资留出更多资本拨备以避免潜在的资产损失，而投资者得到的贷款额将相应减少，从而减少银行的利润及股息派放，银行将面临一个漫长的去杠杆化过程。因此，《巴塞尔协议III》留出了5年的缓冲期。

其次，新协议对资本充足率的要求提高，将会进一步加剧银行再融资、并购和业务的转移。银行业属于典型的资本密集型行业，最低资本要求的小幅提高都会引起银行资金的巨大变动。一些自身融资能力不强的银行为了不因资本充足率的提高而影响资产业务的规模，将会转而寻找补充资本来源的其他途径，这势必引发银行业的资产重组、并购和业务转移的大规模出现，也将推动后危机时代银行海外并购的重新启动。

（二）对美国银行业的影响

2010年1月21日，美国率先出台了沃尔克法则，旨在提高金融体系监管的有效性。因此，新协议对美国银行业影响不大，因为美国主要商业银行基本都已经达到新协议所规定的要求。

据最新数据显示，2010年一季度花旗集团一级资本充足率为11.2%，一级普通股权益资本比率为9.1%；截至2010年二季度，摩根大通一级资本充足率为12.1%，年底一级普通股权益资本比率为8.8%；2010年二季度美国银行一级资本充足率则达到10.67%，均远远超过《巴塞尔协议III》所规定的标准。美国排名前10位的商业银行一级资本充足率平均为

11.25%,最高者是纽约梅隆银行13.80%,最低为美洲银行7.81%。

(三)对欧洲银行业的影响

总体来看,欧洲银行在经历了欧洲主权债务危机之后,新协议对其产生的压力相对较大。其中,受冲击最大的是某些欧洲大型银行,如德意志银行、爱尔兰联合银行、爱尔兰银行和奥地利第一储蓄银行等的资本充足率都未能满足新规定的要求。在《巴塞尔协议 III》即将出台之前,德意志银行曾宣布进行100亿欧元左右的巨额增资,这无疑是为执行新协议中的自有资本条例做准备。据德国银行业协会估计,德国最大的10家银行将可能需要1 050亿欧元的额外资本。与此同时,瑞士等国银行业所受影响较小。瑞士银行已经表示,将遵守巴塞尔银行监管委员会宣布的新措施,并在规定期限内达到新要求。

据2010年上半年的统计数据显示,欧洲排名前10位的商业银行一级资本充足率平均为9.26%,最高为德意志银行的10.80%,最低是毕尔巴鄂比斯开银行的7.7%。

另外,如何增资也是欧洲银行面临的主要问题,因受欧债危机的影响,无论是通过资本市场筹资,还是依靠国家财政增资,都不是容易的事情。

(四)对印度和南非银行业的影响

就总资本和资本质量要求而言,因印度国内银行业本来就资本充裕,其资本充足率比巴塞尔协议要求高1个百分点,即9%。银行业体系在满足新提出的资本金规定方面不会有太大压力,但从长期看仍有一定挑战。

另据南非媒体报道,《巴塞尔协议 III》关于资本充足率的更加严格的新要求不会对南非银行造成不良影响,因为南非银行已经达到了这些要求。南非银行的资本充足率平均可达15%,一级资本充足率为12%,高于《巴塞尔协议 III》要求的标准。另据美国美林银行(Bank of America Merrill Lynch)分析师的估算,仅南非四大银行,即南非联合银行集团(ABSA)、标准银行(STANDARD BANK)、第一国民银行(FNB)和莱利银行(Ned bank),其总的过剩资本就高达850亿兰特(约合118亿美元),因此南非的银行具有极强的发展和支付能力。

四、《巴塞尔协议 III》与中国银行业

《巴塞尔协议 III》对中国银行业的影响,从短期看,几乎没有任何压力,但从长期看,其影响或压力是不可避免的。中国银监会从2004年开始就引入了巴塞尔协议 II 的框架,并逐步提高了对国内银行的资本充足率要求。从目前的情况看,我国银行业离全面实施巴塞尔协议 II 仍有一些距离。对于更加强化监管的巴塞尔新协议,我们可能还需要更长的时间才能逐步实施。全球金融危机后,尽管中国银行业的各项指标优于发达国家的银行,也远高于《巴塞尔协议 III》的新规定,但这只是我国经济发展处于上行时期的情况,一旦经济周期步入下行阶段,银行业的风险可能集中爆发,资本充足率的状况也会迅速恶化。由此,中国实施巴塞尔新协议,必须早作谋划、谨慎行事,一定要做到未雨绸缪、从容应对。

(一)深入研究监管新规则,全面评估和防范银行风险

《巴塞尔协议 III》的主要目的是提高国际商业银行抵御金融风险的能力,创建更加稳定的金融体系。协议通过一系列的新规定来全面评估和防范银行风险,如提高资本充足率以减少银行债务风险,设立流动性覆盖比率(LCR)和净稳定资金比率(NSFR)以降低银行体系

的流动性风险,建立资本留存缓冲和逆周期缓冲以避免系统性风险,引入杠杆率指标以把控银行风险敞口,等等。

虽然经过多年的商业化改革,中国银行业的风险控制能力较以前有很大提高,但要满足新协议的要求,还需强化"全面风险管理"理念,即以信用风险为核心,进一步覆盖市场风险、流动性风险和操作风险等,不断完善风险管理制度,建立良好的风险传导机制、预警机制和定价机制,加大内部评级和风险计量建设,强化对表外业务的管理,增强对资产证券化的监管力度,合理延伸监管范围,强化员工的风险管理意识和风险识别能力。

（二）稳妥推进银行产品创新,寻求符合新协议要求的利润增长点

新协议中的杠杆率指标在计算一级资本占比中加入了表外资产,虽然在一定程度上加强了对金融产品创新的监管,但只是限制了复杂的投机性衍生产品的创新,并不会改变金融产品创新的总体趋势。

相反,我国商业银行应更加积极稳妥地推进银行产品创新,以寻求改变传统存贷利差盈利模式下的新的利润增长点。与实体经济相联系的金融产品创新,既可降低银行的投机性风险,又可促进社会经济的增长,尤其是要研究开发为中小企业服务的融资产品,并将其作为提高银行收益的主要途径之一,才能防止投机性衍生产品扩张,才能最终建立起稳定的多元化赢利模式。

（三）强化对资本约束力,减少银行坏账率

新协议更加强化了银行自身经营发展中的资本约束,对资本监管的标准更加严格,特别要求银行保有0—2.5%的逆周期监管资本,以有效防范银行在经济繁荣时期过度放贷而产生大量的隐性坏账风险。可见《巴塞尔协议 III》更加重视加强银行体系在顺境下的资本缓冲储备。

相比国际银行,中国银行业的坏账率要高很多,而之前适度宽松的货币政策所导致的大规模放贷是形成银行坏账的直接诱因。虽然中国银行业目前整体上是满足新监管规定的,但需要注意的是,从2008年年底开始的大规模放贷已持续近两年,其影响由于滞后效应目前并未在银行的资产负债表和资本充足率上显现出来,而一旦到了将来某个时点,这种放贷会给银行带来新一轮的呆账坏账,中国银行业可能就不再满足《巴塞尔协议 III》的标准了。因此,中国银行业必须尽快改变过去那种过度依赖贷款快速增长的简单、粗放、外延式的发展模式,回归稳健经营的内涵式集约化发展道路。

（四）提高资本充足率,逐步建立起差异化的监管规则

目前,我国银行业整体的资本充足率已在10%以上,高于《巴塞尔协议 III》更为严格的资本充足率要求,以为不会有什么问题。实际上,不同银行的经营范围和业务能力不一样,新协议的实施对大型银行来说监管成本可能降低,而小银行的成本就会提高,在各国的实践中,资本充足率的监管一般主要针对大银行,因为小银行不会面对系统性风险,应采用较为宽松的监管标准,以保证小银行获得差异化发展。现在中国已经拥有各类法人银行机构3 000家左右,既包括有国有股份制大型银行,也包括许多地方银行业机构。这些银行的资本规模悬殊,外部经济环境及承受风险的能力差异较大,如果采取统一的和强化的国际监管标准,就会制约小银行的自身发展,甚至冲击我国庞大的银行体系,也会伤害到我国地方经济的发展。因此,在新协议的实施中,要充分考虑中国的国情,考虑不同银行的差异,以逐步

建立起差异化的资本充足率监管框架和规则。

(五)加快提升银行的服务功能,增强银行适应资本市场的能力

银行业的竞争,既是资本的竞争,更是服务与信誉的竞争。中国银行业应通过深化金融体制改革,更加强化和提高服务意识,创新服务手段,实施多样化服务。当前,我国资本市场还欠发达,中国银行业的整体服务能力与发达国家银行还有较大差距。《巴塞尔协议 III》主要是按发达国家的数据制定的,新协议的实施难免会对中国银行业的运行产生冲击,加上中国银行正在加快"走出去",更需要强化银行适应国际资本市场的能力。作为国际化的银行,既要看境外机构数量、境外资产规模,更需要把服务延伸到世界每个角落,从根本上提高中国银行业的国际竞争力。

事实上,中国银监会自《巴塞尔协议 III》出台之日起,就对中国银行业可能面临的长远影响或风险进行了全面评估,对中国银行监管体系如何与国际接轨进行了全方位谋划。为防微杜渐、未雨绸缪,中国银监会做了大量的准备工作。现在,中国银监会已于 2011 年 5 月 3 日发布了《中国银行业实施新监管标准的指导意见》(简称《意见》)。与《巴塞尔协议 III》相比较,《意见》在资本监管、过渡期安排、贷款损失拨备方面提出了更为严格的监管标准:一是明确了三个最低资本充足率要求,即核心一级资本充足率、一级资本充足率和资本充足率分别不低于 5%、6% 和 8%;二是引入逆周期超额资本要求,计提 2.5% 的留存超额资本,计提 0—2.5% 的逆周期超额资本;三是规定了系统重要性银行的附加资本要求,暂定为 1%,新标准实施后,正常条件下系统重要性银行和非系统重要性银行的资本充足率不低于 11.5% 和 10.5%;四是将贷款拨备率和拨备覆盖率确定为 2.5% 和 150%。此外,《意见》还引入了杠杆率监管要求,规定银行行业金融机构杠杆率(一级资本占调整后表内外资产余额的比例)不得低于 4%。《意见》还规定,新标准自 2012 年 1 月 1 日开始实施,并设置了过渡期,如系统重要性银行规定于 2013 年底前达标;对非系统重要性银行设定差异化的过渡期安排,根据盈利能力和拨备补提的多少,要求分别在 2016 年底前和 2018 年底前达标。

显然,被称为中国版的巴塞尔协议的出台,为《巴塞尔协议 III》在中国的具体实施提供了坚实的平台,也为中国银行业的国际化发展构筑了风险防范的屏障。巴塞尔协议在中国的实施还有一个较长的过渡期,中国银行业的发展也会面临新问题、新挑战,我们应该争取合法的国际话语权,以不断提出自身合理的诉求,改变不合理的规定,促使巴塞尔新协议更符合中国银行业的发展需要,更符合发展中国家金融业发展需要。

复习与拓展

一、本章重要概念

国际金融创新　金融创新证券化　表外业务　金融互换　远期利率协议　巴塞尔委员会

二、简答

1. 简述国际金融创新的含义及表现形式。
2. 试分析国际金融创新的诱因及发展趋势。
3. 国际金融创新对国际货币体系有何影响?

4. 国际金融创新对商业银行有何影响。
5. 金融自由化的表现有哪些?
6.《巴塞尔协议 III》对提高银行最低资本要求方面有何新规定?
7.《巴塞尔协议 III》对中国银行业有何影响? 我国应如何应对?

三、本章相关网站

http://www.cbrc.gov.cn

http://www.bis.org/bcbs

http://www.pbc.gov.cn

http://www.bank-of-china.com

参 考 文 献

[1] 刘舒年、温晓芳:《国际金融》(第四版),北京:对外经济贸易大学出版社,2010。

[2] 魏秀敏:《国际金融》,大连:大连理工大学出版社,2010。

[3] 裴平:《国际金融学》(第三版),南京:南京大学出版社,2006。

[4] 陈雨露:《国际金融》,北京:中国人民大学出版社,2008。

[5] 黄达:《金融学》(精编版),北京:中国人民大学出版社,2004。

[6] 姜波克:《国际金融新编》(第四版),上海:复旦大学出版社,2008。

[7] 谢琼:《国际金融》,北京:北京理工大学出版社,2010。

[8] 慕刘伟:《国际投融资理论与实务》,成都:西南财经大学出版社,2004。

[9] 单忠东、綦建红:《国际金融》,北京:北京大学出版社,2005。

[10] 张莲英、王未卿:《国际金融学》,北京:中国社会科学出版社,2006。

[11] 陈秀梅:《国际金融实用教程》,天津:南开大学出版社,2008。

[12] 黄燕君、张亚珍:《国际金融学》,北京:中国商务出版社,2005。

[13] 王仁祥、胡国晖:《国际金融学》,武汉:武汉理工大学出版社,2005。